행시10회 *1971-2011* 공직40년

기록과 회고

한국경제사회발전연구원 | 편

한국학술정보(주)

| 발 간 사

우리 행시10회 동지들은 한국이 근대화에 본격 진입하기 시작하여 고도성장의 페달을 밟고 탄력을 이어가던 1971년에 동기생으로 만났습니다. 그동안 40여 년이 흘러 모두들 머리칼이 희어지고 이마에 주름살을 훈장처럼 달고 사는 은퇴기에 접어들고 있으나, 지난 세월 우리가 밟아온 발자국은 민족중흥과 선진한국이라는 금자탑에 짙게 새겨져 있습니다.

여러 부처에 흩어져 열심히 자기 책임을 다하면서 높은 지위에 오른 분들도 있고 좋은 업적을 내신 분들도 있으나 누구 하나 이 한국 사회를 이토록 고도화시키는 데 소홀히 살아온 동지들이 없었다는 것을 저는 확실히 기억하고 있습니다.

나이를 먹어 갈수록 인생은 평준화되어 간다고 합니다. 특히 같은 길을 걸어온 우리 행시10회 동지들은 이제 모든 면에서 서로 닮아가고 있습니다. 동병상련의 기쁨과 아픔과 깊음을 공유해온 우리 동지들이 지나간, 공직 생활의 회고담을 생생히 이 책에 담았습니다.

우리가 살았던 공직 생활 기간 동안 우리나라는 대내외 환경변화에 따라 크게 부침하여 왔고 그러는 가운데서도 그침 없이 어떤 때는 빠르게, 또 다른 때에는 다소 느리게 전진해 왔습니다. 우리 각자가 지금 그때를 회고하는 마음은 자랑스러운 마음과 함께 아쉽고 안타까운 마음도 같이 오버랩되고 있음을 느낍니다. 그 모든 추억과 회한을 담아 모았습니다.

이번 이 추억담과 회고록을 모아 편집하시고 좋은 작품으로 만들어 주신 존경하는 편집위원 기타 모든 임원 동지 여러분께 심심한 감사와 찬사를 올립니다. 아무쪼록 이 한 권의 회고록이 죽는 날까지 조국에 충성하겠다고 다짐하며 살아가는 우리 행시10회 동지들의 마음을 하나로 묶는 끈이 될 것을 기대하며 또한 공직에 있는 공무원 후배들과 학계의 젊은 이들에게 좋은 참고자료가 되기를 빕니다.

행시10회동지회 제19대(현) 회장
정 덕 구

우리 행정고시10회 동지 여러분은 1971년 7월에 고등고시의 어려운 관문을 통과한 인재들로서, 고시 합격 후 정부 각 부처 및 사회 각계각 층에 배치되어 각자 맡은 분야에서 혁혁한 공적을 세웠습니다.

당시 총무처 서일교(徐一敎) 장관의 Elite Pool 제도 주창에 따라 소수의 인원만을 선발하던 행시제도가 합격자 수를 100여 명 수준으로 늘리도록 개선되었고, 그 결과 우리 10회 동지들은 다양한 분야에서 우 수한 인재들이 합격되어 정부 중요 부처에서 그 능력을 발휘할 수 있었 습니다.

특히 우리 동지들이 근무하던 시기는 우리나라가 본격적으로 경제 개발을 추진하던 시대로, 제 2·3차 경제개발계획의 입안 및 시행, 중 동 진출, 월남전쟁, 유신, 제5공화국 그리고 문민정부로 이어지는 격변 의 시대였으며, 이 시기에 우리 동지들이 정부 부처와 사회 중요 단체 에서 큰 현안마다 정책을 수립하고 추진하며, 결과 확인까지 주동적 역 할을 수행해온 역사의 주역들입니다.

우리나라 역사상 가장 역동적인 변화와 발전을 이끌어온 주체로서 그 현장에서 있었던 많은 이야기들이 있을 것입니다. 이들 중 많은 부 분은 공식적인 역사 기록으로 이미 세상에 알려졌지만, 30~40년이 지 난 지금, 그때 공개하기 어려운 사실들을 기록으로 남겨서 우리 후진들 이 정책을 수립하고, 추진하는 데 도움이 될 수 있도록 하는 것은 큰 뜻 이 된다고 할 것입니다. 이 뜻있는 일을 우리 동지들의 고시 합격 40주년이 되는 해에 착수하여 우선 13명의 동지들이 기록을 내주셔서 이번에 기록물로 출간하게 되었습니다.

이번에 발간하는 기록물이 일회로 끝나지 않도록, 앞으로도 계속 동지 여러분들의 기록을 정리하여 출간할 것을 동기회에서 약속 드리겠습니다. 아직까지 기록물 정리를 마치지 못하신 동지들께서는 바쁘시더라도 꼭 시간을 할애하셔서 정리를 완성하여서 제출해 주시어 우리의 이 기록집이 우리 시대는 물론 후세에도 소중한 자산이 될 수 있도록 합시다.

행시10회동지회 제18대(전) 회장
이 기방

| 머 리 말

 행시10회 출신들이 공직생활을 시작한 것은 1971년 7월부터이다. 그 이후 40년 동안 우리 고시 동기들은 정부에서 경제성장은 물론 지방행정, 문화, 국가보안 분야 등 모든 분야에서 나라 발전에 필요한 정책을 입안하고 집행하였다. 우리나라 산업화의 동력으로 일하였다.

 우리는 행정고시를 같은 시기에 합격했다는 인연과, 공직생활을 하면서 발전되어왔던 친밀한 유대관계를 10회 고시동기 모임으로 지속하고 승화시켰다. 그 과정에서 우리는 우리의 경험과 경륜을 우리나라 선진화에 활용하고자 한국경제사회발전연구원을 설립하였다. 이 연구원에서 정부는 물론 공공기관에서 발주하는 과제를 수행하였다. 다양한 과제에 대해서 여러 가지 연구를 하다 보니 우리가 실제 만들었던 정책과 이를 집행한 경험들을 종합적으로 정리하면 정책에 대한 주요한 자료가 되면서 21세기 선진화에 필요한 경험을 제공할 수 있다고 판단하기에 이르렀다. "행시10회 1971- 2011 공직40년 기록과 회고"가 탄생한 이유이다.

 우리는 공직생활을 하면서 모든 분야에서 시장을 만들어야 했다. 산업은 물론 금융, 정치, 행정 등 모든 분야에 대한 제도와 시장의 틀을 마련하는 것이 나라의 중요한 기능이었다. 산업적으로 보면 지금의 수출 주종을 이루고 있는 자동차, IT, 선박, 건설 등에 대한 시장이 형성되어 있지 않았다. 제도와 기본적인 규범도 전혀 없었다. 그러므로 이들 모든 분야에 대한 시장과 인프라를 마련하는 것이 우리가 해야 할 중요한 일이었다. 산업이 발전할 수 있는 기초기술, 연구개발은 물론,

이를 지원할 수 있는 조세, 금융, 제도 확립 등이 중요한 과제였다.

그 이후 1997년 외환위기는 세계화와 더불어 시장의 역할을 강화시켰다. 제한된 시간에 압축되고 집약된 성장에 따른 문제가 대두되었다. 이를 해결하기 위하여 경쟁과 개방은 필수였다. 우리는 시장을 전략적으로 개방하고 시장은 법과 질서에 맞는 경쟁체제로 바꾸어가게 되었다. 국가와 시장의 역할에 대한 논란, 시장질서의 확립은 물론 구조조정과 실업, 잠재성장의 확대 등이 새로운 정책과제로 대두되었다.

지금은 1퍼센트와 99퍼센트로 요약되는 양극화의 해결이 매우 큰 고민거리이다. 대기업과 중소기업의 관계 정립, 중소기업의 육성, 이에 따른 고용창출과 소득증대 등 구조적 문제와 자영업자에 대한 대책의 확대, 새로운 성장산업의 육성 등을 해결하여야 한다. 그리고 시장 실패에 따라 소외된 계층이 시장에 다시 들어올 수 있는 방안 등의 복지정책도 마련하여야 한다.

우리 행정고시 10회 공직자들은 이러한 시대적 변천과 정책의 다양화에 맞는 대책을 마련하고 부작용을 최소화하면서 시대가 요구하는 과제에 적극적으로 대응하면서 나라 발전에 성실하게 기여하였다. 행시 10회 기록과 회고는 우리 고시 동기들의 40년 동안의 공직생활 역사이다. 기억에 남는 그리고 앞으로 정책에 기여할 수 있는 분야를 스스로 뽑아서 그 일을 직접 담당했던 분들이 작성한 생생한 기록이다.

제1부는 재정경제 분야이다. 부가가치세 도입, 외환위기 수습과 WTO의 쌀 협상을 다루었다.

제2부는 상공·건설·보건 분야이다. 석탄산업의 구조조정과 더불어 토지공개념, 분당·일산 신도시 건설과 기업도시가 주요 과제로 논

의되었다. 박정희 대통령의 행정수도 건설계획도 다루어졌다. 더불어 IT산업 정책과 보건복지도 토의되었다.

제3부는 지방행정·문화·국가보안 분야이다. 구미수출 300억 불과 한국의 보릿고개 극복, 통일벼 쌀, 치악산 큰송이(포타렐라) 한국 이식과 광주 비엔날레 준비, KAL기 폭파범 김현희의 체포 등이 다루어졌다.

모든 분야에 옥고를 써주신 동기 여러분의 노고와 열정에 깊이 감사드린다. 아울러 우리의 기록과 회고가 해당 분야의 정책발전과 이에 따른 우리나라 선진화에 기여하길 기원한다.

2012년 3월 30일

편찬위원 대표
한국경제사회발전연구원 원장
이 규황

목 차

Contents

| 집 필 자 소 개

정 덕구 (鄭德龜)

* 위스콘신대학교 메디슨교경영대학원 경영학 석사
* 재정경제부 차관
* 산업자원부 장관
* 현 NEAR재단 이사장

이 재길 (李栽吉)

* 예일대학교 경영대학원 경영학 석사
* 주제네바 차석대사
* 도하개발아젠다(DDA)협상대사
* 주사우디아라비아 대사

서 주석 (徐周錫)

* 프랑스 그로노블대학 에너지경제학 박사과정 수료
* 통상산업부 자원 3·4심의관
* 특허청 국제특허연수원장
* 현 아주대학교 에너지학과 초빙교수

정 홍식 (鄭弘植)

* 연세대학교 경영대학원 경제학 석사
* 카이스트 명예 경영학 박사
* 정보통신부 차관
* 데이콤 대표이사 사장, 부회장

이 규황 (李圭煌)

* 미국 펜실베니아대학교 경제학 박사
* 건설부 해외건설국장, 토지국장
* 삼성경제연구소 부사장
* 전국경제인연합회 전무

김 종문 (金鍾文)

* 서울대학교 환경대학원 도시및지역계획 석사
* 주리비아 주재 한국대사관 건설관
* 성원건설 주식회사 사장
* (주)환영건설 회장

김 용문 (金龍文)

* 일본사회사업대학 사회복지학 박사
* 보건복지부 차관
* 동아인재대학 학장
* 한국보건사회연구원 원장

김 관용 (金寬容)

* 영남대학교 행정대학원
* 대통령 민정비서실 비서관
* 민선 제 1·2·3기 구미시장
* 민선 제 4·5기 경상북도지사

백 형조 (白亨祚)

* 동국대학교 대학원 경찰학 박사
* 경찰대학교 학장
* 전라남도지사
* 원광대학교 초빙교수

한 상철 (韓尙撤)

* 고려대학교 법과대학
* 민선 제 2기 원주시장
* 민주평화통일자문회의 부의장
* 민주당 강원도당 지방자치위원장

이 호조 (李浩助)

- 성균관대학교 행정학과
- 서울시 교통관리실장
- 서울시 시설관리공단 이사장
- 성동구청장

정 영식 (丁榮植)

- 성균관대학교 행정학 박사
- 대통령비서실 공직기강 비서관
- 광주광역시부시장, 목포시장
- 행정자치부 차관

최 진 (崔 震)

- 경희대학교 법과대학
- 주헝가리 대사관 참사관
- 주중국 대사관 공사
- 국가정보원 국장

제1부

재정경제 분야

외환위기 수습 참여

정 덕구

개인적으로 내가 겪은 외환위기 경험은 아주 특별하다. 우선 위기발생 원인의 생성과 축적, 위기의 확산, IMF 협상, 뉴욕외채협상, 외평채 발행, 저금리체제 전환, 금융·기업 구조조정, 중소기업 긴급보호 등 외환위기의 전 과정에 현역 경제관료로 직접 참여했다.

소를 잃는 데도 기여하고, 외양간을 고치는 데도 기여한 셈이다. 특히 이 과정에서 우리 경제의 배를 가르고 그 내부를 들여다보는 특별한 경험을 하였고, 호수의 물이 완전히 말라 바닥이 드러난 뒤 밑에 널려 있는 수많은 쓰레기를 치우는 경험도 하였다.

돌이켜 보면 1997년은 어려움도 많았지만 그 못지않게 아쉬움도 큰 해였다. 당시 정부가 좀 더 적극적으로 대처했더라면 온 국민에게 지독한 고통을 안긴 IMF사태를 미연에 방지할 수 있지 않았을까 하는 아쉬움 말이다. 위기가 목전에 닥치기 전까지 수차례에 걸쳐 경보음이 울렸건만 그때마다 이를 무시했다는 후회도 막급했다. 1997년 말 서울 힐튼호텔에서 밤을 꼬박 새우며 IMF와 자금지원 협상을 벌일 때, 그리고 1998년 초 뉴욕외채협상 테이블에서 도저히 받아들이기 힘든 조건들을 받아들여야만 했을 때 나는 참을 수 없는 모멸감과 울분으로 잠을 설치곤 했는데 그때마다 초동대응을 제대로 하지 못한 아쉬움이 가슴을 짓눌렀다.

1. 1980년대 초부터 누적돼 온 위기

1997년 한국의 외환위기는 어느 날 갑자기 닥친 환란이 아니었다. 과거로부터 서서히 누적돼 왔던 것이 외부 충격으로 한순간에 폭발했을 뿐이다.

돌이켜 보면 1980년대, 특히 우루과이라운드가 시작된 1987년부터 세계 경제시스템은 개방을 통한 경쟁체제로 급속히 바뀌었다. 국제정치 또한 냉전체제에서 탈냉전체제로 이행되면서 경쟁을 가속화시켰다. 이 과정에서 세계 각국의 최우선 과제는 바로, 생존하는 것이었다. 국가는 물론 기업과 개인 모두 경쟁에서 살아남기 위해 몸부림쳤다.

그러나 한국은 달랐다. 1987년 민주주의 체제로의 전환과 함께 정치가 경제를 압도하는 상황이 벌어졌다. 문제를 경제논리보다는 정치논리로 해결하려는 움직임이 사회 각 분야에서 일었다. 5년 대통령 단임정치의 폐해도 나타나기 시작했다. 게다가 세계는 급격히 탈냉전화하고 있었으나 한반도에서만은 여전히 남과 북이 대치하는 냉전체제가 지속되고 있었다.

국내의 정치·경제 지배구조 역시 낡은 면모를 벗어버리지 못하고 있었다. 대내외 상황이 변함에 따라 국내 정치와 경제구조 역시 그에 걸맞게 바뀌어야 했음에도 전혀 그렇지 못했다. 여전히 박정희식 개발모델에서 탈피하지 못한 채 제자리걸음만 반복하고 있었다. 더욱이 정치인-관료-재벌로 이어지는 트로이카 의사결정구조는 건재했고, 이를 대체할 시장형 의사결정기구와 새로운 정부기능은 아직도 싹을 틔우지 못하고 있었다.

이러한 가운데 5년 단임 대통령들은 자기 임기 동안의 전환기 관리비용을 지불하지 않고 이연|移延시키면서 위기관리 능력을 상실해 가고 있었

다. 특히 집권 말기에는 권력누수 현상으로 위기에 거의 손을 쓰지 못했다. 바로 이러한 취약 시기에 우리나라에 외환위기가 닥쳐왔던 것이다.

전환기적 상황에선 대의大義를 위해 소리小利를 희생시키는 다소 잔인한 선택이 필요하다. 하지만 우리나라의 5년단임 대통령, 또는 그 뒤를 이을 대통령 후보들은 오로지 자신의 정치적 입장을 강화하는 쪽에만 관심을 쏟고 있었다. 위기에 대한 근본적 처방을 내놓기보다 '표와 국민들 사이'에서 방황하고 있었던 것이다.

만약 한국 정치권과 정부가 1997년 8월 또는 9월에 집중력을 발휘해 위기를 관리했었다면, 또한 국회가 제때 금융개혁법안을 통과시켰다면 어떻게 됐을까 종종 생각해 본다. 아마 환란을 외화유동성 위기단계로 축소하고, 그 발생시점도 1998년 이후로 넘길 수 있었을 것이다.

하지만 그랬다 하더라도 한국 경제가 안고 있는 구조적 문제를 개선하지 않고서는 오래 버티지 못했을 것이며, 1998년 4월의 러시아 위기와, 1999년 7월의 대우그룹 부도사태, 그리고 그 이후 수차례 이어진 여진을 견디기 힘들었을 것이다.

2. 두 번의 경보음 외면

한국 경제가 깊은 수렁 속으로 빠져들던 1997년, 위기를 알리는 징후는 여러 차례 있었다. 첫 번째 경보음이 울렸던 시기는 한보철강 부도 이후 기아그룹 부도유예 적용 전까지라 할 수 있다. 이 기간 동안 '대기업 부도'라는 경제문제는 국회 청문회를 거치며 정치문제로 비화됐고, 그 과정에서 시중은행장들이 구속됐다. 특히 한보그룹의 여신을 맡았던 은행 임원은 자살로 생을 마감했다. 이런 일련의 비정상적인 사태가 이어지면서 금융권의 기능은 마비됐고, 이는 결국 기업 연쇄부도의 단초를 제공했다.

두 번째 경보음은 동남아 국가들의 외환위기였다. 이는 나라 밖에서 울려온 사이렌이라고 할 수 있다. 한국과 비슷한 경제구조와 성장역사를 갖고 있는 동남아시아 각국이 외환위기에 처했을 때 한국 정부는 한보와 기아사태로 인해 밖을 둘러볼 여유가 없었다. 무엇보다 기아그룹 문제를 이런저런 이유로 단숨에 해결하지 못한 채 시간을 끈 것이 가장 뼈아픈 패착이었다.

한보철강의 자금난과 부도설은 이미 1996년 7월부터 주식시장과 주변에 유포되고 있었다. 다만 1996년 9월부터 그해 연말까지 시중은행들이 4천억 원을 지원한 데 이어 1997년 1월 초 다시 1,200억 원을 긴급 지원해 간신히 시간을 벌고 있을 뿐이었다.

한보철강의 부도는 금융시장 경색이라는 후유증을 낳았을 뿐 아니라 한국 경제 전체에 큰 부담을 안겨줬다. 부도를 낸 한보철강의 1997년 2월 기준 자산은 5조 원이었다. 하지만 총부채는 그보다 1조 6천억 원이나 많은 6조 6천억 원에 달했다. 이 차액은 고스란히 금융기관의 손실로 돌아갔다.

3월 초에는 쌍용, 두산, 한일, 진로, 거평그룹 등이 위험하다는 루머가 증권시장 주변을 맴돌았다. 금융시장의 악순환으로 삼미특수강과 진로그룹이 부도를 냈다. 금융시장이 극도의 혼란에 빠질 위험에 처하자 은행들이 부도위기에 처한 기업의 어음을 일정 기간 돌리지 않기로 약속하는 부도유예협약을 맺었지만 미봉책|彌縫策에 불과했다.

대농, 한신공영, 부산 태화백화점 등이 법정관리를 신청했고, 기아그룹도 자금압박으로 위태위태했다. 한보그룹 부도 이후 신용위험에 민감해진 제2금융권이 부실기업 대출금을 회수하기 시작하자 기아그룹이 자금난에 빠진 것이다. 기아그룹은 과잉투자와 판매부진으로 부채가 많은 데다 단기부채비율이 50%가 넘었다. 기아그룹도 부도유예협약 대상으로 전락했다.

정부와 채권단의 기아 처리 방안은 단순 명확했다. 다른 부실기업과 마찬가지로 먼저 경영진을 퇴진시킨 뒤 채권단이 중심이 돼 각 계열사에 대한 정밀실사를 벌여 회생 가능한 기업은 살리고, 그렇지 못한 기업은 정리하는 것이었다.

문제는 이런 부실기업 메커니즘이 제대로 작동하지 않았다는 점이었다. 김선홍|金善弘 기아그룹 회장은 채권단의 퇴진 요구를 이런저런 핑계로 따돌렸다. 그러는 사이 시장에 악성 루머가 유포됐다. 금융시장에 불안이 커져 가자 정부는 기아자동차를 법정관리에 넣은 뒤 산업은행이 출자전환하는 방안을 내놓았다. 외국인 투자자들이 이를 기아의 공기업화, 국유화로 받아들여 주식을 대거 매도했다. 그로 인해 주가가 폭락했고, 한국의 대외 신인도가 크게 추락했다.

기아사태가 장기화하면서 무디스와 S&P|Standard&Poors 등 국제 신용평가사들이 한국의 국가신용등급을 낮췄다. 신용평가사들이 한국의 신용등급을 하향조정하자 국내에 들어와 있던 외국자본은 기다렸다는 듯 서울을 빠져나갔다.

3. 국가신용등급 추락

한국 금융시장은 1997년 10월 말부터 일대 혼란에 빠져들며 붕괴 조짐을 보이기 시작했다. 태국에서 시작된 동남아시아 외환위기가 마침내 서울에 도달한 것이다. 위기의식을 느낀 정부는 기아사태의 해결방안을 제시하고 사태수습에 나섰으나 국제 금융계의 마음은 이미 오래전

한국을 떠난 상태였다. 게다가 동남아시아 외환위기가 서서히 북상해 홍콩 주식시장마저 폭락을 거듭했다. 800억 달러가 넘는 외환보유고를 갖고 있던 홍콩도 국제 투기자본의 공격에 흔들리고 만 것이었다.

재경원은 10월 29일 채권시장 조기 개방과 현금차관 도입 확대, 예치 및 소지 목적의 외화매입 금지 등을 주요 골자로 하는 '금융시장안정대책'을 서둘러 내놓았다. 한국은행은 달러화에 대한 시중의 수요를 잡기 위해 시중은행에 1만 달러 이상의 달러를 구입하는 사람들에게 반드시 실수요증명서를 받도록 긴급 지시했다. 외환시장의 안정을 겨냥한 조치들이었다.

그러나 한번 신뢰를 잃은 외환시장은 정부의 뜻대로 움직여 주지 않았다. 환율이 급락하며 좀처럼 안정될 기미를 보이지 않자 재경원은 더욱 강력한 처방을 했다. 금리나 환율 가운데 하나를 포기하는 대신 한국은행이 보유하고 있는 외환 중에서 당장 사용할 수 있는 것을 투입해서 환율을 방어한 것이다.

상황은 여기서 끝나지 않았다. 10월의 마지막 날, 무디스는 국내 4개 주요 은행의 신용등급을 하향조정했다. 외환은행의 장기신용등급을 Baa1에서 Baa2로, 제일은행과 서울은행, 상업은행의 장기신용등급을 Baa2에서 Baa3로 떨어뜨렸다. Baa3는 투자부적격 단계인 정크본드 |Junk Bond 바로 위 등급이었다. 이날 환율과 코스피는 더욱 폭락했다.

막다른 골목에 몰린 느낌이었다. 재경원은 달러 이탈을 막기 위한 수단으로 외국인 주식투자 한도를 확대하는 등 갖은 방법을 동원했지만 소용없었다.

다급해진 정부는 일본에 도움을 요청했지만 일본 정부는 미국과 합의한 내용을 들며 거절했다. 동남아시아 외환위기가 확산되자 빌 클린턴 미국 대통령은 11월 초 일본 총리에게 보낸 공식서한을 통해 금융위기로 어려움을 겪는 나라가 생기더라도 양국 간 해결방식을 취하지 말고 IMF를 통해 지원받을 수 있도록 하라고 요청했다.

마지막 탈출구였던 일본으로부터 "도움을 줄 수 없다"는 통보를 받은 정부는 깊은 나락으로 빠져들었다. 이제 남은 방법은 IMF에 도움을 요청하는 길밖에 없었다.

4. 강경식 재경원 부총리 전격 교체

1997년 11월은 숨가빴다. 일요일에는 캉드쉬 총재와 강경식|姜慶植 부총리의 극비 회동이 있었고, 화요일에는 금융개혁법안의 국회통과가 무산됐다. 가장 바쁜 날은 19일이었다. 이날 아침 재경원 금융정책실은 오후 강경식 부총리가 발표하기로 예정돼 있었던 금융시장안정대책 보도자료를 만들고 내용을 점검하느라 정신이 없었다. 그러다가 10시쯤 청와대에 보고하러 들어갔던 강 부총리가 경질되고 후임으로 임창렬|林昌烈 통상산업부장관이 임명됐다는 소식을 들었다.

전혀 예상치 못했던 돌발 사태였다. 금융시장안정대책을 준비하느라 바삐 움직이던 금융정책실 직원들은 강 부총리 이임식에 참석하랴, 신임 임 부총리에게 보고할 현안자료 챙기랴 뭐가 뭔지 모르는 상황에서 눈코 뜰 새 없이 바삐 움직여야 했다.

당시 나는 재경원 살림을 총괄하는 기획관리실장 자리에 있었기 때문에 부총리 이임식과 취임식을 준비하는 일을 맡았다. 임 부총리는 취임식이 끝나자마자 부총리 집무실에서 윤증현 금융정책실장으로부터 전임 부총리가 준비해 놓은 금융시장안정대책에 대한 보고를 받았다. 임 부총리는 다른 내용에 대해서는 대부분 수긍했으나 환율변동폭을

15%로 확대한다는 대목에서 고개를 가로저었다. 외환시장의 상황으로 미뤄볼 때 환율변동폭이 늘어나는 만큼 원화가치가 절하될 것이 분명한데 확대 폭이 너무 크지 않으냐는 의견이었다. 임 부총리는 환율변동폭을 일단 10%까지만 확대해 놓고 시장상황을 지켜보자고 제안했다.

임 부총리는 "정부가 이번에 발표한 금융시장안정대책이 외국 기관 투자가들의 호응을 얻어 외채상환 기간이 연장되는 효과를 거둘 수 있을 것으로 기대한다"며 낙관론을 폈다. 강경식 전임 부총리는 이날 "IMF에 자금지원을 요청한다"는 입장을 밝힐 예정이었다. IMF행을 부인했다는 점에서 임 부총리는 전임 부총리와 거꾸로 간 것이었다.

당시 재경원 직원들은 임창렬 부총리의 기자회견을 지켜보면서 그가 일부러 IMF행을 강하게 부인하고 있다고 생각했다. 임 부총리는 일단 뭔가 노력을 해본 후 그래도 안되면 IMF로 가겠다는 판단에 그 같이 발언했을 것으로 여겨진다.

초기 위기대응에 실패하면서 그동안 묻혀 있던 한국 경제의 구조적 문제점들이 여기저기서 터져 나왔다. 각 부문이 최악의 상황으로 치닫는 악순환의 고리로 접어들었던 것이다. 외화유동성 위기는 금융위기로 이어졌고, 이는 경제 전반의 위기로 확산됐다. 아울러 대량실업과 자살 등 심각한 사회문제도 야기했다. 외화유동성 공급만으로 상황을 정리하기에는 위기가 너무 깊고 넓게, 그리고 길게 진행됐던 것이다.

이런 악순환의 고리를 끊기 위해 우리나라는 3개의 터널을 통과해야 했다. 첫 번째 터널은 IMF 등으로부터 자금을 지원받아 부족한 외화유동성을 확보하는 것이었다. 그 이후 우리는 위기가 재발하지 않도록 국제사회의 신뢰를 회복해야 했고, 그러기 위해서는 뼈를 깎는 구조개혁을 단행해야 했다. 그것이 두 번째 터널이었다. 세 번째 터널은 미시·거시경제를 선순환 궤도로 재진입시키는 것이었다.

1997년 11월 당시 한국 정부의 외환보유고는 계정상으로만 볼 때 적지 않은 수준이었다. 하지만 당장 사용가능한 외환보유고는 100억 달러도 채 되지 않았다.

5. IMF의 가혹한 협상 조건

1997년 11월 26일, 정부와 IMF 간 협상이 시작될 즈음 재경원 제2차관보로 자리를 옮겼다. 당시 재경원 제2차관보는 국제금융을 총괄하는 직책이었다. 나는 정부와 IMF 간 자금지원 협상을 맡게 됐다.

IMF는 한국 정부가 선뜻 받아들일 수 없는 가혹한 조건들을 제시했다. 한마디로 요약하면 '후진국형 경제체질을 선진국형으로 바꾸라'는 것이었다. 이를 두고 어떤 이들은 "당장은 입에 쓰지만 장기적으로는 몸에 좋은 보약"이라고 말하기도 한다.

그러나 IMF의 요구를 그대로 받아들일 수는 없었다. 체질개선은 하루아침에 이뤄지지 않기 때문이다. 그들의 요구대로 우리 금융시장의 빗장을 일거에 풀어 버리면 국내 금융기관이나 기업들은 막대한 불이익을 당할 수밖에 없다.

임창렬 부총리(오른쪽)가 1997년 12월 3일 정부제1청사에서 자신이 서명한 IMF 구제금융신청 의향서를 미셸 캉드쉬 국제통화기금(IMF) 총재에게 넘겨주면서 악수를 하고 있다.

재경원 협상팀은 한국의 경제상황을 최대한 반영한 협상조건을 IMF에 내밀고 이를 관철시키기 위해 노력했지만 쉬운 일은 아니었다. 한국 경제 시스템이 붕괴된 것을 눈으로 확인한 IMF 협상팀은 한국 정부가 제시하는 자료조차 믿으려 하지 않았다.

IMF는 기본적으로 자유시장경제를 표방하고 있다. 그 나라가 IMF의 조건들을 수용하게 되면 그 나라의 경제 시스템 또한 자연스럽게 아메리칸 스탠더드에 맞춰지게 된다. 거칠게 말하면 IMF의 조건을 수용한다는 의미는 곧 미국 경제의 우산 아래로 편입되는 것을 뜻한다. 재경원 실무팀은 IMF와의 협상과정에서 미국의 이 같은 속셈을 피부로 느낄 수 있었다.

재경원은 협상팀을 구성한 뒤 곧바로 협상전략을 세웠다.

IMF와의 협상에서 집중적으로 거론될 분야는 금융부문 구조조정이라 예상했다. 그중에서도 금융기관 통폐합 문제가 가장 큰 걸림돌이었다. IMF는 부실 금융기관을 정리하라고 요구할 가능성이 높았다. 재경원은 영업폐지보다는 합병과 영업양수도-어떤 회사의 영업사업 부문을 다른 회사에 매각하는 것-등을 통해 부실 금융기관 문제를 해결하도록 노력하기로 했다.

6. 눈물의 합의서 초안

1997년 11월 28일 금요일은 IMF와 협상을 벌이던 재경원 직원들에게 몹시 바쁜 하루였다. 이날은 한국 정부와 IMF 간의 협상에서 분수령이 된 날이었다. 임창렬 부총리는 이날 일본으로 건너가 미쓰즈카 대장상에게 도움을 청했다. 미쓰즈카는 "한국이 무너지면 일본도 흔들린다"며 IMF와 별도로 한국에 달러를 지원해야 한다고 강조했으나 하시모토 류

타로|橋本 龍太郎 총리는 "IMF 지원을 받는 게 옳다"며 거절했다. 김영삼|金泳三 대통령까지 나섰지만 요지부동이었다.

일본이 등을 돌리자 IMF와 협상을 벌이고 있던 재경원은 상심했다. IMF가 무리한 요구를 하더라도 한국 정부로서는 수용할 수밖에 없는 '막다른 코너'에 몰린 것이다.

이날 오후 클린턴 미국 대통령이 청와대에 전화를 걸었다. 클린턴은 김 대통령에게 "한국의 외환위기는 심각하다. 서둘러 IMF와 협상을 끝내야 한다. 그러지 않으면 한국은 심각한 국면에 처할 수 있다"고 말했다. 점잖은 조언이었지만 속뜻은 경고에 가까웠다.

클린턴 대통령의 전화 한 통은 위력이 컸다. 김영삼 대통령은 곧바로 강만수|姜萬洙 차관에게 전화를 걸어 IMF와의 협상을 서둘러 12월 초까지 끝내라고 지시했다. 지지부진하게 진행되던 협상이 활기를 띠기 시작했다.

재경원은 일단 협상에 꼭 필요한 소수 정예로 별도의 협상팀을 구성해 힐튼호텔에 투입하기로 했다. 내가 IMF 협상의 전면에 나선 것은 바로 이 시점이었다. 강만수 차관이 힐튼호텔에 파견된 한국 협상단의 수석단장이었고, 나는 교체 수석대표였다.

힐튼호텔로 집결하라는 명령을 받은 것은 11월 28일 늦은 오후였다. 상황이 상황이었던 만큼 한국 협상단의 의지는 결연했다. 11월 28일 힐튼호텔에서의 첫날밤, 한국 협상단은 한데 모여 IMF의 요구사항이 무엇일지 점검하고 그에 대한 대응논리를 찾느라 밤을 꼬박 새우다시피 했다.

한국 협상단이 밤샘 논의를 끝내고 잠깐 쉬기 위해 각자의 방으로 흩어진 29일 새벽 6시 30분쯤 IMF 실무협상단이 자금지원 조건을 제시해 왔다. '대기성 차관|借款의 정책이행 조건'이란 명칭의 문건, 이른

바 합의서 초안이었다.

 '한국 정부는 앞으로 3년간 IMF와 합의한 대기성차관협정을 수용하는 조건으로 IMF로부터 재정지원을 받는다.' 합의서 초안은 이렇게 시작되고 있었다.

 이어 한국 정부와 IMF가 합의해야 할 3년간의 경제조정 프로그램 내용이 조목조목 구체적으로 적혀 있었다. 이 초안에 임창렬 부총리와 이경식 한국은행 총재가 서명해서 IMF 이사회에 제출하면 협상은 끝나는 것이었다.

 협상조건을 꼼꼼히 읽어 보던 한국 협상단의 얼굴은 점점 어두워졌다. IMF가 제시한 조건을 그대로 수용하기에는 한국 경제와 국민들이 겪어야 할 고통이 너무 컸기 때문이다.

7. 3당 후보의 각서까지 제출

합의서 초안이 제시된 이후 12월 3일까지 약 5일 동안 한국과 IMF의 실무협상단은 열 차례 이상 합의서 초안을 수정하고 또 수정했다. 협상이 그만큼 치열했다.

 IMF와 가장 첨예하게 맞붙었던 쟁점은 부실 종금사 가운데 몇 개를 폐쇄할 것인가 하는 것이었다. IMF에서는 합의서가 IMF 이사회에 올라가기 전에, 즉 캉드쉬 총재와 임창렬 부총리가 합의서에 공식 사인하기 전에 12개 부실 종금사를 퇴출시키라고 요구했다. 오랜 줄다리기 끝에 재경원은 청솔, 경남, 경일, 고려, 삼삼, 신세계, 쌍용, 한솔, 항도 등 9개 종금사의 업무를 정지시켰다.

 여기서 한 가지 해 두고 싶은 말은 "종금사를 먼저 정리해야 달러가 들어온다"는 IMF의 주장에 밀려 협상이 타결되기 전에 종금사를 무더기로 영업정지시켰지만, 당시 일부에서 문제 삼았던 것처럼 정부가 부실은행을 살리기 위해 종금사를 희생시켰다거나, 영업정지 대상 종금사를 선정하는 과정에 어떤 의도가 개입된 사실은 결코 없었다는 것이다.

12월 3일 아침 7시 35분. 그동안 나이스 단장을 원격조종하며 한국을 애먹이던 캉드쉬 총재가 김포공항으로 입국했다. 임창렬 부총리와 김영삼 대통령 등을 만나 한국 정부를 굴복시키기 위해 온 것이다. 임 부총리와 캉드쉬 총재는 곧바로 회의에 들어갔다. 한국 협상단에서는 내가, IMF 실무협상단에서는 나이스 국장이 배석했다.

네 사람이 협상에 대해 전반적인 이야기를 나누던 중 캉드쉬 총재가 갑자기 임 부총리와 할 얘기가 있다며 나와 나이스 단장에게 자리를 비켜달라고 요청했다. 나는 방에서 나오면서 순간 새롭고 까다로운 조건이 추가되는 게 아닌가 하는 불길한 예감에 사로잡혔다. 아니나 다를까, 20~30분이 지나서 임창렬 부총리가 나를 방으로 부르더니 한국말로 "저 친구가 꽤 까다롭게 나오는구먼, 3당 대통령 후보의 각서를 받아 오래. 일단 청와대에 보고를 해야겠지"라고 말하는 게 아닌가. 머리를 망치로 한 대 얻어맞은 느낌이었다. 자금지원 합의서까지 작성해 놓고 서명식만 남겨 놓은 상황에서 새삼 밀고 당기기를 할 처지도 아니었다.

청와대에 캉드쉬 총재의 요구를 있는 그대로 보고했다. 보고를 받은 청와대 경제수석실도 황당하기는 마찬가지였을 터였다. 그쪽이라고 별다른 묘책이 있을 리 만무했다. "캉드쉬 총재가 요구하는 대로 해야지, 어쩔 도리가 없는 것 아니냐"는 김영삼 대통령의 의중을 전해 들은 게 오전 10시 30분쯤이었다. 오전 중 하기로 했던 서명식은 오후로 미루고 가능한 한 빠른 시간 안에 3당 후보들로부터 각서를 받아 오는 수밖에 다른 방법이 없었다.

3당 후보의 각서를 받는 임무는 내게 떨어졌다. 일단 총지휘는 내가 맡고, 재경원 고위간부들이 직접 3당 후보를 찾아가서 서명을 받아 오기로 했다. 한나라당 이회창|李會昌 총재에게는 강만수 차관이, 국민신당 이인제|李仁濟 후보에게는 안병우|安炳禹 차관보가 가기로 했다. 문제는 당시 제1야당이었던 국민회의 김대중|金大中 후보였다. 여당과 정부의 실정|失政으로 나라 경제가 나락에 떨어진 만큼 그 책임은 여당과 정부가 져야 한다는 것이 국민회의와 김대중 후보의 일관된 입장이었다. 쉽게 각서에 서명하지 않을 게 뻔했다. 이리저리 궁리하던 끝에 평소 잘 알고 지내던 김원길|金元吉 정책위의장에게 도움을 청하기로 했다. 김원길 의장은 오랫동안 재경위에서 활동했던 국민회의 내 경제통이어서 재경원의 딱한 처지를 이해해 줄 것으로 믿었다. 우여곡절 끝에 3당 후보의 각서를 모두 받았다.

8. 3당 후보 성격 드러낸 각서

각서에는 현 정부와 IMF 간에 체결된 협약 내용을 성실히 이행하겠다는 3당 후보들의 약속이 담겨 있었다. 각서에 서명을 하는 데도 3당 후보의 성격이 그대로 드러났다. 이회창 후보는 재경원에서 만든 원안에 직접 서명했고, 이인제 후보는 재경원의 원안에 자신의 인장으로 박범진 사무총장이 대신 날인하게 했다. 그러나 김대중 후보는 재경원 원안을 일일이 살펴본 뒤 일부 문장이 마음에 들지 않는다며 수정했다. 김대중 후보는 각서를 받으러 온 김원길 의장에게 IMF 사태를 촉발한 책임은 현 정부(김영삼 정부)에 있다는 것을 못 박고, 그렇지만 앞으로 IMF와의 약속은 성실히 이행하겠다는 내용을 첨부하라고 지시했다. 김원길 의장은 재경원 원안 대신 별도의 각서를 따로 작성해 김대중 후보에게 서명을 받았다.

이틀 뒤인 12월 5일 미국 워싱턴 소재 IMF 본부에서는 IMF 이사회가 열려 약 6시간에 걸친 격론 끝에 한국에 대한 자금지원 승인이 떨어졌다. 서명식이 끝난 뒤 임창렬 부총리는 침통하고 회한에 찬 어조로 대국민 담화문을 낭독했다. 이어 캉드쉬 총재가 나와 이번 협상을 계기로 한국 경제가 거듭날 것을 기대한다는 내용의 성명서를 발표했다.

임창렬 부총리(가운데)와 이경식 한국은행 총재(오른쪽)가 1997년 12월 3일 정부제1종합청사에서 IMF 구제금융신청 의향서에 서명하는 모습을 미셸 캉드쉬 IMF 총재(왼쪽)가 바라보고 있다. 뒷줄 왼쪽에서 세 번째가 필자다.

나는 가끔 서명식 당시 사진을 꺼내 보곤 하는데 사진에 잡힌 내 표정은 너무나 침통하다. 아마 내가 갖고 있는 사진 가운데 가장 침통한 표정이리라. 임창렬 부총리와 캉드쉬 총재가 앉아서 합의서에 서명하는 바로 뒤에 내가 서 있다. 어두운 표정으로 고개를 푹 숙이고 서 있는 그 사진을 보면 지금도 당시의 참담했던 심경이 떠올라 가슴이 먹먹해진다. 정말이지 치욕적인 역사의 한 장면에 내가 서 있었던 것이다.

나는 이후 재경부 차관이나 산업자원부 장관을 지내면서 힘들 때면 당시의 사진을 꺼내 보곤 했다. 내가 이 사진을 소중히 여기는 이유는 그 사진 속에 있는 내가 그 어느 때보다 겸손한 마음을 지니고 있기 때문이다. 그 사진을 보면서 당시의 치욕과 부끄러움을 되새겨 스스로를 낮추게 되고, 그런 마음으로 일상에 임하면 틀림없이 실수가 적어진다. 성공보다는 실패가 우리 삶에 더 큰 교훈을 준다는 것을 나는 그때 뼈저리게 느꼈다.

9. IMF 자금지원 그 후

한국 정부가 IMF에 구조를 요청한 이후 우리는 1997년 12월 3일 IMF 스탠바이 협정자금을 비롯해, IMF 긴급고리자금인 SRF|Supplementary Reserve Facity 자금, IBRD와 ADB 등 개발금융기관 지원자금, G7 등 선진국들의 후원자금 등을 포함해 총 575억 달러에 달하는 대규모 자금 공급 계획을 확정했다.

그러나 이 같은 자금공급 계획은 구제금융 지급조건이 현실에 맞지 않는 등 불합리한 점이 많았고, 지급 스케줄 또한 지나치게 먼 미래에 배분되었기 때문에 발표 직후부터 시장의 신뢰를 받지 못했다. 그 결과 유동성위기는 더욱 심화되고 말았다.

미셸 캉드쉬 국제통화기금(IMF) 총재가 1998년 1월 12일 김대중 대통령 당선자를 만나고 있다. 왼쪽부터 휴버트 나이스 IMF 아·태 국장, 캉드쉬 총재, 김대중 당선자, 박태준 자민련 총재

특히 초기 대응과정에서 IMF와 미 재무부가 상황을 정확히 파악하지 못해 늑장 대응한 데다, 한국 정부도 처음에는 대통령 선거 바람에 휩쓸려 어정쩡한 태도를 보임으로써 외화유동성 위기가 금융위기, 경제위기로 확산되는 결과를 초래했다.

외화유동성 위기의 불길은 한국의 대통령 선거가 끝나고 나서야 잡히기 시작했다. 소방수인 IMF가 갖고 온 물은 거센 불길을 잡기엔 턱없이 부족했다. IMF가 초기 진화에 실패한 가운데 외환위기의 불은 때마침 불어 온 대통령 선거란 세찬 북서풍을 타고 더욱 확산됐다. 대통령 선거가 끝나고 나서야 불길은 조금씩 약해졌고, IMF와 한국 정부 사이에 존재하던 불신과 불확실성이 정리되면서 급격히 누그러졌다.

한국 정부는 1997년 12월 21일부터 12월 24일까지 IMF와 세칭 'IMF 플러스'라고 불리는 수정협상을 벌여 200억 달러에 달하는 IMF 자금을 조기에 제공받기로 합의했다. 큰 불길이 잡히는 순간이었다. 그러나 대형 화재로 이어질 불씨는 여전히 남아 있었다. 그것은 바로 국내 금융기관들의 단기외채였다. 1997년 12월, IMF와 G7을 중심으로 한 채권국들은 상호 합의하에 자국 채권은행들에 대한 행정지도에 나서 채권회수를 막아 주고 있었다. 하지만 상황은 매우 불안정하고 유동적이었다.

한국 정부는 1998년 1월 18일 뉴욕에서 채권은행단과 외채 만기연장 협상을 벌이기 시작했다. 218억 달러에 달하는 외채의 만기를 1년, 2년, 3년으로 연장하고, 기간마다 각기 다른 금리를 적용하는 것이 협상의 골자였다.

뉴욕외채협상이 진행되던 1998년 1월 26일 인도네시아가 지불유예 선언을 해 상황이 악화되기도 했으나 국제 금융시장에서 한국의 새 정부 정책에 신뢰를 보내며 협상은 급물살을 타게 되었고, 마침내 1998년 1월 29일 외채 만기연장 협상은 기대 이상의 성과를 거두며 성공적으로 마무리된다.

1998년 1월 3일 서울역 앞 대우센터 로비에서 열린 '나라경제 살리기 위한 금모으기운동'에 반지와 목걸이 장신구 등을 가지고 나온 사람들이 북적거리고 있다.

외화유동성 위기가 어느 정도 정리되자 김대중 정부(1998.2.25 취임)는 위기의 단초가 된 한국 경제와 사회의 구조적 문제, 즉 비시장적 요소들을 시장형으로 전환하는 대대적인 구조개혁에 착수한다.

김대중 정부는 금융부문, 기업부문, 노동부문, 정부 등 공공부문의 4대 부문에 대한 개혁을 표방하며 엄청난 규모의 공적자금을 투입했다. 그 결과 금융과 기업부문의 개혁은 가시적 성과를 거두었으나 노동부문과 공공부문에 대한 개혁은 강한 정치적 저항에 부딪혀 중도에 포기하고 말았다. 특히 2000년 4월의 개혁은 더 이상 내실 있게 추진되지 못했다. 결국 4대 부문 개혁은 막대한 재정적자만을 초래한 채 절반의 성공에 그치고 말았다.

대우그룹의 도산은 겨우 위기진정 국면으로 접어들던 한국 경제를 다시금 뒤흔들어 놓았다. 막대한 규모의 추가 공적자금이 투입됐고, 그 여파를 극복하는 데에도 많은 노력이 필요했다.

아울러 기업들이 연쇄 도산하고 구조조정 과정에서 퇴출된 노동자들이 크게 늘어나면서 한국 경제는 총량면에서 마이너스 성장률을 기록했다. 자칫 악순환의 궤도에 빠져버릴 수도 있는 형국이었다.

따라서 우리나라의 최우선 과제는 경제를 선순환 궤도로 바꾸어 놓는 것이었다. 이를 위해서는 수출을 정상화해 무역수지를 흑자로 돌려 놓아야 하고 생산과 출하, 제조업 가동률 등을 증가시켜 새로운 일자리를 창출해 실업률을 감소시켜야 했다.

아울러 적절한 유동성관리를 통해 성장에 필요한 통화를 공급하고 과잉유동성에 의한 물가상승과 실물자산 투기가 발생하지 않도록 조치를 취해야 했다.

10. 세계를 보는 국민의 시각 변화

그러나 2000년 이후 정부는 지나치게 총량지표의 호전에만 관심을 보였고, 이러한 확장적 재정금융정책으로 도처에 버블이 형성되기 시작했다. 게다가 2000년으로 접어들면서 다시 정치의 계절이 시작됐다. 노동부문에 대한 개혁은 제대로 추진되지 못한 채 도처에서 저항에 직면하고 있었으나 총선을 의식한 정부는 이에 제대로 대응하지 못했다. 공기업 민영화 등 공공부문에 대한 개혁 역시 강한 반발에 부딪혀 추진력을 잃고 말았다.

이러한 가운데 김대중 대통령은 외환위기의 조기 극복을 정치적 성과로 내세워 총선에서 승리해야 한다는 정치적 필요성을 절실히 느끼고 있었다. 그러나 당시 한국 경제는 아직 세 번째 터널 속에 갇혀 있었다. 김대중 정부는 엄청난 규모의 실업을 해소하는 데 정권의 생사를 걸 수밖에 없었다. 특히 청년실업 문제를 해결해야 했다. 기존의 취로사업형 일자리 창출은 실업문제를 해결할 근본대책이 아니었다.

김대중 정부는 IT산업을 중심으로 한 벤처기업 육성에도 적극 나섰다. 그러나 짧은 기간 동안 너무 강한 지원책이 동원됨으로써 IT부문에 버블이 생기고 금융·재정지원 효과가 제대로 발휘되지 못하면서 연쇄도산과 각종 비리사건에 빠져들고 말았다.

내수부문의 진작을 통해 경제성장 기조를 선순환 기조로 돌려놓으려는 정부의 정책은 신용카드의 남발로 이어졌고, 이는 결국 급격한 가계부채 증가와 신용불량자 양산이라는 부작용을 낳았다. 또한 저금리 정책의 결과 확대된 과잉유동성이 신용카드 버블과 만나 화폐의 유통속도를 가속화시키고 부동산 등 실물투기를 부추겨 결국 경제의 안정성마저 해치게 됐다.

외환위기를 계기로 한국은 과거 30년간 유지해 온 박정희식 개발모형(양적성장 정책)의 한계를 인식하고 경제발전 전략을 전면 수정하기에 이른다.

1987년 이후 한국 사회는 민주화체제로 이행됐다. 하지만 경제발전 전략은 특별히 변한 게 없었다. 관치금융과 정경유착 관행은 여전히 뿌리 깊게 남아 있었고 정치권과 관료, 그리고 재벌로 이어지는 3각 지배구조는 그대로 존속해 있었다.

외환위기는 이런 구조를 한순간에 바꾸어 놓았다. 개방화와 세계화를 통해 우리 경제구조는 시장형으로 넘어갔고, 양적 성장 위주의 전략도 경쟁력 제고를 통한 생존에 무게중심을 두는 쪽으로 변했다.

1998년 IMF의 캉드쉬 총재는 한국의 외환위기가 전화위복의 기회를 제공할 것이라고 말했다. 당시 국제금융계의 시각도 이와 별반 다르지 않았다. 그러나 위기에 수반되는 고통이 크고 부수적으로 많은 문제점들이 발생할 수 있다는 사실을 고려한다면 위기를 전화위복의 기회라고만 보는 데에는 무리가 있다는 게 내 생각이다.

다만 위기를 통해 한국 국민들이 세계를 바라보는 시각을 바꾸고, 새롭게 정립한 경제관을 바탕으로 스스로를 채찍질해 왔다는 것은 사실이라는 점에서 위기가 웨이크업 콜|Wake up call 역할을 충분히 했다고 본다.

WTO 쌀 협상

이 재길

1. 들어가기

1993년 말 전국을 들끓게 했던 우루과이라운드|Uruguay Round 쌀 협상이 종결된 지 10년. 대통령 자리를 걸고서라도 개방을 막겠다던 쌀이 다시 도마에 오르게 된 2004년, 나는 외교통상부 통상교섭본부에서 DDA 협상실장으로 WTO 협상을 총괄하고 있었다.

　UR에서 한국은 끝까지 버텨 쌀에 대한 관세화를 10년간 유예 받았으나 유예의 조건으로 국내소비량의 1~4%에 상당하는 외국 쌀을 저율관세 수입량|TRQ으로 허용하여 1995년 51천 톤(1%)을 시작으로 최종연도인 2004년도에는 205천 톤(4%)을 의무적으로 수입하도록 되었다. 이와 같이 최소물량 접근을 허용하는 대신 쌀의 관세화는 막아내었지만, 10년 후, 즉 2005년 이후의 관세화유예 지속 여부는 '2004년에 재협상하며 연장 시에는 이해관계국에 대해 추가적이고 수락가능한 수준의 양보|Additional and Acceptable Concessions가 필요하다'[1]라고 되어 있어, 쌀 개방을 둘러싼 국내 갈등이 다시 점화되는 계기가 되었고 나는 그 첨예한 갈등의 한복판에서 협상을 책임지는 수석대표를 맡게 되었다. 돌이켜보면 1993년 12월 15일 UR이 타결되던 날, 당시 주 제네바대표부에

---

1) WTO 농업협정 부속서, 5B, 8항 및 9항.

는 행시10회 동기로 서승일 재무관, 이종화 경협관, 그리고 내가 상무관으로 근무하고 있었는데, 7년 반을 끌어온 UR 타결을 자축하는 자리에서 앞으로 10년 후 쌀 재협상 문제가 나올 때에는 가급적 협상대표를 피하는 것이 좋을 것이라고 농담을 주고받았는데 그토록 모두 기피하던 일을 내가 맡게 될 줄이야 누가 알았을까.

2. 우루과이라운드 농업 협상에서 쌀 문제 처음 제기

그러면 독자의 이해를 위해 우루과이라운드 농업 협상에서 쌀 문제가 어떻게 다루어졌는지 먼저 살펴보기로 한다. WTO 전신인 GATT체제에서는 농산물이 다른 상품과 다르게 취급되었는데, 그 이유는 농산물은 대부분의 국가에서 사회 · 정치적인 요인과 식량안보 등을 이유로 보조금 지급이나 수입장벽 등을 통해서 광범위한 규제를 실시하고 있었기 때문이다. 따라서 세계무역에서 1993년 기준 12%의 비중을 차지하는 농산물 교역을 다자무역체제에 포함시키지 않고서는 진정한 무역자유화를 실현시킬 수 없다는 주장이 농산물수출국을 중심으로 거세게 제기되었고 농업 협상이 UR의 주요한 협상의제에 포함된 것이다.

우리나라 입장에서는 대부분의 주요 농산물이 수입농산물에 비해 가격경쟁력이 취약하고 특히 쌀의 경우에는 농가소득 중 농업소득의 50% 이상을 차지하고 있어 농산물에 대한 보조금 삭감이나 전면적인 수입자유화는 우리 농업에 큰 위협이 될 것이므로 UR 농업 협상에 대한 국민적인 관심이 제고되었다. 그러는 와중에 우리 정부를 당혹스럽게 만든 것은 1991년 11월 발표된 던켈 당시 GATT 사무총장의 최종협정안에서 모든 농산물 수입규제조치에 대한 포괄적 관세화|Comprehensive Tarrification, 즉 '예외 없는 관세화'를 시장개방의 기

본원칙으로 제시한 것이었다. 농산물 교역에 대한 '포괄적 관세화'는 각 국이 그동안 유지해 왔던 각종 수입규제조치를 철폐하고 기준시점의 국 내가격과 국제가격의 차이를 관세로만 보호할 수 있다는 것인데, 문제 는 이와 같은 보호관세도 일정기간 감축하도록 되어 있다는 점이다. 우 리나라 쌀의 경우 관세화조치에 따르는 경우 전면적인 수입자유화조치 를 취해야 하며, 국내가격과 국제가격의 차이가 많아 그 차이를 고율관 세로 보호할 수 있지만 일정기간동안 점차 관세율을 인하하여야 하기 때문에 우리 쌀 농업에는 막대한 피해가 예상되었다.

이에 따라 우리 정부도 주요 농산물을 관세화유예 품목에 포함시키려 는 노력을 경주하였으나, 종국에는 '쌀'만을 10년간 관세화유예 품목에 포함시키는 데 성공하였다. 그러나 관세화유예의 대가로 한국 정부는 매 년 일정량의 쌀을 최소시장접근으로 수입하여야 하며, WTO 협정 발효 (1995년) 후 10년이 되는 시점인 2004년도에 관세화유예를 연장하는 협 상을 진행할 수 있되 그해 말까지 종료하도록 특례조항이 설정되었다.

나는 UR 쌀 협상 과정을 제네바 현지에서 직접 겪으면서 부처 간 갈등에 따른 혼선, 그리고 김영삼 대통령이 나서서 클린턴 대통령과 전 화 통화를 하여 직접 해결하려고 하였으나 실패하고 대국민사과 및 쌀 개방 불가피성의 설득에 나선 일, 그리고 협상 종료 이후에도 국무총리 및 농수산부 장관의 사임 등 한동안 국내 정치적으로 휘몰아친 쌀 개방 의 후유증을 지켜보면서 쌀 문제의 정치·경제·사회적 민감성을 더욱 실감하게 되었다.

3. 우리나라 농업정책과 농업개방을 둘러싼 이해관계

쌀 협상에 대한 논의를 진행하기 이전에 먼저 우리나라의 농업정책과 농업부문을 둘러싼 이해관계에 대한 설명이 필요하다고 생각된다.

농업부문은, 1960년대 초 우리나라가 수출주도 경제개발정책을 취한 이후 GDP에서 차지하는 비율이 계속 줄어들어 왔다. 1963년 GDP의 44%였던 농업의 비율이 1970년에는 31%로 떨어졌으며, 1980년에는 약 14%로, 그리고 2000년에는 4.2%로 떨어졌다. 농업부문에 고용된 인원 비율은 1963년 60%에서 1973년 48%로 떨어졌으며 1980년에는 34%로, 그리고 2000년에는 9%로 떨어졌다. 이는 상대적으로 제조업이나 서비스산업에 비해 한국의 농업분야의 생산성이 현저하게 떨어진다는 것을 의미하였다.

농업 정책 목표는 식량자급 달성과 도시와 농촌 간 소득의 균형을 어느 정도 유지하는 것이었다. 1970년대 초반 이후로 식량안보에 대한 강조는 식량을 목적으로 한 쌀과 보리에 대한 자급달성 목표로 대표되었다. 아울러 농촌과 도시 간의 소득격차 해소를 위해 각종 형태의 보조금이 지원되었다.

1980년대에 걸쳐 한국 농산물의 규제는 공산품보다도 훨씬 더 많이 완화되긴 했으나, 농산물에 대한 보조는 계속적으로 시행되었다. 추정치에 따르면 1990년에 평균적으로 농업보조는 공산품에 비해 6배나 높았다. 특히 자급자족이 될 수 있는 일부 곡물부분, 특히 쌀 생산부문에서도 높은 비율의 보조가 진행되고 있었다. 농업의 명목보호율|Nominal Ratio of Protection은 1960년에 −15%였던 것이 1970년에는 30%로 증가하였고, 1988년에는 100% 이상 증가된 것으로 추정되었다. 1990년의 경우 쌀은 311%, 보리 292%, 대두는 211%의 명목보호율을 각각 보였다. 한편, 쌀, 보리에 대한 이중가격제는 정부의 재정적자를 누적시켰다. 이러한 측면들은 인구의 다수인 비농업 활동인구가 소수인 농업종사자들의 생산활동에 보조금을 지불하고 있었음을 뜻했다. 한 연구결과에 따

르면, 1990년 한국의 농업에 대한 총지원 비용은 GDP의 7.4%에 해당하고 이 비용으로 GDP가 1.7% 가량 하락하는 것으로 추정되었다.[2]

한국의 농업부문은 1986년 출범한 우루과이라운드(UR)를 계기로 본격적으로 개혁·개방이라는 도전에 직면하게 되었는데, UR 초기에는 우리 정부 내에서도 농업 협상에 대한 뚜렷한 목표 없이 선진국의 움직임에만 주의를 기울이는 상황이었다. 그러다가 1989년에 와서 한국정부는 '개방을 통한 국내 산업구조 조정, 과도한 시장개방 압력 예방, 선진국의 선별적인 수입규제 최소화, 통상마찰 관리능력 증대 및 교역대상국의 다변화 추진 등'을 1990년대 한국의 통상정책 과제로 정하고, 농업부문의 UR 협상목표로서 '농업 협상에서 구조조정문제를 최대한 반영'하고, '동시에 구조조정노력이 허용하는 한 경제의 효율성 향상을 위한 능동적 시장개방 추진'을 설정하였다. 즉, '전체 산업구조조정 차원에서 농업을 경쟁력 있는 산업으로 육성하고 농업 내부에 남아 있는 비효율적 부분의 개선 및 국제경제와의 연계하에 농업의 구조조정을 추진'하는 것을 주요 내용으로 하고 있다.

그러나 우리 정부의 UR 협상목표가 정해질 무렵 농업부문의 시장개방 논의는 경제적인 논리의 영역에서 점점 멀어져갔고, 정치적인 논리로 개방에 반대하는 세력이 결집되는 계기가 되었다.

4. 농산물시장 개방문제는 정치적 이슈

모든 정부가 농산물 개방문제로 고심하는 이유는 무엇보다도 농산물개방과 관련된 이익집단의 수가 많고 각자의 이해관계가 복잡하게 얽혀 있기 때문이다.

---

2) GATT, 1992년.

농산물 개방으로 직접적·경제적 영향을 받는 이익집단으로는 농산물의 생산자인 농민과 농산물 소비자가 있다. 한국의 대표적인 농민단체는 농민의 이익을 대변하는 농업협동조합, 업종별. 지역별 생산자단체 및 협회, 그리고 농민운동단체(전국농민회 총연맹 등) 등이며, 농산물 소비자단체는 거의 존재가 미미한 상태이다. 농민단체의 활동은 UR협상 후반기와 종료 이후에 가장 활발했으며, 본격적인 활동이 시작된 시기는 전국농민회 총연맹(전농)이 결성된 1990년부터이다.

우리나라에서는 다수의 공익, 시민단체들이 소득수준이 낮은 소외계층으로 인식되는 농민에게 경제적 피해를 주는 농산물 개방을 사회복지·사회 정의 차원에서 적극적으로 반대하고 있고, 더 나아가 농산물 개방 저지를 민주화운동의 연장선으로 간주한 민주화·운동권 세력도 이해당사자 그룹이 되었다.

또한 농산물 협상 결과에 영향을 받는 공산품과 서비스 생산자 단체들은 농산물 개방을 지지할 충분한 동기를 가지고 있었다. 농산물 협상 실패로 UR 협상 자체가 무산되면 수출산업은 수출을 확대할 기회를 잃게 되고, 선진국으로부터 수입규제를 당할 위험이 높아지게 된다. 그러나 상공회의소, 전경련 등 경제단체들은 수출산업·수입산업 등 내부 이해관계가 상이한 산업과 기업으로 구성되어 농산물 개방에 한목소리를 낼 수가 없었다. 예를 들어, 1993년 2월 18일 당시 최종현 전경련 회장이 "쌀 개방은 불가피하다"는 발언을 했다가 하루 만에 번복하였고 동시에 전경련의 공식적인 입장은 쌀 개방 반대라고 발표하는 등 경제단체들은 농산물 개방에 대해 가급적 공식적인 언급을 자제하였다.

아울러 민간부문의 또 하나의 이해당사자는 언론으로서, 농산물개방에 대해 분명한 입장을 가진 언론사는 직접적인 이해당사자이고 상대적으로 중립적인 언론사는 이익집단 간의 갈등을 중재하는 역할을 한다.

이와 같이 다양한 동기를 가진 이해당사자는 자신들의 목표를 달성하기 위해 정부에 압력을 가하고 정부는 이 같은 압력하에 정책을 결정하는데, 이때 정부가 단순히 이익단체의 갈등을 조정하는 중립적인 조정자 역할을 할지, 아니면 정부부처가 직접적인 이해당사자로서 역할을 할지가 중요해진다.

WTO 쌀 협상에 대한 논의를 진행하기 전에 UR 협상과정에서 농산물 시장 개방에 대한 이해관계자에 대해 장황히 설명하는 이유는 WTO 쌀 협상 과정과 쌀 협상 결과의 국회비준 과정에서 나를 위시한 정부대표단이 겪어야 했던 고충－외국 이해당사국과의 협상보다도 국내 이해관계자에 대한 설득이 더 어려운 상황－에 대한 이해를 돕기 위한 것이다.

5. WTO 쌀 협상의 진행과정

▌쌀 협상개시 결정

쌀 협상개시 결정을 위하여 고려할 사항

2003년 11월 농림부와 외교부 통상교섭본부는 2004년 중 쌀의 관세화유예 지속 여부를 위한 협상을 개시할 것인지에 대한 협의를 시작하였는데, 고려해야 할 사항은 크게 당시의 쌀시장 상황, 농업인단체의 동향, 그리고 쌀 협상과 DDA 협상3)의 상호 연계성이었다. 아울러 쌀 협상에서 협상 상대국이 무엇을 대가로 요구할 것인지를 파악하는 것이었다.

먼저 당시 우리나라 쌀시장의 상황과 농업인들의 동향을 살펴보면, UR 이후 근 10년 동안 쌀 협상에 대비한 국내외 가격차 축소 노력이 농가경제의 현실적 어려움으로 인해 일관되게 추진되지 못하였고, 쌀 소

---

3) 도하개발어젠다: WTO의 다자 간 무역협상으로서 2001년 11월 카타르 도하에서 개최된 제4차 WTO 각료회의에서 출범하였다.

비 감소로 재고가 크게 증가하여 농업인 단체는 쌀의 관세화에 대한 두려움을 갖고 있어 사전수입량 예측이 가능한 관세화유예를 강력히 선호하고 있었다.

그리고 쌀 협상은 UR 협상 결과의 이행성격이 강하여 새로운 규범을 제정하는 DDA 협상과는 외형상 별개의 사안으로 보이지만, 내용상으로는 불가분의 관계에 있어 DDA 협상 일정 지연으로 객관적인 기준이 없는 상태에서 쌀 협상이 진행될 가능성이 높아지는 것이 문제였다.

당시 DDA 협상실장으로 DDA 협상을 총괄하고 있었던 나로서도 만일 우리나라가 쌀 수입을 관세화하는 경우, 즉 쌀 수입을 전면 개방하는 경우, 향후 DDA의 농업 협상에서 쌀의 수입관세율, TRQ|Tariff Rate Quota 증량원칙, 우리의 개도국 지위 유지 여부, 쌀의 특별품목|SP 적용 가능성 등이 불확실한 상황에서 예측하지 않은 쌀 수입의 급증 등으로 쌀 농가의 극심한 피해, 더 나아가 쌀 산업의 붕괴까지도 걱정하지 않을 수 없는 상황이었다. 특히 쌀 생산소득이 우리나라 농업인의 농업소득 중 절반을 차지하고 있는 경제적 중요성뿐만 아니라, 우리나라 사람들의 쌀에 대한 감정이 단순히 주식이라는 차원보다 정서적으로 더욱 큰 가치를 가지고 있다는 점도 고려되었다.

다만, 당시 관세화유예 경험이 있는 대만, 일본, 이스라엘이 모두 관세화로 전환한 사례는 있으나 관세화유예 연장을 위한 협상의 전례는 없어 관세화유예를 위한 절차 및 협상방식에 대해서 법률적인 검토를 병행하였다. WTO 농업협정 부속서 5B 제8항에서는 '이행 마지막 연도(2004년)에 협상을 시작하고 종결'하도록 규정하고 있으나 세부절차에 대해서는 규정이 없었다. 이미 관세화유예의 연장을 포기하고 관세화로 전환한 일본, 대만, 이스라엘의 경우 관세화 전환 3개월 전까지 수정양허표를 제출하고 WTO 회원국의 검증절차를 거쳤다는 것만 확인될 뿐이었다.

관세화유예를 위한 절차 및 협상방식에 대해 WTO 사무국에서는 쌀 협상 개시 통보는 협상기간 종료 이전 언제든지 가능하나, 연말까지의 협상완료 시한, 협상 실패시 관세화조치 방법, 협상참가 이해관계국의 파악 등 협상 개시 통보 후에 필요한 조치를 미리 검토할 필요가 있다고 조언하였다.

아울러 농업협정 부속서 5B 제10항에서는 관세화유예 연장이 계속되지 않을 경우|not to be continued 관세화로 전환된다고 규정하고 있는데, 쌀 협상이 계속되고 있으나 시한 내에 합의되지 않을 경우 2005년부터 자동적으로 관세화가 되느냐의 여부가 쟁점이 되었으나, 이에 대해 WTO 사무국에서는 2004년 말까지 실질적인 합의|Substantial Agreement가 이루어지지 않으면 2005년 1월 1일부터 자동관세화가 된다는 유권해석을 내렸다.

쌀 수입을 관세화하는 경우 효과 예시

쌀 수입을 관세화하는 경우 2003년 기준 우리가 선호하는 단립종|Short Grain의 국제가격은 80kg당 4만 4,150원 수준으로, 국내가격 80kg당 16만 1,915원의 1/4 수준에 불과하여 UR 합의서에 따라 산정된 관세 상당치|TE 중 가장 유리한 경우를 준용하여 382%의 관세율을 부과하더라도 국내가격보다 저렴할 뿐만 아니라 DDA 농업협상 결과 농산물 수입에 대한 관세율을 더욱 인하하여야 하는 경우 쌀 수입가격은 국내가격보다 훨씬 경쟁적일 가능성이 커지는 문제가 생기게 된다.

대외경제장관회의에 상정

2004년 1월 10일 농림부와 외교통상부는 'DDA협상 지연에 대비한 쌀 협상 추진대책(안)'을 제21차 대외경제장관회의에 상정하여 쌀 협상의 추진방안에 대한 관계 장관들의 의견을 수렴하였다. 이 자리에서는 쌀 협상의 추진 여건과 관련 동향과 함께 쌀이 관세화유예를 지속하는 경우의 장단점과 관세화원칙을 수락하는 경우[4]의 문제점을 논의하였는데, 참석자 중 쌀 관세화유예를 위한 협상에 대해 반대하는 사람은 없었다.

그것은 정부가 관세화유예에 대한 협상을 개시하지도 않고 쌀시장을 개방하려 한다는 농민단체나 여론의 비난을 의식한 것으로, 그 당시에는 불가피한 선택이었다고 보인다. 동 회의에서는 2004년 1월 20일 WTO에 쌀 관세화유예를 위한 협상 개시 의사를 통보하는 데 합의하고, 협상대책 실무추진단을 구성하여 범정부적으로 협상에 임하되 협상지침 등 협상에 필요한 구체적 사항은 추후 협상참가국의 동향과 입장을 탐색한 후 결정하기로 하였다.

쌀 협상대책 실무추진단 구성

2004년 3월 16일 쌀 협상대책 실무추진단이 구성되어 1차 회의를 가졌다. 이 실무추진단은 범정부적인 협의체로서 대외협상전략의 수립과 함께 국내홍보, 쌀 산업대책 등 국내대책 추진에 각 부처 간 유기적인 협조체제를 구축하기 위한 것이었다. 이와 같은 실무추진단의 설치는 과거 UR 협상 당시 대외협상과 국내대책의 수립에서 체계적인 전략을 가지고 대처하는 데 미흡했던 점을 보완하기 위한 것으로, 이

---

[4] 즉, 쌀 수입을 전면 자유화하고 관세만으로 보호하는 경우.

후 한·미 FTA 등 중요한 FTA 협상 시에도 이와 같은 Task Force가 유용하게 활용되었다.

실무추진단의 단장은 농림부 차관이 되고, 협상대책팀은 외교통상부 DDA 협상실장인 내가 팀장을 맡게 되었다. 아울러 국내대책팀장은 재경부 1급(국제업무정책관)과 농림부 차관보가 공동으로 팀장을 맡게 되어 정부 부처 간 역할분담을 분명하게 하였다. 아울러 각 대책팀은 관계부처의 국장급으로 구성하였는데, 협상대책팀에는 농림부 농업통상정책관(1급), 재정경제부 안호영 경제협력국장(현 EU주재 대사), 외교통상부 임영록 다자통상국장(전 재정경제부 제2차관), 농림부 윤장배 국제농업국장이 팀원으로 활동하게 되었다. 재경부의 안호영 국장과 외교부의 임영록 국장은 부처 간 교류에 의하여 서로 자리를 맞바꾼지 얼마 되지 않았기 때문에 서로 협조가 잘 되었고 나에게도 많은 도움이 되었다.

쌀 협상대상국의 결정

2004년 1월 20일 WTO에 우리나라의 쌀 관세화유예를 위한 협상 개시 의사를 통보한 이후 3월 24일 호주가 처음으로 협상 참여의사를 통보하여 왔고, 이어서 아르헨티나(4월 1일), 태국(4월 5일), 중국(4월 13일), 그리고 4월 19일 마지막으로 이집트, 미국, 캐나다, 인도, 파키스탄이 협상에 참가하겠다는 의사를 통보하여 모두 9개국이 최종적으로 협상대상국으로 결정되었다.

이에 따라 4월 17일 제22차 대외경제장관회의를 개최하여 최초 협상을 위한 지침을 마련하게 되었다. 이 회의에서는 쌀 관세화유예를 연장하기 위한 협상이 선례가 없으므로 우선 관세화유예를 지속한다는 전제하에 유예조건이 최대한 유리하게 되도록 협상을 추진한다는 원론적인 방향을 설정하고 관세화 유예기간을 10년 더 연장하는 방안을 제시하되, 상대국의 요구조건5)이 과도할 경우에는 쌀 산업에 대한 피해를 최소화하는 차원에서 입장을 재검토한다는 입장을 설정하였다.

이는 쌀 협상의 여건이 매우 불확실하기 때문에 전체적인 협상 계획을 미리 확정할 수 없는 특수한 사정을 고려한 것으로, 상대국 반응, DDA 협상 진행상황 등을 감안하여 단계별로 협상계획을 수립할 수밖에 없는 현실을 반영한 것이었다.

문제는 WTO 농업협정상 관세화 유예를 연장하는 경우 '이해관계국에 대해 추가적이고 수락가능한 수준의 양보 | Additional and Acceptable Concessions'를 허용하도록 되어 있는데, 상대국은 우리 측의 양보를 요구하기만 하고 우리는 이에 대응할 만한 지렛대 | Leverage가 없는 상황에서 우리 측이 일방적으로 부탁만 해야 하는 매우 어려운 상황에 처하게 되었다는 점이다.

▌최초의 협상

협상지침을 위한 대외경제장관회의 개최

2004년 4월 17일 제2차 대외경제장관회의에서는 협상을 개시하기 이전 협상대표에게 주어질 최초의 협상지침에 대한 논의가 있었다. 이미 우리 정부가 관세화유예를 연장하기 위한 협상을 WTO에 신청하였다는 사실이 언론에 보도되어 농업인단체들의 관심이 점차 높아지고 있었기 때문에, 향후 협상이 어떻게 진행될지 모르는 상황에서 농민들에게 과도한 기대를 낳을 우려가 있으므로 국내 홍보에 만전을 기할 필요가 있다는 데 모두 공감하였다.

---

5) 관세화 유예를 수용하면서 우리 측에 요구하는 양보 수준.

특히 관세화가 유예된다고 하더라도 현재와 같은 조건(TRQ 수준, 국내 밥쌀용 용도제한 등)을 유지하는 것이 어렵기 때문에 상당한 수준의 시장개방이 불가피하다는 점을 학자, 언론 등을 통해 홍보하기로 하였다. 아울러 시장개방의 불가피성을 홍보하면서 개방에 따른 쌀 산업대책(직불제 도입 등 피해보전 대책)에 대한 설명회를 개최하기로 하였다. 구체적인 협상 지침은 상대국의 요구수준을 파악하는 데 주력하고, 협상 진행상황에 따라 추가적인 지침을 주기로 하였다.

한편, 농업단체와의 협의 시 제기되었던 농업인단체가 추천하는 민간 농업전문가의 동행 문제는 나쁜 선례를 만든다는 비판도 있었지만 농업인단체의 정부 협상에 대한 불신 내지는 우려를 불식시킨다는 차원에서 협상테이블에는 직접 참석하지 않더라도 협상 출장에는 동행하여 협상 결과를 Briefing해 주는 선에서 결정되었다.

1차 협상

2004년 4월 19일까지 9개국이 협상 참여의사를 표명하였기 때문에 우리는 협상대상국을 두 그룹으로 나누어 미국, 중국, 태국, 호주 등과 같은 주요 협상대상국은 원칙적으로 상대국 수도에서 협상을 실시하되 보완적으로 제네바의 다른 WTO 회의에 참석하는 일정이 있을 때 그 기회를 활용하도록 하였고, 기타 인도, 파키스탄, 이집트, 캐나다, 아르헨티나 등 5개국은 미국, 중국, 태국, 호주 등과의 협상진행 상황을 보아 별도 협상일정을 수립하여 원칙적으로 제네바에서 협상을 갖기로 하였다. 이는 쌀 협상이 2004년 연내에 종료되어야 하고, 협상대상국이 지리적으로 분산되어 있어 시간적으로 그리고 물리적으로 만나기도 어려운 사정이 있기 때문이었다.

이에 따라 2004년 5월 6일 미국 워싱턴 D.C.의 USTR 회의실에서 미국 측과 첫 대면이 이루어졌는데, 미국 측에서는 수석대표로 제임스 머피 미 무역대표부ɪUSTR의 농업담당 대표보, 그리고 웬디 커틀러 USTR 한·일담당 대표보(한미 FTA 협상에서 미국 측 수석대표)가 참석하였다.

미측은 관세화유예를 위한 협상 고려 변수로 TRQ 증량수준, 미국의 최소한의 시장점유율 확보, 유예 연장기간, TRQ 기준연도, 실질적인 시장접근 보장(용도제한, 민간수입) 등 5개 사항을 제시하면서 이들 변수가 상호 긴밀히 연계되어 있고 현재 진행 중인 DDA 협상과의 관계도 고려되어야 한다고 언급하였다. 미국 측 대표단 중 웬디 커틀러 등 몇몇 인사는 내가 APEC 업무를 맡고 있을 때 그리고 UR 협상에 참여할 당시부터 친밀히 지내왔기 때문인지 매우 협조적인 분위기여서 우리 대표단 모두 첫 출발이 좋다는 기분을 가지게 되었다.

이어서 5월 12일 중국 베이징에서 개최된 중국과의 1차 협상은 중국 상무부의 장샹천ɪ張向晨 국제무역기구 국장이 수석대표로 나와 우리 측과 첫 대면을 하게 되었다. 중국은 문화대혁명(1966~75년) 당시 한창 공부해야 할 10대와 20대 세대가 공부를 하지 못하게 됨에 따라 2004년 당시 정부 내의 고위급 인사 중 50대 초부터 60대 초반까지의 연령대는 거의 볼 수 없어, 공무원 사회에서도 젊은 사람들이 고위급으로 고속승진하는 경향이 있는데, 장 국제무역기구국장도 40대 초반의, 중국에서 엘리트 교육을 받은 인재로 집안도 좋고 영어도 잘하는 인물이었다.

그러나 첫 대면에서 그는 중국은 WTO의 원칙인 무역자유화를 추구한다고 전제하고, 중국이 WTO에 가입할 때에도 대폭적인 수입자유화를 하였고, 일본도 1999년 쌀 수입을 관세화로 전환한 사례를 언급하면서 우리 측이 관세화유예를 왜 연장하고자 하는지 의문을 표시하였다. 그리고 관세화유예를 연장하더라도 3년 정도의 단기간이 되어야 하고, 그 대가는 UR 수준보다 높아야 한다는 점을 강조하였다. 중국과의 첫 만남은 매우 부정적이어서 우리 대표단은 의기소침한 가운데 이틀 후인 5월 14일 방콕에서 열리는 태국과의 협상을 위해 다시 비행기에 몸을 실었다.

태국측 수석대표인 태국 상공부 아프리라디 탄트라폰 국제협상국장은 필자가 APEC회의나 WTO회의에서 항상 만나던 인사여서 아주 절친한 사이였고, 한국을 좋아하여 필자를 위시한 대표단은 태국 측의 호의적인 분위기를 기대하는 상황이었는데 역시 국제협상은 사적인 친분관계와는 거리가 있어 태국측은 아주 단호하게 WTO의 원칙인 예외 없는 관세화를 강조하는 것이었다. 사실 태국은 우리나라 사람들이 선호하는 단립종|Short grain보다는 장립종|Long grain의 세계적인 쌀 생산국으로서, 그동안 우리나라가 단립종이나 중립종(미국산)만 TRQ 물량으로 수입하고 태국산 쌀은 대북 식량지원용으로만 수입하였기 때문에 우리나라가 쌀을 수입자유화하면 장립종|長粒種의 대한|對韓 수출을 확대할 수 있다는 입장이어서 우리의 관세화유예 연장에 대해서는 부정적인 자세를 취하고 있었다. 태국에서의 일정을 끝내고 다시 5월 18일 호주 캔버라에서 호주와의 첫 협상을 갖게 되었다.

호주는 단립종 쌀을 생산하고 있지만 최근 몇 년간의 가뭄으로 쌀 생산량이 감소하고 있어 호주 측이 우리의 관세화유예 연장에 대해 긍정적인 입장을 가지고 있을 것으로 기대하고 있었다. 호주 측에서는 주제네바 WTO 대사를 역임한 외교부 통상협상국장이 수석대표로 나왔는데, 제네바에서 함께 3년간 지냈고, 사적으로도 왕래가 있어 아주 부드러운 분위기에서 회의가 진행되었다. 역시 기대했던 대로 호주로부터는 우리의 관세화유예 연장을 지지한다는 약속을 받아내었고 우리 대표단은 모처럼 활기를 되찾게 되었다.

이어서 이집트, 인도, 파키스탄, 아르헨티나, 캐나다 등 여타 5개국과의 1차 협상은 2004년 6월 1일부터 6월 3일까지 제네바에서 개최되었는데 이는 WTO/DDA 농업 협상 일정을 감안한 것으로, 향후에도 이들 국가와는 제네바에서 주로 접촉하기로 하였다. 이들 5개국은 주로 장립종을 생산하는 국가이고, 특히 캐나다의 경우에는 쌀 생산을 하지 않기 때문에 우리나라 쌀 시장에는 큰 이해관계가 없었지만, WTO 회원국으로서 농산물 수출과 관련한 자유화원칙을 강조하는 입장에서 쌀 이외의 다른 양자문제의 해결을 요구하기 위하여 협상에 참여한 것이었다. 캐나다의 경우에는 최종 단계에서 자국 식용유에 대한 우리나라의 관세율 인하를 조건으로 내세우기도 하였다.

1차 협상 결과 평가

협상에 참가하는 9개국과의 1차 접촉을 끝낸 후, 1차 협상 결과를 평가하고 향후 추진전략을 논의하기 위한 제24차 대외경제장관회의가 6월 16일 개최되었다. 이 자리에서는 제1차 협상 결과에 대해 최초 협상단계로서 우리의 입장이 충분하게 전달되었고, 각국의 입장과 관심사항이 상당수준 가시화되었다고 평가하면서, 대부분의 국가가 기본적으로는 예외 없는 관세화 원칙을 염두에 두고 있어 유예 연장 조치를 쉽게 수용하기는 어려운 분위기이며 다만, 미국, 호주, 이집트 등 일부 국가의 경우 관세화유예를 수용하되 자국의 시장접근 확대라는 실리에 관심을 보이고는 있으나, 결국 관세화 원칙을 강조하는 중국, 태국 등을 설득하는 것이 중요하다는 점에 인식을 같이하였다. 아울러 쌀 협상과 다른 양자 현안을 연계하여 협상을 패키지로 추진하려는 국가에 대한 대책도 논의하였는데, 아직 초기 협상단계이므로 쌀 협상과는 가급적 분리하는 방향으로 추진하도록 하였다.

1차 협상을 끝내고 나는 중국과의 협상을 원만하게 끝내는 것이 가장 큰 관건이며, 이를 바탕으로 미국, 태국 등과의 타결을 이끌어내는 것이 최선이라는 생각을 갖게 되었다. 아울러 이번 협상이 일찍 끝내기는 어려우며 결국 마지막 순간에 가서야 결판이 날 것 같다는 예상과 함께, 앞으로 농민단체들의 반발 등에 대비하여 국내적으로 설득해야 할 문제도 많은데 일방적으로 상대국에게 부탁만을 해야 하는 쌀 협상의 어려움을 더욱 실감하게 되었다.

농민단체 추천 민간 농업전문가의 협상출장 동행

쌀 협상과 관련하여 각종 농민단체와 협의를 진행하는 과정에서 농민단체들은 그동안 정부의 대외 통상협상이 비밀주의에 의해 투명하게 공개되지 않고 있는 점을 비난하면서, 쌀 협상에서만큼은 농민단체의 대표가 협상에 참여해야 한다고 주장하여 정부 대표단을 곤혹스럽게 하였다. 정부 대 정부 간 국제협상에서 정부인사가 아닌 NGO가 협상테이블에 자리를 같이 하는 것은 국제관례상 허용되지 않음에도 불구하고 농민단체들, 특히 전농은 끝까지 주장을 굽히지 않았다.

이에 따라 농림부의 간곡한 요청도 있어서 농민단체가 추천한 민간 농업전문가를 협상테이블에는 직접 참석케 하지 않더라도 협상출장에는 동행하도록 하여 협상이 진행되는 과정을 브리핑해 주는 선에서 타협이 되었고, 이를 대외경제장관회의에도 보고하여 승인을 받게 되었다. 이와 같은 결정에 따라 경북대학교의 김충실 교수가 2004년 5월 6일 미국 워싱턴 D.C.에서 개최된 미국과의 최초 협상을 위한 출장에 동행하게 되었다.

김충실 교수는 2003년 9월 칸쿤 WTO 각료회의에도 농민단체 대표들과 함께 시위에 참가하여 나와는 안면이 있었는데, 통상협상 대표단에 대한 불신이 심하여 이를 어떻게 해소하느냐 하는 것이 협상대표로서 우선 걱정이 되었다. 특히 협상대표가 농림부에서 나오지 않고 무역자유화와 개방을 주장하는 통상교섭본부에서 맡는다는 사실 때문에 쌀 관세화유예 협상 자체에 대해 상당히 의심을 하는 눈치였다.

그러나 미국으로 향하는 비행기에서 김충실 교수와 오랜 대화를 통해 김 교수의 우려를 어느 정도 이해하게 되었고 또한 김 교수에게 협상대표로서 나의 고충을 충분히 설명할 수 있게 된 것은 다행스러운 것이었다. 그 후 각국과의 협상이 있을 때마다 김 교수는 출장에 동행하였고 오래 함께 지내면서 대화를 나누다 보니 서로 이해하는 폭도 커져서 주요 협상의 쟁점에 대해 농민단체에게 설명할 때에도 김 교수의 협조가 도움이 되기도 하였다. 특히 협상이 종료되고 국회비준 과정에서 청문회가 개최되었을 때 김 교수의 증언이 결정적으로 도움이 된 것도 오랜 시간 대화를 나누면서 신의를 키워 나갔기 때문이라고 생각된다.

제2차 및 3차 협상 실시

6월 16일 제24차 대외경제장관회의의 결정에 따라 미국, 중국, 태국 등 주요국 간 의견차이를 가급적 축소하여 우리의 최종입장을 정하기 위하여 제2차 및 3차 접촉을 실시하였다.

먼저 중국과는 2차 및 3차 협상을 6월 18일과 8월 20일, 그리고 미국과는 6월 23일, 8월 13일, 태국은 2차 협상을 7월 9일 각각 가졌는데, 중국과 미국은 계속 강한 입장을 보이면서 관세화 유예기간은 우리가 주장하는 10년 대신 5년간 연장하는 안을 제시하고, TRQ 수준도

UR 협상에서 결정된 수준 이상의 증량을 요구하고, 아울러 자국의 시장점유율을 일정비율 이상 보장하라는 요구를 하였다.

또한 수입쌀을 국내 소비자에게 직접 시판하도록 하라는 요구도 강하게 제기하였는데, 우리나라는 지난 10여 년 동안 UR 협상에 따른 저율관세 수입량(TRQ)에 대해 국내 소비자에게 직접 시판을 허용하지 않고 떡이나 술과 같은 가공식품 제조에만 사용하였기 때문에 쌀 수출국으로부터 쌀 자체의 소비자 시판, 즉 실질적인 시장접근을 허용해야 한다는 요구가 많았다.

자국의 양자무역현안과의 연계문제에 대해서는 미국, 태국, 호주는 협상범위를 쌀에 한정하자는 우리 측 제의에 동의하였으나, 중국은 과일, 야채, 축산물 등의 검사·검역 개선 등 쌀과 관계없는 통상현안에 대하여도 연계하여 해결하여야 한다는 강한 입장을 보였다.

2차 및 3차 협상에 대한 평가

이와 같이 미국, 중국, 태국과의 2, 3차 협상을 끝내고 그 결과에 대한 평가와 아울러 추후 협상을 위한 지침 마련을 위하여 9월 8일 제26차 대외경제장관회의가 소집되었다.

이 자리에서는 미국, 중국 등 주요 협상국이 자국의 구체적 입장을 제시하였으나 우리의 입장과는 상당한 차이가 있어 협상 진전에 어려움이 있다고 평가하고, 유예기간 10년 확보, TRQ 증량은 최소화, 시장점유율 보장은 국가별 요구의 상충의 문제 및 국별 쿼터 설정의 어려움을 이유로 이를 수용하지 않는다는 원칙 고수, 쌀 수입은 국영무역을 통해서만 허용(민간수입 불허) 등 주요 쟁점에 대한 협상 지침 수립에 합의하였다.

나는 미국, 중국과 2, 3차 협상을 진행하면서 미국은 글로벌 리더로서 각종 통상협상에서 여러 가지 이슈를 충분히 다루어 본 경험과 실력이 있어, 우리 측의 합리적인 요구에는 이를 수용하고 현실적이고 구체적인 대안을 제시하고 있어 상호 핵심쟁점의 처리방안에 대해 입장차이가 좁혀질 가능성이 있지만, 중국은 여러 부처가 개입되어 있어 의사결정구조가 복잡하고 자국 내 입장 조정에도 어려움이 있어 최종 합의까지는 매우 험난한 과정을 거쳐야 할 것이라는 걱정이 앞서서 결국 중국과의 합의가 먼저 선행되지 않고서는 진전이 없을 것이라는 생각이 들었다.

▌대내 홍보 추진

쌀 협상을 개시하기 전부터 정부부처 내에서는 우루과이라운드 당시와 같은 정치적 어려움, 사회적 비용을 최소화하기 위해서는 협상 초기부터 국민적 공감대 형성을 위한 대내 홍보를 적극 추진하여야 한다는 데 공감하고 있었다. 이에 따라 5월 17일 농어업·농어촌특별대책위원회와 한국농촌경제연구원이 공동으로 주관하는 "쌀 협상 국민 대토론회"가 농민단체, 시민단체, 정부 등 관계자 250명이 참석한 가운데 개최되는 등 주요 농업인단체와 협상의 주요 국면마다 간담회, 협의회를 개최하였고, 시·군 단위 토론회, 방송, 신문기자 Workshop 등 언론을 통한 홍보도 강화하였다. 아울러 학계를 중심으로 "쌀 협상연구 협의회"를 구성, 쌀 협상 전략 수립 및 국내 보완대책을 전문적, 체계적으로 지원하도록 하였다.

이에 따라 협상 수석대표인 나도 대외협상이 없을 때에는 각종 간담회나 협의회에 참석하여 협상 내용을 설명하고, 의견을 교환하는 기회를 많이 갖게 되었다. 특히 지방에서 개최되는 설명회에서는 전농 등 과격한 농업인단체들이 진을 치고 앉아서 설명회를 진행할 수 없을 정도로 구호를 외치거나 단상을 점거하는 일도 빈번히 일어났다. 나는 농업인단체의 간부들과 토론하면서 '**쌀 관세화유예 협상**'은 쌀의 '**전면적인 수입자유화를 막아보자는 협상**'인데, 협상내용도 모르고 **무조건 반대만 하면 대안이 무엇이냐**고 다투기도 했지만, 그들은 정부가 쌀의 관세화, 즉 전면적인 수입자유화 방침을 정해놓고, 겉으로 관세화유예 협상을 하는 척 한다고 비난하고, 쌀 농가가 다 망하게 생겼으니 정부가 보상하라는 것이 그들의 주장이었다.

그동안 정치인들이 어느 이익단체가 아우성을 치면 우선 사탕을 물려서 목소리를 잠재우거나 또는 선거철마다 선심정책을 쓰다 보니 이런 단체에 기생하여 먹고 사는 사람들이 많아지게 되고, 이와 같은 단체들이 여론을 주도한다는 명분으로 정부로부터 보조금을 받는 등 더욱 기승을 부리게 되어 악순환이 이어지고 있다는 인상을 받게 되었다.

결국은 NGO 등 시민사회단체나 이익단체들이 국민의 여론을 좌지우지하지 못하게 정부가 모든 정책 수립과 집행을 투명하게 하고 적극적으로 국민과 대화하여 알릴 것은 알려서 정부정책 수립의 어려운 점과 국민의 도움이 필요한 사항을 납득시키는 과정이 더욱 필요하다고 절감하였다.

▌제4차 및 5차 협상

지루했던 여름이 지나고 2004년 9월에 들어서면서 관계부처 사이에는 당초 목표인 9월 말까지 실질적인 협상 타결이 물리적으로 불가능하다는 데 인식을 같이하면서, 빠른 시일 내에 미국, 중국, 태국 등 주요 협상국과의 합의를 도출하는 데 총력을 기울이기로 하였다. 이에 따라 9월 10일 미국을 시작으로 9월 14일 중국, 9월 17일 태국, 다시 9월 23일 중국, 그리고 9월 30일 미국으로 이어지는 제4차 및 5차 협상을 진행하게 되었다.

9월 10일 미국 워싱턴에서의 2일간의 협상을 위해서는 9월 9일 서울을 출발, 이틀간의 회의 직후 9월 11일 워싱턴을 출발, 12일 서울에 도착한 후 다시 13일 중국 북경으로 출발, 14일 회의를 마치고 15일 서울로 돌아와 그 다음 날인 16일 태국 방콕으로 떠나는 강행군이 계속되었다. 미국은 2박4일, 중국은 2박3일, 태국은 1박3일이라는 살인적인 일정 때문에 대표단 모두 지치고 힘든 표정이 역력하였다. 보통 해외출장을 나가면 잠시 여유 시간을 갖고 관광을 하든지 또는 쇼핑을 할 수도 있지만, 이번 쌀 협상은 언론과 농업인의 관심이 집중된 협상으로서 협상이 성공하지 못할 경우 예상되는 후폭풍을 생각할 때 나는 협상대표로서 가능하면 대표단원들이 긴장감을 늦추지 않되 평상심을 유지하면서 화기애애한 분위기를 가질 수 있도록 노력하였다.

금번 4차 및 5차 협상에서는 미국, 중국, 태국의 입장이 유예기간을 5년으로 하되 중간점검을 거쳐 5년의 추가유예를 허용하며, TRQ 수준을 10년차에 9% 수준으로 하는 등 3국이 비슷하게 집약되었으나 우리 입장과는 차이가 있어 이를 좁히는 것이 아직 어렵다는 사실을 확인할 수 있었다. 또한 자국의 시장점유율 보장, 양자현안 해결요구 등의 문제는 각국의 입장이 상충하여 일괄타결이 쉽지 않은 상황이었다. 아울러 소비자 시판 및 민간소비 허용 등 시장접근의 질적개선 문제는 3국이 대체적으로 점진적 개선이 필요하다는 입장이었다.

이와 같이 당초 계획했던 9월 말을 넘기면서 관세화유예를 위한 협상 타결 전망을 불투명하게 보는 분위기가 팽배하였고, 협상 대상국들도 우리 측 입장이 너무 경직적이어서 우리나라가 협상 타결의지가 있는지 의문이라는 반응을 보이기도 했다. 한편 농업인단체들은 금번 쌀 협상이 관세화를 위한 명분 쌓기라는 의구심과 함께 관세화유예만이 유일한 대안이라는 정서가 지배적이어서 관세화와 관세화유예 양 대안 간의 균형 있는 토론을 통한 공감대 형성 분위기가 성숙되지 않고 있는 실정이었다.

이와 같이 비관적인 전망 속에서 10월 16일 제28차 대외경제장관회의가 개최되어 향후 협상방향과 새로운 협상지침에 대한 논의가 진행되었다. 이 자리에서는 협상시한을 고려하여 가급적 조속히 미국, 중국과 쟁점을 최소화하고 최종 입장을 조율하도록 하는 데 노력을 기울이기로 하고, 중국이 요구하는 쌀 이외의 양자현안 요구에 대해서는 우리 측의 그동안의 조치를 설명하는 답신을 수교하고 별도 관련 부처의 양자협의 경로로 분리하는 방안을 검토하기로 하였다. 후에 기술하지만, 쌀 협상이 종료되고 국회비준 과정에서 중국과 양자현안 사항에 대한 이면합의 여부가 국정조사의 주요쟁점사항으로 부각되기도 하였다.

▌협상의 교착상태 지속

10월도 중순에 접어들면서 정부 내에서는 관세화유예가 물 건너간 게 아니냐는 의견이 강하게 제기되었다. 아울러 농업인단체들이나 언론에 관세화유예를 하는 경우 현재의 상대국 입장을 감안할 때 우리가 치러야 할 대가가 너무 크다는 점을 잘 설명하고 관세화로 가는 경우 장단점에 대한 찬반토론을 유도하여 관세화를 공론화해야 한다는 주장도 거론되었다. 이에 따라 11월 중순까지 2차례의 공청회를 개최하여 정부의 협상결과 및 국내대책을 설명하고 관세화 유예와 관세화 간의 대안 선택을 위한 찬반토론 방식으로 진행하여 여론을 수렴하기로 하였다.

한편 나는 10월 19일과 11월 24일 미국, 그리고 11월 3일과 19일 중국과 각각 6차 및 7차 협상을 갖고 최종입장 조율을 시도하였다. 그러나 중국과 미국은 바둑으로 치면 꽃놀이패를 쥐고 우리 측의 양보를 계속 요구하고 있어 타결은 거의 비관적이라는 생각이 들었다.

협상은 교착상태에 빠졌고 국내에서는 농업인단체의 시위와 함께 언론에서도 쌀 관세화가 불가피한 것 같다는 보도가 나오기 시작했다. 나는 11월 24일 미국과의 7차 협상을 마치고 귀국하는 비행기 안에서 협상대표단에게 이제 관세화유예는 어려울 것 같은 생각이 든다고 하면서 이제는 시간제약으로 중국과 마지막 타결을 시도해 보고 실패하면 관세화로 가는 방향으로 정책을 선회하여야 할 것이라고 말했다. 쌀의 전면적인 수입자유화가 가져올 정치적 파장과 정부 협상대표단에 대한 비난, 그리고 농업인들의 실망을 생각하면 밤에도 잠을 이룰 수 없을 정도였다.

▌협상의 돌파구 마련

배수의 진을 친 중국과의 마지막 협상

중국과의 마지막 협상은 2004년 12월 1일 중국 상무부 대회의실에서 개최되었다. 베이징의 초겨울 날씨답게 약간 쌀쌀하고 스모그로 잔뜩 흐린 날씨였다. 회의장 앞에는 우리나라의 베이징주재 주요 일간지 특파원들과 TV 카메라도 기다리고 있었다. 협상 전망을 묻는 기자들의 질문에 나는 협상은 상대가 있기 때문에 진정성을 갖고 최선을 다할 수밖에 없다는 취지로 답변을 하였다.

중국의 장 수석대표도 협상 일정상 오늘이 마지막 협상이 될 수밖에 없다는 점을 인식했는지 긴장한 표정이 뚜렷했는데, 주요 쟁점사항에 대해 본격적으로 토의를 이어가다가 갑자기 장관에게 보고할 사항이 있다며 휴회를 요청하였다. 일반적으로는 협상에 들어가기 이전에 협상지침에 대해 장관으로부터 결재를 받는 것이 상식인데, 돌연 휴회를 요청하는 것이 이 협상을 더 이상 진행하지 않고 깨버리려고 하는 게 아닐까 하는 걱정이 들기도 하였다. "이 협상이 실패하면 우리 협상대표단 모두 책임을 지고 물러날 각오는 되어 있지만, 나는 우리 농민들에게 다른 나라들은 모두 협조적인데, 단지 중국의 경직된 입장 때문에 실패했다고 설명할 수밖에 없다는 점을 이해해 달라. 다만, 이 쌀 협상의 실패로 그동안 긴밀했던 한·중 경제관계에도 악영향이 미치지 않을까 걱정된다"라는 나의 언급이 있고 난 직후여서 걱정은 더욱 커지기만 했다.

한 시간 정도 지난 후 그는 아무런 일도 없었다는 표정으로 회의장에 들어왔는데, 주요 쟁점사항에 대해 우리가 요구하는 대로 그냥 수용하는 것이었다. 너무 갑자기 변한 그의 태도 때문에 우리가 도리어 놀랄 정도였다. 이 자리에서 의무수입물량, 즉 저율관세수입량(TRQ)과 기존 물량에 대한 국별 쿼터 설정에 대한 합의가 이루어졌다. 아울러 그동안 중국 측이 집요하게 주장했던 식물검역과 조정관세 등 양자현안 사항에 대해서는 양국이 협력적인 방법으로 조속한 해결을 위해 노력한다는 내용으로 우리가 중국 측에 서한을 제출하는 선에서 결론을 지었다. 이와 같은 양자 현안사항에 대한 공동노력 약속은 일종의 Lip Service로서 협상을 담당하는 부서의 체면치레를 위해 다른 국제협상에서도 활용되는 경우가 많았다. 그러나 추후 협상 결과가 발표된 이후 농민단체 등에서 중국과 이면합의가 있었다고 주장하고 이를 계기로 국회 국정조사로까지 이어진 것은 매우 곤혹스러운 것이었다.

이 자리에서는 우리나라의 쌀 의무수입물량을 2005년 225,575톤에서 2014년 408,700톤('88~'90년 소비량의 7.96%)까지 매년 균등 증량하기로 합의하였고, 아울러 국가별 쿼터에서는 2001~2003년 수입 실적을 반영하여 중국에 116,159톤을 배정하기로 하였다. 그리고 의무수입물량 중 10%를 향후 5년간 국내에 직접 시판하고 6차년도부터 10차년도까지 그 비율을 점진적으로 30%까지 확대하는 데 합의하였다.

이와 같이 중국 측과 기본골격에 대해 합의함으로써 쌀 협상의 돌파구가 마련되었고 이제는 이를 토대로 남은 한 달간 다른 협상대상국과의 합의만이 남아있는 상황이 되어 한결 어깨가 가벼워지는 느낌이었다. 사실 중국은 우리의 쌀 시장이 개방되면 중국산 쌀이 우리 시장을 지배할 것이라는 확신에 차 있었고, 이러한 분위기는 베이징에 있는 교민들 사이에서도 퍼지고 있었는데 중국 동북3성에서는 한국과 일본 시장을 타깃으로 일본산 고품질의 벼를 대량 재배하고 있으며 농약을 쓰지 않는 무공해 쌀을 대량 공급할 수 있다는 정보도 흘러나오고 있었다.

미국과도 협상 골격 합의

12월 8일 미국과의 협상에서 미국 측은 중국과 전체 패키지에 합의했다는 사실에 대해 놀라는 반응을 보이면서, 유예연장 10년(5년차 중간점검 포함)과 TRQ 7.96%, 그리고 국별 쿼터로 50,076톤 배분 및 소비자 시판허용 문제 등에 대해 쉽게 합의가 이루어졌다. 미국이 생산하는 쌀은 우리가 선호하는 단립종이 아니라 중립종이기 때문에 국별 쿼터가 최소한의 수출물량을 보장해 주고, 따라서 우리가 제안한 기존물량의 국별 쿼터에 대해서는 중국과 달리 반기는 입장을 취하고 있었다.

▎마무리 협상

중요한 협상대상국인 미국 및 중국과 기본골격에 대한 합의가 이루어진 직후인 12월 9일 제30차 대외경제장관회의가 개최되어 나머지 협상국인 태국, 호주, 인도, 캐나다, 이집트, 파키스탄, 아르헨티나에 대한 마무리 협상 대책에 대한 협의가 있었다. 그리고 국내 대응 계획으로 12월 17일 관세화유예 및 관세화 선택을 위한 국민대토론회를 개최하고, 국회 관련 상임위 및 국무회의에 협상결과보고를 마친다는 일정을 마련하였다.

나는 우선 12월 13일 태국과 마지막 협상을 하면서 국별 쿼터 29,963톤을 배분하기로 하였고, 이어서 12월 16일 호주와도 국별 쿼터 포함, 전체 협상 패키지에 합의하였다. 이로써 주요협상 대상 4개국과는 모두 합의에 도달하게 되어 나머지 5개국이 요구하는 사항에 대한 마무리 협상만을 남겨두게 되었다.

파키스탄은 별다른 이견 없이 협상 패키지에 동의하였고, 이집트와는 2만 톤의 이집트산 쌀을 대외원조 지원용(대북 쌀 지원)으로 구매해 주기로 하고, 캐나다와는 카놀라유에 대한 관세율을 인하해 주는 선에서, 그리고 아르헨티나와는 가금육, 쇠고기 등의 검역관련 협의에 노력한다는 선에서 타결되었다. 그러나 인도는 국별 쿼터 불만을 표시하면서 12월 말까지 합의에 도달하지 못한 국가가 되었다.

12월 22일 제31차 대외경제장관회의에서는 '쌀 관세화 관련 협상의 마무리 계획(안)'이 상정되어 협상의 결과물인 '이행계획서 수정안에 대한 WTO 통보 문안' 등 협상관련 생산문서에 대한 최종조율이 이루어졌고, 향후 이루어질 WTO 회원국 전체에 대한 회람 및 심사에 대비한 대책이 논의되었다.

쌀 협상 타결 대외 공식발표

12월 28일 쌀 관세화 관련 협상결과는 국무회의에 보고되었고 이어

서 12월 30일 제32차 대외경제장관회의가 개최되어 농림부 장관이 발표할 '대 국민 발표'에 대한 검토와 함께 향후 후속조치에 대한 협의가 있었다. 아울러 동 일자로 WTO에 수정양허표|修正讓許表가 통보되었다. WTO 수정양허표는 우리나라가 UR 협상결과에 따라 WTO에 기탁한 양허표를 수정하는 절차로서 우리가 통보한 수정양허표는 WTO 전 회원국에게 3개월간 회람되며 동 기간 동안 이해관계국으로부터 이의제기가 없으면 수정양허표가 확정되어 WTO 사무국이 양허표가 수정되었다는 인증서를 발급하게 되는 것이다.

12월 31일 이제 지난 1년여간 밤잠을 설치게 했던 쌀 협상이 마무리되었다는 홀가분한 기분으로 오랜만에 가족들과 저녁식사를 하려는 순간 인도에서 걸려온 전화가 나를 다시 곤혹스럽게 만들었다. 그동안 주요국이 아닌 국가에 대한 마무리 협상은 주재국 우리 대사관에 위임하여 대부분 잘 마무리되고 있었고, 이집트의 경우에도 12월 30일 밤 합의가 이루어졌으나 인도는 별다른 소식이 없어 궁금해하던 중이었다.

저녁 7시경 인도주재 우리 대사가 급하게 나에게 전화를 하여 인도 상무부의 차관과 면담이 이루어져 만났더니 최종 협상패키지에 동의할 수 없고 WTO에도 인도는 반대한다는 입장을 통보하겠다는 강경한 자세를 보이므로 어떻게 했으면 좋겠느냐는 문의였다. 나는 너무 기가 막혀 오늘이 12월 31일인데 그동안 인도정부와 접촉을 제대로 했는지 질책하면서 인도가 요구하는 사항이 무엇인지 확인을 요청하였다. 인도도 국별 쿼터를 요구한다는 이야기를 듣고 나는 일단 WTO 검증기간인 90일 동안은 시간이 있으니 인도 측을 자극하지 말고 추후 협의를 진행하겠다는 선에서 물러서 있으라고 하고 식어빠진 저녁식사를 마칠 수 있었다.

WTO의 검증절차

그동안의 협상결과는 WTO 협정에 의한 우리나라의 양허표가 수정되고 우리나라 국회의 비준을 받으면 국제법적으로 종결되므로 우선 WTO의 인증을 받는 것, 즉 WTO 모든 회원국의 반대가 없어야 하는 것이 가장 중요하다. 12월 30일 제네바에 소재하는 WTO 사무국에 우리의 수정양 허표를 접수시키는 과정도 매우 복잡하였는데, 12월의 마지막 주일은 대부분의 국제기구들이 크리스마스 휴무여서 문서를 담당하는 직원을 일부러 불러내어 접수를 시키고 접수증을 받는 해프닝도 있었다. 사실 그냥 우편으로 보내도 접수인만 있으면 문제가 없는데 우리의 쌀 협상 은 WTO 규정상 2004년 12월 31까지 협상이 종료되어 수정양허표를 WTO에 제출하도록 시한이 설정되어 있기 때문에 절차상 하자가 있다 는 이의제기를 미연에 방지하기 의한 것이었다.

인도의 발목잡기

우리가 통보한 수정양허표는 2005년 1월 6일 WTO 전 회원국에 회 람되었고, 이에 따라 회람 이후 3개월간, 즉 2005년 4월 5일까지 검증 이 진행되었다. 나는 우리와 협상을 끝낸 국가들과 합의문에 서명하는 등 검증을 위한 절차를 착착 진행하고 있었는데 문제는 인도가 12월 31 일 우리의 이행계획서 수정안에 대해 유보입장을 서한으로 WTO 사무 총장에게 전달해 놓은 것이었다. 그동안 나는 주요 협상대상국이 아닌 인도와의 접촉을 농림부의 농업통상정책관에게 맡겨 협상을 진행해 왔 는데 전혀 생각지도 않았던 인도 측으로부터 마지막 순간에 뒤통수를 맞는 상황이 되었다.

우선 1월 27일 외교부 통상교섭본부 조정관으로 하여금 뉴델리에서 인도 측과 첫 양자협상을 갖고 인도가 요구하는 사항이 무엇인지 파악해 보도록 하였다. 동 회의에서 인도는 국별 쿼터 설정은 최혜국대우원칙에 위배되며 국별 쿼터 산출기간을 최근 3년으로 한정하여 인도가 쿼터배 분에서 제외되었으므로 쿼터 부여 국가와 동등한 대우를 요구하면서 10년간 25만 톤의 수입을 요구하는 것이었다.

인도에서는 대학에서 가장 우수한 인재들이 연방정부 공무원으로 채용되며 통상협상을 담당하는 공무원들은 오랜 기간 교육훈련을 통해 전문성이 뛰어나다는 평가를 받고 있다. 특히 WTO 업무를 담당하는 외교부나 상공부의 직원들은 아주 우수하여 인도 정부에 근무하다가 WTO 사무국 직원으로 채용되는 사람도 많이 있다.

3월 10일 나는 뉴델리의 인도 상공부 건물에서 Pillai 차관보와 마주 앉아 인도 측의 요구사항을 청취하면서 인도가 최종적으로는 우리 측으로부터 약간의 성의표시를 바라고 있다는 점을 간파할 수 있었다. 결국 이 협상의 패키지 자체를 깨려는 의도는 아니고 그동안 우리 측이 자신들에게 무성의하게 대했다는 점에 대해 서운해하는 기색이 역력했다.

나는 인도산 쌀이 우리가 주식으로 하는 단립종이 아니므로 우리의 밥쌀용으로 수입하는 것은 어렵다는 점을 강조하고 1995년에 한 번 인도산 쌀을 수입한 것을 가지고 국별 쿼터를 달라는 것은 무리한 요구라는 점을 지적하였다. 이 자리에서 Pillai 차관보는 25만 톤에서 12만 5천 톤으로 줄이겠으니 합의를 하자고 요구하여 나는 흥정을 하더라도 합리적인 근거를 갖고 요구를 하라고 하면서 우리가 인도산 쌀을 구매하더라도 대북 지원용 쌀로 용도를 제한하겠다고 하였다.

인도와의 3차 협의는 3월 21~22일 이루어졌는데 인도 측은 자신들의 요구사항을 다시 수정하여 연간 1만 톤을 요구하였다. 인도측은

WTO 검증기간이 4월 5일까지며 인도가 계속 합의를 하지 않으면 WTO의 인증도 물 건너간다는 사실을 백퍼센트 활용하려는 의도를 가지고 있는 것 같았다. 한편으로는 얄미운 생각도 들었지만, 국익을 위해 온갖 지혜를 짜내는 인도 공무원들을 보면서 우리나라 공무원들도 협상에서 물고 늘어지는 악착같은 기질을 키워야겠다는 생각을 하게 되었다.

나는 대안으로 1995년부터 10년간 우리가 의무수입물량으로 수입한 전체 물량 중 인도산 비중을 감안하여 연 9,121톤을 제시하면서, 이 물량은 합리적인 기준에 의하여 산정된 것이므로 더 이상 물러설 수 없으며, 이 물량도 대외 식량원조용(대북 식량지원 등)에 국한되므로 한국에 직접 반입되는 것은 아니라는 점을 강조했다. 그러나 인도 상무차관은 1만 톤이 아니면 안된다고 다시 강경한 자세를 보여 협상은 결렬되고 말았다.

인도와의 협상 타결

4차 협상은 일 주일 후인 3월 28~29일 다시 뉴델리에서 개최되었는데 3월 한 달 동안 3차례 인도를 방문하는 것도 지겹고, WTO 검증시한이 얼마 남지 않았다는 것도 스트레스가 되어 피로가 극도에 달하는 것 같았다. 특히 인도를 여행하는 경우에는 마시는 물과 채소, 과일 등 익히지 않은 음식물에 조심해야 하는데, 일류호텔의 경우에도 양치질을 할 때에는 생수로 입을 헹구도록 하여야 하며, 호텔 뷔페에서 제공되는 채소나 과일도 가급적 먹지 않는 것이 설사를 미연에 방지하는 방법이다. 우리 대표단 중 호텔 식당에서 제공하는 아이스크림을 먹고 그대로 설사가 계속되어 회의에도 참석치 못하고 호텔에서 앓다가 귀국하는 직원도 있었다.

하여튼 이번 협상이 마지막이므로 나는 가급적 쟁점사항인 수입물량의 규모보다는 한국과 인도 간의 경제협력 사항에 대해 폭넓게 대화를 나누는 시간을 갖도록 하였다. 우리나라와 인도 간의 FTA가 그 당시에는 전혀 논의되지 않고 있었으나 인도가 생각하는 한국경제에 대한 평가, 향후 FTA 체결 가능성 등에 대해 기탄없는 의견을 교환하는 가운데 Pillai 차관보와는 보다 우호적인 분위기가 조성되고, 인도산 쌀의 수입 규모가 얼마가 되어야 하는지 하는 문제는 아주 지엽적인 문제라는 기분이 들게 되었다. 3월 29일 오찬을 나누는 자리에서 Pillai 차관보는 그동안 한국 측에 애를 먹여 미안하다고 하면서 우리 측이 제안한 물량과 조건을 수용하겠으며 향후 인도가 한국과 보다 경제협력을 공고히 하기 위해 FTA를 체결하는 데 적극적으로 노력하겠다고 약속하였다.

이와 같은 우여곡절 끝에 인도 정부는 3월 30일 WTO 사무국에 한국과 합의에 이르러 이행계획서 수정안에 대한 유보를 철회한다는 내용으로 문서를 통보함으로써 WTO 검증절차는 모두 종료하게 되었고 WTO는 4월 12일 인증서를 우리 정부에 발급하였다. 아울러 외교통상부와 농림부는 공동으로 보도자료를 발표하고 쌀 관세화유예 연장을 위한 이행계획서 수정안이 WTO 검증절차를 통해 원안대로 확정되었음을 알리고 향후 비준동의 요청서를 국회에 제출할 것임을 밝혔다.

6. 국회 국정조사 및 국회비준

▌국회 국정조사와 청문회

앞에서 설명한 대로 2005년 4월 12일 정부는 보도자료를 통해 우리의 이행계획서 수정안이 WTO 검증을 거쳐 확정되었다는 내용을 설명하였는데, 동 보도자료 중 "협상기간 중 제시되었던 상대국들의 양자적 관심사항에 대해서는 동·식물 검역문제는 수입위험평가 등 검역절차가 원활히 진행될 수 있도록 별도의 전문가 협의를 통해 상호 협력해 나가기로 하는 한편"이라는 내용에 대해 야당과 농민단체에서는 쌀 이외에 중국산 사과, 배 등에 대해 신속한 검역 조치 등을 약속한 이른바 '부가적 합의사항'이 있다는 사실이 확인되었으니 정부가 협상내용을 속이고 '이면합의'를 해준 것이 아니냐고 비난하기 시작하였다. 특히 사과나 배의 경우 과수농가에 심각한 피해를 줄 만한 검역완화 등에 합의해주면서 국민에게 알리지 않았다고 몰다붙이기도 했다.

이에 대해 외교통상부와 농림부는 이미 지난해 말 쌀 협상 최종결과를 발표하면서 '부가적 사항에 대해서는 검증기간에 계속 협의해 나갈 것'이라는 사실을 공개적으로 밝혔으므로 '이면합의'는 아니라고 설명하고, '과일에 대한 검역문제는 WTO협정 및 국내 관련법에 따라 위험평가를 위한 모든 절차가 이루어져야 한다'는 사실을 강조하였다. 이 글을 쓰는 2011년 말까지도 중국산 과일은 검역상 문제로 수입이 허용되지 않고 있다는 사실에 비추어 볼 때 우리나라와 중국 간에 중국산 과일에 대한 검역을 완화해주기로 이면합의했다는 농민단체나 일부 야당의 주장은 아무 증거도 없는 허위사실 유포라는 것을 입증하는 것이라고 하겠다.

이와 같이 일부 야당과 농민단체가 이면합의가 있다고 주장하는 것은 2000년 7월 한·중 간 마늘분정이 타결되면서 중국과 맺은 합의문 부속서에 '세이프가드를 2003년 1월 이후 연장하지 않겠다'는 내용이 포함되어 있었던 것이 밝혀져 논란이 일었던 것을 상기하여 이번 쌀 협상에서도 그러한 이면합의가 있었을 것이라고 지레짐작한 데서 비롯된 것으로 협상을 맡았던 나로서는 무척 곤혹스러울 수밖에 없었다.

특히 그동안 WTO·DDA 협상이나 쌀 협상과 관련하여 항상 앞장서서 정부를 비난하였고, 나와는 방송이나 토론회 등에서 논쟁을 벌였던 농민단체 출신의 강기갑 씨가 2004년 5월 민주노동당 비례대표 후보로 17대 국회의원에 당선되었고, 당시 다수당이 된 열린우리당 내에도 농민단체 등 재야 출신이 많이 있어 정치적으로 보호막이 되어 줄 세력이 취약한 상황이어서 협상을 잘 해 놓고도 국정조사로 가는 게 아닌가 하는 걱정이 들기 시작했다.

아니나 다를까 2005년 4월 13일 오후 전국농민연대를 비롯한 각계 사회단체 대표들이 외교통상부 앞에서 시위를 하면서 긴급 기자회견을 열어 쌀 협상의 이면합의를 강력히 규탄하고, 시급히 국정조사를 실시하라고 촉구했다. 이들은 "정부가 계속해서 이면합의는 없다고 밝혔지만 4월 12일 발표를 통해 쌀 이외의 개방 확대 약속이 WTO에 이행계획서를 제출하기 전에 합의된 사항이란 사실을 알 수 있다"며 "이번 쌀 협상안이 마늘파동을 연상시키는 심각한 이면합의"라고 목소리를 높였다. 그러면서 ▲이면협상으로 점철된 쌀 협상의 전면 무효 선언, 재협상 실시 ▲쌀 협상의 국회 국정조사 실시, 이면합의를 비롯한 모든 의혹 규명 ▲쌀 협상 전문의 솔직한 공개 ▲쌀 협상 이면합의로 농업, 농촌 파탄 노무현 대통령 국민 앞에 공개사과 ▲쌀 협상 이면합의의 주범 이재길 DDA협상 대사를 비롯한 책임자 엄중처벌 등을 요구하였다.

이러한 상황에서 국회는 5월 12일부터 6월 15일까지 국정조사를 실시하기로 결의하였고 아울러 6월 13~14일 이틀간 청문회를 열기로 하였다. 나는 우리 대표단원들에게 "이번 쌀 협상에서 만일 관세화유예가 되지 않고 전면적인 수입자유화로 결론이 났으면 농민단체나 야당이 얼마나 정부를 비난했을지 지금 상황을 보면 충분히 예상할 수 있지 않겠느냐"고 하면서 "협상 결과 자체에 대해서는 꼬투리를 잡을 수 없으니 있지도 않은 이면합의가 있다고 억지를 부리고 있다. 우리가 협상과정에서 잘못한 점이 하나도 없으니 너무 위축되지 말고 정정당당하게 조사를 받자"고 강조했다. 아울러 "국정조사와 청문회를 통하여 국제통상 협상의 어려움을 국민들이 이해할 수 있는 기회로 삼는다고 생각하면 차라리 잘 되었다"고 스스로 위안을 하기도 하였다.

국정조사가 시작되면서 야당은 쌀 협상과 관련된 모든 전문 및 외교문서를 공개하라고 요구하였고 외교부는 대외협상의 경우 상대국이 있으므로 협상과 관련된 비밀문서를 공개하는 것은 외교관례에 어긋나고 나쁜 선례가 된다는 점을 들어 난색을 표명하였다. 야당 특히 민주노동당은 국정조사를 하는 데 모든 자료를 공개해야 한다고 계속 주장함에 따라 타협안으로 협상과정에서 협상대표단이 본부로 보낸 모든 전문과 외교문서를 국정조사 위원에 한해 열람할 수 있도록 허용하고 열람 장소 및 시간도 제한하는 데 합의하였다. 그리고 열람 장소에는 외교부 직원이 배치되어 복사나 사진촬영을 하지 못하도록 감시하였다.

국회의 한 달에 걸친 국정조사과정에서 정부가 다른 대외협상의 경우와는 달리 수십 차례에 걸쳐 농민단체 등 이익단체와 토론회, 설명회 등을 가졌고, 주요 대학의 농경제학과 교수들과 농촌경제연구원 박사들로 구성된 쌀 협상 대책팀을 운용한 사실 등이 알려지면서 정부가 이번 협상을 처음부터 투명하게 하기 위하여 노력했다는 점이 부각되었다. 아울러 협상을 위해 출장할 때마다 동행했던 농민단체 추천 민간 농업전문가인 경북대학교 김충실 교수가 언론 인터뷰[6] 등을 통해 이면 협상은 말도 되지 않는다고 부인하던서 야당의 공세가 조금씩 누그러들기 시작하였다.

6월 13일과 14일 이틀간 개최된 청문회는 국민적 관심사여서인지 KBS에서 생중계를 하였는데, 증인으로 출석한 당시 반기문 외교부장

---

6) 『신동아』, 2005.6월호, 196–201쪽 참조.

관이 통상문제에는 생소하여 질문이 나오면 나에게 넘기겠다고 하여 대부분의 답변을 내가 대신한 것으로 기억하고 있다.

결국 한 달 이상의 국정조사와 청문회를 거쳐도 협상과정에서 어떤 문제점도 나타나지 않았음에도 불구하고 여야 간 이견으로 보고서는 채택되지 못하고 국정조사는 종료되었다.

▌국회비준 절차

국정조사가 진행되던 2005년 6월 7일 정부는 비준동의안을 국회에 제출하였다. 이에 따라 6월 21일, 8월 25일, 9월 5일, 9월 12일, 9월 23일 다섯 차례에 걸쳐 국회 통일외교통상위원회에 안건을 상정하려 하였으나 민주노동당의 단상 점거 등 몸으로 막는 반대로 인하여 무산되었고 결국은 10월 13일에서야 안건이 상임위에 상정되었다. 이어서 10월 27일 상임위를 통과하고 11월 23일 본회의에 상정 및 통과되었다.

이로써 쌀 협상과 관련된 모든 절차가 완료되고 대단원의 막을 내리게 되었다.

7. 이 글을 끝내면서

우리나라의 WTO 쌀 관세화유예 조치는 아직도 현재진행형이다. 2014년 말이 되어야 관세화유예를 위한 WTO상의 특혜가 종료되며, 이어서 우리나라의 쌀은 관세화를 위한 절차에 들어가게 된다. 2004년 쌀 협상을 시작할 당시와 현재와는 여러 가지 여건 변화가 있었다.

첫째, 2004년도에는 WTO·DDA협상이 한창 진행 중이었고 DDA 농업 협상의 결과 쌀에 대한 수입관세율, TRQ, 보조금 등이 어떻게 될

지 모르는 불확실한 상황이었기 때문에 우리가 10년간 관세화유예를 연장하면서 추가적인 부담 없이 언제라도 관세화로 전환할 수 있는 권리를 확보하는 것이 중요하였다. 그러나 당초 예상과 달리 WTO·DDA 협상은 아직도 진행 중이므로 향후 DDA 협상결과 등 여건변화를 예의 주시하여 2015년 1월 1일부터 쌀 관세화 조치를 어떻게 할 것인가 대비하여야 할 것이다.

둘째, 쌀의 국제가격은 2007년 세계적인 원자재 가격 폭등에 따라 높은 가격을 유지하였고 이에 따라 국내가격과의 차이도 축소되었으나 국제가격은 수시로 변동하는 것이므로 국제가격의 추이를 분석하여 향후 관세화 조치를 하는 경우 대응책을 강구하여야 할 것이다.

셋째, 국내 쌀 생산량이 증가하는 데 반해 쌀 소비는 계속 감소할 뿐만 아니라 대북 쌀 지원도 중지되어 쌀의 재고량이 늘어나는 문제가 있지만, 향후 통일에 대비하여 적정한 수준의 생산능력을 유지하는 것을 신중히 고려하여야 할 것이다.

넷째, UR 협상이 종료되고 1995년부터 10년간 우리나라 쌀에 대한 관세화유예가 이루어졌음에도 불구하고 우리 정부나 농업인들이 아무런 대비를 하지 않은 상황에서 2005년 쌀 시장이 급격히 개방되는 경우 쌀 산업의 피해는 명약관화하고 이는 쌀농사의 포기 나아가 농촌의 붕괴로까지 이어질 가능성도 배제할 수 없었다. 이러한 절박한 이유 때문에 우리 정부는 쌀의 관세화유예를 위한 협상을 시작하였고 소기의 성과를 거둘 수 있었다. 따라서 이제는 10년간의 유예기간을 잘 활용하여 우리나라 쌀 산업의 경쟁력을 키워나가 2015년 관세화 조치로 쌀 시장이 개방되더라도 우리 쌀 산업에 큰 영향이 없도록 대비하여야 할 것이다.

쌀 협상 비준안 공포를 위한 안건을 의결하는 국무회의에서 당시 노무현 대통령은 "우리나라 쌀 시장의 큰 대문은 닫아걸고 그 대신 작은 쪽문을 조금 열기로 했는데 농민단체나 야당은 왜 그렇게 반대를 하는지 모르겠다"라고 하면서 대외통상문제에 대해 반대를 위한 반대를 하는 농민단체 등 시민단체에 대해 일침을 가하기도 했다.

1993년 12월 15일 우루과이라운드가 타결되던 날, 주 제네바대표부에서 당시 협상을 담당했던 동료들끼리 주고받았던 농담이 현실이 되어 나에게 쌀 협상의 모든 짐이 지워졌지만, 우리 농업인들뿐만 아니라, 국민들이 모두 만족할 만한 결과로 마무리된 것은 다행스러운 것이었다.

2009년 한국협상학회에서 협상전공 교수들에게 지난 10년간 가장 성공적인 국제협상이 무엇인지 설문조사한 결과 2004년 쌀 협상이 가장 성공적이었다는 보도를 보면서 통상전문가로서 보람을 느끼게 된다. 더욱이 우리나라의 쌀 관세화유예가 타결된 직후 이루어진 우리나라와 미국, 그리고 EU, 아세안 등 주요 국가들과의 FTA 협상에서 우리나라 협상대표들의 협상 부담이 어느 정도 가벼워진 것은 가장 민감한 품목인 '쌀' 문제가 협상대상에서 제외되었기 때문인데, FTA를 통한 글로벌 시장의 확보라는 측면에서 쌀 관세화유예 협상은 다른 통상협상의 타결에도 큰 기여를 했다고 자부하고 싶다.

부가가치세 도입과정 뒷이야기

이 재길

1. 프롤로그

1976년 6월 초 어느날 아침, 소공세무서 법인세 2과장으로 근무하고 있던 나에게 걸려온 전화 한 통화는 나의 공직생활에서 하나의 큰 전환점이 되었다. 당시 재무부 국제조세과장이었던 강만수 과장(전 기획재정부 장관)은 재무부 세제국 직접세과 영업세담당 사무관으로 있으면서 부가가치세 도입을 위한 준비를 하다가 1976년 5월 갑자기 승진[1]하게 되어 국제조세과장으로 부임한 지 얼마 되지 않았는데, 그는 다짜고짜 나에게 재무부로 빨리 들어오라는 것이었다.

당시 소공세무서가 재무부 청사 바로 뒤에 있었기 때문에 나는 급히 강 과장 사무실로 들어가 보니 그는 내가 자신의 후임인 직접세과 영업세 담당 사무관으로 내정되었다고 하면서, 나를 배도 세정차관보에게 인사시켰다. 배도 차관보는 월간 잡지 『국세』지의 화보에 실린 고재일 국세청장과 내가 한 달 전 엘살바드르에서 개최된 세계국세청장회의에 참석하여 찍은 사진을 보고 나를 처음 알게 되었다고 하였다. "강 과장도 적극 추천하여 이 사무관을 선발했는데 영어도 잘하고 세무행정 경험도 있으니 부가가치세 도입을 위한 작업팀에서 주무사무관으로 일을

---

1) 강만수 과장은 행시 8회였지만 당시 세제국의 직접세과장과 직접세과 선임사무관들이 모종의 사건에 연루되어 모두 그만두는 바람에 동기들보다 일찍 승진하였다.

했으면 좋겠다"고 하며, 고재일 국세청장에게는 이미 양해를 구했다고
하였다.

나는 사전에 아무 귀띔도 없이 갑자기 당하는 일이라 무척 당황하고
있었는데 강 과장은 발령은 아직 나지 않았지만 부가가치세 제정 작업
이 급하게 돌아가니 오늘부터 근무하라는 것이었다. 나는 일단 청장에
게 가서 인사를 드리고 오겠다고 하고 사무실을 나오면서, 앞으로 성미
가 급하고 고집이 센 강만수 과장과 일을 하면서 고생깨나 하겠다는 생
각이 들었다. 사실 강만수 과장과의 인연은 내가 소공세무서로 가기 전
국세청 개인세과 영업세 2계장으로 1년여 동안 근무하면서 대중세 혁
신업무와 관련된 표준계산서 도입 등 업무협의를 위해 가끔 강 과장을
찾았고 만날 때마다 그가 부가가치세 관련 책자나 자료를 주면서 시작
되었는데, 이렇게 빨리 강 과장과 함께 일하게 될 줄은 미처 몰랐던 게
사실이었다.

그래서 나는 공식적으로는 재무부 직세과의 영업세 담당사무관으로
발령을 받았지만 몸은 영업세업무를 담당하는 임종우 주사와 이성식 주
사, 그리고 이정숙 여직원 포함하여 4명이 한 팀이 되어 국제조세과 사
무실에서 더부살이하게 되었고, 이러다 보니 국제조세과의 사무관들과
직원들도 부가가치세팀 때문에 일찍 퇴근하는 것이 눈치가 보여 늦게까
지 사무실에 남게 되는 등 여러 가지로 폐를 끼치게 되었다.

그 당시 국세청에서 재무부 세제국으로 발령받는 직원에 대해서는
고생문이 훤하게 열렸다고 모두들 측은하게 생각하고 동정하는 분위기
였다. 세제국 직원은 재무부 내의 다른 국과 인사교류가 전혀 없어 다
른 국 사람들이 보기에는 마치 이방인들이 모인 곳처럼 인식되던 때여
서인지 직원들 사기도 매우 침체되어 있었다. 심지어는 직원들 사이에
세제국만 떠나면 영전이라는 말까지 나올 정도였다. 예를 들어 재무부

체육대회는 국별 대항 축구시합이 주된 종목인데 다른 국들은 산하기관이 많아 몇 달 전부터 축구연습을 할 때마다 선수들 목욕이나 운동복, 회식 등에 예산이 풍족하여 아무 문제가 없지만 세제국의 경우에는 국장이 금일봉을 주는 것 이외에는 아무 지원이 없어 직원들이 각자 호주머니를 털어 회식을 하곤 하였다. 지금과 같이 국과별로 업무추진비와 같은 예산이 있는 것도 아니었으니 그럴 수밖에 없었을 것이다.

나는 정식 발령도 나기 전부터 사무실에 나가 강 과장 지시에 따라 부가가치세 도입과 관련된 보고서를 만들고 부가가체세법 초안을 작성하기도 하였는데, 세무서 과장으로 있다가 졸지에 펜을 들고 글을 쓰다 보니 손이 굳어서 잘 써지지도 않았다. 요즘 같으면 컴퓨터가 있어서 얼마든지 수정할 수 있지만 당시에는 '풀스캡지'라고 줄이 그어진 큰 종이에 굵은 펜으로 한자를 섞어 글을 쓰다가 잘못되면 다시 처음부터 써야 하고, 결재가 올라가다가 국장이나 차관보가 수정하면 다시 쓰는 일이 반복되니 거의 매일 야근을 하다시피 하였다. 어떤 날은 통행금지시간이 된지도 모르고 일을 하다가 책상 위에 신문지를 덮고 그대로 자는 경우도 있었다. 이렇게 나의 부가가치세 작업팀에의 합류는 어느날 갑자기 이루어졌다.

2. 부가가치세 입법과정

▌간접세 제도의 개혁

우리나라 정부가 부가가치세 도입을 검토하기 시작한 것은 1971년 남덕우 재무부장관이 '장기세제의 방향'을 공표하고 1976년까지 종합소득세의 실시와 부가가치세를 도입하겠다는 정책을 발표하면서부터이다. 이리하여 우리 정부는 1972년 IMF의 주선에 따라 IMF 조세자문관인

아일랜드 국세청장 출신 James C. Duignan 씨를 초청하여 우리나라의 부가가치세 도입 가능성에 대한 검토를 의뢰하였는데, 그는 한국은 영업세와 물품세보다 장점이 많은 부가가치세 도입을 서둘러야 한다고 건의하였다. 이와는 별도로 부가가치세를 연구하였던 한국은행의 김재익 박사[2]와 김종인 서강대 교수 등도 이에 호응하여 본격적인 연구가 진행되기 시작하였다. 1974년 우리 정부는 부가가치세 시찰단을 유럽에 파견하기도 하였고, 1975년과 1976년에는 IMF 재정국 자문관이며 영국 Strathclyde대학 교수인 Alan A. Tait를 초청하여 자문을 받기도 하였다.

그 당시 우리나라에는 간접세로 국세에는 일반소비세 성격의 영업세 그리고 개별소비세 성격의 물품세 등 11개, 지방세로 마권세 등 총 12세목이 있어 아주 복잡했다. 그리고 세율구조도 영업세만 해도 0.5~3.5%에 이르는 6종이 있었고, 부가가치세로 대체된 8개의 간접세에만 54개의 세율 구분이 있어 납세에 많은 절차가 필요했고 중복과세의 문제가 있었다. 아울러 영업세의 경우 납세자가 약 90만 명에 달해 인정과세에 대한 논란과 시비가 많아 과세자료의 양성화를 통한 근거과세의 마련이 시급하였고, 경제개발을 위한 국내 재원조달을 위해서도 내국세 개혁, 특히 간접세 제도의 개혁이 필요하다는 데 모두들 공감하고 있었다. 이에 따라 1975년 종합소득세 제도가 실시되면서 간접세 개혁을 위한 부가가치세 도입이 적극적으로 추진되었고 이를 위해 영업세 세율체계를 개편하고, 납세자 번호제도, 거래원천징수 제도와 표준계산서 제도를 도입하는 등 준비가 이루어졌다.

그리고 1976년 박정희 대통령이 연두기자회견에서 부가가치세 도입을 공식 발표하였고, 이어서 김용환 재무부 장관이 경제부처 합동기자

---

2) 제5공화국에서 대통령 경제수석을 역임하였다.

회견에서 '1976년 정기국회에서 부가가치세법을 통과시키고, 1977년 7월 1일부터 부가가치세제를 실시하겠다'고 발표하였다.

그래서 내가 재무부에 들어갈 때쯤에는 부가가치세법 시안에 대한 '세제심의위원회'의 심의가 진행되는 등 어느 정도 골격이 마련되어 있었고, 강 과장은 자신이 보고용 용지에 직접 작성한 '부가가치세 요강'과 '부가가치세 도입 일정표'를 나에게 주면서 그 내용에 따라 구체적인 조문작업을 시작할 것을 지시하였다.

부가가치세는 1967년 4월 14일 유럽공동체(EEC)이사회에서 '공통의 부가가치세 제도와 적용방법에 관한 제2차 지침'을 결정하고 1970년 1월 1일[3]부터 모든 EEC 회원국이 종전의 매상세|Sales Tax를 부가가치세로 전환하여 시행토록 하면서 세계적인 주목을 받게 되었다. 그래서 우리나라가 부가가치세 도입을 연구하던 시기에는 EEC 역외 국가들이나 조세전문가들 사이에 부가가치세가 궁극적으로 지향해야 할 이상적인 간접세제도로 여겨져 관심이 높아가고 있던 때였다. 따라서 1976년 당시에 부가가치세를 실시하고 있는 나라는 유럽 12개국, 중남미 9개국, 아시아에서는 월남 등 23개 국가에 이르고 있었다.

유럽은 경제공동체를 만들면서 역내 회원국 간 물품이나 서비스를 교역하는 경우 그 물품이나 서비스의 거래에 대해 국내 간접세를 배제하여 중립화시키는 조치가 필요하게 되어 부가가치세를 도입하게 된 것이다. 따라서 우리나라의 경우에도 간접세제를 간소화하고, 수출 및 투자를 촉진하며, 간접세의 중립성 유지를 기하는 것이 부가가치세를 도입하는 목적이라고 하겠다.

우리가 부가가치세법을 입법할 때 참고한 모델은 EEC 공통부가가치세 통일지침과 영국과 아일랜드 등 영어권 국가의 부가가치세법을 토

---

3) 벨기에는 물가상승 우려로 지침보다 1년 후, 이탈리아는 소매상들의 반발로 2년 후에 시행하였다.

대로 검토하였고, 그 과정에서 IMF의 기술지원, 특히 유럽 출신 IMF 자문관이 우리나라에 파견되어 부가가치세 제도의 기본 골격을 만드는 데 많은 기여를 하게 된 것이다.

　내가 재무부에 첫 출근하였을 때, 강 과장은 나에게 IMF 재정국 자문관인 Alan A. Tait 교수가 쓴 *Value Added Tax* 라는 책을 주면서 일 주일 이내에 정독하여 부가가치세 제도의 원리를 확실히 파악하도록 지시하였다. 책의 분량은 170페이지 정도였지만 부가가치세 제도의 내용, 그리고 유럽 각국이 부가가치세 제도를 도입하는 과정에서 겪었던 경험과 물가, 투자 등에 미치는 영향 등을 잘 기술하고 있어 이후 부가가치세 제도를 설명하는 자료를 작성하는 데 큰 도움이 되었다. 이후 1976년 12월 부가가치세법이 제정되고 6개월간 시행을 위한 준비를 하는 과정에서 당시 IMF가 파견한 조세 자문관인 James C. Duignan 전 아일랜드 국세청장과의 만남도 나에게는 잊지 못할 추억이 되고 있다.

　부가가치세법을 제정하는 데 있어 어려운 문제 중의 하나는 유럽에서 사용하고 있는 부가가치세법을 어떻게 우리나라의 조세법 체계에 맞추어 조화를 이루느냐 하는 것이었다. 우리나라 조세법은 대부분 일본의 조세법을 모방하여 제정되었고 납세자는 당연히 탈세하고자 하는 의도가 있다는 것을 미리 전제하고 이를 정교하게 예방하는 장치를 세법에 마련해 두고 있는 데 반하여, 선진국의 경우에는 납세자가 지켜야 할 원칙적인 규범 위주로 규정하고 있다는 점이 큰 차이였다. 특히 유럽 등 선진국 납세의무자의 수준과 기업의 상거래 관습이 우리나라와는 큰 차이가 있는데, 이를 무시하고 전혀 새로운 형태의 조세를 우리나라에 도입하는 경우 생길 수 있는 부작용에 대해 너무 이론적인 접근을 하고 있는 것이 아닌가 하는 우려도 있었던 것이 사실이다.

따라서 IMF 조세자문관은 우리나라의 부가가치세법 자체를 너무 복잡하지 않게, 즉 가능한 한 조문 수가 적은 형태로 만들어 신축성을 기할 수 있도록 하고, 그 대신 시행령이나 부령은 상대적으로 상세히 규정하되, 추후 시행해 나가면서 각종 예규 등에 의해 규범을 만들어 가도록 충고하였다.

▌ 부가가치세 작업팀

부가가치세 작업팀 4명은 2~3개월 내에 부가가치세법 정부안을 확정하여 국회에 제출, 통과시켜야 한다는 시간적 강박 속에서 매일 아침이면 함께 큰 탁자에 앉아 그날 할 일을 논의하고 자기가 맡은 분야에 대한 보고서를 작성하는 등 직급의 구분 없이, 주말이나 공휴일도 없이 일을 하였다.

강만수 과장은 2005년 출간된 자신의 자서전에서 부가가치세 작업팀에 대하여 다음과 같이 기록하고 있다. "과장이 된 후 사무관 때부터 함께 일하던 임종우 주사, 이성식 주사와 이정숙 여직원은 그대로 있고 국세청에서 이재길 사무관이 와서 고두 5명이 부가가치세 업무를 담당했다. 적은 인원에 업무량은 과중하여 밤낮과 휴일이 없었고 하루가 어떻게 가는 줄도 몰랐다. 세계 어느 나라에 5명이 부가가치세 도입업무를 담당한 경우가 있었을까." "부가가치세 도입 일정에 따라 국민홍보와 교육계획을 마련하고 본격적으로 법안 요강을 만들기 시작했다. 5명으로 구성된 작업팀으로서는 벅찬 일이라 밤낮도 주말도 없었고 추석도 크리스마스도 설날도 사무실에 나와 일했다."[4]

임종우 주사는 8척 장신의 큰 체격에 다혈질이지만 며칠 밤을 새우

---

4) 강만수, 『현장에서 본 한국경제 30년』, 2005, 26 · 62쪽.

고도 멀쩡한 체력을 갖고 있어 뚝심 좋은 직원이었다. 부가가치세법 초안을 작성하면서 나오는 많은 토론을 하였는데, 흥분하면 목소리가 점점 커져 나중에는 싸움을 하는 사람처럼 되어 오해를 사기도 하였다. 한편 현재 세무사로 활동하고 있는 이성식 주사는 체격은 작았지만 성격이 치밀하고 항상 조용히 일만 하는 내성적인 스타일이어서 임종우 주사와는 여러 가지로 대조적이었다.

이렇게 개성이 강한 직원과 고집이 세고 남에게 지기 싫어하는 강만수 과장과의 사이에 끼어서 나는 처음 얼마 동안은 이러한 분위기에 적응하는 데 신경을 곤두세워야만 하였다. 설상가상으로 그 당시 지금 아내와 연애하고 있었던 나는 데이트는커녕 전화하기도 힘든 상황이 되어 아주 난감한 입장에 처하게 되었다. 지금과 같이 휴대폰이나 스마트폰이 있었으면 큰 문제가 없겠지만, 전화도 없고 잘 만나지도 못하여 여러 가지로 오해까지 받게 되어 나는 이러다가 결혼을 못하게 될지도 모른다는 걱정이 들기도 하였다. 이런 상태로 몇 주가 지난 후 나는 안되겠다 싶어 급하게 결혼식을 올리고 신혼여행도 짧게 갔다 오게 되었다. 신혼여행 갔다 온 다음 날부터 거의 1년 이상 통행금지 시간에 맞추어 퇴근하고 주말도 없이 일만 하다 보니 아내는 우리의 신혼생활이 부가가치세 때문에 희생되었다고 불만을 털어 놓곤 하였다.

▌ 대형 차트와 보고서 작성에 얽힌 일화

70년대에는 군사문화의 잔재인지 윗사람에게 업무보고를 할 때는 대형 차트로 하는 것이 관례였고, 이러한 차트 작성은 실무책임자인 사무관들의 가장 큰 애로사항이 되곤 하였다. 차트 원고가 완성되면 차트사를 불러 언제까지 완성해 달라고 요청하는데, 중국집 배달같이 시간을 잘

지키지도 않고 글자가 틀리기도 하여 애써서 만들어 놓고도 상사에게 혼나는 것은 다반사였다.

내가 세제국에서 일하기 시작한 지 한 달 가까이 되었을 때, 나는 최진배 세제국장으로부터 부가가치세법 추진현황을 장관에게 보고하여야 하니 대형 차트를 만들라는 지시를 받았다. 일단 원고를 만들어 국장의 결재를 받은 후 차트를 맡겼는데, 그 다음날 아침이 되어도 차트가 도착하지 않는 것이었다. 국장이 몇 번씩 재촉하는 가운데 할 수 없이 차트사로 달려가 보니 일감이 너무 밀려 그때서야 우리가 부탁한 차트를 만들고 있었다. 다행히 장관 보고시간이 늦추어지게 되어 큰 문제는 없었지만 그 다음부터는 밤이 늦더라도 차트사 곁에 지켜서서 다 완성이 된 다음에야 퇴근하는 것을 원칙으로 하게 되었다. 또한 차트 내용이 바뀌거나 오자가 있는 경우를 대비하여 땜질용 종이와 테이프를 항상 휴대하는 것도 습관이 되었다.

모든 조직에서 보고서 작성은 가장 중요한 일이며, 보고서 양식에 대해서도 신경을 많이 쓰게 된다. 요즘 같으면 컴퓨터가 있어서 글씨의 모양이나 크기 등을 조정할 수 있고 글씨를 잘 못 쓰는 사람도 크게 어려움을 겪지 않지만, 내가 세제국에서 일할 때에는 줄이 그어진 큰 종이 '풀스캡지'에 굵은 펜으로 한자를 섞어 보고서를 작성하는데, 글을 쓰다가 잘못되면 다시 처음부터 써야 하고, 결재가 올라가다가 과장, 국장이나 차관보가 수정하면 다시 쓰는 일이 반복되어 업무시간 중 보고서를 작성하는 일이 큰 비중을 차지하였다. 직접 자필로 쓰다 보면 새로운 아이디어가 나오거나 표현방법에 대해서 연구하게 되는 이점도 있지만 사소한 수정 때문에 처음부터 다시 쓰는 것은 너무 시간낭비라는 생각이 들었다.

그래서 나와 대학동기인 금융정책과의 연원영 사무관과 함께 당시 김용환 장관이 가장 신뢰하는 이헌재 금융정책과장에게 찾아가 "실무자가 작성한 보고서에 대해 과장, 국장, 차관보 등 상관들이 이견이 있는 경우 자필로 의견을 붙이도록 하여 각자의 생각을 일목요연하게 알 수 있도록" 장관에게 건의해 달라고 부탁하였다. 며칠 후 장관의 지시라고 하면서 이제부터는 사무관이 작성한 보고서를 그대로 올리되 의견이 있으면 그 옆에 각자 의견을 달고 사인을 하도록 지침이 내려오게 되어 업무량이 한결 줄어들게 되었다.

부가가치세 과세대상

그동안 우리나라의 거의 모든 세법들은 일본 세법을 모방하여 제정되었기 때문에 세법의 틀이나 용어를 만드는 데 큰 어려움이 없었으나 부가가치세의 경우에는 일본에서조차 시행하고 있지 않아 모든 용어를 우리가 직접 만들어야만 하였다.

예를 들면 부가가치세법의 가장 중요한 조항인 과세대상에 대하여 EEC 국가의 부가가치세법에서는 영어로 'The supply of goods and services; and the importation of goods'라고 되어 있는데 이 중 'goods and services'를 어떻게 번역하는 게 좋은지에 대해 논란이 있었다. 나는 경제학 용어로 사용되는 '재화'와 '서비스'라는 용어를 쓰자고 주장하였고, 임종우, 이성식 주사는 '물품'과 '용역'이 법률용어로 적당하다고 주장하다가 강 과장의 중재에 의해 각각 하나씩 양보하여 '재화'와 '용역'이라고 표현하기로 하였다.

부가가치세 영세율, 면세제도

부가가치세 영세율제도는 부가가치세제도의 특징을 가장 잘 나타내는 제도로서, 이 영세율제도에 의하여 수출품에 대한 간접세를 완전히 면제할 수 있어 수출촉진에 기여할 수 있게 된 것이지만, 영세율제도의 취지를 오해하여 어떤 부처에서는 어느 특정산업에 대해 영세율 적용을 받도록 해달라고 요청하기도 하였고, 그렇게 되지 않으면 면세대상에 포함시켜 달라는 웃지 못할 일도 일어나곤 하였다. 사실 부가가치세는 소비세로 사업자는 부가가치세를 부담하지 않고 모두 최종소비자에게 전가되는데, 부가가치세에 대한 기본지식이 부족하다 보니 이를 설명하는 데 많은 시간을 보내기도 하였다.

부가가치세 면세제도에 대해서도 곡물, 채소 등 생활필수품과 의료보건용역, 교육용역, 보험용역 등 국민후생과 관련이 많은 용역, 변호사 등 인적용역에 대해서만 면세대상으로 정하였는데, 여러 부처에서 특정 산업을 면세대상에 포함시켜 달라는 요청이 쇄도하여 입장이 곤란한 적이 많았다. 사실 부가가치세 면세는 다른 세금과 달리 유리한 측면만 있는 게 아니기 때문에 부가가치세 시행과정에서도 이와 관련된 논란이 많이 발생하였다.

과세특례제도

일반적으로 소기업은 숫자도 많고 기장도 잘 되고 있지 않기 때문에 연간 거래금액이 일정액 이하의 영세한 개인소기업에 대해서는 면세하거나 특별과세를 하고 있다. 그 당시 영국은 연 매출액 5천 파운드(약 420만 원) 이하에 대해 면세하고, 독일 등의 경우에는 연 6만 마르크(약 1,240만 원) 이하의 소기업에 대해 거래금액의 4%로 특례과세하고 있었다.

이 과세특례제도에 대해서 당시 IMF 조세자문관은 부가가치세 제도의 당초 취지에서 벗어나 왜곡된다는 이유로 가급적 과세특례대상자를 축소하도록 충고하였고, 과세특례자에 대한 세율을 기존 소매업 영업세율과 같은 수준인 2%로 부과하는 것에 대해서도 문제를 제기하였다. 즉, 그 당시 영업세율은 소비자까지 유통되는 단계에서 생산단계 1.5%, 도매상 1.5%, 소매상 2%, 합계 5%의 세금을 부담하기 때문에 부가가치세 제도하에서 과세특례자에 대한 세율은 5%가 되어야 한다는 것이었다.

만일 2%로 세율을 정하면 과세특례자에게 간접적으로 보조금을 주는 효과가 있으며 부가가치세 체계가 왜곡될 가능성이 크다는 것이 그 이유였다. 그러나 국세청이 소기업의 납세 편의와 세무행정의 간소화 측면에서 강력히 주장하여 연간 1,200만 원의 개인 소기업에 대해 기존 영업세율 수준인 거래금액의 2%를 납부세액으로 하는 과세특례를 두도록 결정하였다.

▌의제(擬制)매입세액 공제제도

의제매입세액 공제제도는 부가가치세 과세사업자가 면세대상인 농·축·수·임산물을 공급받아 제조, 가공한 재화 또는 용역이 과세대상이 되는 경우 당해 면세농산물 등에 대한 세금계산서가 없이도 일정금액을 매입세액으로 의제하여 공제해 주는 제도인데, 부가가치세를 실시하는 다른 나라에는 없는 것으로 알고 있다.

이 제도가 부가가치세법에 들어가게 된 배경은 초안이 거의 마무리되어가던 어느날 아침, 임종우 주사가 농산물·축산물·수산물·임산물과 같이 면세로 공급받은 재화를 원재료로 이용하여 제조 또는 가공하는 경우 그 전단계에서 부과된 부가가치세가 원가로 흡수되어 중복과세되는 문제가 있다고 하면서 이를 해소하기 위해서는 일정한 범위 안에서 매입세액이 있는 것처럼 공제해 주는 방안을 강구할 필요가 있다고 주장하여 반영된 것이다. 이 제도 도입에 대해서는 농수산부가 1차 산업의 보호차원에서 크게 환영하였던 것으로 기억하고 있다. 그러나 최근 음식점에 대한 의제매입세액 공제가 허용되는 등 이 제도가 과세특례자에 대한 보조금으로 이용되는 것은 당초 취지와는 상당히 벗어난 것이라고 생각된다.

▌세금계산서 제도

부가가치세제도의 성공 여부는 부가가치세 납세의무가 있는 사업자가 물품이나 용역을 공급할 때 부가가치세액이 표시된 세금계산서를 거래 상대방에게 얼마나 정확하고 성실하게 교부하느냐에 달려 있다고 해도 과언이 아니다. 거래단계마다 전 단계의 세금계산서를 활용하여 과세하기 때문에 모든 거래자에 대한 과세정보를 얻을 수 있고, 상호 대사l 對查가 가능하므로 근거과세, 그리고 탈세 예방에 크게 기여한다. 이와 같이 세금계산서는 매출자가 납부해야 할 세액의 근거가 될 뿐만 아니라 매입자가 매입세액을 공제 또는 환급받을 수 있는 근거가 되기 때문에 부가가치세 제도에서 가장 중요한 서류가 된다.

이미 정부에서는 1974년부터 영업세거래원천징수 제도와 표준계산서 제도를 실시했었기 때문에 사업자에게 아주 생소한 것은 아니었지만 과거와 달리 자기가 받은 세금계산서가 매입세액이 된다는 점, 즉 거래자료가 현금과 같은 효과가 있다는 점에서 크게 차이가 있게 된다. 그러나 부가가치세 시행과 함께 "자료상 문제"가 부각되고 "부가가치세 부정환급 문제"로 검찰의 빈번한 수사가 진행되고 있는 것은 우리나라의 부가가치세 제도의 안정적 정착을 위해서 해결되어야 할 과제라고 하겠다.

부가가치세 적정세율의 추정

우리나라가 부가가치세 제도를 도입한 목적 중의 하나는 기존 8개의 간접세, 즉 영업세·물품세·직물류세·석유류세·전기가스세·통행세·입장세·유흥음식세를 통합하여 부가가치세와 특별소비세로 간소화하는 것이었다. 그런데, 새로운 세금에 대한 국민들의 반감을 해소하고 지지를 얻기 위해서는 새로운 세금이 생겨도 추가적인 세 부담이 없어야 하며, 이를 위하여 부가가치세와 대체되는 8개 간접세의 세수와 동일한 수준에서 부가가치세의 적정세율을 추정하는 것이 필요하였다.

이 작업은 국민소득 3면등가의 원칙에 따라 생산국민소득, 분배국민소득, 지출국민소득을 기준으로 과세대상 부가가치를 계산하여, 이를 부가가치세 과세표준으로 하고 대체되는 간접세로 나누어 세율을 추정하는 방식인데, 이성식 주사가 세율 추정을 위한 작업을 진행하였다. 1972~74년의 국민소득 확정치에 1975년 추계치를 추가하여 4개년도 기준으로 부가가치를 계산한 결과 9.5%에서 12.2%의 세율이 산출되었다.

그러나 향후 부가가치세 세수를 안전하게 확보할 수 있는 세율로서 기본세율을 13%로 정해 놓고 3% 포인트 범위 내에서 탄력세율을 적용할 수 있도록 하였다. 이후 2007년 7월 1일 시행단계에서는 세율을 10%로 정하였는데, 가장 큰 이유는 계산의 편의성도 있지만 부가가치세 시행으로 물가가 급격히 올라갈 수 있다는 우려가 컸고, 내부적으로도 10% 세율을 적용해도 과세자료 양성화 등으로 세수 면에서는 큰 문제가 없을 것 같다는 판단 때문이었다.[5]

---

5) 이와 같은 탄력세율은 1989년 1월 1일부터 폐지되고 10% 단일세율로 수정되었다.

간접세 부담률 조사와 재고품에 대한 구간접세 공제율 산정

부가가치세는 영업세 등 8개의 간접세를 통합하여 부가가치세로 전환하기 때문에 부가가치세가 시행되는 날을 기준으로 품목별로 상대가격의 변동이 있게 되고, 이를 토대로 '주요품목에 대한 소비자 가격변동표'를 고시할 필요가 있었다. 아울러 부가가치세 시행시점의 재고품에는 과거의 간접세가 이미 부과되어 있는바, 이러한 과거의 간접세를 부가가치세 시행 후 납부하는 부가가치세에서 공제해주지 않거나 환급해주지 않으면 물가가 상승하게 된다. 따라서 주요 품목에 대한 간접세 부담률을 조사하여야 하는데, 그 조사대상이 방대하고 많은 인력이 투입되어야 하는 문제가 있었다.

이에 따라 1977년 초 국세청 법인조사반으로 하여금 851개 주요품목에 대한 간접세 부담률을 산업연관분석에 사용되는 매트릭스 방식으로 조사토록 하고 이를 토대로 468개 품목에 대한 소비자가격 변동표를 작성하게 된다. 한편 임종우 주사는 국세청이 조사한 간접세 부담률을 활용하여 부가가치세 시행시점의 재고품에 대한 구간접세의 공제율을 몇 개월간의 작업 끝에 산정하여 재무부령으로 고시할 수 있도록 준비하였고 아울러 의제매입세액 공제의 근거를 마련하는 데 활용하기도 하였다.

그러나 실제 시행과정에서 사업자들이 구간접세 공제 혜택은 받으면서 물품가격에는 구간접세가 포함된 가격을 과세표준으로 하여 부가가치세를 전가시켜 물품가격이 상승한 사례가 많아 국세청이 이를 단속하느라고 고생하였다는 이야기를 들었다.

┃ 부가가치세법 정부안 확정

부가가치세 작업팀의 몇 달 동안의 밤샘작업 덕분에 1976년 9월 14일 전문 8장 36조의 부가가치세법 정부안을 확정 발표할 수 있었는데, 언론이나 경제계 심지어 국세청의 반응은 "부가가치세가 어렵다"는 것이었다. 이와 같은 비판에 대비하여 부가가치세 시행일을 법 공포일로부터 6개월 후인 1977년 7월 1일로 하였으므로 담당공무원과 사업자들을 대상으로 충분한 시간을 갖고 교육과 홍보를 할 수 있다는 점을 강조했지만 부가가치세에 대한 부정적 시각은 좀처럼 사그라지지 않았다. 이에 따라 부가가치세법 부칙 제1조(시행일)에서 '이 법은 1977년 7월 1일부터 시행한다. 다만, 경제여건의 추이에 비추어 필요하다고 인정되는 때에는 대통령령이 정하는 바에 의하여 그 시행을 연기할 수 있다.'라고 규정하여 부가가치세의 시행을 언제라도 연기할 수 있는 가능성을 열어두게 된 것이다.

┃ 법안 국회제출 및 통과

1976년 10월 부가가치세법안은 국회에 제출되어 재무위원회의 심의를 받게 되었는데, 당시는 유신국회여서인지 아니면 부가가치세에 대한 인식이 낮았던 때문인지, 야당인 신민당의 진의종 의원 이외에는 물가에 미치는 영향, 세수 등 일반적인 질문만 있었던 것으로 기억하고 있다. 진의종 의원은 부가가치세 세율의 산정근거부터 시작하여 물가상승 가능성은 없는지, 세금계산서 없이 무자료로 거래하는 경우 어떻게 대처할 것인가 등 조세전문가가 아니면서도 날카롭게 질문을 이어가 김용환 장관을 곤혹스럽게 하였다. 오죽했으면 김 장관이 진의종 의원의 사위인 이헌재 금융정책과장에게 "장인을 잘 설득하라"고 지시했다는 소문도 있었을까.

부가가치세법안은 1976년 11월 29일 국회본회의에서 재적 176명, 찬성 128명, 반대 47명으로 통과되었고 정부는 12월 22일 부가가치세법을 공포하였다. 이어서 부가가치세법 시행령은 12월 31일 공포되었다. 나는 부가가치세법안의 기안책임자로서 부가가치세법이 정식으로 공포되는 것을 지켜보면서 그동안의 고생이 눈 녹듯이 사라지는 것을 느낄 수 있었다.

부가가치세법이 국회를 통과하던 날, 부가가치세 작업팀은 오랜만에 사무실 뒤에 있는 중국집에서 회식을 갖게 되었다. 마침 장관으로부터 금일봉도 받아 그동안 밀린 외상값도 갚고….

고량주를 많이 마셨는데 그동안의 피로가 누적되었는지 나만 빼고는 모두들 만취하여, 할 수 없이 내가 강 과장을 부축하여 강 과장 집이 있는 잠실 주공아파트까지 가게 되었다. 13평 남짓의 연탄보일러가 있는 아파트에 노모를 모시고, 부인 그리고 아들 둘과 검소하게 사는 모습을 보면서 다시금 공직자의 나아갈 길에 대해 깨닫는 게 많았다.

3. 부가가치세 시행 준비

▌부가가치세 해설책자의 작성 배포

부가가치세법이 국회를 통과하는 과정에서 가장 많은 지적을 받은 것은 '부가가치세가 어렵다'는 것이었다. 이에 따라 장관의 지시에 따라 부가가치세에 대해 알기 쉽게 풀이한 해설책자를 시급하게 만들게 되었다. 국세청 1만 5천 명, 관세청 5천 명 등 양청의 전 직원 2만 명 및 140여 개 경제단체, 동업자단체의 회원사에 배포할 부가가치세 해설책자를 만드는데, 우선 가장 질문이 많이 제기된 궁금한 사항을 이슈별로 해설한 책자를 만들고, 이어서 부가가치세법과 시행령, 시행규칙을 조문별로 해설한 책자를 만드는 것이 과제였다.

『부가가치세 어떤 세금인가』라는 해설책자는 35가지의 궁금한 사항을 질문형태로 열거하고 이에 대해 답을 하는 식으로 62쪽 분량이었는데, 12월 하순 처음 초안을 작성하여 강 과장에게 제출하였더니 "아직도 세무서에 근무하는 사람처럼 어려운 세무용어를 쓰고 있느냐?"면서 질책을 하는 것이었다. 그러면서 이틀간의 시간을 줄 테니 보통 일반인들도 이해할 수 있는 내용으로 만들어 오라는 것이었다. 오기가 발동하여 거의 이틀 밤을 새워 책자를 완성하였고, 이 원고를 가지고 1977년 1월 초 2만 부를 인쇄하여 전국 세무관서에 배포하도록 하였다. 아울러 언론사로 하여금 신문에 게재하도록 요청하였고 경제단체와 생산자단체에는 원고를 주고 각 단체에서 인쇄하여 회원사에게 배포하도록 하였다. 그리고 '부가가치세법 해설' 책자와 '세금계산서 및 신고서 작성요령'을 배포하여 세무공무원 및 각 경제단체 회원사에 대한 교육 홍보에 활용하도록 하였다.

▌ 공무원 및 기업인에 대한 교육 홍보

1977년 새해가 되자마자 부가가치세 작업팀은 교육·홍보실시계획에 따라 부지런히 움직이기 시작하였다. 강 과장은 국세청과 관세청 본청, 그리고 서울지역의 상공회의소, 무역협회, 전경련 등 경제단체를 중심으로 교육을 실시하였고, 나는 중소기업협동조합 중앙회, 각 협동조합, 지방 상공회의소, 생산자단체 중 회원사가 많은 단체에 출강하여 해설책자를 배포하고 홍보활동을 펼쳤다. 어떤 경우에는 몇몇 대기업에서 자사 임원진에 대해 부가가치세 해설을 해 달라는 요청도 있었는데, 개별 기업에는 임종우 주사나 이성식 주사로 하여금 강의를 해

주도록 하였다.

내가 전에 근무했던 부산지방국세청에서 강의를 끝내고 함께 세무서 과장으로 근무했던 동료들과 식사를 하는 자리에서 그들은 부가가치세를 왜 그렇게 조급하게 시행하려고 하느냐고 힐책을 하는 것이었다. 새로운 세제를 도입한다는데, 아직 아무도 잘 모르고 있다면서 과세자료가 모두 양성화되는 것은 좋으나 개인사업자의 경우 과표가 올라가 소득세의 부담이 커지기 때문에 조세저항이 많을 것이라는 충고도 하는 것이었다.

나는 일선 공무원들의 여러 가지 의견을 강 과장에게 전달하기도 했는데 그는 "부가가치세는 사업자가 부담하는 세금이 아니고 소비자가 모두 부담하므로 사업자는 그냥 세금계산서만 잘 받고 잘 교부하면 되는데 부가가치세가 이해하기 어렵다는 것은 말도 되지 않는다"는 반응이었다. 그리고 "지방에서 큰 사업을 하는 지방 유지들이 그동안 소득세를 잘 내지 않고 지내다가 거래 자료가 모두 양성화되면 세 부담이 커지니까 반발하는 것이다"라고 일축하는 것이었다.

부가가치세 작업팀에서는 이와 같은 교육·홍보실적을 매주 장관과 청와대에 보고하였는데, 청와대 지시에 따라 국민들에게 부가가치세를 널리 홍보하기 위하여 사미자 주연의 '알아봅시다, 부가가치세'라는 영화를 만들어 모든 극장에서 본영화 이전에 상영하기도 하였다.

예행연습

부가가치세의 시행을 앞두고 1977년 3월, 5월, 7월 부가가치세 납세자 약 83만 명을 대상으로 세금계산서의 교부 방법 및 부가가치세 예정신고 및 확정신고에 대한 예행연습을 실시하였다. 이러한 반복적인 예행연습을 통해 일반 사업자들과 담당 공무원들이 부가가치세에 대한 이해를 높이고 실무를 익히는 계기가 되어 많은 도움이 되었다. 아울러 1977년 6월 28일 고시한 795개에 달하는 주요 품목의 유통단계별 최고가격 또는 기준가격 및 고시 대상에서 제외된 품목에 대한 행정지도가격 준수 여부를 조사하기 위한 물가단속이 실시되었다. 그리고 부가가치세의 성공 여부는 물가관리에 있다는 점이 부각됨에 따라 국세청에 물가를 조사하고 단속하는 부서가 신설되었다.

3. 부가가치세 시행 전후에 얽힌 일화

▌부가가치세 시행 연기를 둘러싼 갈등

부가가치세 시행을 한 달 정도 앞두고 대한상의, 무역협회, 전경련, 중소기업협동조합 중앙회 등 경제단체에서는 기업들의 부가가치세 시행준비가 아직 갖추어지지 않았다는 이유로 정부에 부가가치세의 시행을 연기해줄 것을 건의하였다. 그리고 경제기획원의 물가담당 부서에서도 부가가치세가 시행되기도 전에 도매물가가 1977년 상반기에만 전년 말 대비 식료품이 10.5%, 비식료품이 3.6% 급등하여, 연간 물가상승억제선인 10%를 초과할 위험이 있다고 부가가치세의 시행 연기를 주장하였다.

이와 같은 경제계와 물가담당 부서의 건의에 대해 경제기획원과 상공부는 동조하는 분위기였고 이를 논의하기 위해 1977년 6월 7일 남덕우 부총리 겸 경제기획원장관은 관계장관회의를 소집하였다.

나는 장관 지시에 의해 「부가가치세 시행준비 상황」에 대한 보고차트를 만들어 부총리실 옆방에 있는 '녹실'[6] 회의에 배석하였는데, 부총리와 김용환 재무부 장관 이외에 장예준 상공부 장관, 최각규 농수산부

---

6) 흔히 "녹실" 회의라고 하여 부총리가 관계장관들과 회의를 하는 데 사용하였다.

장관이 참석하고 있었다.

「부가가치세 시행준비 상황」에 대한 강 과장의 브리핑이 끝난 후, 남덕우 부총리가 경제계도 시행 연기를 건의하는데 물가가 급등하는 이 시점에 부가가치세를 시행하는 것이 바람직한지 의구심을 갖고 있다고 하자 장예준 상공부 장관은 6개월간 연기하는 것이 좋겠다는 요지로 언급하였다. 이에 대해 김용환 재무부 장관이 "언제는 나보고 나무에 올라가라고 해놓고 이제는 밑에서 흔드는 게 말이나 되느냐?"고 반발하면서 회의는 아무 결론도 내지 못하고 끝나고 말았다.

회의가 끝난 후 김 장관은 강 과장에게 내일 대통령에게 직접 보고하고 결심을 얻어야겠다고 하면서 부가가치세를 당초 계획대로 시행해야 하는 이유를 잘 정리하여 보고 준비를 하라고 지시하였다. 나는 강 과장에게 지금 시행을 연기하면 이제는 영원히 시행할 수 없을 것이라고 하면서 정부의 정책이 한 번 밀리기 시작하면 계속 밀리게 될 것이라고 하였다. 강 과장은 그동안의 고생이 수포로 돌아가지 않도록 최선을 다하자고 하면서 직접 대통령 보고 자료를 만들었다.

김 장관의 대통령 보고가 있은 후 박 대통령은 1977년 6월 13일 청와대에서 이 문제에 대한 관계장관회의를 가졌는데, 다음은 당시 대통령 비서실장 김정렴이 그의 회고록[7]에서 기술한 내용이다.

박 대통령은 사안의 중요성에 비추어 이례적으로 (부가가치세의 시행을 당초대로 할는지) 각자 소신을 밝히도록 요구하였는데, 장예준 상공부 장관은 반대, 최각규 농수산부 장관은 찬성, 남덕우 부총리 겸 경제기획원 장관은 6년 전 재무부 장관 때 부가가치세 도입을 주장하여 그동안 연구·검토·준비가 시작됐는데도 연기를 주장했고, 최규하 국무총리도 연기를 주장했다. 연기를 지지하는 의견이 다수를 차

7) 김정렴, 『최빈국에서 선진국 문턱까지』, 2006, 363~367쪽.

지했고 대세는 바야흐로 연기 쪽으로 기우는 듯했다.

나는 막판에 다음과 같은 요지의 의견을 진술했다.

농·수산물은 생필품이라는 견지에서 부가가치세 과세대상에서 제외
되므로 농민과 어민은 하등 관계가 없다. 상공업자 중 영업감찰이 없
는 영세상인도 제외되고 나머지 약 83만 명의 상공업자가 대상이 되나
이중 과세특례대상이 83만 명 중 80.9%인 67만 명이므로 일반 부가가
치세 과세대상자는 약 16만 명에 불과하다. 이 중 회계조직을 갖고 있
는 법인 2만 명을 제외하면 14만 명의 개인사업자만 남는데 이들도
중규모 이상으로 기장 및 세금계산서 수수 능력을 갖추고 있다. …(중
략)… 부가가치세는 사업자의 부담이 아니고 사업자는 단지 소비자를
대신해 소비자가 부담하는 세금을 대신 납부함에도 연기를 주장하는
소리가 높은데 이는 종래 탈세가 많았던 데다 앞으로 탈세하기가 힘들
기 때문이라고 하겠다.

…(중략)…

만일 시행을 연기한다면 1978년은 연말에 국회의원 선거가 있어 어
렵고, 1979년에는 선거 후의 민심수습을 위해 시행이 어려우며 1980
년에는 시행을 고려할 수 있는데 그때 가서는 한 번 연기했기 때문에
경제계의 반발이 더욱 심할 것이다. 당초 방침대로 시행하되 세율은
10% 탄력세율을 처음부터 적용하는 것이 좋겠다.

이 자리에서 박 대통령은 찬반토론의 결론으로 부가가치세를 당초 방
침대로 1977년 7월 1일부터 시행하기로 결정하고 6월 14일 정부가
공식으로 발표하였다.

▌홍보팸플릿 오자소동

부가가치세의 시행을 하루 앞둔 1977년 6월 30일 저녁 8시, 전국에서
임시반상회를 개최, 부가가치세에 대한 홍보를 하기로 결정되어 급하
게 「부가가치세, 올바르게 알아둡시다」라는 제목으로 홍보 팸플릿을

만들게 되었다. 아울러 486개 품목에 대한 '주요품목 소비자 가격변동표'도 배포하기로 하였다.

6월 27일 원고를 인쇄소에 넘기고, 모두들 몇 번씩 교정을 본 후 오케이 사인을 넣어 인쇄 초판을 받고나서 함께 저녁식사를 하던 중, 우연히 팸플릿을 살펴보니 팸플릿의 제목이 이상하게 보이는 것이었다. 아차, 싶어 자세히 보니 '부가가치세'라는 단어에서 '치'자가 빠지고 '부가가세'로 되어있었다. 모두들 팸플릿의 내용만 열심히 살펴보고 제목은 잘 보지 못한 것이 실책이었다. 인쇄소에 전화하여 인쇄를 중지시키고 다시 수정하여 작업을 하도록 지시하였는데 등에서 식은땀이 나는 것이었다. 천만다행으로 미리 발견했으니까 망정이지 만일 1,000만 부나 되는 팸플릿을 그대로 반상회에 배포했으면 그동안의 고생이 모두 수포로 돌아가고 망신을 톡톡히 당할 뻔한 소동이었다.

국세청의 탁월한 물가단속능력

앞에서 설명한 바와 같이 국세청 법인조사반의 851개 주요 품목에 대한 '간접세부담률 조사'를 토대로 1977년 6월 28일 고시한 795개에 달하는 주요 품목의 유통단계별 최고가격 또는 기준가격 및 고시 대상에서 제외된 품목에 대한 행정지도가격 준수 여부를 조사하기 위한 물가단속이 실시되었다. 아울러 486개 주요 품목에 대한 '소비자 가격변동표'를 작성, 전국에 배포하여 부가가치세 시행 초기, 부가가치세 시행을 기화로 가격을 올리는 행위를 단속할 수 있었다. 석유류 등 주요 원자재에 대해서는 부가가치세 시행 전날 전국 주유소나 저장창고에 대한 재고조사를 통해 부당이득을 미연에 방지하도록 하였다. 이와 같이 부가가치세가 조기에 성공적으로 정착하게 되는 데에는 국세청의 탁월한 물가단속능력이 큰 기여를 했다고 생각한다.

각종 질의의 홍수 속에서

부가가치세가 시행되면서 강만수 과장은 간접세과장으로 전보되고 나도 우리 작업팀과 함께 간접세과로 이동하면서 부가가치세 담당사무관으로 발령을 받았다. 아울러 이우성 사무관이 함께 부가가치세 업무를 담당하게 되어 한결 짐이 덜어지는 느낌이었다.

부가가치세가 시행되었다는 기쁨도 잠시, 시행일부터 밀려드는 100여 건이 넘는 각종 질의의 홍수 속에서 헤어날 수 없었다. 부가가치세 예정신고가 2개월 단위로 되어 있으므로 모두 시급을 요하는 질의여서 조속히 응답해 주지 않으면 혼란을 초래할 수도 있었다. 위임전결규정상 중요한 사항인 경우에는 국장전결, 경미한 사항은 과장전결로 되어 있는데, 국장의 결재를 받을 시간적 여유도 없었다. 대부분 과장전결로 처리하되 중요한 사안은 직원들과 회의를 하여 결정하였다.

많은 질의가 부가가치세 면세에 해당하는지에 대한 질의였다고 기억하는데, 가공품인지 여부에 대한 판단 그리고 품목 분류에 대한 지식이 요구되는 사항이어서 신중을 기할 수밖에 없었다. 전화 문의도 많아서 직원들이 곤욕을 치르기도 하였다. 이와 같은 질의의 홍수는 처음 한두 달 동안 계속되다가 가을이 되면서 2~30건으로 줄어들기 시작하였다. 이미 IMF 조세자문관이 지적한 대로 부가가치세법의 조항 자체는 매우 간략하지만, 부가가치세 제도가 정착할 때까지는 이러한 예규형태의 규범화가 중요하다는 것을 실감하였다.

IMF 조세 자문관 Duignan과의 인연

IMF에서 우리나라의 부가가치세 도입에 대한 자문을 위해 파견한 James C. Duignan 씨는 아일랜드 국세청장을 지낸 분인데, 1977년 봄 우리가 부가가치세 시행을 위한 준비를 하고 있을 때 부인과 함께 내한하여 약 6개월 동안 체류하였다. 60대 중반의 키는 크지 않지만 약간 뚱뚱한 체구였는데, 70년대 초 우리나라에 부가가치세를 도입할 것을 처음 건의한 장본인이었다.

나는 유럽에서 부가가치세를 시행하면서 겪은 여러 가지 경험담을 듣기도 하고 우리나라의 제도에 대한 의견을 묻기도 하였는데 그는 법으로 금전등록기 영수증을 강제하는 것은 부가가치세의 원래 제도와 맞지 않는다고 하였다.8) 사업자 간에 세금계산서만 정확히 주고받는 관행이 정착되는 것이 중요하고, 세무당국이 탈세혐의가 있다고 보이는 사업자에 대해 철저하게 조사하여 한 번 탈세하면 영원히 사업을 할 수 없다는 인식을 주면 되지 않겠느냐는 의견이었다.

아울러 소비자 가격을 표시할 때 부가가치세가 포함된 가격으로 표시하는 방식은 잘못되었다는 것이었다. 부가가치세는 소비자가 내는 세금인데, 소비자가 부담하는 세듬인 부가가치세가 외견상 나타나지 않으면 소비자는 부가가치세가 자신이 부담하는 세금이라는 것을 깨닫지 못하게 된다는 것이다. 아울러 사업자도 부가가치세를 자신이 부담하는 세금이라고 착각하게 되어 조세저항이 생길 수 있다는 것이다. 이와 같은 Duignan 씨의 건의는 소비자들의 편의성뿐만 아니라 소비자가 부담하는 세금인 부가가치세를 외견상 보이지 않도록 하는 가격정책을 통해 물가상승에 대한 저항을 줄이자는 국세청 및 다른 경제부처의 주장에 따라 채택되지 않았다.

Duignan 씨 부부는 지금은 없어졌지만 한남동에 있는 남산아파트에 살고 있었는데, 그의 부인이 내 아내를 딸처럼 스스럼없이 대해주어 주

---

8) 상기 김정렴 비서실장의 회고록에서도 '부가가치세를 시행한 지 2~3일이 지나자 금전등록기의 기록을 조작해 주는 전문업자가 나타나 돈을 괄고 일부 조작해주고 있다는 것이 밝혀져'라는 기록이 있다(371쪽).

말에는 부부와 함께 식사도 하면서 친하게 지냈다. 1977년 8월 초 삼복더위 속에서 몸과 마음이 지쳐갈 때, 마침 전국경제인연합회에서 회원사 임원들을 위한 세미나를 주말을 이용하여 2박3일간 용평에서 개최하는데, 부가가치세에 대한 강의를 해주지 않겠느냐고 요청해 왔다. 나는 Duignan 씨도 함께 세미나에 참석하기로 하고 우리 부부가 노부부를 모시고 여행을 떠나게 되었다. 나의 아내는 그 당시 임신 7~8개월째여서 걱정을 많이 했는데 집에만 있는 것보다 바람을 쐬는 것이 좋다는 Duignan 씨 부인의 조언에 따라 가벼운 마음으로 여행을 즐기게 되었다. 세미나를 마치고 동해안의 작고 한적한 해수욕장에서 수영을 한 후, 몸을 씻을 곳이 없어서 대중목욕탕에 들어가 목욕을 했는데 Duignan 씨 부부는 우리나라 재래식 대중목욕탕에서 목욕하였던 추억을 두고두고 이야기하곤 하였다.

부가가치세의 안정적 시행

1977년은 부가가치세 시행 원년이면서 우리나라 수출이 처음으로 100억 불을 달성한 해이기도 하였다. 나는 부가가치세의 성공적 출범으로 수출증대에 기여했다는 공로로 대통령 표창을 받게 되었다. 세제국 송년회에서는 쌀로 빚은 막걸리[9]를 서로 따라주면서 모두들 자축하는 분위기였다.

1977년에는 부가가치세 시행 이후 두 차례의 예정신고가 있었는데, 4개월분의 세수가 2,416억 원으로 당초 추계 2,100억 원보다 316억 원이 초과달성되었다. 그리고 부가가치세의 성패 여부는 물가가 안정되느냐에 달려있는데, 1977년 도매물가는 10.1% 증가에 머물렀고 그중

---

9) 1977년에는 우리나라 쌀 생산량이 사상 최초로 4천만 석을 돌파하여 그 기념으로 쌀 막걸리가 생산되었다.

부가가치세와 관계없는 식료품은 21.1%, 비식료품은 5.4% 상승했다. 소비자물가는 전년대비 10.9% 증가했는데 그중 식료품은 12.3%, 비식료품이 9.0% 상승했다. 이로써 당초 정부의 목표인 연간 물가상승억제선 10%를 안정적으로 유지할 수 있었다. 그런데 이와 같이 부가가치세와 관계없는 식료품가격이 급등한 이유는 1977년 1~2월의 이상한파로 온실재배 채소의 흉작과 수산물 어획부진, 그리고 소득 상승으로 인한 육류소비의 증가에 기인한 것이었다.

1978년 새해가 되면서 부가가치세 업무는 점차 안정을 찾게 되었다. 1978년 1월 20일까지 이루어진 최초의 부가가치세 확정신고는 99%의 자진신고율을 보였고 세수도 당초 전망보다 초과달성되었다. 우리나라의 부가가치세는 1978년 1년간의 세수가 8,352억 원에 달해 전체 내국세의 37%를 차지하는 주요 세목으로 자리를 잡게 되었다.

1978년 4월에는 일본 재무성 세제국에서 우리나라의 부가가치세 제도 도입과정을 연구하기 위하여 4~5명의 대표단이 방문하였다. 그들은 그렇게 짧은 시간에 입법과정과 행정 조치, 교육 및 홍보 등을 모두 끝낸 사실에 놀라움을 금치 못하면서, 일본에서는 총 예산의 1/3에 해당하는 적자를 국채발행으로 메우고 있어, 향후 부가가치세를 도입하여 세수를 늘려야 한다고 하였다. 이를 위해 오랫동안 연구는 하고 있지만 노동조합과 야당의 강한 반대가 있고, 이와 같은 반대를 설득할 정치적 리더십이 부족하여 부가가치세도입 전망은 요원하다고 말했다.[10]

나는 1975년 5월부터 3개월 동안 일본 JAICA의 지원으로 일본 대장성에서 연수를 받았던 기억을 되살리면서 부가가치세만큼은 우리나라가 일본보다 앞섰다는 자부심이 생기는 것이었다.

---

10) 일본은 1989년 4월부터 소비세라는 이름의 부가가치세가 시행되었다.

4. 에필로그

▌새로운 일을 찾아서

1978년 5월 초 나는 배도 세정차관보가 남미 트리니다드 토바고|Trinidad Tobago에서 개최되는 세계국세청장회의에 참석할 때 수행원으로 함께 출장가는 기회가 생겼다. 트리니다드 토바고의 수도인 포트 오브 스페인의 회의장 호텔에 도착해 보니 고재일 국세청장을 수행하던 10회 동기 주정중 사무관이 보이는 것이었다. 이역만리 생각지 못한 장소에서 만나게 되어 너무 반가운 마음에 청장과 차관보에게는 우리끼리 놀다 오겠다고 양해를 구하고 서인도제도의 아름다운 바닷가 술집에서 맥주도 마시고, 흑진주 같은 젊은 여인들도 구경하면서 모처럼 망중한을 즐기게 되었다.

배도 차관보와의 해외여행 중에 나는 그동안 마음속에 품고 있던 생각을 말씀드리려고 기회를 엿보다가 출장이 거의 끝나갈 무렵 어렵게 말을 꺼낼 수 있었다. 나는 그동안 2년여 동안 부가가치세 작업에 참여할 수 있는 기회를 주어 고맙다고 말씀드리고, 이와 같은 큰일을 할 수 있었던 데 큰 보람을 느끼지만 이제 부가가치세가 정착되어가고 있으므로 세제국이 아닌 다른 국에서 일을 하고 싶다는 뜻을 밝혔다. 배도 차관보는 앞으로 승진을 생각해야 하지 않겠느냐고 하면서 내가 공인회계사 자격도 갖고 있으니 세제국에 그대로 있는 것이 좋을 것 같다고 확답을 피하는 것이었다. 귀국 후 나는 다시 배도 차관보에게 말씀을 드렸고 차관보의 도움으로 1978년 7월 1일자로 외환국 외화자금과 사무관으로 발령을 받게 되었다. 그리고 같은 날짜에 강만수 과장도 간접세과장에서 직접세과장으로 전보되어 새 술은 새 부대라는 말과 같이 이제 부가가치세 업무는 새로운 사람들이 맡게 되었다.

이렇게 하여 나의 부가가치세와의 인연은 꼭 2년 만에 끝나고 이제는 세무행정에서 벗어나 새로운 일을 처음부터 새로 시작하는 기분으로 새 출발을 하게 된 것이다.

부가가치세와 다시 만나다

내가 부가가치세와 다시 만나게 된 것은 1980년 8월 서기관으로 승진하면서 국세심판소 조사관으로 발령받으면서부터이다. 국세심판소의 국세 불복사건에 대한 청구를 조사한 후 보고서를 작성하여 심판관 회의에 상정하는 일을 맡았는데, 불복사건의 비중이 양도소득세가 가장 많았고 두 번째는 부가가치세였다.

부가가치세 관련 심판청구 사건을 조사하면서 나는 Duignan 씨가 몇 번씩 강조하던 "부가가치세는 소비자가 부담하는 것이고 사업자가 이를 대신 납부하는 것이다"라는 기본 원칙에 대해 국민들, 특히 사업자들의 인식이 아직 부족하고 부가가치세가 종전 영업세의 연장이라는 생각이 팽배해 있었던 것이 부가가치세에 대한 부정적 시각이 해소되지 않는 원인이 되고 있다고 생각되었다. 이와 같이 종전 영업세가 사업자가 부담하는 세금이지 소비자가 부담하는 세금이 아니라는 잘못된 인식이 부가가치세가 시행된 다음에도 계속되었고, 부가가치세가 시행된 지 35년이 된 현재에도 아직도 많은 사업자들이 그렇게 잘못 생각하고 있는 것으로 보인다.

이와 관련하여 한 가지 아쉬운 점은 처음 부가가치세를 시행할 때 부가가치세가 사업자가 부담하는 세금이 아니라 소비자가 부담하는 세금이라는 사실을 분명하게 인식시킬 수 있는 좋은 기회를 놓쳤다는 점이다. 당초 실무선에서 주요 품목에 대한 '소비자 가격변동표'를 작성할

때 Duignan 씨의 강력한 권고에 따라 물건가격에 부가가치세를 별도로 표시하도록 하는 방안을 추진하였는데, 이는 소비자가 부가가치세는 자기가 부담하는 세금이라는 인식을 분명히 주기 위한 것이었다. 즉, 미국의 매상세|Sales Tax와 같이 물건가격에는 세금을 포함시키지 않고, 소비자가 구매할 때 별도로 부가가치세 10%를 받는 방식을 채택하려고 하였다.

그러나 국세청에서 물가단속의 편의성을 이유로 그리고 경제기획원의 물가관련 부서에서는 소비자가 부담하는 세금인 부가가치세를 외견상 보이지 않도록 하는 가격정책이 물가상승 압력을 희석시킬 수 있다는 주장을 펴는 바람에 가격변동표에는 부가가치세가 포함된 가격으로 고시할 수밖에 없었다.

따라서 지금이라도 부가가치세는 소비자가 부담하는 세금이라는 것을 국민들이 체감할 수 있도록 할 필요가 있다. 공산품은 물론이고 서비스의 경우에도 최근에 정부가 발표한 지불가격 표시제도 정착방안에서와 같이 최소한 부가가치세가 서비스 가격에 포함돼 있음을 알려놓을 필요가 있다.

국가 세입의 안정적 확보에 기여

그동안 부가가치세에 대해 비판의 목소리도 있었고, 일부 시행상의 문제도 있었지만, 나는 1970~80년대 우리나라 경제가 압축성장을 해 나가는 데 필요한 재정수요의 원활한 충당이라는 측면에서 부가가치세의 중요성을 간과할 수 없다고 생각한다.

세수의 안정성 측면에서 부가가치세는 경제의 불황기에 그 중요성이 입증된다. 소득세·법인세·특별소비세는 경기동향에 따라 불황기에는 소득과 수요의 정체로 감소현상이 일어나 조세수입도 자연히 감소하지만, 소비는 소득이나 투자만큼 크게 감소하지 않으므로 소비에 과세되는 부가가치세를 채택하면 재정수입의 안정을 기할 수 있다.

1980년 정치적 혼란과 제2차 오일쇼크로 인한 경제침체로 예년 30%를 상회하던 소득세 증가율이 7.6%에 그쳤고, 매년 15% 이상 증가하던 법인세도 1.6% 감소하는 등 직접세의 급격한 감소현상을 보였으나, 부가가치세는 전년보다 5% 포인트가 높은 35.2%의 증가를 보여 전체 세수의 40%를 차지함으로써 국가세입의 안정적 확보를 이룩했다.

부가가치세는 이제 국세의 중심세목으로 자리 잡고 있다. 2011년 부가가치세 세수가 약 49조 원(지방소비세까지 합치면 약 52조 원)으로 세수비중이 가장 큰 세금이다. 재원조달 측면에서 그리고 근거과세의 선행세목으로 어느 누구도 부가가치세의 중요성을 부인하지 않는다.

2011년 제2기 부가가치세 확정신고 대상자가 개인 497만 명·법인 57만 명 등 총 554만 명으로 전년 등기 대비 17만 명 증가한 것으로 집계됐다는 보도를 보면서 나는 35년 전 부가가치세를 도입할 당시 과세대상자가 83만 명이었지 하는 생각에 우리 경제가 얼마나 커졌는지 더욱 실감을 하게 되었다.

나는 경제부처 공무원으로서 이와 같은 역사적인 작업에 참여했다는 자부심이 그 이후 공직 생활하는 데 많은 도움이 되었다고 생각한다. 아무리 어렵고 힘든 일에 부딪혀도 부가가치세 작업 때 고생하던 일을 회상하면 아무 것도 아닌 것으로 여겨지기 때문이다.

제2부
상공 · 건설 · 보건 분야

석탄산업 합리화와 강원랜드 카지노 건설 |

서 주석

1. 서 언

국내 석탄산업은 1945년 한국의 광복 이후 가정용 연료의 안정공급은 물론 산림녹화에 크게 기여하여 1980년대에는 세계은행 등 국제기구로부터 한국은 에너지정책은 물론 산림녹화에 성공한 모범국가로 평가되기도 하였다. 국내 석탄은 1961년 제1차 경제계획 시작연도에는 1차 총 에너지의 32.4%에 달하였고 1966년에는 역사상 최대인 44.5%에 달하는 등 에너지, 특히 가정에너지의 수급안정에 중요한 역할을 담당하였다. 그 후 1990년대 후반 대대적인 석탄산업의 폐광 및 구조조정과 국민소득 향상으로 국내 석탄의 에너지 수급상 비중은 지속적으로 감소되었다. 그 결과, 석탄의 비중은 2010년 총 에너지의 2.3%에 불과하여 오늘날에는 석탄의 중요성이 크게 퇴색하였으나 그간 석탄이 가정에너지의 안정공급에 기여한 공헌을 결코 잊어서는 안될 것이다.

필자가 국내 석탄산업의 정책에 직·간접적으로 참여하게 된 것은 1979년 경제기획원에서 1978년에 신설된 동력자원부로 전출되어 열관리과장과 기획과장을 거치면서 에너지에 관한 종합적인 업무를 하면서부터이다. 그 후 1985년 광업정책과장으로 석탄산업의 구조조정을 위한 종래의 석탄 3법을 통합하는 석탄산업법의 입법에 참여하면서 보다 석탄산업의 당면과제와 대책에 직접 참여하게 되었다. 이어 1993년 김

영삼 정부에 의한 정부조직 개편에 따라 동자부와 상공부가 통합된 산업자원부의 석탄, 광업 및 전력산업을 담당하는 제3심의관으로 1995년 이의 총괄 업무를 담당하게 되었다. 당시 석탄산업은 수입탄은 물론 경쟁 연료인 석유액화가스|LPG 및 도시가스에 비해 경쟁력이 약화되고 있었음에도 서민 연료인 연탄의 특성상 가격안정을 위해 정부의 지원이 지속적으로 증가되고 있었다. 더욱이 문민정부의 출범에 따라 광산 근로자의 임금인상 및 처우개선을 위한 요구 증대로 노사분규가 빈번하고 과격화되어 사회적 불안이 고조되고 정부의 재정지원 소요는 급증하고 있었다.

이러한 상황에서 정부는 국내 석탄산업은 폐광을 중심으로 한 구조조정이 불가피하다고 판단하였다. 그러나 이를 추진하기 위해서는 폐광 광산 근로자 및 광산의 합리적인 사후대책과 광산지역의 산업 공동화|空洞化에 따른 지역경제의 급격한 침체를 방지하기 위한 대책이 선행되어야 한다고 판단하였다. 특히 강원도의 주요 광산지역에는 종래에도 지역경제를 활성화하기 위하여 정부 및 탄광회사의 지원으로 다각적인 대체산업을 추진하였으나 지역 여건상 경제성이 극히 취약하여 경영 악화로 도산이 속출하였다. 따라서 정부는 폐광지역의 경제와 주민대책을 위해서는 지역 여건상 실효성이 없는 대체산업보다는 카지노 및 골프장 등을 포함한 종합 레저산업이 가장 유망하다고 판단하여 이를 추진하게 되었다. 이를 추진하기 위한 「폐광지역지원에 관한 특별법」이 1995년 말 제정·공포되자 이의 추진기구로 1998년 6월 드디어 강원랜드가 설립되었다. 이어 2000년 10월에는 소규모 카지노를 건설하고 점진적으로 관련 시설을 확대하고 호텔 등 숙박시설과 골프장 등 숙박 및 레저시설을 확충하였다.

그 후 카지노를 중심으로 한 종합 관광·레저산업은 폐광지역 경제

의 활성화에 고용증대는 물론 중앙 및 지방 정부의 재정에 크게 기여하였다고 본다. 다만 카지노 도박에 따른 지나친 사행심리의 만연과 도박 중독 및 가산탕진 등 사회적 문제에 대한 언론보도를 접할 때마다 초기에 이 정책에 참여하였던 한 사람으로서 씁쓸한 뒷맛을 느끼기기도 한다. 모든 정책이 그러하듯, 카지노산업도 그 시대적 산물이며 불가피하게 빛과 그림자의 양면성이 있게 마련이다. 카지노산업은 석탄의 과잉생산과 폐광에 따른 광산 및 근로자와 광산지역의 활성화를 위한 불가피한 차선의 정책적 선택이었다. 따라서 부정적인 측면만 부각시켜 비판하기보다는 그 정책적 선택을 하게 된 배경을 이해하고 그 공과|功過 를 객관적으로 평가할 필요가 있다. 이를 위해서는 국내 석탄산업의 진화과정과 그러한 정책을 추진하게 된 정책적 배경인 시대적 상황을 종합적으로 조명해 볼 필요가 있다. 따라서 광복 후 국내 석탄산업 정책의 전개과정과 그 시대적 상황 등을 살펴보고, 특히 강원랜드 카지노사업을 추진하게 된 배경 및 과정을 살펴본 뒤, 향후 이의 건전한 발전과 지역사회에의 발전을 위한 방향을 제시하고자 한다.

2. 해방 후 초기의 석탄산업

일제의 35년간의 지배를 벗어나 재독립한 당시 남한지역의 석탄생산량은 전국의 20%에 불과하며 생산이 부진하여, 미군정청은 석탄을 긴급 생활필수품으로 지정하고 증산을 위해 석탄생산위원회를 국내에 설치하였으며, 주요 탄광(삼척, 화순, 문경, 은성 등 무연탄광과 울산, 길원, 영일, 동선의 유연탄광 등)을 상무부가 직영하였다.[1] 또한 군정청은 석탄광업자금을 설치하여 증산을 위한 특별지원제도를 도입하였다.

---

1) 다만 영월탄광은 생산량 전체를 영월발전소에 공급하여 전기국에서 운영하였다.

이어 1946년 5월 군정청은 광무국 직영의 조선석탄배급회사를 설립하여 석탄의 수송판매 및 배급업무를 전담토록 하였다.

1947년 민정이양 후 군정청의 석탄직영제를 인계받고 광무국에 광산물자배급소를 통해 증산에 주력하였으나 철도 및 발전수요의 30%에 미달하여 1947년 11월 철도운행이 중단되는 등 심각한 석탄부족 상황에 직면하였다. 더욱이 1948년 5월 14일 북한의 일방적인 송전중단으로 최악의 에너지 비상사태를 경험하였다. 게다가 석탄수송 철도가 미비하여 석탄개발 및 수송애로로 인해 에너지부족 사태가 심화되었다. 따라서 이를 극복하기 위하여 1949년 영암선과 함백선의 부설공사를 시작하였으나 다음해 6·25전쟁의 발발로 중단되었다. 그러나 휴전 후 1953년 9월 28일 영암선 부설공사를 재개하여 육군 공병대의 지원으로 1955년 12월 31일 영주와 철암 구간의 철도를 완공하였다. 이어 점촌과 은성을 연결하는 문경도 1955년 9월 1일 개통하고 함백선도 1953년 공사를 재개하여 1957년 3월 9일 개통하였다. 특히 영암선의 개통으로 당시 최대 광산인 철암의 삼척탄좌를 본격적으로 개발하게 되었으며, 강원도의 탄광의 개발이 촉진되었다.

또한 1950년 11월 국영기업인 대한석탄공사|석공를 설립하여 석탄의 생산 및 공급업무를 총괄하게 하였다. 그 후 6·25사변 휴전 후인 1954년 6월 2일 국제연합한국재건단|UNKRA; United Nations Korean Reconstruction Agency과 탄광개발협정을 체결하고 이에 의해 지원된 자금을 활용하여 석공 산하 광업소의 시설복구와 민영탄광에도 개발자금을 지원하였다. 1958년 UNKRA가 철수하고 이의 잔무를 미국국제협조처|ICA; International Cooperation Administration가 인수할 때까지 지원한 자금은 1,495만 달러에 달하였다.

이후 1956년에는 국내 탄광의 장기개발 및 석탄의 안정공급을 위하여 국내 최초의 석탄개발 5개년계획 및 연료종합 5개년계획을 수립하여 체계적인 석탄개발이 추진되는 기반을 확립하였다. 이러한 계획은 당초 1960년 석탄생산을 연간 430만 톤까지 확대하며 이의 소요자금은 ICA 자금으로 충당하기로 하였다. 이어 다음 해에는 보다 의욕적으로 탄전종합개발 10개년계획(1957-1966)과 석탄증산 8개년계획(1959-1966)으로 확대 수정하였다. 이어 1960년에는 한·미 간 체결한 금속 및 비금속 광물의 생산 및 관리에 관한 협정에 의거, 한국광물탐사사무소|KOMER; Korea Office of Mineral Exploration를 설치하여 미군의 잉여물자 중 광산개발에 사용할 수 있는 물자 및 기자재를 공급 또는 대여 사업을 추진하였다. 이를 통하여 국내 광물의 탐사사업에 최신 기계화장비 및 시설자재와 탐사기술을 사용하게 되었다. 이러한 장기 석탄개발계획은 1960년 5월 16일 군사혁명에 이은 박정희 행정부에서 추진한 제1차 경제개발 5개년계획에 승계되어 지속적인 석탄증산을 위한 기반을 더욱 공고히 하게 되었다. 또한 탄전종합개발계획에 의한 민영탄광에 대한 정부의 지원으로 민영탄광은 1955년 20여 개에서 1961년에는 2백여 개에 달하였고 이의 생산량도 1956년 55만 톤에서 1961년에는 277만 톤으로 무려 5배나 증대하였다.

3. 석탄산업의 성장과 제1차 구조조정

정부는 종래의 석탄증산계획을 경제개발 5개년계획에 포함하여 체계적인 증산정책을 추진하였다. 이에 따라 1961년 12월 국내 석탄의 효율적인 개발과 안정적인 증산 기반을 확립하기 위하여 석탄개발에 관한 임시조치법을 제정·공포하고, 소규모 탄광을 통폐합하여 탄광의 대형화를 추진하였다. 이를 위해 연간 30만 톤 이상 생산하는 광구 단위로 일

종의 주식회사 형태인 탄좌|炭座를 설정하는 탄광에는 재정지원과 아울러 석탄개발 및 수송에 필수적인 철도, 송전선 및 산업도로 등 사회간접자본|SOC; Social Overhead Capital 등의 시설에 국가재정에서 지원하도록 하였다. 이어 1962년에는 「광업개발조성법」을 제정하여 국영기업체에 의한 민영탄광의 지도 및 지원을 하도록 하였다. 이에 따라 1962년 4월 24일에는 국내 최초로 삼척탄좌와 동원탄좌가 설립되고, 이어 같은해 6월 창동, 나전, 우전 등의 탄좌가 설립되어 1966년에는 9개의 탄좌가 설립되어 탄광회사의 대형화가 가속화되었다. 이는 그 이후에 석탄채굴 및 개발의 기계화를 촉진하여 증산과 생산성 향상은 물론 광산사고에 따른 재해를 감축하는 데 크게 기여하였다.

그 결과, 국내 석탄생산량은 1962년 744만 4천 톤에서 1965년에는 1,024만 8천 톤으로 1.4배나 증가하였다. 그러나 연탄수요는 급속도로 증대하는 데 비해 석탄증산의 한계로 1966년 연탄수요의 성수기(10월부터 다음 해 3월)인 월동기|越冬期에 제1차 연탄파동이 발생하였다(참고 1 참조). 당시 연탄파동이 얼마나 심각하였는지는 박정희 대통령이 장기영 경제기획원장관 겸 부총리를 '연료대책본부'의 위원장으로 임명하고 장관들에게 장관직을 걸고 조기에 수습하라고 엄명하였다는 것을 보아도 잘 알 수 있다. 연탄부족사태를 조기에 해소하기 위하여 정부는 석탄의 증산을 독려하고 서울지역에 집중공급하며 연탄공장을 24시간 가동하여 최대한 공급을 확대하도록 하였다. 아울러, 지속적으로 증가될 연탄수요에 따른 연탄파동을 방지하기 위한 대책의 일환으로 연탄수요의 일부를 등유, 경유, 벙커-씨|B-C유 및 프로판가스 등으로 대체하기 위해 이의 소비를 촉진하는 정책을 추진하였다.

마침, 당시에는 1964년 국내 최초로 석유공사|유공의 울산정유공장이 완공되어 1일 3만 5천 배럴의 원유를 정제하기 시작하였으나 석유

제품의 수요가 적어 이의 소비가 어려운 과제로 대두되었다. 따라서 당시로서는 연탄수요를 감축할 수 있고 남아도는 석유제품을 처리하기 위해서는 가정용 연료로 석유제품의 소비를 촉진하는 것이 일석이조|一石二鳥의 묘책이라고 판단하였을 것이다. 가정용 연료로 석유제품의 소비를 촉진하기 위해 정부는 석유난로, 오일버너 등 유류 연소기기의 수입을 전면 자유화하고 관세도 전액 면제하였다. 또한 전국적으로 석유판매점을 무제한 허가하고 석유, 경유, 벙커-씨유 가격의 30%를 인하하였다. 이러한 가정용 연료의 유류소비 촉진정책을 일부 언론에서는 주유종탄|主油從炭정책2)이라고 표현하기도 하였으나, 이는 정부가 공식적으로 표명한 정책방향이 아니다.

이러한 연탄파동을 계기로 정브의 강력한 지원대책에 힘입어 석탄생산은 1967년에는 1,244만 톤으로 다시 증가한 반면에 연탄소비는 1,027만 톤으로 크게 둔화하여 117만 톤이나 과잉공급되어 석탄재고가 급증하였다. 따라서 1967년 7월 연탄 비수기에는 산지의 석탄재고가 200만 톤에 달하고 겨울 성수기에도 판매가 부진하여 1967년 200여 개에 달하던 탄광 중 1969년에는 무려 50개가 경영난으로 도산 및 정리되었다. 뿐만 아니라 석공 및 민영의 대단위 탄좌도 감산과 감원조치를 하였다. 이에 따라 석탄생산량은 1968년에는 전년에 비해 18%가 감소한 1천여만 톤에 불과하여 사상 최초로 감소를 경험하고 이러한 현상은 1960년대 말까지 지속되었다. 제1차 구조조정이라고 할 수 있다.

---

2) 정부는 광복 이후는 물론 1961년 제1차 경제개발 5개년계획 이후 가정연료의 안정공급과 산림녹화를 위해 국내 석탄을 최대한 개발하여 공급하도록 하는 한편, 외환사정이 석유제품의 가정용에 대한 엄격한 통제정책을 추진하였다. 따라서 종래에 석탄을 가정용 주종(Principal) 에너지로 하고 석유를 보완적(Supplementary)으로 하였다는 의미에서는 이를 주탄종유(主炭從油)정책이라고 하는 것은 일면 수긍이 간다. 그러나 제1차 연탄파동을 계기로 석유제품을 가정연료로 소비를 촉진한 것은 연탄수요의 일부를 석유제품으로 대체하여 급증하는 연탄수요를 감축하기 위해 보완적인 정책이므로 主油從炭정책이라고 하는 것은 타당하지 않다고 본다.

참고 1. 제1차 연탄파동

1966년 여름부터 갑자기 연탄의 품귀현상이 일기 시작하더니 10월 하순부터 기온이 갑자기 낮아지기 시작하자 연탄 부족에 관한 소문이 퍼지고 일부 중간상인들의 매점매석買占賣惜 행위가 증가하였다. 더욱이 연탄값 인상을 요구하던 연탄회사 중 당시 서울 연탄수요의 1/3을 공급하던 강원탄광의 삼표연탄공장에서 조업을 중단하자 연탄의 품귀현상이 극심하였다. 더욱이 그해 겨울, 이상한파로 연탄수요가 급증하자 당시 가정용 표준연탄인 19공탄孔炭의 정부고시가격이 개당 10원임에도 17원 이상으로 폭등하고, 그 가격에도 구입하기조차 어려웠다. 그러자 가정주부들이 연탄 판매소에 아침부터 200여 미터나 줄을 서 기다리기도 하였으며, 화가 난 주부들이 드디어 서울시청으로 몰려가, "연탄배급제를 공정하게 시행하라. 우리도 춥다."고 하며 항의하는 사태까지 일어났다.

이러한 사태가 발생하자, 당시 박정희 대통령은 정일권 총리에게 "보름 안에 연료난을 해결하라"고 엄명을 내리고, 이어 11월 4일 박 대통령은 연탄대책을 위한 긴급 경제장관회의를 소집하여 "빠른 시일 내에 연탄부족을 해소하지 못하면 장관직을 내놓을 각오를 하라"고 강력히 지시하였다고 한다. 또한 김현옥 서울시장에게도 하루 350만 개의 연탄을 생산하도록 하고, 서울서 생산한 연탄을 타지역으로 반출하지 못하도록 금지령을 내렸다. 이에 수원 및 안양 등 인근 수도권지역은 연탄을 구하지 못해 마당에 솥을 걸어 놓고 나무를 주워 밥을 지으며 냉방에서 새우잠을 자는 집이 많았다고 한다.

한편, 연탄파동을 해결하기 위해 범정부적으로 설치한 '연료대책본부'의 위원장인 장기영 경제기획원장관 겸 부총리는 삼표연탄공장의 정인욱 회장을 불러 "원탄은 충분히 공급할 테니 반드시 하루 300만 개 이상을 생산해 달라"고 요청하고, 김현옥 시장도 정 회장에게 전화를 걸어 당시 54개의 모든 윤전기를 가동하도록 요청하는 한편 강원도에서 생산해 서울로 수송한 석탄은 무조건 삼표연탄공장 저탄장으로 보내도록 했다고 한다. 이에 따라 상공부는 석탄공사에 민영탄광의 석탄을 무제한 매입하여 비축하고 이를 삼표연탄공장에 공급하도록 하였다.이에 정 회장은 서울시에 "연탄 증산요구" 공문을 요청하여 받은 후 이를 대량 복사하여 영세 연탄공장에 돌리고 고속 윤전기를 24시간 가동하여 하루 300만 내지 400만 개의 연탄을 생산하기 시작하였다. 또한 당시 자정 이후 새벽 4시까지 통행금지가 실시되었음에도 연탄운반 종사자들에게는 야간통행증을 발급해 배달에 지장이 없게 하였다.

따라서 연탄파동은 그해 말에 진정국면에 접어들었고 이를 계기로 삼표연탄의 서울시 내 연탄시장 점유율이 70~80%로 급격히 증대되었으며, 영세 연탄공장의 대부분이 폐업하고 삼표연탄의 대리점으로 전락하였다고 한다. 사태가 얼마나 심각하였는지 그해 연말 어느 방송사의 "10대뉴스" 퀴즈에 연탄 1,000장을 현상금으로 건 연탄파동이 1위를 차지하였다고 한다. 이는 금액으로는 1만 원으로, 2위 상금인 라디오보다도 훨씬 적은 데도 불구하고 2위 당첨자는 1등 상금인 연탄을 못 받은 것을 애통해했다고 하니 그 당시 연탄이 가정에서 얼마나 소중했는지 미루어 짐작할 수 있다.

출처: 장병길, "[장병길의 추억 한 컷] 전국을 얼어붙게 한 연탄파동", 〈경남도민일보〉, 2003.10.11.

그러나 국내 석탄산업은 1973년 10월 제1차 석유파동3)을 계기로 재도약할 수 있는 새로운 계기를 맞이하게 되었다. 석유파동으로 세계 원유가격이 대폭적으로 인상되어 국내 물가는 물론, 이스라엘 우호국가에 대한 수출 감축 및 금지로 소요물량의 확보 자체가 어려웠다. 이에 정부는 국내 에너지의 안정수급을 위해 국내 석탄증산을 비롯한 소수력 |小水力| 발전 등 국내 에너지자원을 최대한 개발 및 이용하도록 하는 한편, 원자력발전의 증대정책에도 힘입어 국내 석탄산업은 재도약할 수 있는 새로운 전기를 맞이하게 되었다. 정부는 1974년 세계적인 석유파동에 대비하기 위하여 석탄 등 국내 에너지자원의 최대개발과, 유류소비 최대 억제 및 원자력발전소의 건설 확대 등을 중심으로 한 장기 에너지수급대책을 발표하였으며, 이어 9월에는 석탄자원 장기개발계획을 수립하고 이에 대한 세부대책을 수립하였다. 그 결과 석탄수요는 다시 급증하고 1966년 이래의 가정용 석유보급 확대정책은 7년 만에 다시 석탄보급 확대정책에 따라 소위 주유종탄정책에서 주탄종유의 정책으로 전환되는 계기가 되었다.

단기적인 석탄증산을 촉진하기 위하여 정부는 1973년 수준의 생산량에 대해 톤당 300원과 추가생산량에 톤당 400원의 보조금을 지급하는 등 보조금을 확대하였다. 이어 1974년 1월 14일에는 국민생활안정을 위한 특별조치인 긴급조치 3호를 발령하여 석유소비를 억제하는 반면 석탄증산을 위해 정부의 보조금을 대폭 확대하였다. 석탄증산을 촉진하기 위해 3월에는 석탄생산에 대한 보조금을 톤당 800원으로 인상하고 이어 8월에는 석탄산업에 대한 대폭적인 면세정책을 채택하여 1975

---

3) 이는 1973년 10월 6일 중동의 산유국 및 이집트 등 이슬람국가와 이스라엘과의 제4차 중동전쟁에 따라 이스라엘에 우호적인 국가에 대한 단계적 석유공급 감축정책에 따라 국제 석유가격은 1973년 10월 1일 배럴당 3,011(미)달러에서 1975년 10월 1일에는 12,376달러로 무려 4배 이상 상승하였다.

년부터 탄광에 대한 법인세, 소득세 및 영업세를 면제하고 광산의 재투자액을 종합소득세의 과세대상에서 제외하도록 하였다.

이와 같은 석탄증산정책에 힘입어 석탄생산량은 1974년에는 전년에 비해 12.5%가 증가한 1,530만 톤에 달하였다. 반면에 국내 소비는 전년 대비 1.5%가 증가한 1,490만 톤에 불과하여 연말 재고량은 168만 톤에 달하여 일시적인 과잉공급 현상을 겪기도 하였다. 그러나 1976년 이후 생산증가율이 둔화되기 시작한 반면에 소비가 급증하여 1978년 미국에서 6만 4,600톤의 무연탄을 수입한 이래 중국, 베트남 및 북한 등에서 무연탄을 수입4)하여 국내 수요를 충족하였다.

그러나 1979년 제2차 세계석유파동5) 이후 국제 석유가격이 급등하자 정부는 1979년에 이어 1980년에 석유가격을 대폭적으로 인상하고 석탄, 소수력발전 및 원자력발전 등 석유대체에너지의 개발 및 이용확대정책을 추진하였다. 특히 민생에너지의 안정수급 정책에 따라 단기적으로 증산이 가능한 석탄수요가 급증하여 국내 석탄은 다시 새로운 전기를 맞이하여 석탄수요는 1980년 2,083만 톤으로 급증하였다. 그러나 제2차 석유파동 이후 국제원유의 급등과 선진국의 경기침체로 1980년 대 초에는 사상 최초로 대부분의 선진국 석유소비가 감소되기도 하였다. 더욱이 멕시코 등 비非 석유생산 및 수출국기구ㅣOPEC와 구소련 및 중국 등 공산권 산유국의 외환수입 증대를 위한 단기 수출확대와 영국 및 노르웨이의 북해유전 개발 등으로 국제유가는 1985년 한때 현물

---

4) 수입탄 수요는 국내 공급의 한계로 지속적으로 증가하여 1982년에는 무연탄의 수입비중이 9%에 달하였고 1986년에는 3,758천 톤으로 급증하여 수입비중은 14%를 정점으로 이후 국내 수요의 감퇴로 감소하였다.

5) 이는 1979년 이란의 근본주의 회교(Islam) 종교지도자인 호메이니(Khomeini)를 중심으로 한 이슬람혁명으로, 당시 팔레비(Palebi) 국왕을 축출하고 1980년 세속화된 이슬람국가를 정화한다는 명분으로 이라크를 침공하여 양국의 생산량이 급감한 데다, 친이스라엘 국가에 대한 수출금지 등의 조치로 국제 원유가격은 1979년 1월 1일 배럴당 13.339달러에서 1980년 8월 1일에는 30달러로 급등하였다.

단기시장|Spot Markets에서 배럴당 10달러 미만으로 급격히 하락하기도 하였다.

따라서 무연탄 수요는 1986년 2,693만 톤을 정점으로 감소하기 시작하였으며 국내 생산량도 1988년 2,430만 톤을 정점으로 이후 감소하기 시작하였다. 반면에 석탄재고가 크게 증가하여 정부의 저탄량은 1988년 1,077만 톤에 달하여 정부의 저탄자금 소요가 급증하였다. 더욱이 국내탄은 1986년까지는 수입탄에 비해 가격경쟁력이 있었으나 그 후에는 광산 근로자의 임금이 연 5~8%씩 인상되고 채탄지점도 연평균 25미터로 심부화|深部化되어 생산원가가 지속적으로 증가되어 1987년 이후에는 수입탄가에 비해 경쟁력이 악화되기 시작하였다. 뿐만 아니라 탄광사고의 증가와 동절기 연탄가스사고는 물론 진폐환자가 1986년 13,408명에 달하여 이에 대한 사회적 문제도 심각하였다. 또한 1980년 이후 환경오염에 관한 관심이 높아지자 이에 따라 석탄광산의 산림복구와 환경오염 대책을 위한 정부의 지원자금의 소요가 증대하였다. 따라서 이러한 누적된 과제를 해결하기 위하여 정부는 국내 석탄산업의 근본적인 대책이 불가피하다고 인식하고, 1980년대 중반부터 경제성 있는 탄광의 육성과 경제성을 상실한 탄광의 폐광을 양축|Two-tyre으로 하는 석탄산업 합리화대책을 적극적으로 추진하였다.

4. 제2차 석탄산업 구조조정 정책의 추진

국내 석탄 석탄산업의 본격적인 구조조정 정책은 1985년부터 본격적으로 추진되었다. 국내 석탄산업은 국내외 여건변화로 1980년대에 들어와 새로운 위기국면을 맞이하기 시작하였다. 종래에는 국내 석탄생산의 절대적인 부족으로 인한 공급위기의 시대였다면, 1980년대에 들어와서는 수요에 비해 공급의 과잉에 따른 공급위기의 시대라고 할 수 있다. 이러한 여건변화에 따라 석탄산업 정책도 전환이 불가피하게 되었으며 이에 따라 제2차 석탄산업의 구조조정 사업을 추진하게 되었다고 본다. 이러한 정책을 추진하게 된 배경 및 요인은 복합적이지만 다음과 같은 국내외 요인이 크게 영향을 주었다고 본다.

국제적 요인으로는 1979년 이란의 회교혁명에 의해 촉발된 제2차 석유파동이다. 이에 따라 국제 원유가의 급상승과 선진국 경제의 침체로 1980년에는 최초로 세계 석유소비가 3.7%나 감소하고 감소추세는 1983년까지 지속되었다. 그러나 세계 석유생산 및 공급량이 급증하여 세계 주요 석유시장에서는 공급과잉사태6)가 발생하기도 하였다. 이에 따라 세계 석유가격은 1985년에는 일시적으로 현물시장의 원유가가 배럴당 7~8달러 수준까지 폭락하였다. 따라서 국내 석유 도입단가는 1981년 배럴당 35.51달러를 정점으로 1985년에는 27.73달러 수준까지 급격히 하락하였다.

따라서 국내 석탄은 수입탄은 물론 등유, 프로판가스 및 난방용 중유 등 석유제품에 대한 경쟁력이 낮아지고, 소득수준의 향상 및 아파트 가구 증대에 따라 수요가 지속적으로 감소할 전망이었다. 또한 종래의 석탄산업 지원에 관련된 3개의 법률7)은 한시법으로, 1985년 말에는 법적 효력이 만료되어 정부지원이 중단될 상황이었다. 그러나 1979년 제2차 석유파동으로 국내의 에너지수급안정과 물가안정이 급박한 상황에서 석유수입 감축과 가정연료의 수급안정상 석탄산업에 대한 정부의 재정지원을 중단하기는 어려운 실정이었다.

---

6) 석유수출국기구(OPEC)의 비회원국인 멕시코의 석유증산과 중국 및 구소련 등 공산권 국가가 외화수입을 증대하기 위해 단기 현물시장(Spot Markets)에 원유 및 석유제품을 대량 방출하고, 영국 및 노르웨이의 북해유전개발이 1980년대 후반에 성공하여 생산이 증대된 것이 주요 요인으로 작용하였다.

7) 석탄개발임시조치법(1961.12.31), 석탄개발임시조치법(1968.8.4) 및 석탄수급조정에관한임시조치법(1975.3.29) 등.

당시 국내의 350여 개에 달하는 국내 탄광의 대부분은 경영난으로 폐광되고 65,000명에 달하는 탄광 근로자의 대부분이 실직하여 이에 따라 광산지역 경제의 급속한 침체로 경제·사회적 충격이 엄청날 것이 우려되었다. 당시는 연탄사용 가구가 전 가구의 78%에 달하고 석탄의 87%가 가정 및 상업용으로 소비되고 있었다. 따라서 이의 수급 및 가격 안정이 에너지정책의 최우선 과제 중의 하나였다.

또한 국내 석탄은 부존여건이 열악(劣惡)한 데다 열량도 낮아 매년 지하 5미터씩 심부화(深部化)되고 이에 따라 원가의 상승 및 석탄 근로자의 연 6~8%의 임금상승으로 정부의 지원수요가 급증할 전망이었다. 뿐만 아니라 광산사고와 진폐환자[3]의 증가는 물론 연탄가스 중독사고와 환경강화 및 산림복구 등에 따른 경제·사회적 비용은 물론 정부의 지원소요가 지속적으로 증대할 전망이었다. 따라서 정부는 국내 석탄광 및 연탄에 대한 지원중단에 따른 경제·사회적 충격을 최소화하기 위해서는 정부의 지원을 지속할 필요가 있으나 그간 석탄관련 3법에 의한 지원이 상호 중첩 및 모순된 부분을 조정·정리하고 지원관련 3개의 기관[9]도 통폐합하여 일원화할 필요가 있다고 판단하였다.

그러나 정부가 석탄산업의 구조조정을 본격적으로 추진하게 된 근본적 배경을 이해하기 위해서는 구엇보다도 1980년대 전반기의 국내 정치·사회적 상황과 세계 에너지, 특히 국내 석탄산업이 처한 상황 등 여건변화를 살펴볼 필요가 있다. 국내적으로는 1979년 10월 26일 박정희 대통령의 서거에 따라 계엄령이 선포되고 소위 군부의 12·12사

---

8) 연간 6만 톤 미만을 생산하는 영세탄광이 1936년 당시 전체 361개 중 303개로 83.9%에 달하나 생산량은 5,335천 톤으로 전체 생산량 24,253천 톤의 22%에 불과하였다. 같은 해 탄광사고는 6,066회가 발생하여 167명이 사망하고 중경상자도 5,744명이며, 진폐환자도 13,408명에 달하였다.

9) 재단법인 석탄장학회(1975.2.27. 설립), 재단법인 석탄광지원사업단(1981.8.24. 설립) 및 사단법인 석탄품질검사소(1982.6.1. 설립) 등.

태10) 이후 신군부의 등장으로 계엄령 선포에 이어 국가비상대책위원회
|국보위가 설치되어 사실상 일체의 정치활동이 정지되고 국보위가 정부의 정책에 깊게 관여하였다. 뿐만 아니라 그러한 혼란기에 북한의 김일성이 중국의 군사적 지원으로 남침을 기도하고 있다는 소문이 나돌기도하여 민심이 어수선하였다. 한편 대외적으로는 1978년 이란의 회교혁명에 이어 이란의 이라크 침공으로 1979년 제2차 석유파동이 촉발되어석유의 공급중단 불안 및 유가의 급상승으로 경제 및 사회적 혼란이 가중되었다. 그 결과 1980년에는 사상 초유로 국내 GNP가 4.8%가 감소되고 도매물가는 석유가격의 급등 등으로 38.9%나 상승하였다. 따라서당시 고유가, 고국제금리 및 물가상승|Stagflation으로 장기적인 불황이우려되어 당시 박봉환 동력자원부장관은 이를 소위 '3중고|三重苦'라고진단하고 이를 극복하기 위한 대책을 촉구하였다. 따라서 석유위기에대응하기 위하여 석탄을 포함한 국내 자원의 최대활용과 원자력발전의확대 및 에너지이용합리화 등을 중심으로 한 에너지정책을 적극 추진하였다.

이러한 상황에서 1980년 월동기에는 석탄생산 감소 및 수송지연과수도권 석탄비축량의 감소 등으로 그해 월동기의 혹한기에 서울 등 수도권의 극심한 연탄공급 부족과 연탄의 열량저하 등으로 심각한 연탄파동11)이 발생하여 소비자의 석탄기업 및 정부에 대한 불만이 고조되었

---

10) 계엄사령관이 보안사령관에게 체포된 사건.

11) 당시 정부는 1979년 12월 6일 통일주체국민회의에서 최규하 대통령이 취임하여 비상조치를 해제하였으나 그 후 소위 군부의 12·12사태 이후 신군부의 등장으로 1980년 5월 27일에 설치한국가비상대책위원회(국보위)가 행정 및 국회의 입법활동을 실질적으로 장악하였다. 그 후 8월16일 최규하 대통령이 사임하고 국보위 상임위원장이던 전두환 소장이 중앙정보부장을 거쳐통일주체국민회의에서 대통령으로 선임되어 1981년 2월 대통령으로 취임하였다. 이에 따라 새로 출범한 전두환 행정부는 민심수습 차원에서 경제·사회적 안정정책에 주력하였다고 본다.이러한 과정에서 1979~1980년 월동기의 석탄파동에 대한 원인과 책임을 규명하기 위하여 감사원 감사에 이어 1981년 9월 15일에는 검찰이 탄광업계 및 동력자원부의 석탄국에 대대적인 수사

다. 설상가상으로 1980년 4월 21일에서 24일까지 국내 최대의 민영탄광인 동원탄좌의 강원도 정선군 사북읍 내 광산사무소의 광산 근로자들의 노조간부에 대한 불신 및 임금협상과정에서 촉발된, 소위 사북사태[12]라는 대규모 시위가 발생하였다. 이로 인해 사북지역 광산의 노·사 및 주민 간 갈등이 깊어지고 석탄 근로자 및 노조의 활동이 과격화되어 그 후유증이 상당기간 지속되었다. 이어 5월 18일 광주에서 계엄군과 시위대 간의 유혈사태가 발생하여 정치·사회적 혼란이 가중되고 그 후유증은 상당기간 지속되었다.

필자는 당시 프랑스의 그로노블대학에서 2년간의 국비장학금으로 에너지경제 박사과정을 마치고 돌아와 1995년 석탄정책과장으로 석탄 관련 3법 및 3개의 관련기관을 통폐합한 석탄산업법의 제정작업에 참여하게 되었다. 따라서 그간의 유럽 등 주요국가의 에너지 상황 및 정책과 1980년의 국내외 정치, 경제 및 사회적 여건과 석유 등 에너지 상

에 착수하였다. 이에 따라 주요 탄광의 핵심 임직원이 구속되고 관련 석탄회사에게는 막대한 추징금을 부과하였으며, 정부의 관리책임으로 1981년 11월 동력자원부의 석탄국 국장이 구속되고 주무 과장 등 많은 직원이 해직되었다. 또한 이로 인하여 당시 전두환 대통령의 국보위 시절 경제적 사부(師傅; 멘토; Mentor)로 알려진 박봉환 장관은 1980년 9월 2일 동력자원부장관으로 취임하였으나 연탄사고 및 사후관리책임으로 1982년 1월 3일 사임하였다. 또한 검찰 및 법무부도 과잉수사 및 부적절한 처리의 책임으로 법무부장관도 해임되었다고 한다.

12) 동원탄좌는 당시 3,052명의 근로자가 연간 160만 톤을 생산하고 하청탄광의 2,000명 근로자가 70만 톤을 생산하여 국내 생산의 11%를 담당하는 최대 민영탄광이었다. 사북사태는 당초 광산 근로자들이 회사 측에 42.75%의 임금인상을 요구하였으나 노조지부장이 회사 측과 20%의 인상에 합의하자 이에 격분하여 어용노조 지부장의 사퇴와 임금 40%의 인상을 요구하며 계엄사령부의 집회 불허에도 불구하고 300여 명의 근로자가 농성에 들어갔다. 이에 노조 지부장의 경찰에 대한 신변보호 요청으로 경찰이 개입하여 주동자를 체포하자 4월 21일 농성에 들어가고, 22일 3천여 명의 시위대가 가두시위 중 완전무장한 경찰이 공포탄과 최루탄을 발포하자 돌을 투척하고 갱목장. 바위 및 통나무 등으로 대치하며 경찰지서를 불태우고 철로와 사북읍 입구에 바리케이드를 설치하여 열차를 정지시키고 검문검색을 하였다. 이어 시위대는 24일 6천여 명으로 증가되었으며 이 과정에서 일부 경찰이 근로자에게 폭행 당하고 1명이 사망하였으며 160명의 경찰관 및 민간인이 부상 당하는 등 사북읍은 4월 24일까지 치안공백의 사태에 빠졌다. 그 후 5월 17일 사북사태는 진정되었으나 사태 진정 후 당시 계엄사령부는 관련자 31명을 구속하고 50명을 불구속 기소하는 등 모두 81명을 군법회의에 송치하였다(http://blog.daum.net/village/1467 참조). 이러한 불행한 사건에 대해 당시 정부는 '사북사태'라고 하였다.

황 변화를 감안할 때, 국내 석탄산업은 근본적인 구조개편이 불가피하다고 판단하였다. 따라서 필자의 내부 및 관련 기관의 보고와 내부 토의를 토대로 석탄산업 관련 3법을 「석탄산업법」으로의 통·폐합하는 과정에서 중점을 둔 핵심정책과제 및 방향은 다음과 같은 것으로 기억한다.

첫째는 무엇보다도 당시에는 석탄은 국내 유일의 화석에너지 자원이므로 이의 최대생산 정책이 불문율처럼 간주되어 왔지만, 수입석탄 및 경제 석유제품과의 경쟁력과 국내 석탄의 경제·사회적 가치를 고려하여 적정생산 및 합리화정책으로 전환하여야 한다는 것이다.

둘째는 당시 에너지 관련 모든 법들은 인허가를 중심으로 하는 규제적 성격이 강하고, 법의 명칭도 석탄, 석유, 전기 등의 '사업법' 형태로 되어 있으나 앞으로는 산업정책적 측면을 강화하는 정책의지를 담기 위해 법의 명칭도 '석탄산업법' 또는 '석탄산업합리화법'으로 명명하여야 한다는 것이다.

셋째는 비경제 탄광을 우선적으로 폐광하되 폐광 탄광 및 근로자에 대한 적정한 보상 및 사후대책과 아울러 광산지역 경제의 급속한 공동화현상 등 사회·경제적 충격을 최소화하기 위해 광산지역의 대체산업을 지원한다는 것 등이다.

넷째, 이에 소요되는 재원은 정부 재정과 아울러 다각적인 재원으로 충당한다.

다섯째, 폐광되는 광선의 개광도|開鑛圖 등 일체의 설계도면 등은 훗날 재개발 등에 활용하기 위하여 폐광대책비의 지급에 앞서 합리화사업단에 제출하고 이를 전산화한 지리정보시스템|GIS의 구축에 활용하도록 한다는 것이다.

이러한 정책방향은 법조문에 거의 반영되었다. 다만 내부적으로 합

의를 도출하는 과정에서 가장 어려웠던 점은 국내 석탄의 '최대생산'에서 '적정생산'을 지향하는 합리적 생산정책으로의 전환에 관한 것이었다. 당시 내부의 석탄광 관련 기술직은 물론 탄광업계에서도 폐광을 전제로 한 석탄합리화정책은 시기상조이며, 아직은 석탄증산을 위한 최대생산에 관한 정책의지는 지속되어야 한다고 주장하며 반대가 심하였다. 지금도 기억나는 것은 당시 에너지, 특히 석탄산업에 남다른 애착과 열정을 지녔던 최동규 장관의 주재로 그해 여름 을지연습 비상훈련 기간 중 어느 무더운 저녁 늦은 시간까지 입법 조문을 축조 검토하던 때이다. 그 과정에서 필자는 영국 등 유럽 선진국의 석탄산업 사양화|斜陽化 사례는 물론 국내 석탄산업의 경쟁력 악화 및 지속적인 경제·사회적 비용증대 등으로 적정생산의 불가피성을 설명하였다. 그러나 최 장관도 적정생산정책으로의 전환이 필요하다는 부문에는 적이 불편한 기색이 역력하여 실망하기도 하였다. 그러나 공포된 석탄산업법의 제1조 목적조항에 '석탄자원의 합리적인 개발과 효율적인 이용을 위하여 석탄산업을 건전하게 육성·발전시키고…'라고 반영되었다.

또한 석탄 관련 3개의 지원기관을 통·폐합한 석탄합리화사업단의 신설에 있어서도 초기에는 일부 기관장의 반대가 심하였으나 기관장 및 임원을 제외한 직원의 고용승계 보장 등을 통하여 비교적 순조롭게 해결되었다. 아울러 석탄 관련 3법에 의한 각종 지원자금도 통·폐합하여 '석탄산업육성기금'과 '석탄산업안정기금'으로 이원화하고 이에 소요되는 자금을 재정에서 지원하는 방안을 통합법에 반영하였다. 그러나 관계부처와의 법률협의 과정에서 당시 기획원의 예산당국은 매우 부정적이었다. 그 주된 사유는 그간 국내 석탄산업에 거의 "요람에서 무덤까지|from Cradle to Tomb"[13]에 가까운 재정지원을 하였으므로 재정형편상

---

13) 이는 영국의 복지경제학의 창시자인 베버리지(W. H. Beverige; 1879~1963)가 1942년 주창한

더 이상의 지원은 어렵다는 것이었다.

그러나 비경제 탄광의 폐광에 관한 지원은 재정지원 없이 석유사업기금 등에서 지원하되 경쟁력 있는 탄광의 육성에 한하여 재정지원을 지속하는 절충안에 합의하였다. 이러한 과정을 거쳐「석탄산업법」이 1986년 1월 8일 공포되었음에도 폐광 기준 및 지원방안에 관한 석탄광 및 근로자 등과의 합의 지연으로 3년여의 기간이 경과한 1989년 5월 6일에야 폐광사업에 착수할 수 있었다. 따라서 폐광사업은 이후 87년 4월 3일 설립한 석탄산업합리화사업단14)에 의하여 본격적으로 추진되었다. 당초 경제성을 상실한 탄광의 폐광은 1989년 말까지 56개의 탄광을 폐광하여 123만 톤의 석탄생산을 감축하고 근로자도 5,089명을 감원하기로 계획하였으나 예상외로 신청이 대폭 증가하여 130개의 탄광을 폐광하여 감산량은 434만 3천 톤에 달하고 퇴직근로자도 1만 47명에 달하였다.

또한 그 이후에도 폐광사업을 지속적으로 추진하여 1988년 말 347개에 달하던 석탄 생산 광산은 1994년 말 45개로 87%나 대폭 감소하였다. 이에 따라 같은 기간 중 탄생산량도 2,429만 5천 톤에서 743만 8천 톤으로 무려 69.4%나 감축되었다. 아울러 탄광당 생산규모도 7만 톤에서 16만 5천 톤, 규모도 2.4배나 증대되고, 광산 근로자도 23만 1,192명이 퇴직하여 광산 근로자는 기간 중 6만 2,259명에서 1만 4,925명으로 76%가 퇴직하였다. 이에 따라 근로자 1인당 생산성도 1일 1.35톤에서 1.63톤으로 20.7%나 향상되었다.15) 뿐만 아니라 탄광사고에 의한

복지계획에 관한 유명한 구호로, 2차대전 이후 자본주의 국가에서도 사회복지제도를 도입 및 확산하는 데 크게 영향을 주었다.

14) 석탄합리화사업단의 설립목적이 거의 달성되었다고 판단한 정부 및 국회는 이의 해산 및 광업진흥공사와의 통·폐합에 관한 논의를 거쳐 2006년 6월 1일 이를 해산하고 광해(鑛害)방지사업단을 설립하였으며, 이어 2008년 6월 29일에는 기관 명칭을 광해관리공단으로 변경하였다.

15) 당시 대형 탄광회사의 경우 일반적으로 광산 근로자는 1일 3교대로 근무하였으며, 각 교체 근로자 1인당 생산량(OMS; Output per Man/Shift)을 광산의 생산성 평가지표로 활용하였다.

사상자도 5,696명에서 786명 수준으로 대폭 감소되었다. 이와 같은 폐광대책사업의 추진에 지원한 자금은 모두 3,876억 원에 달하며, 이 중 탄광시설의 이전 및 폐기에 26.7%인 1,034억 원, 근로자 대책에 58.4%인 2,263억 원 그리고 산림훼손 및 광해방지에는 14.9%인 579억 원이었다.

이러한 제2차 석탄산업 구조조정 정책을 통하여 1989~1995년 기간 중 1988년에 비해 334개 탄광회사의 810개 광구가 폐광되었으며, 생산량도 1,443만 5천 톤이 감축되고 당시 국내 석탄산업은 1989년 이래 추진하여 온 제2차 석탄산업의 구조조정 정책에 따라 생산 탄광은 1988년 347개에서 1994년에는 27개로 대폭 축소되었다. 아울러 연간 생산량도 2,429만 5천 톤에서 743만 8천 톤으로 무려 69%나 감소되고 수입석탄도 167만 톤에서 23만 2천 톤으로 대폭 감소되었다. 또한 석탄 비축량도 1,077만 4천 톤에서 772만 3천 톤 수준으로 28%나 감소되어 재정 부담이 크게 감소하였다. 더욱 석탄 생산 근로자가 6만 2,259명에서 1만 492명으로 76%나 감소하고, 광산 사고의 사상자도 5,696명에서 786명 수준으로 86%나 감소하였다.

〔표 1〕 제2차 석탄산업(1989~1995) 구조조정 성과

연간 생산	탄광회사		생산감축량 (천 톤)		퇴직근로자 (인)		폐광광구	
		비중(%)		비중(%)		비중(%)		비중(%)
30만 톤 이상	8	2.4	4,140	28.7	6,717	20.1	115	14.2
10만 톤 이상	28	8.4	4,150	28.7	8,249	24.7	140	17.3
5만 톤 이상	35	10.5	2,250	15.6	5,500	16.5	98	12.1
3만 톤 이상	39	11.7	1,503	10.4	3,476	10.4	81	10.0
3만 톤 미만	224	67.1	2,392	16.6	9,480	28.4	376	46.4
계	334	100.0	14,435	100.0	33,422	100.0	810	100.0

* 출처 : 한국석탄합리화사업단, 『사업단 10년사』, 1997.

따라서 정부는 석탄산업의 구조조정 사업은 대체적으로 성공적으로 마무리되었으나 폐광지역의 대체산업 진흥사업은 그 성과가 매우 낮아, 보다 적극적인 지원대책이 필요하다고 판단하였다. 따라서 동력자원부는 1991년 석탄산업법을 개정하여 폐광지역진흥사업에 대한 정부의 대폭적인 지원대책을 위한 법적 근거를 마련하였다. 이에 따라 1991년 5월에 지정한 정선, 태백시, 영월 및 삼척시 등의 진흥사업 대상지역으로 지정·고시하였다. 이어 건설부는 1998년 12월에 진흥지구의 개발계획을 대폭 변경·승인하여 지역진흥사업이 본격적으로 추진되게 하였다. 이에 따라 1997-2005년 기간 중에 강원, 경북, 충남 및 전남의 폐광지역에 216개의 대체산업이 계획에 포함되어 추진되었다. 이에 따라 이 지역의 도로 및 전력 등 사회간접시설을 대폭적으로 확충하였다. 그러나 대체산업은 시장의 협소성 및 대 수요처에 대한 물류비 증가 등으로 경제성이 낮아 기업의 유치가 어려워 크게 활성화되지 못하였다.

5. 제3차 석탄산업 구조조정 정책의 추진

그 후, 필자는 1995년 통상산업부[16]의 자원정책 제3심의관으로 발령을 받아 다시 석탄산업에 관한 업무를 담당하여 이의 구조조정과 폐광지역 개발지원에 관한 특별법의 작업에 참여하게 되었다. 당시 제3심의관이란 직책은 상공부와 통합하기 전 동력자원부의 석탄 및 광업정책을 담당하던 광무국과 원자력발전을 포함한 전력국의 2개국의 업무를 총괄

---

16) 김영삼 정부에 의한 정부조직의 개편에 따라 1993년 3월 6일 동력자원부와 상공부가 통폐합되어 상공자원부가 신설되었다. 이어 1994년 2월 28일 조직통폐합으로 부처 명칭이 통상산업부로 다시 변경되고 종래의 광무국과 전력국을 통합하여 자원정책실 밑에 제3심의관을 신설하였다.

하고, 직속은 아니나 사실상 지방의 5개 광산 보안사무소의 업무를 담당하는 직책이었다.

다시 10년 만에 석탄산업에 관한 업무를 맡아 현황을 살펴보니 당시 상황은 10년 전보다 어느 면에서는 더 심각한 상태였다. 제1,2차 석탄산업 구조조정 정책으로 석탄생산량의 감축에도 불구하고 연탄소비의 급격한 감소[17]로 재고가 급증하여 1994년에는 생산재고가 국내생산량보다도 많은 기현상이 발생하고 그러한 현상은 그 이후에도 지속되었다. 한편, 김영삼 문민정부의 출범 이후 근로자들의 지속적인 임금인상 요구와 지역주민의 폐광 및 감산 반대시위가 이어졌다. 따라서 당시 최대 탄광회사인 (주)동원 및 (주)삼탄 등은 가능하면 조속히 석탄산업을 정리하기 위해 이미 준비를 하고 있는 것 같다는 생각이 들었다. 심지어 당시 국영인 석공은 적자가 누적되어 직원들의 매달 봉급재원조차 은행의 단기차입에 의존하고 이마저 점점 어려워지고 있다고 하소연할 정도였다. 따라서 당시 정부의 석탄산업에 관한 최우선 과제는 석탄소비 감소에 따라 급증하는 잉여석탄의 해소대책이었다.

이러한 상황에서 1995년 1월 23일의 내부 대책회의에서는 당시 박운서 차관의 주재로 탄광업계와 석탄협회 및 석탄합리화사업단의 임원진이 참석한 가운데 석탄산업의 종합대책과 아울러 석공의 누적적자 해소방안에 대하여 집중적으로 논의하였다. 당시 논의한 대책의 기본구상 및 추진방향은 다음과 같다.

첫째, 국내 석탄광의 감산은 불가피하지만 석탄기업, 노동자 및 탄

---

[17] 이는 1986년 아시안 게임과 1988년 서울 올림픽 게임의 개최 확정에 따라 대도시 지역의 연탄사용을 억제하기 위해 1986년 4월 서울, 부산, 대구 인천 등 직할시 이상 대도시의 학교, 병원, 관공서, 요식·숙박 업체, 아파트 등에 연탄사용을 금지한 영향이 컸었다고 본다. 또한 1986년 액화천연가스(LNG)의 도입과 소득수준 향상으로 수도권을 중심으로 도시가스 및 석유 보일러의 보급이 급속도로 확대된 데 있다고 본다.

광지역에 대한 종합대책을 수립하되, 석탄기업 및 근로자와 탄광지역의 안정을 위해 감산속도를 조절한다.

둘째, 누적되는 국내 잉여 무연탄의 해소를 위해 한전에 발전용으로 확대 공급하는 한편 정부비축을 증대한다.

셋째 감산에 대하여 감산지원금을 지급한다.

넷째, 장기적으로 주요 폐광지역을 개발촉진지역으로 지정하여 관광 및 레저지구로 지정하기 위해 산림 및 환경기준을 완화하도록 한다는 것이었다.

이러한 방향에 대해 민영 탄광업계는 전반적으로 환영하나 더 이상의 석탄감산에 대해서는 매우 부정적이고, 불가피하다면 석공의 감산이 선행되어야 한다는 입장이었다. 특히 민영 최대 탄광회사인 (주)동원[18]은 연 100만 톤의 생산을 유지하여야 하며 (주)삼탄[19]도 연 60만 톤은 유지되어야 한다고 주장하였다. 따라서 정부는 연탄용 이외의 잉여 석탄을 해소하기 위해 한전에 발전용으로 최대한 소비하고 정부도 비축량을 확대하는 방안을 추진하였다. 발전용 무연탄의 확대 공급에 대해 한전은 무연탄의 타연료와의 혼소율|混燒率을 증대하는 데 기술적 문제가 있어 정부가 요청하는 추가구매에 난색을 하였다. 그러나 근본적인 이유는 국내 무연탄이 유연탄에 비해 열량당 단가가 비싸고 기존 계약물량 이외의 추가구매로 재고 증가에 따른 자금 및 경영상의 부담 증가였을 것이다.

---

18) 정부의 탄광 대단위화를 위한 「석탄산업임시조치법」(1962.1.1)에 의해 (주)삼척탄좌와 함께 1962년 4월 24일 최초로 설립한 국내 최대의 탄좌회사로, 1990년 연간 무연탄 생산량은 2,050천 톤에 달하였다. 회사명을 1992년 (주)동원으로 변경하였으며, 2004년 10년 노사의 폐광 합의에 따라 해산되었다.

19) (주)동원탄좌와 함께 1962년 4월 24일 최초로 설립된 제2의 탄좌회사로, 1990년 연간 무연탄 생산량은 1,275천 톤에 달하였다. 회사명을 (주)삼척탄좌에서 1993년 (주)삼탄으로 변경하였으며, 2001년 10월 노사의 폐광 합의에 따라 해산되었다.

그럼에도 정부는 1995년 국내 무연탄 공급량 1,397만 7천 톤 중 22%인 300만 5천 톤을 가정·상업 부문의 연탄용으로 공급하고 17%인 207만 톤을 한전에 구입하도록 하였다. 그리고 나머지 61%인 849만 2천 톤은 월동기를 대비한 석탄회사의 하계 저탄 비축과 정부의 비축용으로 흡수하였다. 한편, 석공의 누적적자 해소방안에 대해서는 비경제 탄광의 폐광과 일부 광산 부지 및 저탄장 등, 불용 토지자산의 매각 등 경영합리화 대책을 추진하도록 하였다. 당시 필자는 석공의 여의도 본사 사옥을 매각하고 본사를 주력 생산기지인 태백으로 이전하여 누적되는 부채를 줄이는 방안도 제시하였으나 석공 임원진의 반응은 냉담한 편이고 내부의 호응도 적어 더 이상 진척되지 않았다.

뿐만 아니라, 당시는 1992년 2월 김영삼 대통령의 문민정부가 출범한 이후 노조의 활동이 강성화되고 근로자의 대폭적인 임금인상 및 복지향상을 위한 요구가 분출하여 노사 간에 긴장감이 감돌고 있었다. 석탄산업은 타산업에 비해 근로환경이 열악하고 수요 감소로 수익성이 낮은데도 근로자 및 지역주민의 폐광 및 감산 반대로 정부는 석탄업계의 노조활동의 과격화를 우려하여 이를 예의 주시하고 있었다. 특히 석탄산업 담당 부서는 매년 3~4월에 연례적인 행사로 치러왔던 임금인상을 위한 노조의 소위 '춘투|春鬪'를 전후하여 노조의 동향을 매일 파악하고, 상황진전에 따른 대책에 부심하였다. 예를 들면, 1995년 2월 11일 노동자총연합회|노총와 경영자총연합회|경총의 임금협상회의는 임금인상 폭에 대한 양측의 상당한 견해 차이로 협상이 결렬되었다. 이에 당시 비정부 민간기구|NGO로 경제계에 상당한 영향력이 있던 경제실천연합회|경실련는 14.8%의 임금 인상안을 제시하였으나 30대 재벌그룹은 5% 이상의 인상은 어렵다는 입장이었다.

이러한 상황에서 1995년 2월 27일 국내 최대의 탄광촌이며 최대의

민영 탄광인 동원탄좌회사가 소재하는 강원도 정선군 사북|舍北읍에서 광산 근로자 및 주민에 의한 대규모 시위가 발생하였다. 이날 사북읍 및 고한|古汗읍 석탄 근로자 및 주민 등 3천여 명(〈중앙일보〉 추산 4천여 명)이 동원복지회관에 집결하여 주민궐기대회를 개최하고 시가행진을 하였다. 이들의 요구사항은 정부의 석탄광 감산정책 철폐, 석탄 생산량 전량의 정부수매와 폐광지역의 개발촉진지구로의 지정 및 폐광지역에 대한 장기 대체산업유치 보장 등이었다. 궐기대회는 양 지역의 지역 살리기 공동추진위원회|공추위 유종식 위원장 및 250명으로 구성되었으며 40~50명이 삭발 및 단식투쟁에 참여하고 있다는 보고가 이어졌다.

또한 안경다리 부근에 800명이 집결하여 38번 국도를 점거 중이며 일부 운동권이 참여하고 석유액화가스통|LPG Bombay을 집결하여 경찰 등 공권력의 개입에 저항하고 있다는 심각한 언론보도 및 현지의 관련 기관, 탄광회사의 보고가 이어졌다. 이어 2월 28일 오전 11시 탄광 근로자 및 주민 등 2,500명(〈중앙일보〉 추산 3천 명)이 동원복지회관 앞 광장에서 2차 궐기대회를 열었으며 전날에 이어 대부분의 상가가 철시되었다고 한다. 한편, 고한·사북지역 살리기 공동대책위원회는 공동투쟁위원회|공투위로 개편하고 고한읍의 박효무 번영회장이 위원장으로 추대되어 강성투쟁으로 진전될 조짐이 짙어갔다.

이들은 민자당의 탈당과 아울러 민자당원의 탈당서명을 벌이는 등 정치적 성격으로 번질 조짐이 짙어 갔다. 공투위는 전날 6명이 삭발한 데 이어 30여 명이 삭발시위에 참여하고 주민이주대책과 폐광대책시설로 교도소의 신설을 요구하였다. 뿐만 아니라 같은 날 오전 11시부터 탄광 근로자 5천여 명도 농성에 참여할 것으로 예상되며 삭발자는 13명으로 늘어나 50명에 이를 것이라고 하였다.

출처 :
〈중앙일보〉, 1995.02.27, 김경빈 기자

　더욱이 탄광 근로자들이 3월 2일 근로자 휴일 이후 4~5일 탄광휴
무 기간에 추가로 약 3,700여 명의 광산근로자가 동참할 전망이라는
보고가 이어졌다. 따라서 필자는 광산 근로자들이 대규모로 시위에 참
여하게 되면 1980년의 극심한 '사북사태'에 이어 제2의 '사북사태'로 진
전되지도 않을까 하는 걱정이 들기도 하였다.

　이러한 사태를 조속히 진정시키기 위해 당시 박재윤 통상산업부장
관 주재로 1995년 2월 27일(월) 오후 6시 대회의실(과천청사 3동 6층)
에서 긴급대책회의를 열고 대책을 논의하였다. 이 회의에 참석한 박운
서 차관, 김태곤 자원정책실장 및 필자 등은 사태동향 분석 및 관계부
처 간의 협력방안에 대하여 보고하였다. 박재윤 장관은 청와대에서 강
원도지사(이상용 지사)에게 조속히 해결하라고 지시하여 지사 주재로 2
월 28일(화) 오전 11시에 지역대책회의가 있을 예정이라고 하였다. 아
울러 대책회의에 재정경제원, 문화관광체육부, 통상산업부, 환경부 및
산림청의 관계 국장의 참석을 요청하였으니 주무부처인 통상산업부에
서는 국장이 꼭 참석하라고 하였다. 이어 3월 2일 재정경제원에서 대책

회의가 있을 예정이니 주무부처인 통상산업부는 국장이 참석하라고 하였다.

또한, 2월 28일 고한·사북 지역에서 계속될 2차 궐기대회에 지역 주민 및 광산 근로자의 시위가 확대되지 않도록 설득하고 그 결과를 청와대 등 관계기관에 보고하라고 하였다.

이에 대한 후속대책을 논의하기 위해 28일 오전 10시에 박운서 차관은 석공 및 4대 민영탄광의 사장단과 차관실에서 긴급대책회의를 소집하여 대 탄광의 추가감산 가능성 및 이에 관한 세부 대책방안을 협의하였다. 박 차관은 추가감산이 불가피한 실정이나, 폐광지역의 경제적 어려움을 고려하여 최대한 연간 500만 톤의 석탄생산은 유지할 방침이라고 하였다. 그러나 사북·고한 지역의 근로자 및 주민들이 (주)동원과 (주)삼탄이 각기 100만 톤을 생산할 것을 강력히 주장하고 있으므로 타 광산의 추가감산 가능성을 타진하고 이에 관한 협조를 요청하였다. 이날 회의에서 각 탄광회사가 제시한 감산 및 대책방안과 정부가 제시한 주요사항은 다음과 같다.

- (주)동원은 1994년 108만 톤에서 1995년 80만 톤 감축하되, 이후 60만 톤 수준으로의 추가감산은 노조 등의 반대로 불확실하나 폐광방침에 대해서는 수용하는 입장이니 산지 및 연탄공장의 재고 20만 톤에 대한 정부 지원이 필요하다고 하였다.
- (주)삼탄은 1994년 100만 톤에서 1995년 60만 톤을 생산하되, 이후 50만 톤 수준으로 감산이 가능하나 5만 톤의 석탄 재고에 대한 지원이 필요하다고 하였다.
- 경동탄광은 1994년 102만 톤에서 1995년 100만 톤에 이어 이후에도 부존자원이 양호(5,000kcal/kg의 고열량탄)하고 노조가 안정되어

100만 톤의 생산이 가능하므로 이를 유지하도록 하고 석탄 재고 10만 톤에 대한 정부 지원이 필요하다고 하였다.

- 한보탄광은 1994년 50만 톤에서 1995년 이후 50만 톤 유지가 가능하며 석탄발전소 건설을 추진하고 완공되면 1998년부터 연간 150만 톤이 소요되어 수입 유연탄과 혼소混燒하여 생산량을 전량 자체 소비할 수 있으므로 석탄발전소 건설 허가를 요청하였다.

- 한편 석공은 1995년 200만 톤에서 1996년 이후 150만 톤 수준으로 감산하고자 하나 판매대금의 미수금이 1994년에 170억 원에 달하고 재고의 급증으로 재무구조의 악화에 따른 경영난의 완화에 대한 대책을 요청하였다. 석공의 석탄 재고는 1994년 160만 톤에서 1995년에는 200만 톤으로 증가하나 이후 150만 톤으로 감소될 전망이므로 근로자 퇴직 및 지역주민의 반대로 당분간 더 이상의 감산은 어려운 실정이라고 하였다.

이어 같은 날(2월 28일) 오후 3시에 박재윤 장관 주재로 대회의실에서 국장회의[20]가 있었다. 박 장관은 곧 있을 김영삼 대통령의 유럽 6개국 및 유럽연합 방문에 수행할 예정이므로 부재 중에 차관 중심으로 사북·고한 지역 탄광근로자 및 지역주민의 동향을 주시하고 대책에 만전을 기할 것을 강조하였다. 이에 박 운서 차관은 재정경제원의 김인호 차관과의 대책협의에서 정부의 석탄비축을 50만 톤 증대하고 태백과 정선 간의 18번국도의 확장에 소요되는 18억 원 중 재정에서 2억 원을 지원하여 이를 촉진하는 방안을 고려해 보겠다는 긍정적인 답변이 있었다고 하였다.

이어 1995년 2월 29일(화) 오후 10시에 박운서 차관실에서 석공과

---

20) 당시에는 국장급 이상이 참여하는 주 1회 정기적인 부내 업무회의를 "국장회의"라 하였으며 장관의 사정 및 필요에 따른 수시의 별도 국장회의가 있었다.

(주)동원, (주)삼탄, 경동, 한보 등 4대 민영탄광의 사장단과 감산에 따른 대 탄광지역의 경제 활성화에 관한 대책을 협의하였다. 이날 회의에서 각 회사가 제시한 폐광지역의 대체산업 유치 등 지역경제 활성화 대책방안과 정부의 대책방향은 다음과 같다.

• (주)삼탄은 기존의 정선 및 어량 농협의 옥수수공장의 사례에 비추어 200억을 투입하여 옥수수공장 건설을 추진할 경우 400명의 고용효과가 있을 것이라고 하였다. 또한 정선군의 정암사淨庵寺에 인접한 함백산咸白山의 국유임야에 간이 스키장 슬로프 10개의 건설이 가능하므로 이의 추진 필요성을 설명하였다. 우선 슬로프 2개를 건설할 경우 100억 원이 소요되나 일본 북해도의 아카비라赤平 광산의 성공 사례에 비추어 경제성이 높다고 하였다. 아카비라 광산은 1935년 광산 근로자가 5만 6천 명이었으나, 석탄수요의 감소로 1945년 폐광 시 1만 9천 명으로 대폭 감소하여 지역경제의 안정을 위한 대체산업으로 간이 스키장에 4개의 슬로프를 건설하였다고 한다. 그 결과 연간 60만 명을 유치하는 등 지역경제의 활성화에 크게 기여한 사례에 비추어 국내에서도 성공 가능성이 크다고 하였다.
• (주)동원은 철도차량 제작공장의 건설을 구상 중이며 이에 1천억 원이 소요되고, 그 중 200~300억 원은 자체 조달이 가능하나 잔여 소요자금은 정부지원이 필요하며 건설이 완공되면, 약 200명의 고용창출이 가능할 것이라고 하였다.
• 경동탄광은 핵심 탄광이 소재하는 삼척시 도계道溪읍에 밀레Millet 가방공장 3개를 건설하면 300명의 고용 및 연간 1천만 달러의 수출효과가 있을 것이라고 하였다. 이의 소요자금은 정부 및 강원도의 지원이 필요하며 잔여 소요액은 회사가 조달하겠다고 하였다.

• 한보탄광은 태백산에 골프, 스키 및 숙박시설 건설에 1천억 원이 소요되나, 이에 대한 소요자금의 정부 지원 및 자체조달 방안에 대해서는 구체적인 언급이 없었다.

이어 각 탄광회사의 폐광에 따른 근로자의 생계보장 및 지역경제의 급속한 침체를 방지하기 위한 대체산업 등에 관한 추가적인 건의사항이 이어졌다. 이에 동원탄좌와 삼척탄좌는 각기 연 100만 톤 및 60만 톤의 생산 유지가 불가피하다고 하였다. 아울러 탄광 근로자의 고질적인 직업병인 진폐塵肺환자 치료를 위한 당시 노동부 산하의 국내 유일의 보건소로 태백시에 소재한 동원보건원을 도립병원으로 승격 및 확대하고 아울러 보건전문대학의 설립 인가요건에 반영할 것을 요청하였다.

이러한 대 탄광의 의견에 대하여 폐광지역의 대체산업에 대해서는 가능한 한 에너지특별회계에서 지원하도록 하되, 탄광회사가 지역주민과 협의하여 대체산업 계획을 수립하면 정부가 개발촉진지구의 지정을 적극 추진하고 이에 대한 지원을 하겠다고 하였다. 아울러 감산은 1995년 이전 3년간 평균 생산량을 기준으로 탄광회사가 택일하여 폐광하도록 하고 재고 물량은 한전이 발전용으로 구매하도록 하며 정부의 비축량을 증대하여 해소하기로 하였다. 특히 중·소 탄광에 대해서는 재고물량 20만 톤을 정부가 수매하기로 하였다. 이러한 정부의 방침에 대해 대 탄광인 (주)동원과 (주)삼탄의 근로자는 각기 5년간 100만 톤 생산 유지를 요구하고, 특히 동원탄좌의 노조는 폐광 및 감산에 강력히 반대하였다.

따라서 정부는 사북 및 고한 지역의 주민 및 근로자의 시위가 확대되지 않도록 하기 위해 관계부처 간에 다각적인 대책을 협의하였다. 1995년 3월 1일 오후 2시에는 한승수 대통령 비서실장의 주재로 공관에서 관계부처의 산탄지 대책회의가 있었다. 이 회의는 당초 12시에 플라자호텔에서 개최계획이었으나 회의 시간 및 장소를 변경하였다. 이 회의에는 통산산업부의 박재윤 장관, 박운서 차관과 김인호 재정경제부 차관, 한이헌 청와대 경제수석 및 건교부, 환경부, 문화관광체육부, 산림청 및 강원도지사가 참석하였다. 이 회의에서 통상산업부는 감산 및 폐광방침과 폐광지역의 급속한 경제적 침체를 방지하기 위한 대체산업의 필요성을 설명하고, 이를 위해 관련부처의 적극적인 협조를 요청하였다. 특히 대체산업을 조기에 활성화하기 위해서는 광산지역 진흥에 관한 법률을 제정하여 관련 부처가 적극 참여하기로 하였다.

이에 따라 3월 2일 오전 9시에는 김태곤 제3차관보(에너지 및 자원총괄)실에서 석공 및 민영 대 탄광과 석탄합리화사업단 및 석탄협회의 임원진과 폐광 및 대체산업의 추진방안에 관한 세부 대책회의가 있었다. 이 회의에서 논의한 주요사항은 다음과 같다.

- 폐광지역에 대해서는 감산량에 상응하는 가액을 지원하되, 사업주체 및 이의 운용방식에 관한 세부대책을 조기에 수립한다.
- 대체산업을 촉진하기 위해 (가칭)광산지역진흥법을 제정하여 창업 및 농공단지를 조성하도록 지원한다.
- 대단위 단지에 관한 개발법을 특별법으로 제정 추진하며 이를 추진하기 위하여 탄광과 석탄합리화사업단이 참여하는 기획단을 설치하고 이의 구성 및 운용에 관한 세부 계획을 수립하도록 한다.
- 탄광의 석탄 재고를 감축하기 위하여 정부의 석탄 비축장을 추가 건설하며 탄광회사별 추가 비축량의 배정방안을 수립한다.
- 탄광의 재고의 증가에 따른 경영난을 해소하기 위해 발전용 무연탄의 공급확대 방안을 수립하고 한전과 협의하여 확정한다.

• 소요자금의 조달 및 산정 방안을 수립하되 소요자금은 에너지특별회계를 조정하고 정부의 일반회계에 추가경정예산을 편성하도록 추진한다. 정부의 일반회계 지원을 위해 관계부처 및 지방 자체단체의 예산에 반영하여 활용하도록 한다.

한편, (주)동원 사북광업소 노조와 (주)동원 연합노조는 같은 날 오후 1시 30분부터 1시간 상임집행의원과 대의원 25명의 연석회의에서 석탄감산 정책을 즉각 중단하고 (주)동원과 삼척탄좌의 연간 생산량을 향후 5년간 각각 1백만 톤을 유지할 것을 요구하고 이를 관철할 때까지 6일부터 무기한 총파업에 들어가기로 결정했다.

또한 고한·사북 살리기 공투위는 5일 오전 11시에 사북복지회관 앞 광장에서 주민과 광산 근로자가 연대하여 대규모 궐기대회를 다시 열고 태백, 삼척 등 인근 탄광지역의 사회단체도 연대할 움직임이 있다고 하였다. 따라서 탄광 근로자와 주민이 연계하고 인근 지역까지 참여한다면 시위가 강성화되어 향후 제2의 사북사태로 진전될지도 모른다는 생각이 들었다.

이러한 상황에서 1995년 3월 3일 통상산업부의 박운서 차관은 이러한 사태를 조기에 진정시키기 위하여 시위발생 지역을 방문하여 시위자 대표들과 협의하고 정부의 대책방안을 발표하기로 하였다. 필자는 당일 이른 아침에 국회 통상산업위원회의 민자당 간사인 박우병 위원의 차에 동승하여 사전 대책회의를 개최하기로 한 영월군 남면사무소로 향하였다. 면장실에 도착하니 석탄공사와 (주)동원[21], (주)삼탄, 경동탄

---

21) 「석탄개발임시조치법」(1962.1)에 의하여 1962년 4월 24일 국내 최초로 설립한 동원탄좌와 삼척탄좌는 각각 1992년 및 1993년에 (주)동원 및 (주)삼탄으로 회사명을 변경하였다. 이어 2001년 4월 (주)삼탄이 노사 간 폐광을 합의한 데 이어 2004년 10월에는 (주)동원도 노사 간 폐광을 합의하였다.

광 및 한보탄광 등 대탄광의 사장단과 석탄협회의 김병용 부회장 및 송경식 전무가 이미 도착해 있었다. 강원도청에서는 이상용 강원도지사(후일 노동부장관 역임) 및 김진선 기획실장(후일 강원도지사 역임) 등이 참석하였다. 박운서 차관은 정부의 석탄감산 대책방안에 대한 설명에 이어 탄광 대표 및 강원도지사와 의견을 교환하고 시위지역 대표단과 최종 협의를 거쳐 발표할 대책방안에 대하여 협의하였다.

이어 일행은 인근의 해장국집에서 아침을 간단히 마친 후, 정선군 사북읍사무소로 향하였다. 도착 후 읍사무소의 회의실에서 고한·사북 살리기 공동투쟁위원회의 심을보 대표단으로부터 지역주민의 요구사항을 듣고 정부의 방침에 대한 의견을 교환하였다. 협의에 이어 박운서 차관은 폐광지역에 대한 5개 항의 정부 대책방향을 발표하였으며, 이의 주요한 내용은 다음과 같다.[22]

● **고원**|高原 **관광지 개발을 위한 특별법 제정 추진**

주요 폐광지역을 고원 관광단지로 개발하기 위하여 가칭 '폐광지역 개발촉진 특별법'을 제정하도록 한다. 고원관광단지의 개발을 촉진하기 위해 내국인이 출입할 수 있는 카지노를 유치하도록 하고, 이를 위해 관계부처와 협의를 시작할 것이다.

● **폐광지역을 개발촉진지구로 조기 지정**

이를 추진하기 위하여 통상산업부에 '폐광지역개발촉진 지원단'을 설치하여 중앙정부 차원에서 구체적인 사업계획을 수립하도록 한다. 현재 (주)동원은 화차 및 객차 제작소의 건설을, (주)삼탄은 스키장의

---

22) 〈중앙일보〉(1995.3.3), 2쪽 및 22쪽의 남윤호 기자 및 홍창선 기자의 기사와, 정선군 홈페이지의 정선군 석탄산업사 관련 자료 참조.

건설을 구상 중이며, 앞으로 이러한 사업 등에 집중 지원할 방침이다.

• **석탄의 감산속도 조절 및 적정 생산 유지**

사북 및 고한 지역에서 생산되는 석탄 생산량 중 1995년 중에 30만 톤을 정부 비축용으로 추가 구매하기 위해 240억 원을 확보하여 지원 하도록 한다. 또한 1998년부터 연간 석탄 생산량을 370만~380만 톤 수준[23])을 유지하도록 하며, 이를 위해 석탄공사와 경동탄광이 각 100 만 톤, 동원탄광, 삼척탄좌 및 한보탄광은 각 50만 톤, 기타 중·소 탄 광은 30만~40만 톤의 생산을 유지하도록 한다. 생산 및 재고 무연탄의 소비를 촉진하기 위하여 1998년 동해 무연탄발전소를 가동하여 발전용 무연탄 수요를 연간 230만 톤으로 확대한다. 따라서 군용 및 가정·상 업용을 포함하여 연간 400만 톤을 소비하도록 한다. 또한 1994년 북한 측이 북한산 아연과 남한의 무연탄 50만 톤을 교환하자고 제의한 바 있 으므로 이를 적극 검토하도록 한다.

• **석탄대체 산업의 창업 촉진을 위한 투자비 융자지원**

종래에는 폐광 및 감산 관련 대책자금은 주로 소모성 경비에 주로 지원되었으나 앞으로 석탄 대체산업의 육성에 집중적으로 지원하여 폐 광지역에 대체산업의 유치가 실질적으로 촉진되도록 한다.

당시 정부가 석탄산업 구조조정 정책을 본격적으로 추진한 1989년 에서 1994년까지 감산 및 폐광 관련 사업에 지원자금은 2조 1,531억 원 에 달한다. 그러나 이 중 80.6%인 1조 7,376억 원이 탄가보조, 감산 및 폐광 대책 등에 대한 소모성 경비의 지원에 치중하였다. 반면에 석탄산 업의 경쟁력 향상을 위한 기계화 및 폐광지역의 진흥사업에는 9.4%에

---

23) 이는 1994년 생산량 10,450천 톤에 비해 48.9~ 50.3%가 감축된 양이며, 당초 통상산업부가 내부적으로 설정한 연간 생산 5백만 톤 수준보다도 크게 낮은 수준이다. 그러나 1998년의 실제 생산량은 4,461천 톤으로 이날 정부가 발표한 수정생산 목표보다 크게 높은 수준이다.

4,168억 원에 불과하다. 따라서 앞으로는 소모성 경비의 지원을 축소하고 폐광지역의 대체산업에 대한 지원을 대폭적으로 확대하도록 한다.

• **탄광지역진흥 6개년계획사업의 보완 및 집중 투자**

　제1차 탄광지역진흥계획(1992~1997)[24]에 이어 제2차 폐광지역진흥지구 개발사업(1997~2005)에 의한 투자총액은 6조 2,272억 원에 달한다. 총 투자액의 69%가 관광사업에 배정되고, 도로 등 기반시설과 지역특화사업에 각각 23% 및 8%가 배정된다. 투자액의 77%는 민자를 유치하여 조달하고 국비 및 지방비에서 각각 15% 및 8%를 지원한다.

　한편, 필자는 관할 광산보안사무소장에게서 광산근로자들이 사북 동원복지회관에서 단식투쟁하고 있다고 들었다. 아울러 이들도 정부에서 대책단이 오는 것을 알고 있을 것이니 주무국장으로서 이들을 만나 위로 겸 설득을 해 보는 것이 좋겠다는 말을 들었다. 따라서 일행과 함께 농성장소에 이르니 유리 창문을 사이에 두고 많은 사람들이 굳은 표정으로 농성장 안을 지켜보고 있었으며 다소 긴장감이 돌았다. 일부는 농성자들이 흥분상태이므로 불상사가 일어날지 모르니 농성장 안으로 들어가지 않는 것이 좋겠다는 말도 하였다. 이에 필자는 일부의 만류로 조금은 긴장이 되기도 했으나 홀로 농성장 안으로 들어갔다. 안에 들어가 보니 약 30~40명이 머리에 붉은 띠를 매고 일부는 이불과 담요를 덥고 누워 있거나 앉아 있었다. 이 중 삭발을 한 채 링거 병을 꽂고 누워있는 노조대표를 찾아 그 옆에 앉으니 여러 사람이 옆에 모여왔다. 이에 우선 단식으로 건강을 너무 해치지 않았으면 한다고

---

24) 이에는 1991년 1월 14일 석탄산업법을 개정하여 탄광지역진흥사업에 대한 지원제도가 도입되고, 이에 따라 같은 해 5월에는 정선, 태백시, 영월, 삼척시 등을 진흥사업 대상지역으로 지정하였다.

위로한 다음, 부모로부터 받은 소중한 머리를 삭발까지 하면 되겠느냐고 가볍게 나무랐다. 이어 감산에 따른 근로자 및 지역주민 대책을 위해 차관까지 방문하여 주민대표와 만나 협의하고 있으니 농성을 풀고 정부대책을 기다려 달라고 하였다. 그러던 중 노조대표의 옆에 놓여 있는 일본 담배인 '마일드 세븐' 한 갑을 발견하고는 왠지 화가 났다. 순간적으로 필자가 피우던 '도라지' 담뱃곽을 꺼내 보이며, 단식투쟁에 담배는 건강에 해로울 텐데 수입담배까지 피워야 하느냐고 나무라는 투로 말하였다. 그러자 그는 당황한 기색으로 동료들이 가져와 받아놓은 것이라고 얼버무리며 미안한 듯 머리를 긁적였다. 농성장을 나오면서 분위기를 살펴보니, 생각보다는 그리 살벌하지 않은 것 같아 앞으로 심각한 상황으로는 진전되지는 않을 것 같다는 예감이 들어 마음이 한결 가벼웠다.

6. 카지노의 본격적인 건설 추진

통상산업부 박운서 차관이 1995년 3월 3일 사북 현지에서 폐광지역 대책으로 발표한 5개항의 대책방향은 크게 다음 두 가지의 장・단기로 나누어 볼 수 있다.

첫째는 중・단기 대책으로는 석탄 감산의 속도 조절과 적정 생산을 유지한다는 것이다. 이는 국내외 여건에 비추어 감산 및 폐광은 불가피하나 탄광근로자의 생계를 보호하고 지역경제의 급속한 침체를 방지하기 위한 보완 대책이다. 따라서 우선적으로 탄광의 누적된 과잉 석탄 재고에 따른 자금압박을 조기에 해소하여 광산의 적정 생산을 유지하여 근로자의 생계를 안정시키고 나아가 광산지역의 경제활동의 급속한 침체를 최소화하는 것이다. 이를 위해 한전에 발전용 무연탄의 구매를 확대

하고, 정부 자금을 지원하여 석탄 및 연탄 회사의 월동용 비축자금을 대폭 지원하고, 조달청의 조달특별회계에 의한 무연탄의 비축량을 증대하는 방안을 추진하였다. 아울러 시멘트 회사의 요로|窯爐; Furnace에 사용하는 중유를 무연탄으로 대체하거나 이의 시설을 신·증설하는 방안을 촉진하였다. 당시 시멘트업계의 무연탄 혼소율을 증대하기 위해서는 8억 원이 소요되는 것으로 파악되어 이를 석탄산업합리화자금에서 장기 저리로 지원하는 방안을 검토하였다. 또한 석탄 생산지에서 인접한 동해시의 북평항에 인접한 공업단지에 무연탄 전용 발전소를 건설하고 공단에 입주하는 업체에 대해서는 부지를 10년간 무상임대하고, 세금을 감면하고 전력비를 대폭 낮추어 주는 방안도 검토하였다.

둘째는, 지속적인 감산에 따른 근로자의 생계안정과 지역경제의 활성화를 위하여 석탄 대체산업을 적극 추진한다는 것이다. 이에 관한 주요 대책방향은 폐광지역의 지리적 특수성을 고려할 때, 제조업은 경제성이 없으므로 관광 및 레저 산업을 집중적으로 지원한다는 것이었다. 이러한 판단은 과거에도 정부 및 주요 탄광회사의 지원으로 근로자 가족의 부업으로 홀치기 및 김치공장 등을 운영하였으나 경제성이 없어 폐쇄하는 곳이 많았고 무늬만의 대체산업으로 운영되고 있었기 때문이다.

따라서 통상산업부는 이미 공표한 사업을 추진하기 위하여 통상산업부, 합리화사업단 및 석탄협회 등으로 폐광지역중앙기획단|기획단을 설치하고 이를 중심으로 종합대책을 수립하기로 하였다. 이 중 대체산업으로 고원 관광레저 단지를 건설하는 방안에 대하여 집중적으로 논의하였다. 그런 과정에서 어느 때부터인가 사북·고한 지역에 내국인이 출입하는 카지노를 건설·운영하는 것이 지역경제의 활성화와 고용창출을 위한 최선의 대안이라는 데 의견이 일치하게 되었다.[25]

따라서 대책단을 중심으로 일본의 북해도 및 미국의 라스베이거스 |Las Vegas 등 주요 카지노의 설치 배경, 운영상황 및 문제점과 대책 등에 관한 문헌 및 현지 방문을 통한 면담 자료를 참고하여 종합대책을 추진하였다. 한편, 이를 지원하기 위한 특별법의 명칭에 대해서는 (가칭)광산지역진흥특별법 또는 (가칭)폐광지역개발촉진법 등의 여러 가지 논의가 있었다. 한편, 내부적으로 특별법의 주요 사업으로는 내국인 출입이 가능한 카지노 및 호텔 등 시설과 스키장 및 골프장을 건설하는 것을 핵심으로 하고, 특히 카지노 수익금의 일부를 지방재정에 지원하여 해당 지역의 진흥사업에 지원하는 방침을 정하였다. 또한 이러한 사업을 조속히 촉진하고 활성화하기 위해 환경영향 평가, 산지관리법, 관광진흥법 및 국·공유 재산 등의 사용에 관한 특례를 인정하도록 하고 소요 재원에 대한 중앙 및 지방 정부의 지원을 확대하는 방안도 검토하였다.

그 후, 내국인 출입허용 카지노의 건설을 중심으로 한 폐광지역 개발촉진방안을 수립하여 관계부처와 협의하는 한편, 당시 집권당인 민자당 및 국회 통상산업위원회에도 보고하며 협조를 요청하였다. 관계부처와의 협의 과정에서 건설교통부 및 산림청과 재정경제원과는 협의에는 별다른 어려움이 없었다. 다만, 카지노사업의 인·허가를 담당하는 문화체육관광부|문광부가 내국인 전용 카지노의 건설에 반대 입장이어서 상당기간 애를 먹기도 했다. 문광부의 반대 이유는 기존의 외국인 전용 카지노도 수익성이 낮은데, 내국인 출입을 허용하는 카지노를 건설하면 수익이 더 악화될 것이고, 도박 관련 각종 범죄가 확산되어 치안유지에도 어려움이 있다는 것이었다. 그러나 실제 이유는 다음과 같

25) 이러한 대안의 필요성에 대하여 필자는 1982년 프랑스에서 유학시절 프랑스의 동남부에 있는 세계에서 가장 작은 모나코(Monaco)라는 독립 공국(公國)에 가족과 같이 여행했을 때 카지노의 수익금으로 재정자금을 충당하고 있다는 예를 들면서 필요성을 강조하였다.

은 데 있었다고 생각하였다.

첫째는 내국인 출입을 허용하는 카지노를 건설하면 기존의 외국인 전용 카지노의 수입이 대폭 감소할 것을 우려한 것이고,[26]

둘째는 당시 대부분의 외국인 전용 카지노가 적자 상태이므로 이들에게도 이 기회에 내국인 출입을 할 수 있게 하려는 데 있었을 것이다.

결국 이 문제는 민자당의 여의도 당사에서 당시 정책위원장이던 이강두 의원이 관계부처의 주무국장들을 소집한 조정회의에서 매듭의 실마리가 풀리게 되었다. 내국인 출입 카지노의 타당성을 다음과 같이 설명하였던 것으로 기억한다.

첫째는 강원도 폐광지역의 급속한 경제침체를 방지하고 향후 이 지역에 대한 정부의 재정부담을 최소화하기 위해서는 카지노 건설이 가장 효과적인 대체산업이다.

둘째, 현재 국내의 외국인 전용 카지노에 사실상 내국인이 편법으로 출입하고 있으며 폭력, 마약 등이 사회 문제로 대두되고 있다. 따라서 도심지역에 위치한 이들 카지노에 내국인의 출입을 허용하면, 그러한 사회문제가 확산되어 치안을 유지하기가 어려울 것이다. 반면에 폐광지역에 설치하려는 내국인 출입 카지노는 산악지대에 위치하여 그러한 사회문제를 최소화하고 치안유지도 용이할 것이다.

셋째, 일부 부유층이 라스베이거스, 마카오 등의 카지노에 도박자금을 불법 유출하여 사법처리되는 사례가 언론매체에 가끔 보도되는 실정을 고려할 때, 내국인 허용 카지노를 하면 그러한 귀중한 외화의 유출을 크게 줄일 수 있을 것이다. 더욱, 고한·사북 지역은 강릉, 속초

---

26) 당시 외국인 전용 카지노는 13개가 운영되고 있었으나 이 중 워커힐 카지노, 인천의 파라다이스 비치호텔 카지노와 제주의 그랜드호텔 카지노 등 3개만이 흑자이고 나머지는 적자 상태였다.

등의 온천, 관광지 및 해수욕장에 접근하기 쉬우므로 카지노와 연계한 종합 관광레저 단지를 조성하면 인접한 일본 및 중국 고객의 유치로 외화수입도 증대할 수 있을 것이다.

이어 각 부처의 의견을 들은 후, 이강두 의원은 현재로서는 외국인 전용 카지노에 내국인의 개방은 시기상조이며, 폐광지역에 내국인 출입 카지노의 건설은 지역의 특수성을 고려할 때 필요한 것 같다고 결론을 내렸다.

드디어 1995년 8월 8일 문광부가 폐광지역 중 경제사정이 특히 열악한 지역에 내국인 전용 카지노 1개소를 허용하는 방안을 발표하였다. 따라서 카지노 건설을 포함한 폐광지역의 관광·레저 및 농공단지의 조성 등을 위한 특별법안을 연내에 제정하기로 되었다. 1995년 8월 26일(토) 박재윤 장관은 오전 10시에 국장회의를 소집하고 폐광지역 개발촉진에 관한 법을 금년 정기국회에 상정하기 위해 국회 통상산업위원회의 민자당 간사인 박우병 의원 등 유관 국회의원에게 사전에 설명을 하여 협조를 구하라고 하였다. 이어 1995년 9월 11일(월) 오전 9시에 있었던 국장회의에서 박운서 차관은 정부제안 법안은 이번 회기에 통과하지 않으면 자동 폐기되므로 늦어도 10월 15일까지 국회에 상정하도록 준비를 하여야 한다고 하였다. 그 이후, 매주 정기 또는 수시 있었던 국장회의에서도 카지노의 설립 및 운영방안과 이에 대한 폐광지역종합개발계획으로의 연계 방안에 관한 대책을 준비하라는 지시와 이의 진행에 관한 보고가 수시로 이어졌다.

이어 '폐광지역개발 촉진에 관한 특별법'의 연내 국회통과를 위한 국무회의 심의와 국회 심의에 대비하여 폐광지역의 경제를 활성화하기 위한 대체사업의 핵심사업인 카지노 설치에 관한 다음 사항을 중심으로 예상문답 자료를 준비하였다.

① 내국인 전용 카지노가 왜 필요한가?

② 카지노의 운영체계는 어떻게 할 것인가?

③ 카지노의 수익금은 어떻게 처리할 것인가?

④ 내국인 전용 카지노로 정부가 도박행위를 조장하는 것은 아닌가?

⑤ 내국인 출입허용 카지노를 건설하면서 국내의 기존 13개 외국인 전용 카지노에 내국인의 출입을 허용하지 않는 것은 형평성에 문제가 있는 것이 아닌가?

⑥ 일본의 빠징꼬도 2006년 6월까지 폐지할 예정인 데 정부가 내국인 허용 카지노를 건설하는 것은 도박사업의 근절에 관한 정책의 일관성을 해치는 것이 아닌가?

⑦ 고한·사북 지역에만 카지노를 건설하고 타 지역에는 카지노 건설을 허용하지 않는다면 형평성이 있다고 보는가?

이러한 예상 질의에 대한 주요 답변 자료의 내용은 다음과 같다.

내국인 전용 카지노는 폐광에 따른 급격한 인구의 감소와 광산근로자의 퇴직 등으로 지역경제의 극심한 경제침체를 방지하고 지역경제를 활성화하기 위한 불가피한 정책적 선택이다.

카지노와 연관된 관광레저 시설의 운영으로 광산퇴직근로자 및 가족들의 재취업 훈련 및 우선 채용으로 생계안정은 물론 지역주민의 고용을 창출할 수 있을 것이다. 또한 관련 지자체의 세수를 증대하고 수익금의 일부를 활용하여 지자체에 지원하며 중앙정부의 재정지원 부담을 크게 감축하고 지방재정의 자립도를 제고할 수 있을 것이다.

카지노의 운영체계는 통상산업부(석탄산업합리화사업단), 강원도 및 해당 시·군과 필요 시 탄광업계가 참여하는 공영제로 운영하여 공공성을 제고할 것이다.

카지노의 도박행위의 조장여부에 대해서는, 게임 횟수 및 금액 등을 적정한 수준으로 억제하여 과도한 도박행위를 최소화하는 방안을 마련할 것이다.

또한 이미 상당수의 내국인이 외국인 전용 카지노에 편법으로 출입하고 일부 부유층이 해외 카지노에 출입하여 불법으로 막대한 외화가 유출되고 있어 이를 흡수할 있을 것이다. 외국인 전용 카지노와의 형평성에 대해서는 이들이 대부분 대도시에 위치하여 내국인의 출입을 허용할 경우 많은 사회적 문제를 심화시킬 수 있으며, 지금까지 내국인의 출입이 금지되었으므로 이들의 고객이 이탈하여 수익이 감소될 우려는 없다고 본다.

또한, 타 폐광지역과의 형평성에 관한 문제는 고한·사북 지역이 국내 최대의 석탄생산 지역으로 폐광에 따른 경제·사회적 타격이 타 지역에 비해 심각하며, 산악지역의 특수성으로 경제성 있는 대체산업의 유치가 어려운 실정이다. 또한 카지노 산업은 도박성이 크고 아직은 건전한 카지노 문화가 정착되기까지는 상당한 기간이 소요될 것이므로 타 폐광지역까지 확대하기는 어려운 실정이다. 다만, 타 폐광지역에 대해서도 카지노 수익금의 일부와 재정지원을 확대하여 지역실정에 적합한 대체산업을 적극 유치하도록 최선을 다할 것이다.

이러한 대응방침을 준비하여 관계부처 및 당정협의 등을 거쳐 1995년 10월 14일(토) 임시국무회의에서 '폐광지역개발지원에관한특별(안)'을 국회에 송부하기로 하고 법제처에서 국회로 이송하게 되었다. 한편, 필자는 그해 10월 18일 북한경수로 사업을 범정부 차원에서 추진하고 한국형 원자력발전소의 수출을 촉진하기 위해 제3심의관에서 원자력발전정책만을 전담하기 위해 신설된 제4심의관으로 발령받았다. 따라서 아쉽게도 그 이후 추진된 카지노 건설을 포함한 종합 관광레저산업의 완결을 지켜보지 못하였다. 따라서 그 이후 강원랜드의 설립 및 카지노의 건설에 대해서는 관련 참고자료를 중심으로 간단히 살펴보고자 한다.

국회로 이송된 '폐광지역 개발지원에 관한 특별법(안)'은 그해 11월 25일(토) 오전 국회의 예산결산위원회의 부별 심의회 및 통상산업위원회 심의회와 그 후, 법사위원회의 심의를 거쳐 본회의에 상정되었다. 이어 11월 30일 국회 본회의에서도 별다른 이의 없이 통과되어 드디어 「폐광지역 개발지원에 관한 특별법」이 12월 29일에 법률 제5089호로 공포되고 다음 해 3월 30일에 시행되었다.

그러나 카지노 건설 사업은 기본계획의 수립 및 소요자금의 조달방안 등의 협의를 거쳐 특별법이 통과된 후 2년 반이 지난 1998년 6월에야 추진 주체인 강원랜드가 설립되고 폐광 카지노 등 가족형 종합관광단지 사업자로 지정되었다. 강원랜드는 총 자본금 1,070억 원을 납입자본금으로 하고, 이의 51%는 석탄산업합리화사업단(36.010%), 강원도(개발공사: 6.602%), 정선군(4.902%), 태백시(1.250%), 삼척시(1.250%) 및 영월군(1.000%)이 출자하고 나머지 49%는 주식공모를 통하여 조달하여 공공기관이 경영권을 확보하여 공익성을 유지하고 있다. 이어 카지노 사업을 조기에 개시하기 위하여 2000년 10월에는 1차적으로 소형 카지노와 호텔을 개장하고 이어 2003년 4월에 호텔 및 카지노 시설을 확충하고 테마파크를 개장하였다. 다시 2004년 11월에 카지노 시설을 증설하고, 2005년에는 골프장도 개장하였다. 또한 2006년 12월에는 총면적 151만 평의 부지에 슬로프 18면, 총 연장거리 21km의 스키장을 완공하여 명실상부한 종합 레저단지가 되었다.

또한 주요 폐광지역인 다음의 지역에도 광해방지사업단 및 강원랜드가 관할 지자체와 공동 투자하여 종합 관광레저단지를 건설하여 운영하거나 추진 중이다. 문경지역은 2003년 2월 문경레저타운을 건설하여 2006년 10월 골프장을 개설하였으며, 영월지역도 2006년 5월 동강시스타를 설립하여 콘도, 골프장 등을 건설하여 운영 중이고, 이어 보령지역에도 2007년 12월 대천리조트를 설립하여 콘도 및 골프장 등을 운영하고 있다. 또한, 화순지역에도 2011년 11월 화순리조트를 설립하여 관광·레저타운을 건설할 계획이다. 따라서 폐광지역은 정부가 당초 구상한 대로 카지노, 골프장, 스키장 및 호텔, 콘도 등 숙박시설을 갖춘 종합 관광·레저단지가 조성되어 지역의 고용창출과 소득증대로 지역경제의 활성화에 크게 기여하고 있다고 본다. 특히 강원랜드 카지노의 경우, 고용창출과 막대한 수익금의 재투자 등으로 지역경제의 활성화와 지방자치단체의 재정에 크게 기여하고 있다고 본다. 다만, 과도한 게임중독으로 가산탕진은 물론 2011년 한 해만도 자살자가 30명에 달한다고 하니 참으로 안타까운 일이다. 따라서 강원랜드는 2001년 9월 도박중독센터를 설립하고 2003년 7월에는 강원랜드 복지재단을 설립하여 다각적인 대책을 강구하고 있다고 한다. 그러나 앞으로도 게임횟수 및 도박 상한금액과 중독 출입자에 대한 개별 통제 등을 강화하여 중독환자를 최소화하고 중독환자의 지원 등에 투자를 확대하여야 한다고 본다. 아울러 정부 및 강원랜드는 카지노게임의 건전한 이용을 통한 국민의식 및 놀이문화의 선진화를 위한 대국민 홍보활동을 보다 적극적으로 전개하였으면 한다.

7. 결 어

국내 석탄산업은 광복 후의 정치, 경제 및 사회적 혼란기를 거치면서 가정 에너지의 안정공급은 물론 오늘날 산림녹화에 크게 기여하여 녹화에 있어 모범국가가 되는 데도 결정적인 역할을 하였다고 본다. 한때

탄광근로자가 6만여 명에 달하고 이에 석탄 및 연탄회사와 연탄판매소에 종사하던 인원을 포함하면 고용창출에 기여한 공은 매우 크다. 뿐만 아니라, 연탄의 보급을 통한 가정연료의 수급 및 가격안정과 석탄 및 석유의 수입대체에 따른 국제수지와 경제안정에도 크게 기여하였다. 더욱이 오늘날 세계적인 산림녹화의 성공적인 국가로 평가되고 있는 것도 연탄보급에 따른 산림연료의 대체가 결정적인 역할을 하였다고 본다. 물론 그 과정에서 1966년 월동기, 1974년 여름 및 1980년의 월동기에 세 차례의 심각한 연탄파동으로 엄청난 사회적 충격을 겪기도 하였고 탄광사고와 연탄가스 중독사고로 많은 귀중한 인명의 손실도 있었다. 또한 1980년 4월의 사북사태라는 비극적인 사건이 발생하여 그 후유증이 오랫동안 아픈 상처로 남기도 했다.

국내 석탄산업은 크게 나누어 3단계를 거쳐 왔다고 본다. 첫 단계는 광복 이후 1970년까지의 팽창발전 시기이고, 둘째 단계는 1980년대에서 1990년 중반기까지의 성숙기이다. 끝으로 1990년대 후반기부터 시작된 쇠퇴기이다. 이러한 과정에서 정부는 세 차례에 걸친 석탄산업의 구조조정 정책을 추진하였다. 제1차는 석탄생산과 생산성을 증대하기 위해 1962년 이래 대단위 탄좌회사의 설립 및 채탄의 기계화 정책이다. 제2차는 1985년 종래의 석탄 관련 3개의 임시조치법을 통폐합하여 석탄산업법을 제정하여 경제성 있는 탄광의 육성과 기계화를 촉진하되, 경제성이 없는 탄광을 폐광하여 종래의 최대생산 정책에서 적정생산 정책으로 전환한 것이다. 제3차[27]는 석탄산업법에 의한 폐광의 가속화 및 누적되는 석탄재고의 해소정책과 1995년에 제정된

---

27) 3차 구조조정을 거치면서 1995년 27개이던 국내 석탄회사는 2012년 3월 현재 석공, (주)삼천리 이앤이 및 (주)태백광업 등 3개 회사만이 생산활동을 하고 있고, 국내 석탄생산량도 1995년 572만 톤에서 2011년 208만 4천 톤으로 63.6%나 감소되었다. 이에 따라 2000년에 81개에 달하던 연탄공장도 2012년 3월 현재는 13개에 불과하다.

「폐광지역 개발지원에 관한 특별법」을 통하여 폐광지역의 대체산업으로 내국인 출입 카지노를 포함한 종합 관광·레저 산업의 적극 추진 정책이다. 이는 수요 감퇴로 누적되는 저탄량의 해소와 석탄 및 연탄에 대한 재정부담을 최소화하되 폐광에 따른 탄광 근로자 및 지역주민의 생계안정과 지역경제의 진흥을 위해 대체산업으로 관광·레저산업을 적극 지원한 것이다.

이러한 대체산업 중 강원랜드의 내국인 허용 카지노의 건설 및 운영은 그 효과가 가장 빠르게 나타나 지역경제의 진흥과 중앙정부 및 지자체의 재정부담의 감축에 크게 기여하였다. 따라서 그간 정부가 추진한 세 차례의 석탄산업 구조조정 정책은 매우 시의적절했다고 판단된다. 특히 1985년 이후의 두 차례에 걸친 구조조정 정책을 못하였다면, 그로 인한 정부의 재정부담의 지속적인 증가와 수요 감퇴에 따른 지역경제의 급속한 침체로 경제·사회적으로 엄청난 어려움을 겪게 되었을 것이다. 또한 가정연료의 대부분을 아직도 연탄으로 사용하고 있다면, 이로 인한 온실가스 배출 등으로 기후변화대책의 추진에도 큰 어려움이 있을 것이다. 또한 과도한 주민요구와 지역이기주의가 심화되고 있는 현재의 사회적 환경에 비추어 볼 때, 현재 그러한 구조조정 정책을 추진한다면 그때와 같이 과감하고 의욕적으로 추진할 수 있을지 매우 의문스럽다.

한편, 제2차 구조조정 정책을 추진한 결과와 관련하여 아쉬운 점은 당시 필자는 폐광사업의 전담기관인 석탄산업합리화사업단|현 광해관리공단에게 폐광을 신청하는 광산에 대해서는 폐광대책비를 지급하기 전에 탄광의 개광도|開鑛圖 등 관련 자료를 제출토록 하여 후에 전산화하여 지리정보시스템|GIS을 구축하는 데 활용하자고 하였다.[28]

---

28) 이는 과거 영국이 1973년 제1차 석유파동기에 폐광산을 다시 개발을 추진하였으나 관련 자료가

그러나 그 이후 그러한 조치가 소홀하였던 것으로 들었다. 또한 폐광되는 광산의 광업권을 국가에 귀속하도록 하여 에너지파동 등으로 폐광지역을 재개발할 필요가 있을 경우에 재개발할 수 있도록 하였으나 그 후 석탄산업법을 개정하여 이를 원천적으로 금지하였다고 한다. 따라서 이 또한 다시 관련 조항을 개정하여 필요할 경우 재개발할 수 있게 하여야 한다고 본다. 아울러 국내 탄광은 탄층이 얇고 불규칙하며, 경사가 45°나 되어 채탄의 기계화가 어려워 당시에 한국의 석탄광은 세계적인 석탄 실험장이라고까지 하였다. 따라서 그러한 열악한 여건에서도 채탄 기계화 등을 추진한 채탄기법 및 시설·장비의 제작 및 운전에 관한 귀중한 지식과 경험이 소멸될 것 같아 아쉽다. 따라서 막대한 투자와 희생을 치르면서 축적된 그러한 귀중한 자산을 정리, 발전시켜 이를 저개발국가의 석탄산업에 수출 및 진출하는 데 적극 활용하였으면 한다. 이는 또한 언젠가 통일이 되면 북한의 극심한 에너지난을 최소의 비용으로 빠른 기간 내에 극복하는 데도 크게 기여할 수 있을 것이다.

없어 신규 탄광보다 개발비가 높았다는 문헌을 읽은 적이 있기 때문이다. 또한 폐광지역에 산업 및 사회간접시설을 설치할 경우, 붕락 등 사고를 방지하는 데 활용하기 위해서 필요할 것이라는 생각에서이다.

IT산업 정책 |

정 홍식

1. 들어가기

1980년대와 1990년대는 한마디로 우리나라 IT산업의 기반 조성과 도약의 시기였다. 본인도 이 기간 중 IT 분야에서 담당 실무자로 근무했다. 1980년대 9년은 청와대에서, 1990년대 9년은 정보통신부에서 외곬으로 IT 관련 정책 실무를 담당했다.

그 당시 20년 동안 정부 주도 아래 추진된 수많은 IT산업 정책과 관련 사업을 모두 다 소개하는 것은 지면이 허락하지 않는다. 비교적 크고 역사적으로 중요한 정책사업만 거론하자면, 1980년대에는 일감 찾아주기 운동과 반도체·컴퓨터·전자교환기를 중심으로 한 전자공업 육성계획 등이 있으며, 1990년대에는 정보화촉진 기본계획과 하드웨어, 소프트웨어, 네트워크, 컨텐츠 등이 함께 포함된 정보통신산업 발전종합대책, 그리고 1980년대와 90년대 20년에 걸쳐 범정부 차원의 정보화촉진사업으로 진행되었던 국가기간전산망사업 등을 꼽을 수 있다.(별첨 〈주요 IT산업 정책 연표〉 참조)

전체적으로 20세기를 마감하면서, 후진국이었던 우리 대한민국도 중진국 나아가서는 선진국 대열에 낄 수 있는 기본적인 산업 역량을 갖추게 된 것에 IT산업도 크게 기여했다. 그 점이 내 인생의 가장 보람 있는 일로 남아있고 그것을 가능하게 도와주신 분들께 감사드린다.

[표 1] 한국 IT산업 정책 요약

구분	1980년대	1990년대
주관	• 청와대 경제비서실 • 전산망조정위원회	• 정보통신부 • 정보화추진위원회
주요 사업	• 일감 찾아주기 운동 • 전자공업 육성계획 (반도체, 컴퓨터, 전자교환기) • 국가기간전산망 사업	• 정보사회종합대책 • 정보화촉진기본법 • 정보화촉진기본계획 • 정보통신산업 발전 종합대책
목표	• 국가경쟁력 강화 (국제화와 수입대체) -기존 산업경쟁력 강화와 신규 산업 육성 -주요 공공기관 전산화 우선 추진	• 국가경쟁력 강화 (세계화와 수출 확대) -정보통신산업의 세계화 -국가사회 전반의 정보화 촉진
방법	• 구미 선진기업과 제휴하여 국내 일감 확대와 세계시장 진출자격 확보 • 공공기관 전산화 수요와 국내 전자산업 육성 연계 • 정부 주도 추진체계	• 세계적인 IT기업과 협력하여 세계 IT시장 동반진출 • 국가 전체의 정보화 수요와 정보통신산업 육성 연계 • 정부, 민간 분담체계
성과	• 경제 안정성장에 기여 • 전자공업 비중 확대 • 국가전산화 기반 마련 • PC통신 시대 개막	• 1만달러 소득 국가 진입에 성공 • 정보통신산업 수출 확대 • 초고속인터넷 기반 구축 • 인터넷 시대 개막

2. 1980년대, IT산업의 기반 조성

1980년대 초반은 우리나라 국가경제 차원에서도 엄청난 변화의 시기였다. 1970년대에 국가 산업 발전을 주도했던 중화학공업 중심의 성장전략이 한계를 드러내면서 기존 전략의 보완과 함께 새로운 성장전략의 모색이 국가경제 운영의 중요 과제로 떠올랐던 것이다.

정보화와 정보산업은 그러한 당시의 변화 요구에 직면한 한국이 선택한 전략적 무기라고 할 수 있다. 그리고 1980년대와 1990년대 그리고 21세기에 이르는 지난 30년의 전 과정을 짚어볼 때 정보화와 정보산업은 우리나라에서 가장 중요한 국가적 어젠다의 하나로서 엄청난 중요성을 가진다고 확신한다.

우선 정보화는 1970년대에 외형적 성장을 거듭했지만 내적 합리성의 결여로 인해 국제경쟁력을 갖지 못했던 중화학공업을 비롯하여 국내산업 각 분야의 내적 효율을 제고해 합리성을 강화하고, 나아가 국제경쟁이 가능하도록 한다는 의미가 있었다. 이는 각 산업 분야에 컴퓨터를 도입해 전산화를 추진하는 것 외에 행정, 금융, 교육·연구, 공안, 국방 등 각 분야의 전산화와 합리화를 통해 국가 인프라 차원의 합리화를 추구하는 작업이기도 했다. 바로 국가기간전산망 사업의 추진이 그러한 노력의 집약이라고 할 수 있을 것이다.

이러한 정보화 작업을 효율적으로 추진하기 위해서는 정보산업의 뒷받침이 필요하다. 특히 외국의 컴퓨터 제품과 전자통신 기술에 일방적으로 의존하는 정보화 방식을 탈피해 한국 자체의 정보산업 기반을 육성할 필요가 있었다. 그렇지 못할 경우 정보화를 추진할수록 정보산업의 해외 의존이 심화되는 부작용이 생기게 되고, 그것은 장기적으로 정보화의 성과를 훼손하게 될 가능성이 높았다.

청와대 과학기술비서관실을 중심으로 1980년대 초반부터 반도체와 전전자교환기(TDX)·컴퓨터의 국산화를 적극 추진한 것도 바로 이러한 문제의식 때문이었다. 정보화의 촉진과 정보통신산업의 육성이 밀접하게 결합하면서 상호 시너지를 높이는 구조를 만들려고 했던 것이다. 국내 산업 전반의 경쟁력 강화를 위해 정보화를 촉진하고, 그 정보화를 뒷받침하기 위해 국내 정보통신산업을 육성하는 프로세스였다.

이러한 원칙은 지금의 시점에서 보자면 상식적인 얘기라고 할지도 모르지만 1980년대 초반의 시점에서 보자면 놀라운 혜안이라고 하지 않을 수 없다. 당시 이러한 지혜의 출발점을 제공했던 고 김재익 박사와 고 김성진 박사, 오명 박사, 홍성원 박사 등 IT산업 정책 주창자들의 탁월함을 지금까지 헤아리는 것도 바로 이 때문이다.

특히 당시 '일감 찾아주기 운동'은 정부가 주도적으로 철강, 조선, 자동차, 원자력산업 등 각 산업 분야의 수요를 창출하여 그를 통해 국내 산업 기반을 강화하고, 그러한 성과 축적을 통해 해외시장 진출이 가능한 국가경쟁력을 축적한다는 모델을 보여준 사례였다. 그리고 이러한 원칙과 경험은 이후 철강, 조선, 자동차, 원자력산업 등 모든 산업 정책은 물론이고, IT산업의 발전모델에도 적용되었다.

또, 1980년대 초반부터 컬러TV 방송 개시, 전자교환기, 반도체 개발 등 전자공업과 통신사업을 중심으로 불모지나 다름없던 우리나라 정보화와 정보산업의 발전전략이 모색되고, 이후 온갖 어려움에도 불구하고 꾸준하게 성장·발전의 길을 걸어온 가장 중요한 요인으로는 무엇보다 당시 이 일에 열심히 참여했던, 이름 없는 분들의 뛰어난 능력과 사심 없는 헌신을 꼽아야 할 것으로 본다. 결국 일을 만들어가고 진행하고 마무리하는 것은 모두 사람이다. 이런 점에서 당시 함께했던 분들의 노고와 헌신에 대해서 감사하는 마음은 끝이 없다.

3. 1990년대, IT강국으로의 도약

1980년대에 방향을 잡고 본격 추진되기 시작한 우리나라 정보화와 정보산업은 1990년대 들어 그 외연을 확대하고 내적 내용을 심화해가기 시작했다. 정보화에 있어서 1980년대의 작업이 주로 정부와 공공기관 중심이었던 반면에 1990년대 들어서는 민간 분야의 정보화까지 포함하는 개념으로 확대되었다. 1990년 6월에 발표된 '정보사회 종합대책'이 바로 그러한 문제의식의 결과물이라고 할 수 있다.

1990년대는 정보통신이 국가의 핵심 인프라로 본격 등장하는 시대이다. 정보화와 정보통신이라는 두 가지 요소가 결합한 결과, 과거에는 상상하기 어려웠던 사회현상이 가시화된다. 정보사회의 도래가 그것이다. 1980년대의 정보화가 사전준비 성격이 강하다면 1990년대에는 그러한 준비가 본격적으로 실현되는 단계에 접어들었다고 평가할 수 있을 것이다.

1990년대에는 또한 인터넷이 정보사회의 핵심요소로 떠오르게 된다. 1980년대와 1990년대에 우리나라가 추진했던 국가기간전산망 구축 등 각종 정보화사업의 성과가 인터넷의 물결과 맞물려 폭발적인 사회변화로 이어졌다. 초고속정보통신 기반구축 종합계획 등이 인터넷의 물결을 수용하는 인프라의 역할을 했다.

정보산업도 반도체와 TDX, 컴퓨터의 국산화 성과를 바탕으로 한 단계 더 발전하게 된다. 대표적인 것이 CDMA와 PCS 등 이동통신산업의 성장이다. 반도체와 TDX, 컴퓨터 분야와 달리 CDMA는 우리나라가 세계 최초로 상용화에 성공했다는 점에서 의미가 크다. PCS 무선접속방식의 결정과 상용화와 관련해서도 산·학·연·관 관계자들의 엄청난 노고가 뒷받침되었다는 것은 두말할 나위가 없다. 인터넷과 차세대 이동통신, 멀티미디어 등 새로운 정보통신 산업의 발전을 위한 모색의 결과물이 1996년 '정보통신산업 발전 종합대책'으로 나타나게 된다.

정보기술과 정보통신기술이 결합해 새로운 국가적 인프라로 등장하는 시대가 되면서 통신사업의 경쟁력 강화를 위한 시장구도 개편 작업이 초미의 관심사로 떠올랐다. 국내시장의 경쟁체제 도입과 경쟁력 강화, 대외개방이 그 핵심이었다. 통신시장의 규제는 완화하되 사업자들끼리의 공정한 경쟁환경을 조성하고 소비자 보호장치를 강구한다는 것이 주요 포인트였다.

통신시장의 대외개방은 통신협상의 이슈로 이어졌다. 그 핵심 내용은 PCS 무선접속방식의 결정 문제라고 할 수 있었다. WTO 기본통신협상과 한미통신협상 두 가지로 구분해 접근한 통신협상이 성공적으로 끝나면서 우리나라는 자체적으로 상용화한 CDMA 기술의 해외진출을 본격 추진할 수 있었다.

1990년대 우리나라 정보화와 정보산업, 통신사업 경쟁력 강화 등의 작업은 정보통신부를 빼놓고 설명할 수 없다. 정보통신 정책을 전담하는 부처를 만든 것은 세계에서 우리나라가 최초였다. 대한민국의 정보화와 정보산업이 세계적으로 드문 성과를 거두었다고 본다면, 그 핵심 성공요인으로 정보통신부의 출범을 들 수 있을 것이다.

4. 국가기간전산망 사업

우리 행시10회 동기생들이 핵심 공직자로서 1980년대와 1990년대를 지나면서 각자 맡은 업무에서 직접 간접으로 또는 알았건 몰랐건 간에 같은 성장과 발전의 단계를 거쳤던 사업이 바로 국가기간전산망 사업, 특히 행정전산망 사업으로서 오늘날 우리 정부의 거의 모든 정보화 사업의 모태가 된 사업이라고 할 수 있다.

또 국가기간전산망 사업은 사실 한국의 영역을 넘어 세계적인 의미를 갖는 사건이라고 할 수 있다. 국가 발전에서 정보화가 갖는 의미를 이렇게 적극적으로 수용해 국가적인 차원에서 거대 프로젝트를 진행한 사례를 그 이전에는 세계 어디에서도 찾아볼 수 없기 때문이다. 이런 점에서 사실 국가기간전산망 사업은 외국 정부와 해외 정보산업 분야에서도 관심의 대상이었다. 빌 게이츠나 로스 페로 등 당시 미국 정보산업계의 거물들이 국가기간전산망에 관심을 갖고 사업 참여 가능성을 타진하기 위해 몇 차례 내한했던 것도 그런 점을 잘 보여주는 사례들이다.

국가기간전산망 사업의 개념은 현재 인터넷의 모습과 일맥상통한다. 몇몇 거대업체의 독점 환경에서 탈피, 표준 전산장비와 기술을 통해 사회 전 분야의 정보를 공유하고 교류한다는 핵심개념이 그것이다. 우리나라가 세계 어느 나라보다 인터넷을 수용하고 소화하는 속도가 빨랐던 요인 중 하나로 국가기간전산망 사업이 축적해 놓은 인프라와 마인드의 효과를 들 수 있을 것으로 본다.

국가기간전산망 사업은 시대별로 변화하는 요구를 반영, 3단계의 발전 과정을 거치게 된다. 1980년대 초반에는 청와대 과학기술비서관실이 주도하여 전반적인 밑그림을 그리고, 여건을 정비하는 단계를 거쳤다. 청와대 국가기간전산망조정위원회의 구성이나 1986년 「전산망 보급확장과 이용촉진에 관한 법률」의 제정 등도 그러한 작업의 일환이다. 이때의 작업은 일종의 중앙집중식으로 업무 추진효율은 높았으나 실제 사용부처 현장에서의 문제의식을 수용하기 어렵다는 한계가 있었다.

1987년 정권교체가 임박하면서 국가기간전산망 추진체계를 청와대 주도에서 각 부처 중심으로 이전해야 할 필요성이 제기되었다. 수요 부처인 각 부처나 공공기관이 주도권을 쥐어야 현실적으로 정권 등 외풍의 영향을 최소화하면서 자동 추진체계에 의하여 사업이 진행될 수 있다고 판단한 것이다. 청와대에 두었던 전산망조정위원회의 운영이 정보통신부로 이관된 것도 이러한 상황 변화에 따른 조처였다.

이 시기에 행정전산망과 금융전산망 등 각 단위 전산망의 구축계획이 확정되었고, 특히 행정전산망의 예산을 확보하기 위해 '선 집행, 후 정산' 방식이 동원되었다. 이 시기에 국가기간전산망 사업을 포함, 사회 각 분야의 전산화를 위한 '정보사회종합대책'이 만들어진 것도 우리나라 정보화의 중요한 진전으로 기억할 필요가 있다. 국가사회 전반의 정보화 마스터플랜을 최초로 기획해 작성한 것이다.

하지만 이 시기에는 국가기간전산망 사업의 추진과 기획 기능이 각

부처로 이관되면서 사업 전반의 추진력과 효율이 약화되는 문제가 생겼다. 또, 각 부처와 공공기관들의 정보화에 대한 요구는 갈수록 늘어나는데 그 요구를 실현해야 할 전산화 담당인력과 조직, 예산은 한정되어 있어서 수요와 공급의 불균형 현상이 극심해진 시기이기도 했다.

1995년부터 관련 법령 및 추진체계의 본격적인 변화를 이룬 것이 세 번째 단계라고 할 수 있다. 1995년 8월에「정보화촉진기본법」을 제정하여 '정보화촉진기본계획'의 법적 근거를 분명히 했고, 각 부처로 분산되었던 사업 추진의 책임이 국무총리실 정보화추진위원회로 집중되었다. 이 시기에는 또 정보통신부의 출범으로 정보화와 정보산업 육성 발전의 추진주체가 보다 본격화되고 명확해진 것을 최대의 성과로 꼽을 수 있을 것이다. 완벽한 정부 중요 업무가 된 것이다.

5. IT산업 정책의 성공요인

이 기간 우리나라는 철강·조선·자동차 등 여러 분야에서 눈부신 성장을 했지만 그중에서도 가장 두각을 나타냈던 분야가 IT였다는 것이 일반적인 평가이다. 1980년대 당시 우리에게 IT는 신규 첨단 분야였다. 달리 표현하자면 불모지나 다름없는 분야였다. 황무지에서 자란 IT 분야가 오늘날 성공적인 발자취를 남길 수 있었던 요인은 무엇일까? 다양한 분석이 있을 수 있겠지만 대략 다섯 가지로 간추릴 수 있다.

첫 번째는 시대적 배경에서 찾을 수 있다. 당시 경제 정책 담당자들에게 주어진 시대적 임무는 '국가 경쟁력 강화'였다. 어떻게 하면 우리 대한민국이 국가경쟁력을 확보하고 강화하여 혹독한 국제경쟁 속에서 의연히 살아남아 지속적인 발전을 이루어나갈 것인가|How to Survive and to Maintain a Sustainable Growth 하는 문제가 최대의 화두였던 것이다. 세

계적으로도 신규 첨단 분야인 IT는 그에 부응할 수 있는 아주 좋은 전략적 요충산업이었다.

여기에는 IT의 특수성도 작용한 것 같다. 첨단산업이라는 점과 당시 산업에서 차지하는 미미한 비중 그리고 미래를 위해 준비해야 하는 품목으로서 당위성을 확보하고 있었다. 또 IT 분야는 비교적 정치 중립적이었고, 그래서 상당 기간 정쟁의 안전지대에 놓여 있을 수 있었다. IT 관련 정책 담당자들의 장기 근무와 일관성 있는 정책 추진도 이런 환경과 무관하지 않다. 이는 당시의 모든 대통령이 이 분야에 관한 한 적극적인 지원을 아끼지 않았음을 의미하기도 한다.

두 번째는 IT 정책 담당자들의 불굴의 의지와 도전의식이다. 1980년대 초반 IT 분야 역시 다른 선진국에 비해 경제적·기술적으로 기반이 터무니없이 취약하기는 마찬가지였다. 신규 첨단 분야라는 점을 빼고는 추진할 수 있는 아무런 동력이 뒷받침되지 않은 상태였다. 그럼에도 불구하고 정책 담당자들은 처음부터 '세계 1등을 해보겠다'는 목적의식을 분명히 했고, 20년 내내 줄곧 그 의지를 굽히지 않았다.

이러한 정책 담당자들의 의지는 초기에는 국내외적으로 '불가능한 도전'으로 폄하되기도 했다. 그러나 포기하지 않는 정부의 정책의지는 결국 학계와 연구소, 산업 분야와 정치권·언론계 등 사회 전반의 공감대를 만들어내는 데 성공했다. 20년 동안 이들이 모두 한결같이 힘쓴 결과 '세계 일류 수준의 대한민국' 또는 'IT코리아'라는 평가를 받았다. 이 같은 정부의 의지와 사회적 합의의 도출 사례는 여러 모로 그 의미가 각별하다.

세 번째는 1980년대와 1990년대 우리나라 IT 정책을 주도하는 추진조직이 당시의 상황과 IT산업의 발전 단계에 따라 지속적으로 변화해나간 것이다. 초기의 정부 주도나 엘리트 주도의 단계가 지나면 항상

'자전체제|自轉體制'가 유지되도록 했으며, 단계별로 적절한 추진 주도조직을 운영한 것이다. 우리나라 IT 정책은 1980년대는 청와대와 전산망조정위원회가, 1990년대는 정보통신부와 정보화추진위원회가 주도했으며, 이런 구도가 주효했다. 특히 정보통신부의 신설과 더불어 외부인력과 젊은 인재들이 정보통신 분야에 수혈된 것이 우리나라 IT 성공의 핵심 역할을 했다.

IT 정책이 성공할 수 있었던 네 번째 이유는 효과적인 전략 선택과 효율적인 전술 운용이었다. IT 수요 확충과 IT산업의 공급능력 제고를 연계한 '선순환 구조 전략'을 채택하여 지속적으로 유지·발전시킨 그것이다. 1980년대에는 행정전산화 수요 등 국내 공공수요를 활용해 반도체·컴퓨터·교환기 등 핵심 정보통신산업의 일감을 제공하여 국내 IT산업의 성장·발전을 도모하였다. 1990년대부터는 공공기관뿐 아니라 지방자치단체와 민간금융기관 등의 정보화 수요를 활용하여 국내 IT산업에 도약의 기회를 제공하였다.

선순환 구조 전략의 채택과 더불어 IT산업의 모든 과정과 단계를 일괄하여 체계적으로 관리하는 전술 운용이 탁월하였다. 1980년대 초반부터 연구·개발, 생산·공급, 국내 상용화, 해외수출 등 IT산업의 모든 과정과 단계를 체계화하여 지속적이고 일사불란하게 운용하였다. 연구소가 중심이 된 연구·개발, 제조업체가 주도한 생산·공급, 통신사업자의 국내 상용화, 그리고 외국 기업과 협력을 통한 해외수출이 지속적으로 하나의 목표 아래 체계적으로 연계되도록 한 것이다.

다섯 번째 성공요인은 '세계 일류 IT'라는 하나의 비전을 향한 'IT사람들'의 일사불란한 '팀워크'와 효율적인 '파트너십'이다. 초기의 우리나라 IT는 일부 관련 분야를 제외하고는 무관심이라는 사회적 홀대와 미래산업이라는 막연한 사회적 선망이 미묘하게 결합한 구조 속에서 자라

났다. 마치 실험실에서 배양되는 일종의 신품종 씨앗과 같았다. 이 같은 상황은 IT 정책 담당자들에게는 외로운 시간이었고, 또 한편으로는 IT가 자칫 실험실에서 사장되고 말 수도 있었다는 것을 의미한다.

그러나 우리나라 IT는 20년 만에 세계의 주목을 받을 만큼 성공하였다. IT 정책 담당자들과 여기에 합류한 IT 관련 전문인력들, 그리고 저돌적으로 IT 분야에 모여든 당시의 우수한 젊은이들이 모범적인 팀워크와 파트너십을 형성해낸 것이 결정적인 성공요인이었다. IT 정책 담당자, IT 연구·개발 담당자, IT 생산 담당자, IT 사업자, 그리고 IT 수출 담당자 등의 수평적 파트너십과 애국적이고 능력 있는 선배와 열정적이고 창조적인 젊은 후배들의 수직적 팀워크가 지속적이고 효율적으로 유지되었던 것이다.

이렇게 우리나라가 개발도상국에서 선진국으로 성장할 수 있도록 IT 분야에서 수고하셨던 분들은 아주 많다. 그분들은 묵묵히 각자가 맡았던 일을 해냈던 IT 관련 기업인, 공무원, 연구원 등이다. 그분들은 세상에 잘 알려지지 않았지만 지금도 어디에선가 우리나라가 잘되기만을 축수하실 분들이다. 늦게나마 깊이 감사를 드린다.

또한 그동안 IT산업 육성을 지원해주신 모든 10회 동기생들에게 감사드리면서 특별히 세 분 동기생을 기억하고 싶다.

정보통신부의 전신인 체신부 정보통신국을 신설하던 1990년 말 총무처 행정조직국장이던 심우영 동기께서 한 역할을 잊을 수 없다. 그해 일 년 동안 정부조직 신설 억제정책으로 정부부처 전체에서 신설된 국이나 과가 단 하나도 없었으나 12월 31일자로 정보통신국 신설을 승인토록 해주신 것이 오늘날 IT산업의 성장 발전에 모태가 되었던 것이다.

또 1980년대 후반부터 1990년대 중반 정보통신부가 탄생하기 전까지 정보통신 분야 정책과 사업이 청와대 중심에서 부처 중심 추진체제로 변화함에 따라 정책우선권과 예산을 확보하는 것이 무척 어려워졌다. 이때 김병일 당시 예산과장과 예산심의관이 직접·간접으로 소문 없이 도와주신 덕분에 아사 직전의 정보통신 정책이 숨을 쉬고 살아날 수 있게 된 것도 빼놓을 수 없다.

1980년대 말부터 1990년대 초반까지 행정전산망 사업 특히 주민등록 전산화 사업, 토지 전산화 사업과 관련하여 각 지방자치단체들의 비협조와 방해(?)를 일일이 설득해준 김재영 내무부 지방과장과 국장의 사심 없는 업무 지원 덕분에 행정전산망 사업이 제대로 진척될 수 있었다.

이 세 분께 늦게나마 특별히 감사 인사를 올린다.

6. 나가기

지나간 30년이 아니라 앞으로 다가올 향후 30년에 우리가 추구해야 할 가치는 무엇일까? 확실한 것은 향후 30년간 추구해야 할 가치는 우리나라가 지난 30년간 이룩한 성과 위에서 새로운 문화, 새로운 사회를 만드는 데 기여해야 한다는 점이다. 여기서 이런 의문이 생긴다. 지난 30년간 우리는 일정한 성과를 거두었는데 그 성과를 통해 과연 지금 우리가 행복한가? 30년 전에 비해 얼마나 더 행복해졌는가? 산업화와 기술개발, 효율성을 추구해온 결과가 실제로 행복한 삶으로 이어지지 못한다면 그러한 기술, 그러한 효율은 무슨 의미가 있을까?

우리가 만들어온 정보화와 정보통신산업 그리고 IT는 행복과 편안함을 추구하는 도구로 쓰여야 할 것 같다. 모든 사람이 기본적인 인성을 갖춘 새로운 사회, 모두가 행복할 수 있는 새로운 문화를 만드는 도구가 되어야 하는 것이다. '모두 더불어 행복할 수 있는 새로운 체제와 생각'을 만드는 일에 IT가 주도적으로 기여해야 할 것이다. 이제부터는 '산업에서 문화'로, 그리고 '행복한 정보화'를 위해 IT산업 정책도 완전히 새로운 전략과 새로운 추진체계가 필요하다고 믿는다. '효율'과 '행복'이 잘 조화되면 좋겠다.

또한 이제 우리 혼자만 살아갈 수는 없는 시대가 되었다는 것을 강조하고 싶다. 그 넓던 세상이 이제는 좁아졌다. 이미 1990년대부터 국내 주요 기업들의 부가가치 창출 비중이 바뀌었다. 국내보다는 해외시장에서 벌어들이는 수익이 훨씬 많아진 것이다. 현재 우리나라 대표기업들 가운데 국내 매출 비중은 20% 미만인 경우가 많다. 앞으로 이런 경향은 더욱 가속화될 것이다. 이런 시대에는 역시 해외 주요 업체와의 파트너 관계가 중요하다. 지혜로운 접근, 새로운 접근이 필요하다.

극단적인 예를 들어, 이제부터 우리나라 사람의 3분의 1은 외국에서 살면서 세계시장을 상대하는 국제기관과 글로벌 회사에서 근무하고, 또 다른 3분의 1은 수출과 수입을 담당하며 일 년의 반은 한국에서, 반은 외국에서 근무하며, 나머지 3분의 1은 한국에 남아 우리나라 정치·경제·사회·문화를 세계 일류로 만드는 일을 하면 어떨까? 우리가 국민소득 5만 달러, 10만 달러 시대를 지향한다면 더더욱 그렇다. 완전히 새로 시작해야 한다고 생각한다.

끝으로 세상은 계속 변하고 있다. 그러나 우리가 할 일은 한 가지뿐이다. 우리나라같이 작은 나라가 활짝 열린 세계에서 대접 받고 살기 위해서는 세계시장에서 통할 수 있는 우리 나름대로의 전략과 추진력을 가져야 한다. 세계 일류의 행복한 문화국가로서 지불해야 하는 '기본비용'을 속히 치르되 가장 낭비가 적게 하고, 그러면서도 경쟁력 있고 품격 높은 나라를 만들 투자를 지속해야 한다. 매우 어려운 일이다. 그러나 우리는 할 수 있다!

인류 역사를 보면 어떤 세상이든 언제든지 문제는 있었다. 문제가 없었던 때는 없었다. 그러나 인류는 언제나 예외 없이 그것을 해결해왔다. 역사는 항상 새로운 사람들이 그 이전 사람들보다 훨씬 위대한 일을 해왔다는 것을 보여준다. 그래서 나는 앞으로 우리 젊은이들이 지난날 우리가 IT 분야에서 해냈던 것보다 훨씬 더 큰 일을, 훨씬 더 잘할 수 있을 것이라고 굳게굳게 믿는다.

▌주요 IT산업 정책 연표(1980~1998)

1980년

9월. 김재익 경제수석 부임 및 '과학기술비서관실' 신규 구성
- 오명 비서관, 홍성원 연구관, 정홍식 행정관으로 구성
- 과학기술 진흥과 기술집약산업 육성
- 과학기술처, 체신부, 상공부(전자공업) 및 방위산업 담당
- * 1980년대 우리나라 정보화 및 IT산업 정책의 산실이 됨

11월. 정부출연연구소 통합 조정 방침 확정
- KETRI 신설(기존 3개 전자·통신 관련 연구소 통폐합)

12월. 컬러TV 방영 조치
- * 소비절약 차원에서 반대 의견도 있었으나, 정부의 규제완화와 전자공업 애로 타개 대책의 일환으로 조치

12월. 통신사업 경영체제 개선조치 방침 결정
- 당시 체신부의 통신사업 기능을 분리, 공사화하기로 결정 (현재의 KT)
- 데이터통신 전담회사(데이콤)를 신설하기로 결정 (현재의 LG유플러스)

1981년

1월. 국가기간통신망 통합사업 착수
- 부처·기관별 통신망을 단일 통신망으로 흡수·통합운영 착수

1월. 전화기 자급제 실시

    * 컬러TV와 같은 맥락에서 조치

5월. 과학기술비서관실 개편

    • 홍성원 비서관, 송옥환 연구관, 정홍식 행정관으로 개편

    * 오명 비서관은 체신부 차관으로 영전

7월. '전자공업 육성계획' 확정

    • 반도체・컴퓨터・전자교환기를 3대 전략사업화

    • 5년 내 생산 및 수출을 2.5배 증대

    * 80년대 IT산업 성장의 기초가 됨

11월. 반도체 기술 도입 실태 및 대책 확정

    • 반도체산업을 정부에서 지원하기로 결정

    * 일부 반대 의견이 있었으나 반도체산업 집중 지원 결정

1982년

2월. 공산품 품질 비교검사 및 공표계획 수립 및 시행

    • 공산품 품질 향상과 소비자 보호대책 최초 시행

    * 'Consumer Report'를 지향하였으나 제약을 받음

5월. 국산 전전자교환기(TDX) 국내 개발사업 추진 확정

    • 70년대 말 중단된 전자교환기 국내 개발사업을 재추진

    * 당시로서는 국내 최대 규모(240억 원)의 연구개발사업임

6월. '일감 찾아주기 운동' 실시

    • 국내 대형 국책사업은 국내 기업이 세계최고 기업과 컨소시엄
      으로 추진토록 하여 국내 기업이 일감과 실적을 확보하고, 이를

통해 세계시장에 진출하도록 하기 위한 정부차원의 전략사업
* 1980년대 우리나라 정부의 중화학공업 등 기존 산업 지원전략의 핵심사업임
* '국가경쟁력 강화전략'이라는 취지에서 각 부처와 관련 기업의 협조가 원활하였고, 결과 실적도 좋았음

10월. 유망 중소기업 발굴·육성 계획 착수
  • 정부가(상공부)가 크리어링·하우스 역할 수행

1983년

1월. 1983년도를 '정보산업의 해'로 지정·선포
  (과학기술진흥확대회의)

2월. 최초의 국내 개발 컴퓨터인 '교육용 컴퓨터' 개발·보급 개시
  • 8비트 5,000대

3월. 정보산업 육성계획 확정
  • 정보산업 육성을 위한 전문인력 양성, 컴퓨터 교육, 기술개발 등 정부의 컴퓨터 산업 지원방안 결정
  • 공공기관 전산망을 국방, 정보, 기타 등으로 통합·운영 추진
  • 반도체 및 정보산업 육성 종합지원을 위한 '정보산업육성위원회'를 대통령 비서실에 설치

6월. 1차 일감 찾아주기 운동 보강 조치
  • 국내 주요 투자사업의 국내 기업 참여 확대를 위한 타당성 조사 강화 조치 등

7월. '국가기간전산망 사업 기본구상' 발표

· 종래의 부처별, 기관별 '전산화 사업'을 행정망·금융망·교육
  연구망·국방망·공안망 등 5대 기간전산망으로 종합 추진
* 현재의 인터넷과 유사한 개념으로 당시로서는 '개혁적'이어서
  일부 전산담당 전문가와 실무자들로부터는 지지를 받지 못했음
· 국가기간전산망 사업에 소요되는 하드웨어와 소프트웨어 등은
  최대한 국내 산업계가 공급하도록 배려함으로써 정보통신산업
  육성의 발판 제공
* 공공기관 정보화 수요와 국내 정보통신산업 육성을 연계함으
  로써 국제경쟁력 강화를 위한 정부 차원의 전략사업이 됨

9월. 공공기관 컴퓨터 도입 종합심의·조정 본격화
  (정보산업육성위원회)

10월. 아웅산 사태로 김재익 경제수석 서거
  · 후임 경제수석으로 사공일 박사 부임

11월. 64KD램 반도체 시제품 개발 성공
  * 일본의 견제와 국내 반대 의견이 제기됨

12월. '세계의 생산기지'(월드 매뉴팩처링 센터) 전략 추진 제안
  · 한국 기업의 제조 능력과 구미 선진기업의 설계 및 마케팅 능
    력을 결합, 세계시장에 공동진출, 공동이익을 확보하자는 산업
    화 전략 추진을 제안
  * 세계 최고 기업들과 국내 기업 간 전략적 제휴와 협력 증대를
    통한 기계공업 등 기존 산업의 경쟁력 강화와 육성의 논거

1984년

2월. '기술진흥심의회' 설치·운영
- 기술진흥 강화를 위한 대통령 주재 종합협의회의
- 반도체산업 육성 강화를 위해 정보산업육성위원회의 반도체 육성 임무 등 흡수 승계

4월. 제1회 퍼스널컴퓨터 경진대회 개최
- 전두환 대통령이 참석하여 관심으로 보임으로써 정보시대 도래를 일반인들이 처음으로 인식하는 계기가 됨

5월. 국산 16비트 컴퓨터 생산·수출 개시
- IBM PC 등을 OEM 생산·수출

6월. 방송수신·중계소 통합 운영 착수
- 기존의 방송사별로 운영하던 고지 방송 송신소·중계소를 통신공사가 통합·운영 추진

6월. 국가기간전산망계획 중간보고
- 행정망, 금융망은 관련 기관이 다수이며 이질적 사항이 많아 청와대(국가기간전산망조정위원회)에서 조정·지원하기로 하고, 교육연구망·국방망·공안망은 관련 기관이 자체적으로 협의 추진하며, 문제 발생 시 청와대가 지원하기로 함.
- 5대 기간전산망별로 추진계획을 작성, 추진하기로 함

6월. '국가기간전산망조정위원회' 설치·운영
- 국가기간전산망 사업의 효율적 추진을 위한 정부 내 조정기구로 대통령 비서실에 설치
- 정보산업 육성 강화를 위해 정보산업육성위원회의 '정보산업

육성 임무'를 흡수 승계

10월. 256KD램 반도체 개발 성공
    * 일본의 견제와 국내 반대의견 확대

12월. 2차 일감 찾아주기 운동 보강조치
    • 국내 공공투자 사업은 사전조사 실시 후에 사업계획을 확정하
      도록 함

1985년

 1월. 사무자동화 시범사업 본격 추진(청와대 비서실)
    • 국산 워드프로세스를 활용, 대통령 보고문서 작성 개시
    * 찬반 격론이 있었으나 전두환 대통령이 수용

3월. TDX-10(도시용 국산 전자교환기) 개발계획 확정

5월. 행정전산망 사업 착수, 주민관리 등 6개 사업을 '우선사업'으로 추진
    * 주전산기, 다기능 사무기기 등 전산자원과 SW 및 전산망 운영
      기술의 자립과 국가정보화 사업의 표준 제공 도모

7월. '첨단산업 육성 필요성과 당위성' 제시
    * 반도체산업 등 당시의 첨단 IT산업 육성정책에 대한 우려를 불
      식하고, 반대 의견을 설득하기 위한 논거로서 제공

12월. '새로운 도약을 위한 포지션 페이퍼(position paper)' 제안

1986년

 2월. TDX-IA(농어촌용 국산교환기) 개통
    * 전화 적체 완전해소의 상징이 됨

5월. '전산망 보급 확장과 이용 촉진에 관한 법률' 제정·공포
　　　* 국가기간전산망 사업 추진의 법적 근거 마련
　　　* 당초 체신부가 제안하였으나, 부처 간 합의가 어려워 청와대
　　　　조정에 따라 의원입법 방식으로 제정됨
　　　* '정보화·정보통신'이란 용어는 사용하지 못하였으나, 1995년 8월
　　　　'정보화촉진기본법' 제정 시까지 우리나라 정보화에 크게 기여함

7월. 1MD램 반도체 개발 성공
　　　* 반도체산업에 대한 우려를 불식하는 중요 계기가 됨

8월. 4MD램 반도체 개발계획 확정
　　　* 정부 및 반도체 3사 공동개발 방식으로 추진하기로 함

9월. 한국통신진흥 등 국가기간전산망 사업 지원 전문기관 신설 결정

1987년

1월. 한국전산원(현재 한국정보화진흥원) 발족
　　　(초대 원장: 김성진 박사)

2월. 행정망용 주전산기(중형컴퓨터) 개발계획 확정
　　　* 반도체·교환기·컴퓨터 3대 전략사업이 모두 본격화됨

4월. 행정전산망 사업계획 보완 및 확정
　　　* 종합추진계획, 자금계획, 주전산기 확보계획 등을 구체화함

4월. 전산망조정위원회 위원장을 대통령 비서실장에서 한국전산원장
　　　으로 변경

7월. 제1회 국가 전산화 확대회의 개최
　　　* 전두환 대통령 주재, 2000년대 초까지 세계 정상의 국가정보

화 달성을 위한 '범국가적 협의회' 개최

9월. 표준 워크스테이션 생산·보급 개시

9월. 전산망조정위원회 사무국 설치·운영
- 국가기간전산망 사업의 안정적·지속적 추진 지원 목적
- 대통령 비서실 소속기구로서 국가전산망 사업 관련 부처(내무부·총무처·상공부·과기처·체신부 등)에서 4~5급 우수요원 12명 파견 근무
- * 청와대 정홍식 부이사관이 사무국장 겸임

12월. 통신정책 전문연구기관으로 '통신개발연구원' 설립
- 체신부 자체 연구소를 특별법에 의거해 정부출연연구소로 격상

12월. 국가전산화 추진체계 발전방안 검토
(1안) 부총리급 '국가전산기획원' 신설
(2안) 정보통신부 신설
(3안) 대통령 특보 신설
* 전산망조정위원회 사무국에서 1988년 대통령 교체에 대비한 특별 건의사항으로 준비하였으나 실현되지는 못하였음

1988년

1월. 한국정보문화센터(현재 한국정보문화진흥원) 발족
- 정보화에 대한 '국민교육의 활성화'가 중요 임무

2월. 4MD램 개발 성공

8월. 전산망조정위원회 위원장을 한국전산원장에서 대통령 비서실장으로 변경

* 당시 김성진 전산원장은 부위원장으로 계속 참여함

12월. 국가기간전산망 기본계획 보완 및 확정
- 추진체계 정비
- 주전산기 Ⅰ, Ⅱ, Ⅲ 개발계획 보완
- 학교 컴퓨터 교육계획 착수
- * 노태우 대통령 지시에 따라 국가전산망 사업 보완·조정

1989년

1월. 중형컴퓨터인 주전산기I(외국 개발 중형컴퓨터)을 국내 생산·
보급 개시

3월. 16M 및 64MD램 반도체 개발계획 확정
- 정부 및 반도체 3사 '공동개발 방식' 유지

4월. 문희갑 경제수석, 과학기술비서관실 개편
- 정홍식 국장이 비서관 대행
- * 홍성원 비서관은 ETRI로 전출

6월. 전산망조정위원회 운영 이관
- 국가기간전산망 사업이 본격화됨에 따라 조정위원회 운영을
  체신부로 이관
- * 전산망조정위원장을 대통령 비서실장에서 체신부장관으로 변
  경함
- * 전산망조정위원회 사무국 인원과 기능도 동시에 이관함
  (정홍식 사무국장도 체신부로 이적)

12월. 금융전산망 사업 중 타행환 업무 온라인 서비스 개시

1990년

4월. 행정전산망 사업 중 자동차 등록 및 통관관리 업무 온라인 서비
스 개시

6월. '정보사회종합대책' 확정·발표(전산망조정위원회)
- 정보사회에 대비하기 위한 2000년까지의 종합계획
- 중앙 공공기관뿐 아니라 지방 및 중소기업 등 민간분야까지 확대
- * 노태우 대통령 특별지시로 작성되었고, 1990년대 우리나라에
서 추진한 각종 정보화사업과 계획의 기본 골격이 됨

1991년

1월. 체신부에 정보통신국 신설(4개 과)
- 전산망조정위원회 사무국의 인원과 기능 흡수
- * 조정위원회 사무국장 정홍식 이사관을 초대 정보통신국장으로
임명

2월. 행정전산망 사업 중 주민등록등본, 경제 통계자료, 부동산 관리
업무 온라인 서비스 개시

3월. 16MD램 시제품 개발 성공

11월. TDX-10(도시용 전전자교환기) 국내개발 완료 및 최초 설치

11월. 국산 주전산기 II(국내 개발 중형컴퓨터) 개발 완료 및 보급 개시

1992년

1월. 국가기간전산망 1단계 사업(1987~1991) 평가
- 대통령 비서실 소속의 전산망조정위원회 주도로 추진되었고

일부 문제도 있었으나 소기의 성과를 거둠
* 행정전산망 사업의 '선 투자 후 정산' 방식이 특이

2월. 국가기간전산망 2단계 사업(1992~1996) 계획 확정
  • 주관기관 및 추진위원회 중심 추진체계로 전환하고 전산망조
    정위원회는 행정 및 기술 지원 역할을 수행하기로 조정

10월. 64MD램 시제품 개발 성공

1994년

1월. 국산 주전산기 Ⅲ(고속 중형컴퓨터) 개발 성공 및 보급 개시

2월. 국산 주전산기 Ⅳ 개발 착수
  • '슈퍼컴퓨터' 개발 지향

8월. 세계 최초 256MD램 개발 성공

12월. 정보통신부 신설
  • 그동안 각 부처에 분산되어 있던 정보화 및 정보통신산업 관련
    정부 기능을 종합 담당하는 정보통신부를 신설
  • 국가사회 정보화 추진과 정보통신산업육성을 체계적으로 추진
    할 수 있는 토대 마련
  * 정홍식 관리관이 정보통신정책실장과 초고속기획단장 겸임

1995년

3월. 초고속정보통신 기반구축 종합추진계획 확정
  • 2010년까지 초고속국가정보통신망 구축(정부가 8,114억 원 투입)
  • 2015년까지 초고속공중정보통신망 구축(통신사업자가 42조 원 투자)

7월. 통신사업 경쟁력 강화 기본정책방향 확정 발표
- '선 국내 경쟁, 후 국제개방' 원칙에 따라 1998년까지 국내 경쟁체제, 2000년까지 국제 경쟁체제 구축
- * KT를 국내시장 개방에 대응하는 동시에 세계시장에 진출하기 위한 '주도적 사업자'로 육성하기로 함
- 각종 정부규제 최소화
- 매년 정기 허가제도를 도입하기로 허가제도 개혁

8월. 정보화촉진기본법 제정·공포
- 국가사회 정보화 추진, 정보통신산업 육성, 초고속정보통신 기반 구축 촉진을 위한 범국가적 추진체계 정비
- 정보화추진위원회 설치
  (위원장: 국무총리, 위원: 소관부처 장관급)
- 정보화촉진기금 설치
- * 우리나라 정보화 및 정보통신산업 발전의 근간 법률이 됨

11월. PCS서비스의 무선접속 방식을 CDMA로 확정
- 우리나라 CDMA 산업 발전의 가장 중요한 분기점
- * 미국 업체 및 국내 일부 통신사업자 등이 반발

1996년

4월. 셀룰러 사업자(신세계·SK텔레콤), CDMA 상용서비스 개시

6월. '정보화촉진종합대책' 확정(정보화추진위원회, 위원장: 국무총리)
- 모든 행정기관은 매년 소관 정보화촉진시행계획을 수립·시행
- 국가기간전산망 사업을 흡수, 정부는 정보통신산업 육성을 위한 종합대책을 수립·시행

* 우리나라 정보화 촉진대책의 기본 골격이 됨

6월. 정보화 촉진 지원을 위해 정보통신부에 '정보화기획실' 신설
  • '초고속기획단'의 인력과 기능 흡수

10월. 제1차 정보화추진확대회의 개최
  • 김영삼 대통령 주재, 정보화 촉진에 대한 국가 우선순위 제고

12월. '정보통신산업 발전 종합대책' 확정
  • 정보통신산업 발전을 위한 범정부 차원의 종합전략
  • 분야별 세부계획을 5개년 계획으로 체계적으로 추진하기로 함
  * 이에 따라 1997년 6월 정보통신산업발전 중기전망,
      1997년 12월 소프트웨어 육성 실천계획,
      1997년 12월 정보보호산업 발전계획,
      1998년 1월 인터넷 비즈니스 발전대책 등
      각종 IT산업 육성대책이 지속적으로 확정 추진됨
  * 우리나라 정보통신산업 육성대책의 기본 골격이 됨

1997년

3월. WTO 기본통신협상 타결
  • 1995년부터 추진되어 온 WTO기본통신 서비스 협상을 마무리
  * 정보통신부는 1995년 '통신사업 경쟁력 강화 기본정책 방향'을
    유지하였으며, WTO기본통신협상 타결로 당시 진행 중이던 '한
    미통신협상'도 사실상 마무리됨

8월. 미국, 한국에 대한 PFC 지정 철회

8월. 정부·민간 합동 CDMA 수출지원단, 중남미 3개국 순방

10월. 신규 PCS사업자(KTF·LG텔레콤·한솔) CDMA 상용서비스 개시

11월. 정부·민간 합동 CDMA 수출지원단, 동남아 4개국 순방
  * 이에 따라 CDMA 산업은 '국내개발 국내생산·서비스 해외수
   출'이라는 3단계 IT 전략목표를 완벽하게 실현한 대표적인 성
   공사례가 됨

1998년

3월. 정보통신대학원대학교(ICU) 개교
  • IT 관련 기술과 경영지식을 두루 갖춘 '다기능 전문인력' 양성
  • 벤처 및 중소기업을 위한 IT전문인력 양성
  * ETRI와 KISDI의 인력과 설비 공동활용 도모

토지공개념의 도입과 그 효과 |

이 규황

1. 토지공개념의 골격 탄생

1988년 3월에 필자는 토지국장으로 발령을 받았다. 86년 10월 해외국장으로 승진된 후 처음으로 변경되는 보직이었다.

그동안 필자는 해외건설국에 사무관과 과장 그리고 해외국장으로 근무하면서 우리나라 해외건설 역사를 일구고 가꾸어와 해외건설과 특별한 인연을 맺어왔다. 널리 알려져 있듯이 73년과 79년의 1, 2차에 걸친 석유파동|Oil Shock 때문에 어려워진 우리 경제를 구해낸 원동력은 바로 해외건설이었다. 특히 73년에는 해외건설을 대폭 늘려 외환을 확보하기 위하여 해외건설종합진흥대책을 만들고 제반조치를 취했다. 필자는 사무관으로서 경제운용상 중요한 산업의 지원정책을 만들었다. 우리나라 업체가 해외시장에서 공사를 수주할 때 과다한 경쟁을 막고 공사의 수익성이 보장될 수 있도록 해외공사 도급허가제도를 도입하였다.

금융기관의 공동지급보증제도도 이때 만들어졌다. 외국에서 건설공사를 수주하기 위해서는 계약이행·선수금 수령은 물론 해외에서 자금을 빌릴 때 유수한 금융기관의 보증이 필요하였다. 작게는 통상 공사금액의 5~10% 수준에서 많게는 30~50%까지 보증하여야 했다. 그러나 우리나라는 당시 은행의 규모가 작아서 대외공신력이 낮고 대형공사인 경우 규모가 커서 이를 보증해 줄 수 있는 능력이 없었다. 따라서 외환은행과 시중은행이 공동으로 지급보증단을 구성하여 원활한 보증을 할 수 있도록 하였다.

시공에 필요한 자금도 쉽게 공급되도록 하였다. 수출입은행자금의 적극적인 공급과 외화대출로 공사의 운용자금을 조달해 주었다. 그리고 공사자금의 10% 이내에서 일정률을 현지에서 운용하도록 하는 등 외환거래상 규제도 크게 완화해 주었다. 더불어 공사수주와 시공상 위험에 대비하기 위하여 환리스크·전쟁위험 등에 대한 보험도 도입하였다.

조세면에서는 해외건설을 목적으로 시장개척이나 투자된 자금을 매년 공사를 시공한 금액의 2~3%를 한도로 준비금으로 계상하여 세금이 절약되도록 했다. 해외건설업체가 매년 일구어낸 소득에 대하여 부과하는 법인세의 50%를 면제하였다.

이와 같은 정책적인 배려로 73년 1억 불에 불과하던 해외건설은 81년과 82년에는 각각 137억 불, 134억 불을 달성하였다. 그 결과 해외공사에 필요한 기자재 수출과 용역수입用役收入으로 우리나라가 달성한 경제성장률 중 2~3%를 해외건설이 담당하기도 하였다. 또 매년 10만 명 이상의 건설기능 인력을 해외에 보내 고용시장 안정에도 크게 기여하였다. 때문에 필자는 공직자로서 국가 경제에 크게 기여할 수 있었다는 자부심도 가지고 있었다.

토지국장으로 부임하면서 제일 먼저 착수한 과제는 토지정책 전반을 검토하고 새로이 도입하거나 보강할 정책을 만드는 일이었다. 토지문제는 매우 민감한 사안이다. 누구나 한 평이라도 토지를 갖고 있다. 토지가격이 오르거나 내리면 자산소득이 변동되는 것에 대하여, 그리고 얼마나 세금을 내는지에 대하여 관심이 매우 높다. 땅값은 제조업의 경쟁력에도 매우 큰 영향을 준다. 당시에는 우리나라가 지난 80년대에 겪은 고도성장 과정에서 땅값이 급격히 상승하고 투기가 성행했기 때문에 정부가 토지정책을 너무 소홀히 하지 않았는가 하는 데 대하여 비판이 일고 있었다. 특히 투기로 개발이익이 일부계층에 과도하게 집중되면 소득분배가 왜곡되고, 민주적 기본질서를 받치고 있는 중산층의 형성이 어렵게 된다. 토지개혁이 필요한 시점이었다. 토지정책에 관한 개혁은 현실적으로 모든 경제적 주체의 지대한 관심사항이기 때문에 다수가 공감할 수 있는 명확한 비전이 필요하였다. 토지정책의 개혁에 관한 마스터플랜을 만들어야 했다. 그렇게 만들어진 것이 「토지정책의 운용과 과제」이다. 필자는 이를 88년 5월 16일 이헌재 국무총리께 최동섭 건설부 장관과 함께 보고 드렸다. 그리고 이 보고서에서 거론된 모든 정책은 제6차 5개년 경제·사회개발계획(1987~1991년)의 토지부문 정부방침으로 확정되었다. 「토지 수급체계의 합리화 방안」으로 계획기간 내에 추진하여야 할 토지정책이 된 것이다.

「토지정책의 운용과 과제」와 이를 제6차 5개년 경제·사회개발계획 형태로 발전시킨 「토지수급체계의 합리화 방안」에서 토지공개념 확대정책은 탄생하였다. 토지정책에 대한 문제점을 짚어보고 제시된 대책은 모두 토지공개념 정책의 골격이 되었다. 우선 토지공개념의 기반으로 지가체계|地價體系의 일원화와 종합토지세의 도입을 제안하였다. 그리고 개발이익환수제를 민간사업자가 내는 개발부담금과 토지 소유자가 내는 개발이익금으로 구분하여 만들고자 하였다. 후자가 발전된 것이 토지초과이득세이다. 그리고 택지 등 주요 토지에 대하여 소유할 수 있는 한도를 정하는 과제는 필자의 도입 주장에 대하여 실무자의 반대가 너무 심하였다. 국민의 설득이나 관계부처 협의과정 등을 거쳐 과연 제도를 만들 수 있을까 하는 도입가능성에 대한 회의가 매우 컸기 때문이다. 그래서 택지소유상한제는 당시 일단 유보되었다. 그러나 1988년

8월 10일 부동산종합대책이 만들어지면서 토지공개념의 일환으로 택지 소유상한제는 채택되었다.

▮ 토지정책에 대한 회고와 반성

새로운 토지정책은 과거의 반성으로부터 시작하였다. 60~70년대 토지 정책은 지가를 통제하고 공공용지를 취득하여 개발하는 방법으로 우리에게 주어진 국토를 효율적으로 이용하여 높은 경제성장이 가능하도록 하는 데 주안점이 있었다. 그리고 70년대 후반에는 공영개발제도가 도입되었다. 토지개발공사나 주택공사 등 정부투자기관이 땅을 개발하여 공급함으로써 도시화와 산업화에 따라 급증하는 주택과 공장수요에 대응해 나갔다. 그러나 토지의 수요에 비하여 공급은 부족하였다. 자연스럽게 땅값은 올라가고 토지의 매매에서 갑작스런 이익|Windfall Profit을 볼 수 있게 되면서 개발수요에 편승한 토지투기가 발생하였다. 이를 막기 위하여 토지거래허가제를 도입·발전시키고 양도소득세 등으로 토지의 취득과 거래에 관한 세제를 보강하였다.

그러나 우리 국민이 갖고 있는 뿌리 깊은 토지선호의식을 불식하지 못하였다. 또 토지시장에서는 언제나 다른 자산시장보다 높은 소득이 발생되니 전체적인 경제운용으로 보아 자원과 소득배분의 불균형이 심화되었다. 그리고 이를 수정하고자 하는 사회정책적 대처방안이 미흡하였다. 토지공개념은 한정적이거나 국지적으로 운용되어 그 실효성이 적었다. 토지의 수요나 공급을 조절하는 방법도 규제 위주이기 때문에 수급균형 해결에 언제나 미흡하였다. 아울러 토지정책수립의 기반도 취약하였다. 토지시장에 관한 정보관리체계가 다원화되어 토지의 기본 자료·거래내용·거래인을 종합하는 체계적인 분석이 되지 못하였다.

그 결과 이를 바탕으로 수립된 정책의 실효성도 낮았다.

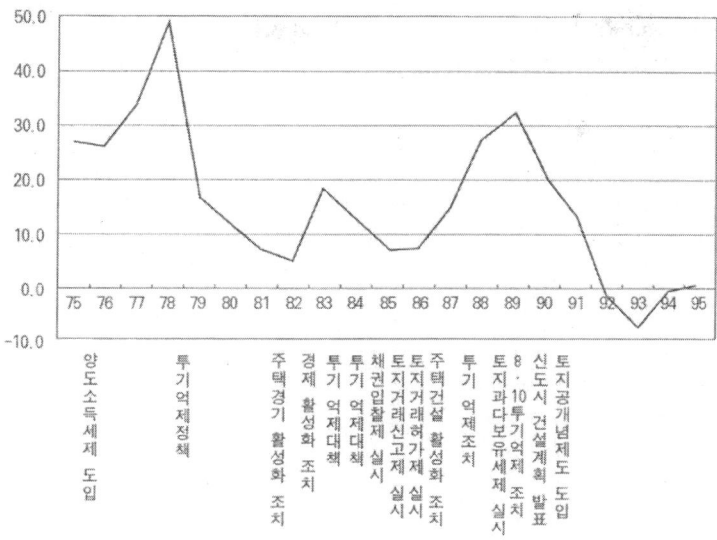

[그림 1] 부동산 정책과 지가동향

토지정책상의 다섯 가지 주요 문제점

이를 바탕으로 선정된 주요 문제점은 다섯 가지이다. 지가의 과도한 상승에 따른 폐해, 수요에 대응한 공급의 미비, 개발이익 환수체제의 미흡, 토지정보체계의 미비와 토지소유의 편재이다.

첫째, 땅값이 너무 높았다. 당장 88년 하반기에 땅값은 크게 오를 것으로 예측되었다. 수출과 소비가 늘어나 경기는 상승국면이었고, 경상수지흑자와 하반기에 치루어질 총선으로 통화팽창의 압력은 높았다. 또 우리나라에서 치러질 88년 9월의 올림픽 이후 땅값은 오를 것이다라는 경제주체들의 예측과 기대는 땅값의 폭등을 예고하고 있었다. 여기에 서해안 개발 등 많은 지역개발사업이 계획되어 있었다.

적정지가는 토지로부터 발생하는 미래의 수익, 곧 지대의 합계를 현재의 입장에서 할인율로 평가한 현재가치이다. 그러나 이미 우리나라는 78년 이후 전국 평균지가가 적정지가수준을 상회하고 있었고 그 격차도 8.7%에서 13.2% 수준으로 커지고 있었다.

[표 1] 적정지가와 현실지가

(단위 : 원/㎡)

구 분	75	78	81	84	87
현실지가 (A)	700	2,820	4,130	6,180	8,390
적정지가 (B)^{주)}	840	2,020	3,800	5,580	7,410
격 차 (A-B)	△140	800	330	600	980
(A-B)/B (%)	–	39.6	8.7	10.8	13.2

주 : 적정지가 = 지대 / 수익환원율, 지대 = GNP/㎡
자료 : 건설부, 「토지수급체계의 합리화 방안」, 1988.6, p. 4.

외국의 주요 대도시와 평균지가를 비교해 보아도 우리나라는 일본의 6분의 1수준이나 미국·서독에 비하여는 각각 9배, 2배 이상 높았다.

[표 2] 외국과의 지가 비교

우리나라	일 본	미 국	서 독
1	6	1/9	1/2

자료 : 건설부, 「토지정책운용과 과제」, 1988.5, p. 1.

70년대 이후 땅값 상승은 물가오름 수준을 상회하였다. 물가는 80년대 안정되어 77년부터 87년까지 10년 동안 2.5배 정도 올랐다. 그러나 같은 기간 중에 지가상승폭은 5.2배 이상이었다. 이는 같은 기간 중 2.3배 늘어난 국민경제성장이나 금융기관 예치에서 얻은 3.8배의 수익보다 크다. 그 결과 단순히 토지거래에서 얻어지는 소득이 다른 자산보다도 크게 되었다. 이에 따라 토지를 이용하고자 하는 경제주체만 토지를 갖게 하고 토지에서 얻어지는 불로소득을 없애는 대책이 필요하였다.

[표 3] 지가와 주요 경제지표

(단위 : %)

구 분	75	78	81	84	87
경제성장	6.8	11.0	6.6	8.4	12
통화(M1)증가	25.0	24.9	4.0	0.5	14.7
소비자물가상승	25.3	14.4	21.3	2.3	3.1
지가상승	27.0	49.0	7.5	13.2	14.7

자료 : 건설부(1986. 6), p. 5.

땅값이 과다하게 올라가면 개발이익을 얻고자 하는 토지수요가 늘어나 이에 공급이 따라가지 못하면 다시 땅값이 올라가는 악순환이 계속된다. 특히 이 같은 토지투기 이익으로 기업이 경영에서 일어나는 손실을 보전하게 되면 건전한 산업구조를 만드는 데 필요한 제조업에 대한 투자가 위축되고 연구와 기술개발|R&D을 통하여 경쟁력을 높이려는 노력도 하지 않게 된다. 자원배분이 왜곡된다. 더불어 오로지 토지의 소유 여부에 따른 불로소득에 의하여 부가 형성된다면 소득이 자산을 많이 가진 계층에게만 집중된다. 그렇게 되면 근로소득이 주가되는 근로자의 사기는 내려가고 일할 의욕마저 없어지고 계층 간의 이동도 쉽지 않게 된다. 건전한 중산층의 형성이 어렵게 된다.

토지는 중요한 생산요소의 하나이다. 따라서 땅값상승은 제조업이 만드는 제품이나 주택 등의 가격을 높인다. 그리고 택지나 공장용지는 물론 도로, 항만, 공장 등 주요 사회간접자본시설을 건설하기 위하여 필요한 비용을 높인다. 재정부담도 늘어난다. 주거비나 물류비의 상승은 물가나 임금을 다시 오르게 하여 경제의 안정적 성장을 저해하게 된다.

둘째는 토지공급상의 제약으로 수요에 효과적으로 대응하지 못하고 있었다. 우리나라는 토지의 저량|貯量; stock인 국토의 총면적이 99,173

㎢에 불과하다. 토지자원이 제한되어 있어 토지공급능력에 한계가 있다. 이 중에서 산이나 밭, 논과 같은 농경지를 제외하고 주택지나 공장용지 등으로 활용할 수 있는 토지는 전체면적의 4%에 불과하다. 일본의 7%에 비해도 작다.

[표 4] 국토와 가용면적

총면적	산림지	농경지	대지	공공용지	공장용지	기타
99,173㎢	65,712	22,097	1,829	1,921	171	7,443
(100%)	(66.3)	(22.3)	(1.8)	(1.9)	(0.2)	(7.5)

자료 : 건설부(1988. 6), p. 7.

토지관리도 이용보다는 보전위주였다. 토지를 관리하는 중요한 두 기둥은 국토이용과 도시계획이다. 국토이용관리법상의 용도지역 중에서 개발이나 이용할 수 있는 토지는 18%에 불과하고 나머지 82% 이상이 보전녹지이다.

[표 5] 국토 이용상 개발 가능지역

용도지역지정	보존용도	개발·이용용도
92,327㎢	75,678	16,649
(100%)	(82%)	(18%)

자료 : 건설부(1988. 6), p. 7.

도시계획으로 지정된 구역 중에서도 녹지지역이 81.4% 수준을 차지하고 있다. 또 토지이용을 규제하는 관계법령이 71개나 되고 관련부처도 12개가 넘는다. 동일한 토지에 대하여 용도지역이나 지구 등이 중복으로 지정되어 있고 이를 담당하는 창구도 복잡하여 토지이용이 제한되고 있다.

[표 6] 도시계획구역의 용도

(단위 : ㎢, %)

지역 구분	도시계획 구역 계	녹지지역	주거지역	공업지역	상업지역	미지정
전국	13,410 (100)	10,912 (81.4)	1,472 (11.0)	454 (3.4)	174 (1.3)	398 (2.9)
서울시	708 (100)	359 (50.7)	296 (41.8)	31 (4.4)	22 (3.1)	–
기타시	8,890 (100)	7,233 (81.4)	812 (9.1)	357 (4.0)	111 (1.3)	377 (4.2)

자료 : 건설부(1988. 6), p. 7.

토지공급체계도 효율적이지 못하다. 고도의 경제성장에 따라 도시화나 산업화의 속도는 빨랐다. 이에 따라 토지의 수요도 급증하였다. 이에 부응하는 공급능력에는 문제가 많았다. 토지개발방식이 공영개발 위주였다. 민간부문은 영세한 규모의 자기 수요에 한하여 개발이 제한되었다. 토지개발에서 민간이 차지하는 역할이 미미하였다. 이에 따라 다양한 토지수요에 비하여 개발주체나 방식이 너무나 단순하였다. 공공부문에서 토지의 수요와 공급을 조절하는 기능도 미약하였다. 장기적으로 필요한 공공용지를 확보할 수 있는 대책이나 방안이 마련되지 못하였다. 또 공공용지에 필요한 토지는 수용ㅣ收容 위주로 취득하고, 국가나 공공기관이 갖고 있는 토지는 활용·개발보다도 재산으로 관리하였다. 더불어 국가나 공공단체가 토지를 미리 사서 필요할 때 개발하여 공급함으로써 지가를 조절하는 토지선매·비축기능도 없었다.

토지공급체계의 미비로 저소득층의 주택공급은 더욱 어려워졌다. 주택용지의 가격이 비쌌다. 예를 들면 88년 당시 주거지역의 평소 가격은 서울 중구가 평당 4,243천 원이고 안양시가 960천 원, 그리고 경기도 광주군이 346천 원이었다.

그런데 임대주택건설에서 최소한의 수익이 보장되는 택지가격은 평당 400천 원 이하였다. 따라서 주택건설에서 이익을 볼 수 없으니 도시 지역에 살고 있는 소득이 낮은 계층에게 주택을 원활하게 공급해 줄 수가 없었다.

셋째, 개발이익을 공적자금으로 환수하는 제도도 미흡하였다. 도시 내에서 용도지역이 변경되는 지역이나 개발지역과 그 주변지역은 땅값이 현저하게 오른다. 용도지역을 바꾸는 경우 바꾸기 전보다 최소 7배에서 65배 이상으로 오른다. 이른바 개발이익이 발생되는 것이다. 그 이익은 토지를 소유하고 있는 사람에게 돌아간다. 개발이익이 사유화되는 것이다. 이를 목적으로 한 토지투기는 언제든 일어날 수 있었다.

[표 7] 용도지역별 지가 수준

(단위 : 천 원/㎡)

구분	평균	주거	상업	공업	녹지	비도시
전국	8.39	216.98	787.96	87.18	12.04	2.28
대도시	193.53	430.08	1,228.25	202.86	37.10	12.00
중소도시	37.99	137.83	791.48	46.87	13.21	5.98
군지역	2.62	38.07	192.07	25.75	4.34	2.22

자료 : 건설부(1988. 6), p. 9.

그러나 이와 같은 개발이익을 공적자금으로 끌어들이는 제도가 충분하지 못하였거나 있더라도 실효성이 적었다. 수익자 부담금의 경우 주요 개발사업 12개 대상사업 중 1개 사업에만 운용되었으니 실적이 미미하였다. 토지 관련 조세도 개발이익을 제대로 환수하지 못하였다. 재산세나 토지과다보유세는 과세표준이 현실지가의 20~80%에 불과하였다. 과세대상이 제약되고 세율이 낮아 토지를 과다하게 보유하는 것도 막지 못하였다. 간주취득세는 도시계획구역 내의 토지에서 발생하는 개발이익에 부과하였다. 그러나 세율이 너무나 낮았다. 그리고 토지의 거래에서 생기는 양도소득에 대한 세금도 충분하지 못하였다. 양도차익과는 관계없이 단순히 토지를 갖고 있는 기간에 따라 정율로 과세하고, 과세표준이 현실과 많이 떨어지며, 과세되지 않거나 감면되는 토지가 많았기 때문이었다.

넷째로 토지정보체계도 미흡하였다. 먼저 토지에 관한 기본자료가 없거나 부족하였다. 따라서 토지정책을 과학적으로 수립하거나 정책의 효과분석을 제대로 하지 못하였다. 토지의 소유나 이용현황, 그리고 개발가능성은 물론이고 토지시장의 가격동향이나 거래현황 등이 정확하게 파악되지 않았다.

등기도 신청주의에 불과하여 내용을 실질적으로 심사할 수가 없었다. 지가가 급등하여 투기가 발생하는 지역에서는 토지를 등기하지 않고 거래하는 것이 빈번하였다. 또 지적대장과 등기부가 일치하지 않는 경우도 많았다.

토지정보관리체계도 낙후되어 있었다. 토지정보를 관리하는 기관이 다원화되어 체계적이고 일관성 있게 정보가 관리되지 못하였다. 거래의 경우, 토지거래허가나 신고는 건설부에 하고 이를 중개하는 중개업은 내무부가 인가하고 감독하였다. 지가도 과세, 토지거래허가, 부동산 담보대출 등 사용목적이 기관에 따라 달라 땅은 동일한데 값이 넷이나 되는 경우가 허다하였다.

토지대장도 지적은 내무부가, 등기부는 법원이 관리하여 같은 땅에 대하여 기재된 내용이 대장별로 다른 경우가 많았다. 말하자면 「토지의 기본대장」, 「거래내용」 그리고 「중개인」 등 토지에 관한 정보가 일관되게 관리되지 못하였다.

〔표 8〕 토지정보와 관리체계

관장기관	토지거래	지가체계	대장관리
• 법 원			등기부
• 행 정 부 - 내 무 - 재 무 - 건 설 - 국세청	중개업 신고 · 허가제 특정지역고시	과세시가표준액 감정가격 기준지가 기준시가	지적대장

자료 : 건설부(1988. 6), p. 10.

이에 더하여 관인계약서는 활용되지 못하고 등기는 신청하는 대로 기재되어 지가, 거래인, 사용목적 등 거래내용을 정확하게 파악하기가 어려웠다. 그 결과 실질적인 토지거래에 맞게 세금을 부과하기가 어려워 투기소득을 환수하기는 더욱 힘들었다.

다섯째, 토지가 일부 계층에게 편재되어 있었다. 국토개발연구원에서 서울, 화성, 평택, 전주 등 4개지역을 표본조사한 결과에 의하면 일부 계층이 토지를 너무 많이 갖고 있었다. 인구 기준으로 토지를 보유하는 비율은 서울이 6.7%이고 화성이 41.3%이다. 그리고 토지를 갖고 있는 10% 계층이 전체토지의 48.4% 내지 72.9%를 집중적으로 소유하고 있었다. 서울 등 3개 도시의 전체 가구 기준으로 토지소유 편중도는 0.87~0.96이다. GINI 계수에 의한 85년의 소득편중도 0.363보다 높다. 소득보다는 토지보유가 훨씬 불평등하게 되어 있었다.

2. 토지공개념 확대도입의 기반확립 :「8.10 조치」
  - 토지공개념의 확대방침 확정

그러나 88년 6월부터 땅값은 심상치 않았다. 이와 같은 땅값 상승으로 물가불안이 우려되었다. 그렇게 되면 고도성장의 기반이 흔들리지 않을까 하는 염려가 있었다. 토지정책에 대한 전반적인 개혁을 실시하기 전이라도 당장 화급하게 올라갈 것이 예상되는 땅값을 진정시켜야만 했다. 그리하여 정부는 1988년 8월 10일 부동산 종합대책을 시행하였다. 이른바 「8.10 조치」이다. 그리고 우연하게도 정부가 「8.10 조치」를 수립하여 시행한 것은 78년 8월 8일 부동산 조치를 취한 후 10년이 지난 후였다. 이 조치를 취하면서 많은 과제를 생각하였다. 땅값은 크게 10년 주기로 오르는 것일까? 또한 토지의 가격이 정상보다 높게 올라 투기가 빈발하는 근본적인 원인은 무엇일까? 그리고 이에 대한 장기적이고 원천적인 대책은 없는가? 등등의 의문이 그것이었다.

이 모든 것에 대한 대답은 개발이익 문제로 귀결되었다. 무엇보다 원인은 자산선택이론에서 찾을 수밖에 없었다. 우리나라는 언제나 다른 자산과 비교하여 토지를 갖고 있을 때 얻어지는 이익이 훨씬 높았다. 결국 투기와 지가급등의 연결고리는 개발이익이었다. 이를 차단하는 것이 대책의 기본이었다. 따라서 토지를 갖고 있는 소유자에게 개발이익을 귀속시키지 않고 공공자금으로 환수하여 토지에서 얻어지는 수익을 다른 자산보다 크게 하지 않아야 했다. 개발이익환수제를 빨리 도입해야 했다.

토지공개념의 확대도입과 같은 근본적인 토지개혁정책이 필요하였다. 그리하여 「토지수급체계의 합리화 방안」에서 제시되었던 정책이 대부분 「8.10 조치」의 주요내용이 되었다. 결국 「8.10 조치」는 「토지수급체계의 합리화 방안」을 구체적인 제도와 법으로 만들어 토지공개념을 현실화하는 데 결정적인 추진력이 되었다. 더하여 「8.10 조치」는 택지소유상한제를 토지공개념에 추가시켰다. 1988년 8월 9일 서울 팰러스호텔에서 「8.10 조치」를 다듬은 조찬회의에서였다. 나웅배 부총리가 주재하고 최동섭 건설부장관, 강봉균 경제기획원 기획국장 그리고 필자가 참석하였다. 택지소유상한에 대한 필자의 보고와 나웅배 부총리의 제의에 참석자 모두가 찬성하였다. 최동섭 장관은 이미 실무적으로 택지소유상황에 관하여 모든 보고를 받고 있었다. 우리나라에서 지가 급등의 원초적인 시발점 내지는 땅값을 오르도록 선도하는 지역은 수도권이다. 서울이나 경기도 지역이 우선적으로 먼저 오르고 그 오름세가 전국적으로 확산된다. 용도지역별로는 택지다. 주거용지의 값이 오른 후 상업지역이나 공업지역의 가격이 오르게 된다. 그러므로 수도권지역의 택지가격 급등을 막는 것이 지가의 상승세가 다른 용도지역으로 확산되는 것을 막게 되어 지가 전체의 오름세를 막을 수 있었다. 따라서 택지는 개인이나 법인이 가질 수 있는 한도를 정하여 소유 자체를 제한하는 것이 필요하였다. 더하여 택지를 갖고 있는 데 따른 비용이나 부담을 늘려야 했다. 주택을 건설하고자 하는 토지를 이용한 투기를 원천적으로 막을 수 있는 방법으로 생각되었다.

결국 토지공개념 확대정책의 기반과 기둥이 세워졌다. 그 기반은 지가체계의 일원화와 종합토지세의 도입이었다. 이 기초 위에서 개발이익을 환수하며 택지소유를 제한한 것이었다. 그러나 이와 같은 정책은 당시에는 너무 급진적이고 과격한 것으로, 국민에게 큰 충격을 줄 수 있다고 생각되었다. 그리고 이와 같은 혁명적인 조치를 도입하기 위해서는 세밀한 연구가 필요하다고 보았다. 그리하여 국토개발연구원 내에 「토지공개념 연구위원회」를 설치하여 토지개혁에 필요한 입법내용을 연구하기로 하였다. 그리고 관계부처가 토지정책을 종합적으로 심의하고 협의하는 「부동산정책위원회」도 설치하기로 하였다.

「8.10 조치」는 88년 하반기에 일어날 것이 예상되던 지가급등에 대비하여 단기적인 조치와 장기적인 정책을 포함하고 있었다. 우선 급한 불을 끄면서 토지공개념 확대정책을 빠른 속도로 추진하게 하였다. 새로운 제도를 도입할 주체와 필요한 내용을 연구할 수 있는 조직도 만들었다. 토지공개념에 관한 마스터플랜과 이를 추진할 주체가 만들어진 셈이었다.

▌ 「8.10 조치」의 배경

당시 우리 경제는 수출과 내수 증대로 고도의 성장을 유지하고 있었다. 원화가 절상되고 임금이 올랐는데도 수출은 계속 늘어났다. 86년에 27.7% 이상 증가된 수출은 87년에 36.1% 수준으로 늘어났고 88년 상반기에도 26.7%나 뛰었다. 이와 같은 높은 수출증가에 힘입어 우리 경제는 86년 이후 88년 상반기까지 매년 12% 이상을 성장하였다. 경상수지의 흑자규모는 계속 늘어나고 있었다. 86년에 46억 불이었던 흑자규모가 87년에는 98억 불이 되었고 88년 상반기에 61억 불이 되었다. 88년 중에는 경상수지 흑자가 100억 불을 넘을 것으로 예상되었다.

〔표 9〕 경제성장과 경상수지

| | 86년 | 87년 | | 88년 상반기 |
		상반기	하반기	
경상수지(억 불)	46	46	52	61
무역수지 (수출증가율,%) (수입증가율,%)	42 (27.7) (12.5)	34 (37.0) (21.8)	42 (35.5) (37.6)	47 (26.7) (29.1)
경제성장률(%)	12.3	12.0		12.0

자료 : 건설부, 『「8.10 조치」의 배경과 내용』, 1988.8, p. 1.

해외부문이 통화증발의 중요한 요인이 되고 있었다. 물가는 크게 상승하고 있었고 불안하였다. 88년 7월까지 소비자 물가는 7.9% 상승하였다. 물가오름세는 88년 올림픽 이후에도 계속되어 물가가 대폭 상승될 것이라는 불안한 심리가 널리 퍼져 있었다. 특히 민간부문에서 갖고 있는 금융자산의 규모가 늘어나고 이 자금이 부동산 부문으로 유입될 것이 예상되었다. 그렇게 되면 아파트를 중심으로 주택가격이 뛸 것으로 보였다. 그리고 개발지역이 핵이 되어 땅값이 오름세가 확산되면 물가도 걷잡을 수 없게 움직일 것으로 우려되었다.

[표 10] 부문별 통화증가

(단위 : 순증, 10억 원)

	86년	87년	88년 상반기	88년 7월
총통화 (증가율, %)	5,268 (17.3)	6,446 (22.5)	1,799 (18.4)	662 (19.0)
해외부문	1,568	9,030	5,899	884
정부부문	24	△1,656	△2,454	△711
기타부문	△2,437	△6,663	△4,724	△190
(통화채권)	(2,955)	(7,216)	(5,342)	(492)

주 : 증가율은 기간말월 평잔 기준
자료 : 건설부(1988.8), p. 2.

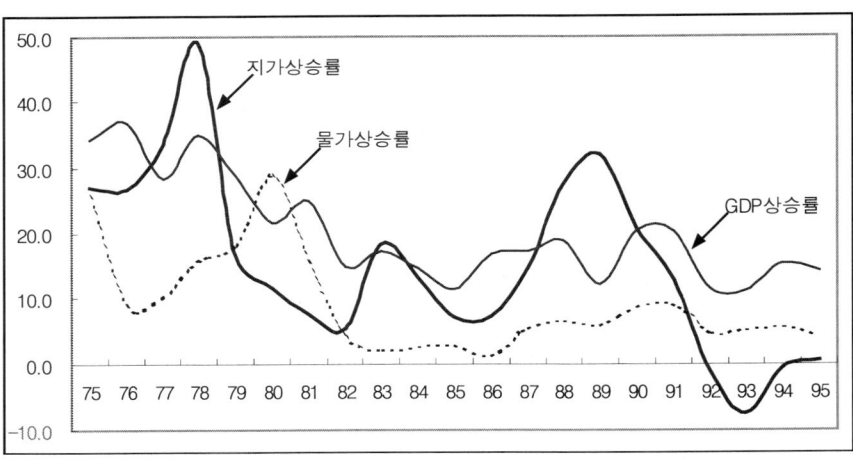

[그림 2] 거시경제지표와 지가상승률

이미 전국적으로 땅값 오름세도 계속되고 있었다. 86년 7.3% 올랐던 지가는 87년에 14.7% 이상이 뛰었다. 그리고 이와 같은 움직임이 계속되어 88년 상반기에는 지가상승률이 14.9%나 되었다. 이 상승률을 분기별로 나누면 88년 1/4분기에는 7.0%, 2/4분기에는 7.4%로 84년 이후 분기별로 최고의 오름세를 나타내고 있었다. 더욱 불안한 것은 부동산에 대한 종합대책이 마련되지 않는다면 88년 중에 25~30% 이상으로 땅값이 올라갈 것으로 보였다.

〔표 11〕「8.10 조치」전후의 지가동향

(단위 : %)

84년	85년	86년	87년	88년		
				전반기	1/4분기	2/4분기
13.2	7.0	7.3	14.67	14.89	7.0	7.44

자료 : 건설부(1988.8), p. 3.

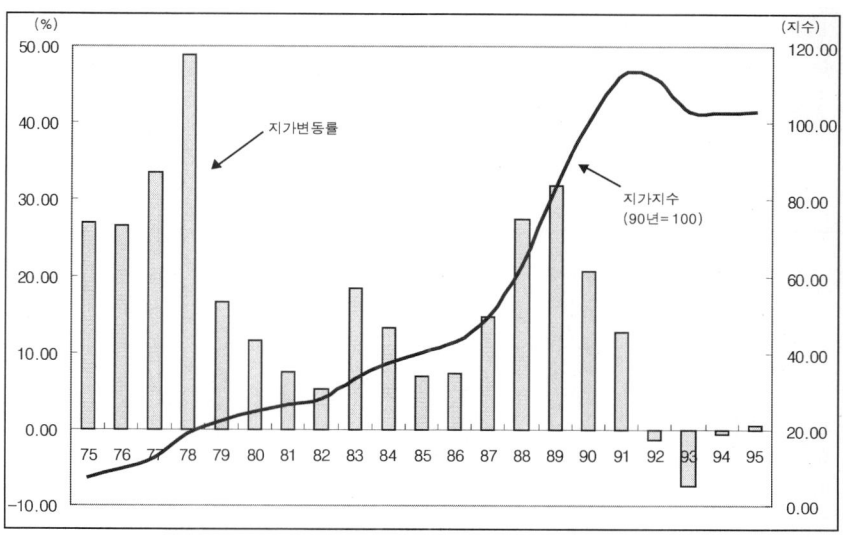

〔그림 3〕 지가변동 추이

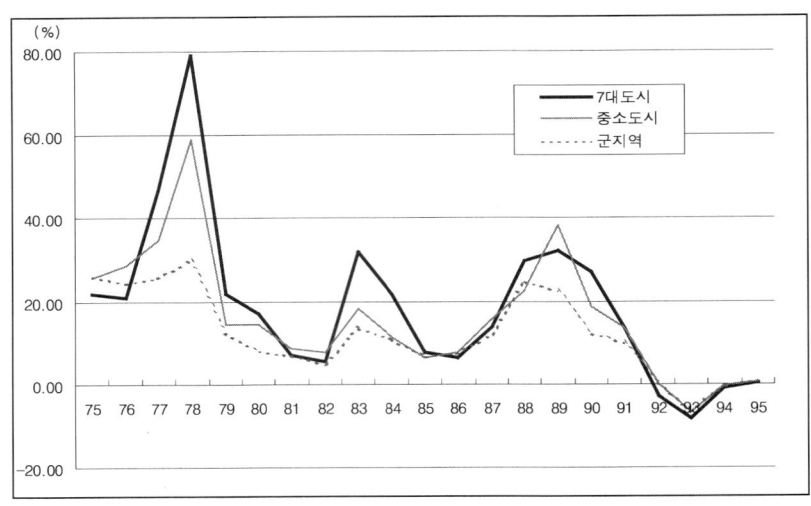

[그림 4] 지역별 지가 변동추이

주택가격도 심상치 않았다. 과거 3~4년간 주택값은 안정세를 유지
하였으나 87년 하반기부터 7.3% 이상으로 올라가기 시작하여 88년 상
반기에는 이미 10.0% 이상으로 오르고 있었다.

[표 12] 「8.10 조치」 전후의 주택가격 동향

(단위 : 전기 말 대비 상승률, %)

	88년	86년	87년		88년 상반기
			상반기	하반기	
토지가격	7.0	7.3	3.5	10.8	14.9
주택가격 (서울지역아파트) (광주지역아파트) (창원지역아파트)	△0.2 (△0.6) (-) (-)	△2.7 (△5.1) (△1.0) (0.0)	△0.1 (△1.8) (1.1) (0.0)	7.3 (6.7) (4.3) (12.7)	10.0 (12.4) (19.3) (34.3)
전세가격 주택건설(만호)	7.7 23	5.4 23	8.4 11	9.9 13	14.6 16

자료 : 건설부(1988. 8), p. 3.

모든 것을 종합해 보면 지가가 상승할 수 있는 요인이 매우 많았다. 경상수지흑자에 따른 해외부분의 통화증대 압력이나 안정되지 않은 증권시장은 부동자금을 부동산 부문에 유입할 것이 예상되었다. 그리고 88년 하반기 경기가 고조되고 물가가 오른다는 기대는 금융자산을 갖기보다는 이를 토지나 주택 등 부동산으로 바꾸고자 하는 환물심리를 자극할 것이 예상되었다. 더하여 서해안개발 등 각종 개발사업은 이와 같은 심리를 현실화시켜주는 투기대상으로 적합하였다. 더욱이 일본도 66년 올림픽을 개최한 이후 지가가 올라 우리나라도 땅값이 오를 것이라는 기대가 팽배했다. 그리하여 강력한 부동산투기 억제대책이 필요하였다.

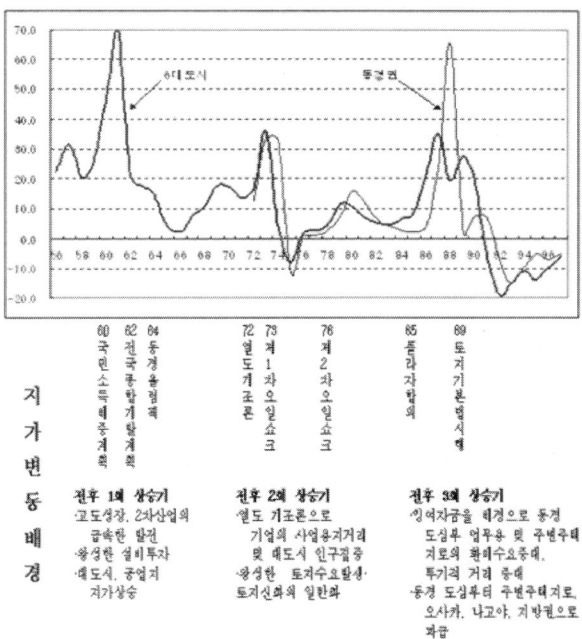

주 : 1) 6대도시가격지수는 매년 9월말의 전년대비 변동율임
　　 2) 동경권 지가변동율은 국토청 공시지가의 전년대비 변동율임
자료 : 일본부동산연구소(98.2), 감정평가연구소(98.1)

[그림 5] 일본의 장기적인 지가변동 추이

그리하여 「8.10 조치」가 탄생하였다. 개혁의지를 갖고 부동산투기를 억제하고 제도개선을 지속적으로 추진하기로 한 것이다. 먼저 올림픽 이후에 부동산 가격이 오를 것이라는 기대심리를 없애고 정상적인 부동산 거래질서를 만들 수 있도록 제도를 과감하게 정비하기로 하였다. 그리고 토지공개념을 바탕으로 한 토지제도를 근본적으로 개혁하기로 하고 이에 필요한 법을 만들기로 하였다.

88년 하반기 대책

급하게 올라가는 땅값에 대하여는 이미 정부가 확보하고 있는 제도를 최대한 활용하여야 했다. 우선 토지거래허가·신고지역을 확대하고자 했다. 토지거래신고는 88년 6월 25일에 추가로 지정된 제주지역을 포함하여 54개시 104군에서 실시하고 있었다. 이를 점진적으로 늘리기로 했다. 2/4분기 지가를 조사한 결과 전국적인 평균지가 상승률 7.44%를 넘는 지역이 첫번째 대상이었다. 그리고 강원도 영동지역을 포함하기로 했다. 대북방 외교를 통한 러시아와의 정상적 외교관계 수립과 남북화해 때문에 영동지역에 대한 토지수요가 급증하여 땅값이 불안하였기 때문이다.

토지거래신고제의 운용도 내실화하기로 했다. 신고지역에서는 토지거래가 있을 때 토지가격과 이용목적 등을 신고하여야 한다. 가격에 대하여는 공시지가와 비준표를 활용하여 산정된 가격이 현실가격과 가깝도록 하고 이를 지표로 활용하고자 했다. 이와 함께 토지를 거래할 때 신고한 금액을 해당 토지가 공공재로 수용할 경우에는 토지보상가격으로 활용할 계획이었다. 그리고 토지를 신고한 이용목적대로 활용하고 있는지를 사후에 관리하고자 했다.

그리하여 토지가 당초 목적대로 이용되지 않을 경우에는 국가·지방자치단체 또는 토지개발공사 등 공공기관이 이를 선매하거나 유휴지로 지정하여 이용을 촉진하도록 했다. 유휴지로 지정되었을 때에는 그 토지를 어떻게 이용할지에 대한 계획을 국가 또는 지방자치단체에게 제출하고 그 계획대로 개발하여야 한다. 그러나 계획대로 이행되지 않을 경우에는 제3자를 통하여 대리개발하도록 하거나 선매하도록 하였다. 이를 위하여 국토이용관리법을 개정하기로 하였다.

토지거래허가지역도 확대하고자 했다. 88년 2월 15일 토지거래허가지역으로 지정된 지역까지 포함하여 87년 하반기 이후 투기가 우려되는 지역에서는 토지거래에 대하여 지방자치단체의 허가를 받도록 하였다. 이때까지 토지거래허가지역으로 지정된 지역은 부산 북구 명지동 등 1읍 12면 3동이었다. 그 규모는 653.17㎢이었다.

「8.10 조치」에 따라 추가로 토지거래허가지역으로 지정할 지역은 다음과 같았다. ① 2/4 분기 지가동향 조사결과 땅값이 크게 올라간 지역, ② 서해안 산업기지 주변 등 주요 개발사업지역 주변, ③ 투기가 우려되는 산지와 구릉지, ④ 주요 택지개발 예정지구, 그리고 ⑤ 특별히 조사가 필요하여 조사한 결과 지가의 급격한 상승이 우려되는 지역 등이었다.

특정지역도 추가로 고시할 계획이었다. 88년 6월 25일 1,111개 리동｜里洞을 추가로 지정하여 88년 6월까지 1,710리동이 특정지역으로 고시되었다. 전국의 9%에 해당되었다. 88년 말까지는 3,200리동, 즉 전국의 17%까지 이를 늘리기로 계획하였다. 그리고 내무부나 국세청을 중심으로 부동산 투기자나 투기를 조장하는 중개업자에 대한 단속을 강화하기로 하였다. 규모가 크거나 상습적으로 부동산을 투기하는 개인이나 법인을 조사하여 이들에 대해서 세금을 추징하기로 하였다. 기업과 관련되는 부동산 투기자도 조사하고, 부당하게 기업의 자금을 유출하는 탈법행위도 막도록 하였다. 아울러 관계부처와 합동으로 부동산 중개업자가 토지의 미등기전매를 조장하거나 지방출장을 알선하는 행위 등에 대하여는 이를 집중적으로 단속하기로 하였다.

당시 시행되고 있는 부동산 관련 세금도 강화하기로 하였다. 먼저 양도소득세에 대한 과세요건의 강화이다. 지금까지 양도소득세가 부과되지 않았던 주택·아파트의 보유기간을 줄였다. 1세대 2주택의 경우 단독주택이나 아파트는 2년까지 갖고 있다 팔면 양도소득에 대한 세금을 내지 않았으나 이를 단독주택이나 연립주택은 1년, 아파트는 6개월로 단축하기로 하였다. 한 가구가 갖고 있는 1주택도 양도소득세가 과세되지 않던 거주기간을 1년에서 3년으로, 보유기간은 3년에서 5년으로 늘리기로 했다. 양도소득세를 내지 않기 위해서는 1가구 1주택인 경우에 보다 긴 기간 동안 갖고 있거나 살아야 하고, 1가구 2주택인 경우에는 살고 있지 않은 1주택을 보다 빠른 시일 내에 매매를 해야 양도소득세를 내지 않도록 했다. 그리고 양도소득세에 대한 세율을 금액의 다과에 따라 누진적으로 하고, 과세되지 않거나 감면되는 범위를 대폭 축소하기로 하였다.

부동산을 보유하고 있을 때 부과하는 재산세 등을 많이 부과하기로 했다. 가격이 높게 상승한 토지나 일정규모 이상의 주택에 대하여는 단계적으로 과표를 현실화하여 재산세를 중과하는 연차별 시행계획을 마련하기로 하였다. 그때까지 일반적으로 재산세를 부과하는 토지의 과세표준은 현실지가의 20~50%에 불과하여 이를 높이기로 한 것이었다. 더불어 국세청은 탈세를 방지하는 조치를 강화하도록 하였다. 예를 들자면 투기지역에 있는 아파트의 소유자와 입주자에 대한 실태를 조사하여 임대소득을 과세하는 등 탈세를 방지하도록 했다.

지가체계를 일원화하기로 하였다. 이는 해묵은 과제이기도 했다. 공시지가의 도입이 가장 중요한 내용이었다. 건설부, 국세청, 금융기관 등 행정기관이나 사용목적에 따라 4개로 나누어진 지가를 공시지가로 통일하여 동일한 토지에 대해서는 땅값이 하나가 되도록 하였다. 그리하여 공시지가의 조사·평가기준과 절차를 만들고, 공시지가를 적용하는 구체적인 방법을 규정하기로 하였다. 공시지가는 토지거래에 대한 준거기준이 되도록 한 것이었다. 모든 토지에 대하여 이용상황과 개발정도 등을 가격으로 표시해 주는 것이었다. 동시에 공시지가는 토지에 대하여 세금을 부과하기 위한 과세표준이 되는 것이었다. 그렇게 되면 공시지가는 현실가격을 반영하기 때문에 토지세제의 내실있는 운용이 가능한 것이었다. 과다한 토지보유는 억제되고 토지를 개발하여 공급이 늘어날 것으로 기대되었다.

토지평가에 관한 자격제도도 일원화할 계획이었다. 국토이용관리법에 규정된 토지평가사와 감정평가에 관한 법률에 의한 공인감정사를 부동산평가사로 합치는 것이었다. 그리고 부동산평가사간의 경쟁을 촉진하여 부동산평가에 관한 제도와 평가기법이 발전되도록 해야만 했다.

이를 위하여「지가공시에 관한 법률」을 제정하기로 하였다. 그리고 첫번째 공시지가는 89년 상반기에 고시하기로 계획하였다. 구체적으로 표준지는 10~15만 개로 선정하여 이를 지역적으로 분석하고 가격을 조사하여 평가할 계획이었다. 또 모든 토지가 표준지에 포함될 수 없기 때문에 표준지와 다른 지역토지와 관계를 나타내는 토지가격 비준표를 국토개발연구원에서 개발하도록 하였다.

그리고 토지를 거래하고 등기할 때에는 관인계약서를 반드시 사용할 것을「8.10 조치」에 포함하였다. 관인계약서는 이미 78년 8월 8일 부동산 투기억제대책의 일환으로 부동산을 등기할 때 그 사용을 의무화하도록 「부동산 등기법」 제40조 제2항에 규정하였다. 다만 동법 부칙에 따라 이의 시행을 유보하였었다. 관인계약서를 사용하면 거래가격 등 토지거래에 관한 정보를 쉽게 얻을 수 있었다. 또 이를 주요 거래지표로서 정책자료나 과세자료로 쓸 수 있었다. 그리고 등기 이전의 거래사실을 알 수 있어 미등기전매를 막을 수 있기 때문에 투기를 막는 효과도 있었다. 그리하여 관인계약서 사용에 관한 대통령령을 제정하여 88년 10월 1일부터 이를 시행하기로 하였다. 이에 더하여 토지거래는 있으나 등기하지 않고 전매하는 것을 근본적으로 막기 위하여는 등기의 의무화가 필요하였다. 그러나 이에 대하여는 등기와 관련된 내용을 실질적으로 심사할 수 있는 방법, 이를 담당하는 인력 그리고 등기의무화 도입에 따른 법적논쟁 등의 문제점이 있어 이를 차후에 검토하여 시행하기로 하였다.

택지공급도 늘려 주택가격이 안정되도록 노력하였다. 「8.10 조치」당시 토지개발공사와 주택공사 그리고 지방자치단체가 추진 중인 택지개발은 143개 지구로 89㎢의 규모였다. 이 중에서 개발이 추진 중인 지구는 조속히 완료하고 아직도 개발이 착수되지 않은 지구는 사업을 빨리 추진하기로 하였다. 뿐만 아니라 택지개발이 가능한 지구를 조속히 지정하여 주택 200만 호 건설에 필요한 택지공급에 차질이 없도록 하였다.

토지공개념 확대를 위한 토지개혁 입법 추진

「8.10 조치」에서 정부는 토지가 다른 자산과 비교하여 비슷한 수준의 수익을 내는 정상적인 재화가 되도록 만들어 토지의 소유와 이용, 그리고 거래에서 나타날 수 있는 문제점을 없앨 수 있는 장기적이고도 근본적인 대책을 강구하기로 하였다. 토지시장질서를 정상화시키고 개발이익을 환수하여 토지의 투기를 원천적으로 막아, 토지의 소유와 이용은 반드시 일치되도록 하는 것 등이 그것이었다. 토지공개념 확대를 위한 토지개혁입법 추진이 그 핵심내용이었다. 택지소유상한제를 도입하고, 종합토지세를 만들기로 하였다. 그리고 이외에도 토지개혁을 위하여 상정한 입법도 있다. 토지소유권과 이용·개발권의 분리, 농지·임야는 실수요자만이 구입할 수 있도록 하는 제도, 부재지주 소유농지에 대한 재산세 중과, 그리고 산지의 형질변경에 따른 개발이익의 환수 등이 바로 그 주요 내용이다. 그리고 이와 같은 토지개혁을 이루기 위하여 필요성과 제도적 장치의 내용 등에 대하여는 토지공개념연구위원회를 구성하고 그 연구결과에 따라 조치하기로 했다. 따라서 그때까지는 아직도 새로운 제도에 대한 아이디어 차원에서의 접근이었다. 구체적인 내용을 만들어야 했다. 그러나 당시 건설부에서는 「8.10 조치」의 배경과 내용을 설명하면서 초보적인 단계지만 이를 보다 구체화해 나갔다.

(1) 택지소유상한제의 도입

우리나라는 국토가 좁아 1인이 보유할 수 있는 토지는 2,386㎡에 불과하다. 우리보다도 면적이 적은 영국도 4,298㎡로 우리보다 크고, 일본의 3,096㎡보다도 작다. 집을 지을 수 있는 대지는 1,845㎢로 도시면적 13,593㎢ 중 13.6%에 해당된다. 이를 인당(人當)으로 환산하면 도시 전체는 484㎡(146평)이고 대지만은 45㎡로 14평에 불과하다. 서울시의 토지를 보유하고 있는 가구별 평균 보유면적도 46% 수준이 18~50평에 집중되어 있었고 100평 이상은 16%에 불과하였다.

[표 13] 서울시 토지보유가구별 평균 보유면적

18평 이하	18~50평	50~100평	100평 이상
16%	46%	21.9%	16.0%

자료 : 건설부(1988. 8), p. 11.

더욱더 문제가 되는 것은 토지가 일부계층에 너무 과다하게 집중되었다는 것이었다. 국토개발연구원 조사에 따르면 토지를 갖고 있는 상위 10%가, 서울은 전체 토지의 69.5%를, 전주는 72.9% 그리고 평택은 59.7%를 갖고 있었다. 지가가 높아지면 토지 소유자는 아무런 노력이 없다 하더라도 토지를 갖고 있는 것 자체로 자산을 증식시킬 수 있다. 그런데 위와 같이 상위 10%에 토지가 집중되어 있다면 이와 같이 생기는 불로소득은 토지를 많이 갖고 있는 계층에게 집중된다. 그렇게 되면 자산소득이 중심이 되는 계층의 소득이 늘어나 소득이 왜곡되게 분배될 수 있었다. 실제로 87년 국토개발연구원의 조사에 따르면 대도시지역의 도시팽창에 따른 지가상승으로 인하여 발생한 개발이익의 90% 이상이 상위 5%에 집중되고 있었다.

[표 14] 일부도시 토지소유 집중도

(단위 : %)

구 분	서 울	전 주	평 택	화 성
토지보유가구	27.6	53.0	69.1	(172)
소유계층 상위 5%	60.7	56.7	42.4	33.4
상위 10%	69.5	72.9	59.7	48.4

자료 : 건설부(1988.8), p. 11.

도시 내에서 대규모로 개발이 가능한 토지는 줄고 있었다. 택지가격이 올라 대지비 비중이 17.8% 내지 20.8% 수준에서 24.2%로 높아지고 있었다. 택지비가 오르면서 저렴한 주택공급을 늘리는 데 큰 애로요인이 되었다.

〔표 15〕 주택가격 중 대지비 비중

(단위 : %)

구분	75	77	79	81	83	85
대지비	17.8	18.8	20.8	20.0	25.8	24.2
건축비	80.2	81.2	79.2	80.0	74.2	75.8

자료 : 건설부(1988.8), p. 12.

앞에서도 언급했듯이 택지가격은 땅값 오름세를 선도하였다. 따라서 택지 소유상한제는 토지투기가 일어나는 원인을 근본적으로 해결하는 데 필요하였다. 그 논리는 단순하였다. 그러나 명쾌하였다. 일정규모 이상 소유 자체가 어렵게 되어 가수요를 막는다. 이는 불로소득을 막아 투기의 유인을 없애준다. 더하여 소유상한을 넘는 토지는 보유자체가 비용이나 부담을 늘리게 되어 시장에 나오게 된다. 땅값이 안정된다. 또 이를 국가가 사서 비축하면 토지의 수급조절도 가능하게 된다. 그러면 누구나 택지를 쓸 만큼 적정하게 보유하게 한다. 토지가 특정계층에게 집중되는 것을 막을 수 있다. 그렇게 되면 토지의 소유가 편재되었을 때 일어나는 자원이나 소득 배분상의 문제점도 시정할 수 있게 된다. 뿐만이 아니다. 저소득층에게 저렴한 주택공급을 보다 원활하게 해줄 수 있다. 이미 85년 국토개발연구원의 조사에 따르면 택지소유상한제를 국민의 73.0% 이상이 필요하다고 지지하였다.

상한제를 도입하기 위하여는 먼저 토지보유와 이용실태에 관한 기초조사가 필요하였다. 도시규모에 따라 토지가 주거, 상업 등 용도별로 어떻게 쓰이는가? 개인이나 법인별로 토지를 이용하는 목적에 따라 어느 정도의 소유가 적정한 규모로 볼 수 있는가? 개발이 가능한 나대지의 현황은 어떠한가? 등등이 조사되어야 했다. 이를 기초로 상한제 도입을 위하여 검토할 사항이 많았다. ① 적용대상토지, ② 적정한 소유규모, ③ 상한규모 이상의 택지거래 취급문제, ④ 이미 상한을 초과하여 갖고 있는 개인이나 법인에 대한 경과조치, ⑤ 국가 매입, 강제개발 등 상한제를 위반 했을 때의 제재방안, ⑥ 외국의 예 등등이 중요한 검토 변수가 되었다.

이를 담을 법으로는 토지기본법을 만들거나 국토이용관리법을 개정하거나 새로운 법을 제정하는 것 등을 검토할 수 있었다. 물론 법을 만드는 과정에서 토지공개념위원회의 연구결과와 공청회를 통하여 각계의 의견을 최대한 수렴하기로 했다.

(2) 종합토지세의 도입

당시 토지를 과다하게 보유하고 있는 개인이나 법인에게는 토지과다보유세가 부과되었다. 그러나 토지과다보유세는 과세대상 지역과 지목이 제한되고 세율이 낮아 실효성이 적었다. 세금이 부과되는 지역이 제한되었다. 법인의 경우는 전국에서 오른 토지가 대상이 되었으나 비업무용 토지로 한정하였다. 그러나 개인인 경우에는 일부지역에 한정되었다. 읍단위 이상 도시계획구역, 그리고 서울특별시·직할시·대전시와 경계를 접한 면(面)지역 내의 도시계획구역과 투기가 우려되는 지역만 합산하도록 되었다. 그리고 그 지역에서 과세대상에서 제외되는 지목이 많았다. 개인의 경우 25개 지목 중 8개 지목이 과세대상이 되었으나 그중에서도 공한지에 국한하였다. 세율도 낮았다. 과거 공한지나 비업무용 토지에 부과되던 세율은 5~10%이었다. 이에 비하여 토지과다보유세는 누진세율이지만 세율은 0.5~5%로 매우 낮았다.

따라서 토지과다보유세를 개선하여 종합토지세를 도입하고자 하였다. 토지의 소유자별로 전국의 보유토지를 모두 합산하여 과세하도록 하였다. 과세 대상지역이나 토지를 전국으로 늘리었다. 세율은 보유면적이나 보유가격을 기준으로 누진율을 적용할 계획이었다. 과세표준은 합리적이고 객관적으로 정할 계획이었다. 이 같은 종합토지세가 90년에 도입될 수 있도록 89년 9월까지 인별 토지 전산화작업을 완료하고 지방세법을 개정하기로 하였다.

(3) 개발이익환수제의 도입

이미 「국토이용관리법」 제3조의2 규정에는 개발이익환수제를 동법이나 다른 법률에 의하여 시행할 수 있도록 하였다. 개발부담은 사업시행자가, 개발이익은 사업시행지 주변 토지소유자가 국가나 지방자치단체에 부과하도록 되어 있었다. 이때 연구하여야 할 사항이 많았다. ① 대상사업과 구역의 설정, ② 개발이익을 산정하는 합리적인 평가기법, ③ 개발이익을 환수하는 범위 등이 고려되어야 했다. 아울러 개발이익환수제를 도입했을 때 일어날 수 있는 부작용도 줄여야 했다. 토지공급이 동결되어 거꾸로 지가가 오르고 그 결과 부동산 경기가 예상보다 크게 위축될 수가 있었다. 따라서 「8.10 조치」에서는 제도의 도입과 이에 대한 부작용 등 모든 사항을 연구하고 검토하여 88~89년 내에 개발부담금제를 시범적으로 도입하고, 90~91년에는 개발이익 환수범위를 확대할 계획이었다.

(4) 토지센서스 실시 계획

토지보유실태, 토지의 이용상황, 그리고 개발·이용가능성 등 토지

관련 정보를 종합적으로 파악할 수 있을 때 과학적인 토지정책 수립이 가능하다. 또 그와 같은 정보의 분석과 전망이 가능할 때만이 토지이용, 토지허가·신고제의 운용, 그리고 토지관련 조세 등 토지정책의 실효성이 높아질 수 있다. 또 그래야만 토지정책의 사후평가가 가능하고 이를 기초로 정책개선이 가능하다.

그리하여 3,100만 필지를 대상으로 토지보유, 이용상황 그리고 개발·이용가능성 등을 조사할 계획이었다. 이에 대한 법적인 근거는 국토건설종합계획법에 의한 토지현황조사, 국토이용관리법에 의한 거래·지가조사, 그리고 지정통계를 조사하여 작성할 수 있는 통계법 등등이 있었다.

그러나 토지의 소유·이용관계는 필요한 경우 토지 소유자나 토지를 실제 이용하는 자가 그 자료를 제출하도록 국토이용관리법을 개정할 계획이었다. 조사는 건설부가 주관이 되고 토지개발공사에서 조사하도록 하고자 하였다. 내무부, 농림수산부, 산림청, 국세청 등 관계기관도 합동으로 참여할 계획이었다.

(5) 기타 토지개혁 입법

기타 토지공개념연구위원회의 연구결과에 따라 법률로 추진할 사항으로 다음과 같은 사항이 있었다. ① 토지소유권과 이용·개발권을 분리하는 방안, ② 농지·임야는 실수요자만이 구입할 수 있도록 제한하는 방안, ③ 부재지주 소유농지에 대하여 재산세를 중과하는 제도, 그리고 ④ 산지의 경우 형질변경에 따른 개발이익을 전액 환수하는 방안 등이 그것이었다.

토지개혁 입법추진기구

(1) 부동산정책위원회 설치

언제나 토지정책의 수립과 집행에는 많은 기관이 관련된다. 그리하여 모든 유관기관이 개혁의식을 갖고 부동산투기를 근절시키기 위하여 단기 제도개선사항에 대한 추진방향과 진도를 점검하기 위하여 부동산정책위원회를 설치하였다.

위원장은 부총리 겸 경제기획원 장관이 되었다. 그리고 위원은 내무부 장관, 재무부 장관, 법무부 장관, 농림수산부 장관, 건설부 장관, 국세청장, 대통령경제수석비서관, 대통령행정수석비서관, 국무총리 행정조정실장, 서울특별시장과 필요시 위원장이 위촉하는 부동산관련 전문가로 구성하였다.

그리고 구체적이고 세부적인 실천사항은 경제기획원 차관을 위원장으로 하는 부동산대책실무위원회를 활용하여 점검하도록 하였다. 또, 부동산대책실무위원회는 민간연구기관과 학계 등 전문가가 참여하는 토지공개념연구전담반(반장: 국토개발연구원장)을 구성하여 제도개혁 방안을 마련하고 외국의 사례연구를 하게 하였다. 그리고 토지거래전산화는 경제수석비서관을 위원장으로 하는 별도의 실무위원회에서 추진상황을 점검하기로 하였다.

(2) 토지공개념연구원회의 구성

88년 9월 국토개발연구원장을 위원장으로 학계, 연구기관 등 20인 이내 연구위원으로 토지공개념연구위원회를 구성하였다. 동 위원회는 토지제도 개혁방안을 연구하고 외국의 주요한 토지정책 사례를 분석하여 그 결과를 토지개혁 입법에 참고하도록 중요한 정책을 건의하도록 하였다.

동 위원회는 토지의 소유제한(분과위원장: 김남진 고려대 교수), 토지의 거래규제(분과위원장: 서원우 서울대 교수), 개발이익환수제도(분과위원장: 황명찬 건국대 교수) 그리고 기업의 토지 과다보유 억제대책(분과위원장: 홍원탁 서울대 교수) 등 4개 분과로 나누어 연구하기로 하였다.

[표 16] 토지공개념연구위원회의 구성

위원장	국토개발연구원장
토지의 소유제한	김남진(분과위원장: 고려대), 김상용(한양대), 김영표(국토개발연구원), 김창섭(건설부), 서병훈(경제기획원), 이상철(한국토지개발공사), 이태일(국토개발연구원), 임승권(국토개발연구원), 임호정(건설부)
토지의 거래규제	서원우(분과위원장: 서울대) 김경용(경제기획원), 김정호(한국농촌경제연구원), 류해웅(국토개발연구원), 서종대(건설부), 송대희(한국개발연구원), 심동로(산림청), 정준호(농림수산부)
개발이익 환수제도	황명찬(분과위원장: 건국대) 손선규(건설부), 강교식(건설부), 김병일(경제기획원) 김석봉(건설부), 김원희(국토개발연구원), 김용대(내무부) 김현식(국토개발연구원), 옥우석(재무부), 정세욱(명지대) 지대식(국토개발연구원)
기업의 토지과다보유 억제대책	홍원탁(분과위원장: 서울대) 김용대(내무부), 김정환(재무부), 손재영(국토개발연구원) 이계식(한국개발연구원), 이욱중(건설부), 정홍상(경제기획원) 최광해(경제기획원), 최한(농림수산부), 홍원주(상공부)

자료 : 토지공개념연구위원회, 『토지공개념연구위원회 연구보고서』, 1989.5, p. 31, 99, 175, 235.

3. 토지소유편재의 충격
– 토지공개념 확대도입에 대한 국민적 합의 도출

1989년 2월 토지공개념위원회의 활동으로 내무부에서 가지고 있던 토지 전산자료를 활용하여 토지재산의 분포상태가 밝혀졌다. 우리나라에서 처음으로 토지면적을 기준으로 토지편중도를 실증적으로 파악한 것이었다.

결과는 상위 5% 토지소유계층이 민유지의 65.2% 이상을 차지하고 있다는 것이었다. 토지의 소유가 일부에 편재되어 있으리라는 예상은 했으나 너무나 충격적이었다. 토지의 가격이 올라서 개발이익이 생긴다면 그와 같은 불로소득의 65.2% 모두 토지를 갖고 있는 상위 5% 계층에 귀속된다는 의미였다. 토지에서 생기는 자산소득이 소득의 불평등 정도를 심화시킨다는 주장이 가능하였다. 실제로 소득의 왜곡된 분포를 측정하기 위하여 사용되는 지니계수|Gini Coefficient상으로 토지소유집중도는 도시별로 0.838~0.946(전체가구 기준)과 0.709~0.867(토지소유자 기준)이나 되었다. 이는 한국개발연구원이나 기타 연구보고서에서 산정한 85년의 소득편중도 0.3450~0.41 또는 88년의 0.3360~0.40보다도 커, 토지가 계층별로 소득보다도 심각하게 편재되었음을 표현하고 있었다.

그러나 당시 정부 발표에 따르면 80년대의 소득분배상태가 점차 개선되고 있는 것으로 나타나고 있었다. 지니계수는 80년의 0.3891에서 85년에는 0.3450으로 그리고 88년에서 0.3360으로 낮아지고 있었다. 10분위 분배율도 80년의 0.3538에서 88년에는 0.4659로 높아졌다. 여러 가지 조세지원과 특혜적인 정책금융이 축소되거나 폐지되고 물가안정을 위한 조치들의 결과였다. 그럼에도 불구하고 80년대 후반 이후 소득의 불평등이 심화되었다는 문제가 제기되고 상대적인 박탈감이 커졌다는 주장이 더욱 고조되고 있었다. 이것은 실제의 소득분배와 국민들의 인식 간의 격차에 많이 기인하였다. 또 소득을 대리변수로 사용하여 분배문제를 분석하는 한 나타나는 방법상의 한계에도 원인이 있었다. 경제적 지배력과 보다 큰 연관을 가지면서 잠재적 소비능력을 나타내는 경제적 부|Wealth 또는 자산의 불평등에 대한 연구가 없는 상황에서 유량|流量; Flow인 소득만을 고려한 분배추세는 설득력이 크지 않았다. 이것은 특히 자가주택의 보유 여부가 가구의 소비능력을 결정적으로 좌우하고, 개인보

유 재산 중 토지가 차지하는 비율이 낮게는 38.6%이고 높게는 70%에 이르는 우리나라의 현실에서, 88년 당시 부동산 가격이 급격하게 상승하여 분배문제가 심각하게 제기된 점을 생각하면 쉽게 이해될 수 있었다.

이러한 상황에서 토지의 소유가 과도하게 일부 계층에 집중되어 있었다는 사실을 발표하는 것은 경제적으로나 정치적으로 위험성이 많았다. 경제적으로는 소득분배의 불평등을 정부 스스로 강조하고 저소득층이 갖고 있는 상대적인 박탈감을 더욱 확대할 수 있었다. 특히 땅값이 올라가면 토지의 소유 여하에 따라 소득분배는 더욱더 악화된다는 것을 알리는 것이었다. 그리고 정치적으로는 민주적 기본질서에 대한 안정성을 심각하게 위협하고 정치적 지지기반을 좁힐 수도 있었다. 더욱이 「상위 5%, 65.2% 민유지 소유」는 우리나라 역사상 처음으로 내무부가 갖고 있는 토지전산자료를 분석한 결과이기 때문에 과학적이고 실증적인 것이었다. 그러므로 이를 발표할지 여부에 대해서는 정부 내에 이견이 있었다.

내무부는 강력하게 반대하였다. 처음부터 토지전산자료를 토지공개념연구위원회에 제공하는 것조차 내무부는 매우 꺼렸다. 그렇기 때문에 동 자료를 토지공개념연구위원회가 얻는 데까지도 쉽지 않았다. 관계부처의 많은 도움이 필요하였다. 내무부의 반대는 예측이 가능하였다. 내무부는 개인의 토지정보는 아니더라도 이를 집계한 자료가 공포되는 것에 대하여 중산층 이상의 반발과 정치적인 지지계층의 감소를 우려하여 발표를 강력하게 반대하였다. 심지어 더 이상의 자료를 제공할 수 없다고까지 밝히는 상황이었다.

문희갑 경제수석과 필자는 발표하자고 주장하였다. 토지공개념을 확대하여 도입하기 위한 정책을 이미 정부가 추진하고 있었고, 개발이익을 환수하여 토지의 가격상승에 따른 개발이익이 자산소득이 많은 계충에 귀속되어 일어나는 소득분배의 불균형을 줄이는 것이 토지공개념의 중요한 정책목적이었다. 그러므로 토지편중도 자료야말로 이들 정책을 강력하게 추진하라는 실증적 논거가 될 수 있었기 때문이다.

먼저 「상위 5%, 65.2% 소유집중」을 발표하면 이는 토지에 관한 문제를 정확히 그리고 상징적으로 제시하게 되는 것이었다. 그리고 이미 정부는 토지공개념을 확대하여 도입하고자 하였기 때문에 토지문제에 효과적으로 대응하고 있는 것이었다. 이를 국민에게 널리 알리자는 의도였다. 그렇게 되면 토지공개념에 대한 국민적 합의와 지지를 이끌어 낼 수 있는 계기도 될 수 있었다. 그리고 당장은 발표하지 않더라도 언제까지 보안을 지킬 수 있을지도 문제였다. 실제로 박승 건설부 장관, 청와대 문희갑 경제수석, 그리고 필자는 이와 같은 충격적인 자료를 발표할지 여부에 대하여 긴밀하게 협의하였다. 박승 장관과 필자는 강남의 한 음식점에서 점심을 들면서, 발표는 하되 안전한 완충지대가 필요함을 감안하여 발표는 국토개발연구원 명의로 하기로 하였다. 청와대로부터도 긍적적인 답변을 받은 것은 물론이다.

토지자산의 불평등에 관한 최초의 자료가 발표되면서 충격은 두 가지 방향으로 표출되었다. 하나는 여권 내에서의 강력한 반발이었다. 정치를 이해 못하는 관료집단으로 매도되고, 민주자유당 대표가 주재하고 주요 당직자가 모두 참여하는 회의에 참석하여 박승 장관과 필자는 보고보다는 지도와 훈계를 받아야 했다. 다른 하나는 토지공개념 확대 도입에 대한 전폭적인 국민의 지지였다. 토지개혁정책의 방향이 옳다는 지지에서 끝나지 않았다. 구체적이지는 않으나 보다 강력한 대책이 필요하다는 여론이었다. 이렇게 하여 토지소유에 대하여 최초로 불평등을 분석한 자료가 토지공개념 확대도입에 관한 국민적 합의를 이끌어 내는 데 결정적으로 기여하였다.

4. 토지공개념 도입의 경제적 효과

▌지가의 안정

먼저, 토지공개념의 확대도입으로 지가가 안정되었다. 토지공개념의
확대도입은, 개발이익을 고리로 투기수요가 늘고 지가가 급등하는 토
지시장 구조를 근본적으로 바꾸려는 시도였다. 토지공개념이 확대 시
행된 90년대 들어오면서 역사상 처음으로 땅값이 하락하였다. 92년에
는 2.27%, 93년에는 7.38% 연속 지가가 하락하고 토지시장은 안정되
었다. 다른 한편으로는 신도시정책과 200만 호 주택건설로 주택가격도
하락되었다. 88년과 89년에 20% 이상 올랐던 아파트 가격은 90년에
32.3%의 높은 상승률을 정점으로 급격히 내려갔다. 91년에는 1.8%가
내려갔고 92년에는 5.0% 이상이나 내려가면서 주택시장도 안정궤도에
들어가고 있었다. 이에 따라 토지공개념과 신도시건설, 그리고 200만
호 주택건설은 90년대 우리나라의 부동산 시장을 안정시켰다.

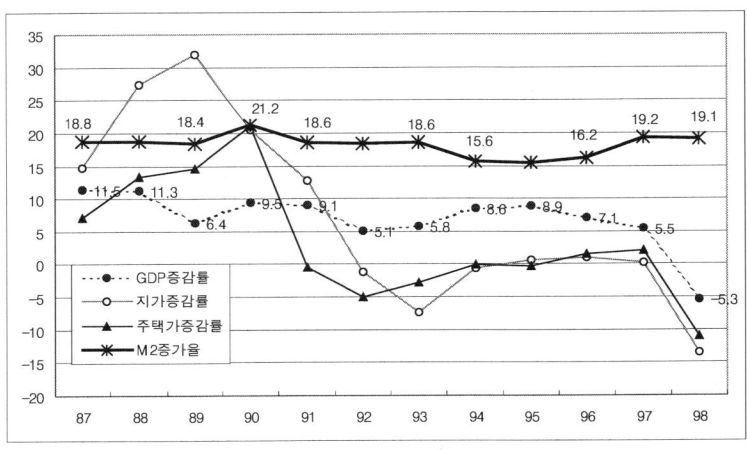

주 : M2는 평균잔액 기준

[그림 6] 경제성장률·통화량과 부동산 가격의 추이

지가의 안정은 소비활동을 건전하게 하고 투자를 늘린다. 지가의 안정은 자산효과를 통하여 비내구재를 '흥청망청' 소비하는 사회분위기를 만드는 데 중요한 역할을 하는 투기를 잠재운다. 지가 10% 하락은 설비투자 할인지수를 0.37% 내려 실질설비투자 대출금을 늘려 설비투자가 증가한다. 지가의 하락은 물가안정에 기여하고 대외경쟁력을 높인다. 10%의 지가하락은 장기적으로 수출물가를 0.4% 정도 내려 수출제품의 가격을 다른 나라 제품보다 싸게 만든다.

지가의 안정은 공급능력도 키워준다. 10% 정도 땅값이 내리면 광공업에 종사하는 근로자 임금을 3.2% 정도 내리게 한다. 광공업 평균생산성은 0.3% 올라간다. 그 결과 총공급은 늘어나고 다른 조건이 일정하다면 물가는 내려간다. 지가의 하락은 근로의욕을 높인다. 부동산 가격이 하락하면 임금의 하락이 전세값이 내려가는 정도보다 낮게 되어 주택규모를 늘릴 수 있고 근로의욕이 늘어나는 것은 당연하다. 지가의 하락으로 개발손실이 발생한다. 일부 계층에 편중된 토지소유와 토지에서 발생하는 자산소득 때문에 일어날 수 있는 소득의 불평등한 배분을 줄일 수 있다.

요약하자면 지가의 하락은 소비를 줄이고 건설경기를 진정시켜 국민총생산의 다소의 감소를 가져온다. 그러나 지가의 안정에 의하여 일반물가는 큰 폭으로 내려가 대외경쟁력을 높이고 장기적으로 설비투자를 늘려 성장잠재력을 제고한다. 또한 지가의 하락은 국제수지를 대폭 호전시킨다. 근로의욕도 늘리고 공정한 소득분배가 일어나도록 돕는다.

토지공개념의 확대도입이 지가안정에 기여하였다는 점에 대하여는 대부분의 연구결과가 일치하고 있다. 다만, 기여한 정도에 대해서는 다소의 차이가 있다.

서승환(1994)에서는 토지초과이득세의 도입이 1992~1994년 기간 중의 부동산가격 하락의 약 1/5 정도만 기여한 것으로 계산되었다. 정희남 (1994)은 이 1/5이라는 수치가 결코 작은 수치가 아니라고 주장하였다.

서승환(1993)은 200만 호 주택건설이 1991년 1/4분기~1992년 2/4 분기의 주택가격 하락의 약 33%만을 설명하고 있다고 결론을 내렸다.

이에 대하여 손재영(1998)은 90년대의 지가안정이 200만 호 주택건 설과 당시의 거시경제적 안정에 기인하는 것으로 보았다. 그에 따르면 80년대 말의 지가급등이 투기행위보다는 급격한 유동성 증가에 의한 거 시경제적 현상이었다. 시중에 돈이 넘쳐 흐르고 소득이 증가하면서 투 자대상이나 실수요를 목적으로 토지와 주택에 대한 수요가 팽창한다. 이에 비해 개발토지의 공급을 독점하던 공공부문은 이 수요를 감당하지 못하였다. 이러한 상황에서 가격은 오를 수밖에 없었다. 투기란 어차피 오르게 될 가격이 오르는 과정에 불과하였다. 그러므로 공개념 제도의 시행이 90년대 초 이후 지가가 안정된 원인이라는 증거는 없으며, 그보 다는 거시경제적 안정과 주택 200만 호 건설이 보다 설득력 있다고 그 는 설명하고 있다. 그러면서 공급측면의 민간활력 도입, 규제완화, 지가 상승 차익의 보편적인 환수와 재분배 등을 대안으로 들고 있다.

그가 제시하는 대안의 의미는 토지의 공급을 확대하고 개발이익을 환수하는 대상토지를 광범위하게 늘리는 것이다. 이는 토지공개념의 확대도입 정책의 목적과 동일하다. 그리고 지가의 안정은 수요를 감당 할 수 있는 공급능력의 향상을 통해 이루어진다고 주장하고 있다. 따라 서 지가의 안정요인으로 200만 호 주택을 들고 있다. 조세의 부담을 통 하여 토지공급을 증대시키는 토지공개념 확대도입이 지가안정의 증거 가 되지 않는다는 것은 논리적으로 맞지 않는다. 유동성 증가가 부동산 수요를 늘리고 이에 맞는 공급이 있어야만 지가는 안정될 수 있다는 점 을 생각하면 더욱더 그러하다.

국토개발연구원은 토지세의 지가안정 파급효과를 분석하여 토지공개념 제도를 간접적으로 평가했다.

토지세는 토지분 취득세·종합토지세·양도소득세·법인특별부가세와 토지초과이득세·개발부담금·택지초과소유부담금을 합한 것으로 보고, 벡터자기회귀|VAR; Vector Autoregression 모형을 이용하여 파급효과를 분석하였다. 그 결과 토지세 변동률 1% 상승은 조세의 전가 때문에 1년 후에 1.94%, 2년 후에 2.12% 지가를 올리고, 3년 후에 0.91%, 4년 이후 -0.48%, 5년 후에 -0.95%로 땅값을 내리고 있다고 보았다. 그리하여 토지공개념 관련제도의 도입으로 인한 토지세의 변동률이 거의 없기 때문에 지가안정 효과는 매우 낮았을 것으로 판단하였다.

그러나 토지공개념의 확대도입과 관련된 세금이나 부담금의 규모는 지가가 안정이 되었을 때 작아진다. 따라서 92년 이후 지가가 하향 안정되었을 때는 토지세의 규모가 작아져 지가하락에 미치는 영향이 적어질 수 있다. 그 결과 토지초과이득세나 개발부담금이 과다한 토지수요를 억제하고 공급을 늘려 지가를 하락시키는 영향을 과소평가한 결과로 보인다.

▌토지시장 안정에 따른 IMF 충격 완화

97년 이후 우리나라의 토지시장은 IMF 충격을 받았다. 그 이후부터는 지가가 크게 떨어지고, 거래가 줄면서 토지시장이 극도로 침체되었다. 토지공개념 3법 등의 도입으로 92년부터 94년까지 3년 동안 9.3% 정도 땅값이 떨어지면서 시장구조는 안정되고 있었다. 이에 외부적인 충격이 몰아쳤다. IMF 이후 98년 3/4분기까지 9개월 동안 땅값은 13.4%나 떨어졌다. IMF 이후 지가하락률이 과거에 비해 약 5.8배 정도나 컸다. 이는 IMF 충격에 따른 실물부문과 금융부문의 충격에 의한 것이다.

따라서 토지공개념 확대도입은 토지시장의 내부적 개혁을 통하여 토지시장을 안정시켜 IMF 충격 때문에 일어날 수 있는 토지가격의 대폭적인 하락을 막았다. 그렇지 아니하고 IMF 때문에 부동산의 버블이 갑자기 제거되었다면, 금융기관의 부실채권은 더욱 커지고 금융경색은 심화되며 실물경제는 더욱 나빠져 금융과 실물부문이 모두 불황에 빠질 수 있는 복합불황의 우려가 매우 컸었다. 이와 같은 복합불황을 막는데 토지공개념은 크게 기여했다.

이를 두 가지 각도에서 설명할 수 있다.

첫째, 토지공개념의 확대도입으로 지가는 안정되고 토지가격에서 거품비율이 많이 해소되었다. 토지공개념제도의 본격적인 시행으로 90년대부터 외환위기 전까지 지가는 크게 안정되었다. 동 기간 내에 땅값은 평균 3.2%, 주택가격은 2.0% 상승을 유지하고 있었다. 이는 토지공개념이 도입되기 이전인 80년대의 연평균 지가상승률 14.5%와 주택가격 상승률 11.6%와 크게 대비되는 수준이다.

〔표 16〕 외환위기 전후 부동산 가격의 변동 추이

(단위 : %)

구 분		지가	주택가	비 고
IMF 이전 (연평균)	80년대	14.5	11.6	주택가 : 87~89년 기준
	90년대	3.2	2.0	
	평 균	9.5	4.6	
IMF 이후		△13.4	△12.7	지 가 : 98년 3/4분기 기준 주택가 : 98년 11월 기준

주 : ( )는 IMF 이전 연평균 증가율 대비

부동산 가격에 내재된 거품비율도 내려갔다. 지가 및 주택가격의 거품비율은 91년에 각각 58.2%와 39.8% 수준으로 가장 높았다. 토지 공개념이 도입이 되고 본격적으로 세금이나 부담금을 징수하기 직전이었다. 그 이후 지가와 주택가격에 포함된 거품의 비율은 내려갔다. 97년에 그 비율은 땅값은 15.9%, 주택가격은 17.9% 수준이었다. 따라서 98년 3/4분기 기준으로 지가가 13.4%, 주택가격이 12.7%로 내려간 점을 고려한다면 현재 부동산 가격에는 거품비율이 거의 해소되었다고 볼 수 있다([그림 4~5] 참조). 거품의 붕괴는 추가적인 부동산 가격의 하락이 없다는 추정을 가능하게 만든다. 이러한 의미에서 볼 때 90년대 초의 부동산 가격에 거품이 있었다면 외환위기 이후 부동산시장은 단기간 내 거품이 붕괴되고 이에 따라 지가가 급락하여 커다란 혼란에 빠졌을 것으로 보인다. 이와 같은 상황을 막은 것은 토지공개념의 도입에 따른 토지시장의 안정이라고 볼 수 있다.

　둘째, 이와 같은 부동산 가격의 급락 방지는 외환위기 이후 금융시장의 붕괴를 막았다. 금융기관들은 부동산을 담보로 감정가격의 70% 범위 내에서 대출을 하고 있었다. 외환위기 이후에는 부동산의 거품이 이미 빠져 있었고 지가가 크게 하락하지 않아 금융기관은 부동산 담보가 부족하지 않게 되었다. 실물경기 침체에 따른 부동산가격의 대폭적인 하락과 이로 인한 담보부족 때문에 일어날 수 있는 금융기관의 부실화를 막았다. 이는 토지공개념의 확대도입의 효과라 할 수 있다.

　이에 비하여 일본은 부동산 버블이 붕괴하고 이때 금융기관이 파산되었다. 그리하여 일본은 금융위기를 맞고 실물경제도 나빠져 장기경제불황에 이르렀다. 우리와 다른 시나리오로 경제가 전개되었다.

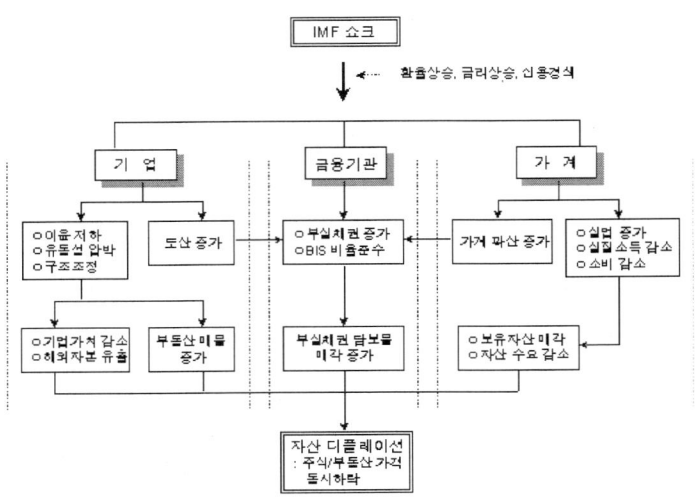

[그림 7] IMF 이후 우리나라의 자산디플레이션

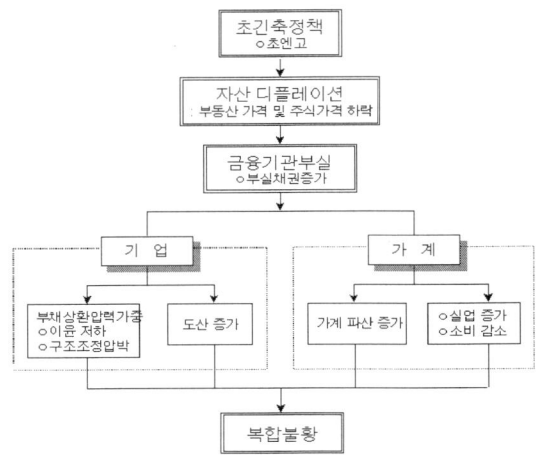

[그림 8] 일본의 부동산 가격하락 경로

토지소유의 형평성 제고

토지공개념의 확대는 소유면에서 토지의 불평등도를 완화하였다. 종합 토지세와 주택분 재산세 자료로써 지니계수를 만들어 본 결과는 이를 입증하고 있다. 종합토지세의 과세대상이 되는 개인종합합산·개인별 도합산·법인종합합산·법인별도합산의 모든 토지의 경우에 있어 종합 토지세 지니계수는 감소하였다. 이는 토지소유의 불평등 정도가 완화 되었음을 의미한다.

〔표 17〕 종합토지세에 대한 지니계수

	1990	1991	1992	1993
개인종합합산	0.146909	0.126362	0.119482	0.08194
개인별도합산	0.140546	0.11094	0.200638	0.08189
법인종합합산	0.64922	0.528209	0.661774	0.485239
법인별도합산	0.490608	0.449007	0.469471	0.410158

자료 : 국토개발연구원, 『토지공개념 관련제도의 종합평가와 향후과제』, 1998.12, pp. 72-81.

주택분 재산세의 지니계수도 87년에 0.151812이었으나 91년에 0.127293 으로 감소되어 불평등의 정도가 줄어들었다. 이에는 토지공개념 관련제 도의 도입과 더불어 주택 200만 호의 건설계획에 따라 88년부터 92년 까지는 276만 호, 93년부터 97년까지는 매년 약 60만 호를 공급한 효 과에 의한 결과이다. 실제로 주택건설이 증가하여 소규모 필지 소유자 가 급증하고 과세대상이 늘어남으로써 지니계수가 감소되도록 크게 촉 진한 결과이기도 하다.

박헌주 외 3인(1998)의 연구도 토지공개념의 확대가 토지소유집중 도를 완화시킨 효과를 보여주고 있다.

88년에 토지공개념위원회에서 밝힌 우리 나라의 토지소유분포 지니계수는 0.85이다. 상위 5%가 전 사유지의 65.2%를 소유하고 있었다. 그러나 토지소유 관련 지니계수는 93년 0.73, 94년 0.75, 95년 0.75로 완화되고 있다. 종합토지세 부과자료를 기초로 세액단계별로 추정한 지니계수도 91년 0.43, 93년 0.42, 95년 0.41로 소유편중도가 소폭이나마 완화되고 있다. 다만, 이 분석은 88년부터 추진한 주택 200만 호 계획으로 공동주택의 보급률이 크게 상승한 점도 고려하여 해석하여야 한다.

아울러 동 연구는 택지소유상한제가 일부 계층의 토지과점을 방지하여 토지소유분포의 균형을 도모하였다고 보고 있다. 90년 말에 택지소유상한을 초과한 건수는 개인이 29,224건, 법인이 4,217건으로 총 33,441건이었다. 그러나 98년 3월 말에는 8,509건에 불과하다. 택지초과 소유부담금이 부과되면서 초과건수가 현저히 감소한 결과이다. 개인이 8,423건, 법인이 86건씩 감소하여 대부분 개인 부분에서 감소하였다.

이는 택지소유상한제가 불필요하게 큰 규모의 택지 취득을 억제한 효과이기도 하다. [표 1~12]에서 보는 바와 같이 택지소유상한제를 실시하기 이전인 90년 이전에 초과소유택지를 취득한 경우가 전체 초과소유 건수의 82.2%인 10,560이었다. 초과소유부담금을 부과하기 시작한 92년 이후에 택지를 취득한 경우는 423건(3.3%)에 불과하다.

이처럼 소유상한제가 실시된 이후에는 상한규모를 넘는 택지를 취득하는 경우가 매우 적다.

(단위 : 건, ㎡, %)

취득시기		건 수		면 적	
		건	%	㎡	%
1990.3.1 이전	1985.3.1 이전	5,512	42.9	1,922,355	47.6
	1985.3.2~1990.3.1	5,048	39.3	1,453,552	36.0
	소 계	10,560	82.2	3,375,907	83.5
1990.3.2 ~ 1992.6.1	1990.3.2~1990.6.1	678	5.3	153,932	3.8
	1990.6.2~1991.6.1	747	5.8	266,841	6.6
	1991.6.2~1992.6.1	437	3.4	122,284	3.0
	소 계	1,862	14.5	543,057	13.4
1992.6.2 이후	1992.6.2~1993.6.1	300	2.3	90,528	2.2
	1993.6.2 이후	123	1.0	31,620	0.8
	소 계	423	3.3	122,148	3.0
계		12,845	100.0	4,041,112	100.0

자료 : 건설교통부

정희남(1998)의 분석도 토지공개념의 확대가 토지의 소유편중을 완화하였음을 보여준다. 토지소유편중도의 지니계수는 88년의 0.849에서 93년의 0.746, 95년의 0.749로 계속 개선되었다. 이 같은 편중 완화는 택지소유상한제, 토지초과이득세제, 종합토지세제 등 공개념관련 제도의 효과였다.

토지의 효율적 이용과 공급의 증대

토지공개념은 토지의 효율적인 이용을 촉진하였다. 토지이용의 효율화에 대한 평가는 건축활동으로 측정하였다. 건축허가면적을 건축의 활동정도를 나타내는 대리변수로 활용하였다. 그리고 실질지가와 실질토지세가 건축허가 면적에 미치는 영향을 분석하였다. 그 결과 건축허가면적과 지가, 건축허가면적과 토지세가 모두 양(陽)의 관계로 나타났다. 그리고 건축허가면적에 대해 지가가 양의 상관관계를 가질 때 토지세도 양의 상관관계를 가지므로 토지공개념제도로 인한 토지세의 증가는 토지이용의 효율화를 보다 심화시켰다고 볼 수 있다. 정희남(1998)도 이를 확인하고 있다. 토지공개념제도는 토지자원의 효율적 이용을 추구하는 데도 이바지하였다. 방치된 유휴토지를 시장에 매각하도록 유도함으로써 토지공급도 촉진하였다. 유휴토지의 개발효과는 90년의 주택 200만 호 건설계획 중 약 8만 호의 주택건설량에 상당하는 것으로 추정되고 있다. 이에 대하여는 토지소유자가 토지초과이득세를 회피할 목적으로 나대지를 조기에 개발하는 부작용이 있다는 견해도 있다. 특정지역의 건폐율과 용적률을 만족시키지 못하여 토지이용이 비효율적이라는 견해다. 그러나 토지초과이득세의 과세대상이 되는 유휴토지는 토지가액에 대한 업종의 수입이 일정비율 이하인 경우에 해당된다. 때문에 건폐율과 용적률은 물론 영업활동을 고려한다면 토지공개념은 토지의 공급을 늘린 것으로 볼 수 있다.

택지소유상한제도 나대지의 개발을 촉진하여 택지공급을 늘렸다.

95년에 택지초과소유부담금을 부과한 나대지 면적은 92년에 비해 325만㎡가 감소하였다. 소유형태별로는 개인 소유가 239만㎡, 법인 소유가 86만㎡ 감소하여 나대지는 연평균 27.7%가 감소하였다.

또한, 택지초과소유자를 대상으로 한 설문조사에서도 이 제도를 실시한 이후 택지초과소유자의 18.2%가 택지를 처분하거나 이용·개발하였다고 응답하였다. 택지를 처분 또는 이용·개발한 시기는 초과소유부담금이 부과되기 시작한 92년 하반기 이후부터가 압도적(76.1%)이었다. 택지처분 사유는 초과소유부담금을 내지 않기 위한 경우가 65.8%이고 이용과 개발이 유리하여 처분한 경우는 15.4%에 불과하다. 택지초과소유부담금이 택지과다보유억제를 통하여 택지공급을 촉진하였다.

개발이익의 환수와 사회적 분배개선

개발부담금과 토지초과이득세는 개발사업이나 도시계획적 변경 등으로 개발사업자나 토지소유자에게 집중되었던 개발이익을 환수하였다. 그리하여 토지투기를 억제하고 환수된 불로소득은 지역균형개발과 복지사업에 활용하여, 소득과 부가 사회적으로 형평성 있게 분배되는 데 토지공개념은 기여하였다. 토지공개념 관련 3법이 도입되고 시행된 후 지가가 내리고 안정되어 자본이득의 발생규모 자체가 현저히 줄었다. 90년에 토지에서 생기는 자본이득은 157조 원 이상이었다. 그러나 95년에는 개발손실이 18조 원 이상이나 된다. 더 이상 토지는 자산증식의 수단이 아니다.

〔표 19〕 지가·자본이득 및 환수실적

(단위 : 억 원, %)

구 분	1980년	1985년	1990년	1995년
지가총액(A)	2,630,000	4,840,000	13,510,000	16,383,000
자본이득 총액(B)	382,500	550,000	1,570,000	−177,000
지방세(C)	7,677	16,546	63,674	153,160
토지관련지방세(D)	3,376	5,023	18,329	49,446
취득세	923	1,354	5,863	13,018
등록세	1,156	1,127	4,554	12,835
재산세(종토세)(E)	753	1,349	4,477	13,300
도시계획세	294	631	1,457	4,332
방위세 및 교육세	250	562	1,978	5,961
국세(F)	58,077	118,764	268,474	567,745
토지관련국세(G)	2,766	5,957	22,343	63,257
양도소득세(H)	2,616	5,594	19,871	50,886
상속세	37	276	1,991	7,819
자산재평가세	113	84	481	647
택지소유초과부담금	−	−	−	3,368
개발부담금	−	−	−	257
토지초과이득세	−	−	−	280

비율(%)				
토지관련총조세/자본이득 ((D+G)/B)	1.6	1.7	2.6	−
토지관련총조세 / 총조세 ((D+G)/(C+F))	9.3	8.1	12.2	15.6
토지분 지방세 / 지방세(D/C)	44.0	30.4	28.8	32.3
토지분 국세/국세(G/F)	4.8	5.0	8.3	11.1
재산세 / 자본이득(E/A)	0.03	0.03	0.03	0.08
양도소득세 / 자본이득(H/B)	0.06	0.85	1.27	−

자료 : 정희남·김창현, 『거시경제정책이 토지시장에 미치는 영향』, 1997, p. 50.

▌토지공개념의 파급효과에 대한 설문조사

국토개발연구원이 실시한 설문조사결과는 토지공개념 3개 제도의 효과에 대하여 66.3%가 긍정적으로 평가하고 있다. 그 효과의 폭에 대해서는 '약간 효과가 있었다.'(46.9%)가 대부분이고, '크게 효과가 있었다.'(19.4%)고 평가한 경우는 적다. 토지공개념제도가 효과가 없었다고 하는 의견은 30.6%가 있다.

택지소유상한제의 효과에 대해서는 48.9%가 긍정적으로 평가하고 있다. 토지소유편중의 완화에 도움이 되었다고 보는 견해가 27.9%, 택지공급을 확대했다는 의견이 16.3%가 된다. 이에 비하여 택지공급의 확대와 토지소유편중의 완화에 모두 도움이 되었다는 평가는 4.7%이고 이에 모두 도움이 되지 못했다는 의견은 46.5%이다.

개발부담금제에 대하여는 토지투기방지(30.2%)와 효율적인 토지이용촉진(30.2%)에 기여하였다고 평가하고 있다. 토지투기방지와 효율적인 토지이용촉진에 도움이 되었다는 긍정적 평가는 4.7%, 도움이 되지 못했다는 30.2% 수준이다. 결국 개발부담금제는 65.1% 이상이 효과가 있다고 판단하고 있다.

토지초과이득세제는 투기를 억제하고(16.3%) 유휴토지의 개발을 촉진하는 효과(32.6%)가 있다고 48.9%가 긍정적인 평가를 내리고 있다. 그러나 일시에 많은 토지가 개발되어 오히려 효율적으로 이용되지 못했다(20.9%)는 부정적 평가도 있다. 이상의 설문조사는 토지공개념의 확대도입에 대한 인식을 확인해주고 있다. 일면으로는 유휴토지의 개발촉진이나 토지의 효율적인 이용촉진으로 토지의 공급을 확대하고, 다른면으로는 투기적 수요를 억제하며 지가안정의 기반을 조성한 것으로 인식되고 있다. 더불어 택지소유상한제는 토지소유의 편중을 완화하는 데 기여한 제도로 이해되고 있다.

5. 토지제도의 개혁과정으로서의 의의

경제발전 과정에서 우리나라는 토지 문제에 적절하게 정책적으로 대응하지 못하였다. 주기적인 지가상승, 특히 89년의 지가의 폭등과 이에 따른 사회·경제적 문제는 이를 입증한다. 따라서 89년에 정부는 토지 문제의 심각성을 인식하고 이를 해결하고자 토지공개념을 확대도입하고자 하였다. 이는 토지제도의 근본적인 개혁이었다. 그리고 그 개혁은 토지의 공급확대와 효율적 이용증진·지가안정·토지의 소유편중 시정과 소득의 공정한 분배촉진 등에서 성공적으로 평가할 수 있다. 특히 IMF 이후의 지가급락 방지와 복합불황의 억제는 토지공개념의 기여가 크다. 따라서 토지공개념이 확대도입되는 과정은 개혁을 성공적으로 추진하는 데 많은 시사점을 준다.

첫째로, 해결하고자 하는 문제에 대한 인식이 정확하였다.

토지 문제는 지가의 급등과 투기의 만연으로 나타났다. 소득분배가 왜곡되고 사회적으로 형평성을 확보하지 못하였다. 경제적으로도 토지가격의 상승은 제조업의 대외경쟁력을 저하시키고 근로의욕도 줄어들었다. 경제성장의 잠재력을 줄이고 건전한 자본주의 질서의 유지마저 어렵게 되었다. 토지문제는 자원으로서 토지시장의 실패와 개발이익을 얻고자 하는 투기적 수요에 근본적 원인이 있었다. 따라서 자본이득이 사유화되는 것을 막고 이용되지 않고 소유되는 토지가 공급되도록 토지소유자에게 사회적 비용을 부담시키는 것이 필요하였다. 이는 민주적 기본질서와 사회적 시장경제를 떠받치는 최소한의 경제적 부담이기도 하다.

둘째는, 개혁의 목표가 명백하였다.

토지공개념의 목적은 토지부문에서 사회적 후생을 최대화시키는 것이다. 이는 토지시장에서 자원배분이 효율적으로 되고 소득이 적정하게 분배되도록 시장의 실패에 효과적으로 대응하는 것이다. 먼저 자원의 최적배분이다. 토지는 재생산이 되지 않고 공급이 제한되어 있다. 따라서 토지가 자산으로서 보유되는 것을 억제하고 생산요소로서 가장 효율적으로 이용되도록 하고자 했다. 토지가 자산의 증식수단으로 '소유'되는 것을 생산요소로서 '이용'할 수 있도록 촉진하고자 했다. 다음은 소득의 최적배분이다. 토지로부터 발생하는 자본이득은 노력이나 투자와 관련이 없다. 따라서 사회 전체계층에 공정하게 가장 적합한 상태로 분배되어야 한다. 토지보유 여부나 과다에 따라 생길 수 있는 절대적 자산이나 소득격차를 해소할 수 있는 룰을 만들어야 한다. 그래야만 사회정의는 실현된다. 규율 있는 근로의욕이 고취되고 시민의식을 바탕으로 한 사회적 가치관이 형성되고 천민자본주의를 지양|止揚할 수 있다.

셋째는, 개혁의 과제가 분명히 설정되었다.

이와 같은 문제인식 위에 개혁의 목적을 달성할 수 있는 구체적 비전이 제시되었다. 88년 4월 「토지정책의 운용과 과제」에서 토지부문에서 해결해야 할 과제가 건설부차원에서 분명히 설정되었다. 그리고 88년 8월 10일 「8.10 부동산종합대책」의 일환으로 이를 범정부적 차원에서 본격적으로 추진하기로 하였다. 장기적으로 토지공개념을 확대도입할 수 있는 주요개혁과제로 택지소유상한제와 개발이익환수제도 그리고 임야·농지의 거래제한과 기업의 토지투기억제대책 등이 제시되었다.

넷째는, 개혁추진 주체가 형성되었다.

토지공개념을 제도적으로 연구할 토지공개념연구위원회가 88년 9월 국토개발연구원장을 위원장으로 하고 35인의 위원으로 구성되었다. 토지제도의 개혁에 따른 내용을 연구하고 이에 따른 충격을 완화하면서 제도의 도입을 추진하기 위함이었다. 그리고 이들 연구를 현실에 적합하고 실현가능성 있는 제도로 만들고자 88년 12월 토지공개념 대책반을 구성하여 운영하였다. 건설부차관이 위원장이 되고 관계부처국장 8인이 위원이었다. 그리고 새롭게 성안된 토지공개념관련제도는 장관급으로 구성된 부동산정책심의위원회의 심의를 거쳤다. 공식적으로 경제장관회의와 국무회의의 의결을 거치기 전이다.

다섯째로, 토지공개념은 국민적 합의의 기반 위에 추진되었다.

88년 지가앙등 이후 토지공개념 도입에 대하여는 국민적 지지가 높았다. 그러나 토지개혁에 대하여 국민의 전폭적인 지지를 받도록 촉진한 것은 89년 2월에 발표한 토지소유의 편재상황이었다. 그리고 정부는 89년 2월 택지소유상한제와 개발이익환수제의 골격을 발표하고 주요 고비마다 공론화의 과정을 거쳤다. 토지공개념연구위원회는 89년 2월 23일부터 24일까지 정책토론회를 갖고, 89년 4월 20일에는 연구결과에 대하여 국민토론회를 거쳤다. 이와 같은 의견을 종합적으로 수렴하여 토지공개념연구위원회는 89년 7월 6일 연구결과를 정부에 보고 하였다. 정부차원에서는 89년 3~4월에 제도를 도입할 수 있는 여러 가지 대안을 살펴보고 이에 대한 부작용 등을 검토하여 여론화시켰다. 그리고 택지소유상한에 관한 법률·개발이익환수에 관한 법률을 89년 7월 6일 입법예고하여 개혁과정에서 나타나는 계층·집단·부문 사이의 상호 대립적인 이해를 조정하고자 했다. 이는 물론 전문가집단·이익단체 등의 적극적 참여를 유도하여 국민 내부에 토지제도 개혁세력의 저변을 확대하는 길이기도 했다. 더하여 민주적 절차도 밟았다. 정부안을 확정하고 당정협의를 거쳐 여당의 의견을 수렴하였다. 그후 경제장관회의·국무회의 의결을 거쳐 국회에 송부하였다. 당시는 민주정의당·평화민주당·통일민주당·민주공화당의 4당체제였다. 각 당의 다양한 의견은 민의를 대변한 것이었다. 이를 조정하고 국회의결을 거쳐 토지공개념제도는 만들어졌다.

이처럼 89년의 토지제도 개혁은 문제의 명확한 인식 위에 개혁과제와 비전을 제시하고 이를 담당한 주체들이 뚜렷하게 구성되었고 이들이 공론화의 과정과 민주적 절차를 거쳐 이루어낸 결과로 볼 수 있다.

참고문헌

건설부,『공시지가 및 토지 등의 평가에 관한 법률해설』, 1991, p. 3.

경제기획원,『토지평가제도개선방향』, 1986, pp. 17-23.

경제기획원 조사통계국,『1987년 국부통계조사보고: 제1권 종합편』, p. 460.

구동희,『신토지조세론』, 한국세정신문사, 1993, p. 622.

국토개발연구원,『토지공개념관련제도의 종합평가와 향후과제』, 1998.12, p. 70.

권영성,『헌법학원론』, 법문사, 1995, p. 155.

김상용, "토지공개념실천입법에 대한 검토",『주택금융』, 1989.10, p. 13.

김상용,『土地所有權法思想』, 민음사, 1995. pp. 249-280.

김정호, "종합토지세비판",『지방행정연구』, 1990.5, p. 166.

김정호, "종합토지세의 문제점과 개선방안",『한경연논단』, 1991.1.

박용석, "미실현이득과세에 대한 재고",『인권과 정의』, 1995.2, pp. 44-46.

박헌주 외 3인,『토지정책의 전개와 발전방향』, 국토개발연구원, 1998.12, pp. 259-260.

삼성경제연구소,『토지규제가 지가와 토지공급에 미치는 영향분석』, 1996, p. 23.

삼성경제연구소,『IMF 충격에 따른 자산디플레이션 현상과 대책』, 1998.

서승환,『한국부동산시장의 거시계량분석』, 홍문사, 1994.

서승환, "부동산가격과 부동산정책",『주택금융』, 1993.2.

서승환, "토지초과이득세와 부동산 가격",『주택금융』, 1994.8.

서승환, "분양가자율화와 주택가격",『주택연구』. 1994.10.

손재영,『토지문제의 경제적 해석과 정책대안의 검토』, 한국개발연구원, 1990.1.

손재영, "지가와 거시경제변수간의 인과관계에 관한 실증분석",『한국개발연구』,
        1991, pp. 55-71.

손재영,『토지조세의 개편방향에 관한 연구(Ⅰ): 토지보유과세강화의 당위성에 관한
        연구』, KDI 정책연구자료, 1992.2.

손재영,『토지조세의 개편방향에 관한 연구(Ⅱ): 현행 토지과표의 수준과 형평성 분
        석』, KDI 정책연구자료, 1993.

손재영, "수도권 분산정책의 평가와 정책전환을 위한 제언", 『주택연구』. 1993.10.

손재영, "시장개방과 토지정책", 『국토지』, 1998.10.

이영준 외, "토지거래실명제", 『인권과 정의』, 227, 1995.7, pp. 14-15.

정연주, "토지초과이득세제에 대한 헌법적 재검토", 『인권과 정의』, 1994.9, pp. 97-98.

정희남, "합법불합치판정 이후의 토지초과이득세제", 『주택금융』, 1994.10.

정희남, "토지공개념 완화와 토지정책", 『국토』, 1998.10, p. 18.

제성호, "통일과정의 북한토지문제", 1996.5/6, pp. 76-103.

주봉규, 『토지문제의 이론과 실제』, 서울대학교 출판부, 1995, p. 178.

최광·현진권, "분배불평등추이와 소득재분배 효과", 현진권 편, 『조세정책과 소득재분배』, 한국조세연구원 1996.4., pp. 19-58.

최명근, 『조세의 공평과 효율』, 세경사, 1984.10, pp. 203-213.

최명근, "토지세제의 과제와 개선방안", 『지가정보』, 1993.

토지공개념연구위원회, 『토지공개념 연구위원회 연구보고서』, 1989.5, p. 177.

현진권, "토지소유의 편중실태와 종합토지세의 세부담 분석", 현진권 편, 『조세정책과 소득재분배』, 한국조세연구원 1996.4, pp. 253-284.

분당·일산 신도시 건설

이 규황

1. 왜 신도시 건설인가?

치솟는 아파트 가격

분당·일산 신도시 건설은 아파트 가격의 급격한 상승에 대한 대책으로 추진되었다. 1986년까지 안정되었던 아파트 가격이 1987년에는 7%나 올라가고 1988년에는 무려 18%나 상승되었다. 서울 강남지역의 중·대형 아파트를 중심으로 가격이 급등하면서 지방으로 널리 확산되었다. 그리하여 1989년에는 1월부터 4월까지 4개월 동안 아파트 가격이 무려 11%나 올라갔다. 평당 기준으로 아파트 가격이 1989년 1월 현재 400~500만 원에서 1989년 4월에는 600~700만 원이 되었다. 아파트 가격이 곧 평당 1,000만 원이 되는 것은 시간 문제였다. 예를 들면 서울 압구정동의 51평 아파트가 1989년 1월 2억 7,500만 원에서 4월에는 3억 5,000만 원으로, 송파구의 가락동 46평 현대아파트는 1억 7,000만 원에서 2억 3,000만 원으로 가격이 뛰었다. 더욱더 심한 것은 1989년 2월과 3월의 가격이 2,000~3,000만 원씩 올랐다.

우리 체제에 대한 불신으로 확산

이 같은 오름세의 정도는 정상적인 근로자가 1년 이상 꾸준히 절약해

가며 모아야 하는 규모였다. 결국 아파트를 중심으로 한 투기에 의한 불로소득의 발생과 여유자금이 있는 계층으로의 집중은 건전한 중산층과 그 이하 계층이 갖고 있는 사회적 유동성에 대한 믿음을 흔들어 놓고 사회적 위화감을 조성하기에 충분하였다. 근로자 등 중산층 이하의 소득계층이 내 집을 마련하려는 희망이 무산되거나 연기될 수밖에 없었다. 그들의 좌절과 체념은 민주적 기본질서와 사회적 시장경제를 바탕으로 하는 우리의 체제에 대한 불신으로 나타났다. 그리고 아파트를 중심으로 주택가격이 오르고 지가도 움직이면 물가상승으로 인하여 경제의 안정을 크게 해칠 수 있다. 경제기획원과 건설부 등 주택정책과 관련된 부처의 장관이나 국장 등 관련 공무원에 대한 일반인의 성토와 비판은 대단하였다. 결국 국민생활과 직결되는 주택가격이 비정상적으로 폭등하여 장기적으로 우리 경제의 안정적인 성장을 저해하고 우리 사회의 기본질서인 자본주의체제의 유지마저 어렵게 하는 심각한 문제를 야기하고 있었다.

▌ 왜 아파트 가격이 올랐는가?

이와 같은 아파트 가격 폭등에 따른 위기에 대한 대책은 문제의 확인에서 출발하였다 전반적으로는 경제적인 여건이 부동산에 대한 투기적 수요를 부추겼다. 1986년부터 3년 동안 계속적으로 경제성장은 연 12% 이상이나 되었다. 연속적인 흑자경제로 우리나라에 286억 불(20조 원) 수준의 소득이 들어왔다. 이렇게 들어온 자금은 은행예금을 외면하고 주식이나 토지부문에 투자되어 같은 기간 내에 주식은 연평균 79%, 토지가격은 연평균 17%나 올랐고 주택가격도 연 12% 이상이나 올랐다. 1987년부터 급격하게 오르던 토지가격은 1988년에는 27%나 뛰었고 1989년에도 상승세를 지속하고 있었다. 특히 각종 개발사업이 시행되

는 지역과 북방외교와 남북교류에 따른 철원·고성 등 강원도 일부지역
에는 땅값이 더욱 큰 폭으로 올랐다.

1988년 9월 서울에서 올림픽이 개최된 이후 일본이 1966년 올림픽
이후 지가가 오른 것처럼 우리나라도 부동산이 오를 것이라는 전망과
기대는 토지·주택의 가격오름세를 부채질했다.

▌공급은 충분했나?

아파트 가격의 폭등은 아파트에 대한 수요가 급증한 반면 이에 맞는 공
급이 충분치 못했기 때문이다. 소득이 늘고 수도권 인구가 증가되면서
주택수요는 늘어났다. 더하여 대가족의 생활 패턴이 핵가족 중심으로
바뀌면서 단독주택보다는 아파트를 선호하게 되었다. 아파트 중에서도
지역적으로는 서울, 서울에서도 강북보다는 강남을, 규모면에서는 소
형보다는 대형을 그리고 학군|學群 면에서는 다른 곳보다 강남학군에 있
는 아파트를 보다 많이 찾게 되었다.

그러나 신규 아파트 공급이 심하게 부족하였다. 강남지역에서는
1986년 올림픽아파트 건설 이후 신규로 아파트 공급이 중단되어 있는
실정이었다. 한편 주택건설을 위하여 필요한 자금이나 건설기술은 충
분하였다. 그러나 주택을 지을 수 있는 택지가 근본적으로 부족하였다.
택지가 심하게 모자라 새로운 주택공급이 부족하게 되고 아파트 값이
치솟는 결과가 되었다.

물론 아파트 가격을 안정시키기 위하여는 정부에서 규제하고 있던
분양가격을 올려서 아파트 공급을 확대할 수도 있었다. 그러나 분양가
인상은 전반적인 물가상승으로 이어져 우리 경제의 안정을 저해할 우려
가 있었다. 특히 택지공급을 계속적으로 확대하기가 어려운 상황에서
분양가를 올리는 것만으로는 주택공급을 늘리기가 어려웠다. 그러므로

아파트 공급을 확대하기 위해서는 서울지역 등 수도권에서 대규모의 택지를 평당 80~90만 원 수준으로 공급하는 것이 매우 필요하였다. 이에 새로운 주택도시의 건설은 주택공급 문제를 근본적으로 해소하여 주택가격을 안정시켜 국민의 주거 문제를 해결하고자 입안되었다.

▌주택부문 투자 늘려야

장기적으로도 주택부문에 투자를 늘려야만 했다. 고도의 경제성장에도 불구하고 주택사정은 더욱 악화되고 있었다. 1975년에는 1인당 국민소득이 590불임에도 주택보급률은 75.6%였다. 그러나 1988년에는 소득이 4,040불이나 되었으나 주택보급률은 오히려 내려갔다. 전체 주택수가 전체 가구수의 69.4%에 지나지 않았다. 이는 95% 이상의 가구에 대하여 주택이 보급된 싱가포르(95%), 대만(99%), 서독(101%) 그리고 일본(116%) 등의 반을 약간 넘는 수준이었다. 주택의 평균규모는 커졌다. 1975년 17.5평에서 88년에는 22.7평으로 30%나 늘어났다. 이는 대만(10평)이나 싱가포르(20평)보다는 크고 일본이나 서독의 28평보다는 작은 규모이다. 그러나 집을 임대하여 살고 있는 차가借家가구수는 1975년의 232만 호에서 배가 늘어났다.

1988년에는 446만 호 이상이 차가가구였다. 소득이 낮은 계층의 주택 문제가 더욱 어려워지고 있었다.

보다 심각한 문제는 매년 주택수요에 비하여 주택건설이나 주택투자는 저조하다는 것이었다. 연간 필요한 주택은 35~40만 호였으나 최근 3년간 건설실적은 평균 28만 호에 그쳤다. 이를 투자규모로 바꾸어 보면 1987년에는 국민총생산의 5.5% 정도가 주택부문에 투자되고 있었다. 이미 주택이 전 가구에 보급된 싱가포르와 일본은 우리보다 많은 국민총생산의 9.0%, 8.2%를 각각 주택산업에 투자하고 있었다. 서독

(5.1%)과 대만(4.2%)의 주택투자율은 우리와 비슷하였다. 따라서 경제 여건이 허락하는 한 국민의 안정적인 주거생활을 위하여 보다 많은 자원이 주택분야로 배분될 필요가 있었다.

종합적으로, 단기적으로는 폭등하고 있는 아파트 가격을 진정시키고 장기적으로는 주택투자율을 높이고자 분당과 일산의 신도시 건설이 계획되었다.

2. 어떻게 추진되었나?

▌1988년 7~8월의 신도시 논의

분당·일산 두 지역에 신도시를 건설하는 계획은 1989년 4월 27일 청와대에서 대통령 주재로 열린 관계장관회의를 거쳐 확정·발효되었다. 그러나 서울에서 가까운 신도시를 건설하고자 하는 구상은 이미 주택가격이 심상치 않게 움직이는 1988년 7~8월 경에 심도있게 논의되었다. 당시에는 200만 호 주택을 건설하기 위한 택지를 계획대로 공급하고 있었고, 안양평촌·부천중동·산본지구 등 100만 평이 넘는 대단위 주택단지가 계획되어 있었기 때문에 본격적으로 추진되지 못하고 있었다. 주로 청와대와 건설부가 협의하여 시안단계로 마련한 신도시 구상은 분당·일산 도시건설과 거의 맥을 같이하였다.

주요 내용으로는 서울에서 통근거리가 30분 이내가 되는 대단위 녹지 300~500만 평을 활용하여 30~50만을 수용할 수 있는 도시를 건설하는 것이었다. 저밀도로 쾌적한 주택단지를 조성하여 서울지역의 택지난을 해소하고 늘어나는 중·고소득층의 주택수요를 충족시키는 것이 주요 목적이었다. 그 결과 주택가격을 안정시켜 무주택 서민이 내집 마련을 쉽게 할 수 있도록 하고자 했다. 전면적인 공영개발로 하고 택지를 시가로 공급하여 개발이익을 환수하고, 그 이익은 도시 기반시설을 만들고 저소득층을 위한 주택건설에 활용하고자 했다 토지매수를 위하여 토지채권도 발행할 계획이었다.

그리고 이때 대상지역으로 가장 먼저 고려된 곳이 성남의 남단녹지 |南端綠地였다. 성남시 시흥·운중·판교·금곡·분당·이매·여수 등 일대의 66.8㎢(2,163만 평)에 해당하는 지역으로 대부분 자연녹지였다. 땅값도 1988년 4월 1일 당시 평당 4,000원에서 2만6,000원 선이었다. 그리고 이 지역은 1976년 1월 9일부터 건축법 제44조 제2항의 규정에 따라 시장·군수의 건축허가에 제한을 두고 있었다. 그린벨트에 준한 행위제한을 하였고, 도시계획법 시행령 제20조를 준용하고 있었다. 그리고 1976년 이후 3회에 걸쳐 건축허가 제한에서 제외되는 용도를 추가로 지정하였다. 1977년 이후 건설부 승인을 받아 건축이 허가된 면적은 22건에 2만 3,623평에 불과하였다. 더욱더 이 지역을 철저하게 관리하고자 그린벨트와 동일하게 매년 1회 중앙정부 차원에서 관리실태를 점검하고 있었다.

신도시 논의에 대한 의견

그러나 당시의 검토의견은 동 지역을 개발하는 데 유보적이었다. 주요 논점을 정리해 보자.

첫째, 수도권정책과 국토의 균형개발에 배치된다는 점이었다. 서울과 인접되어 있어 서울이 평면적으로 확산되는 데 따른 문제가 발생한다. 교통이 혼잡해지고 공해가 심화되며 공공서비스의 수요가 급증한다. 그리고 2000년대에는 서울의 도시 서비스 한계비용이 50~100만 도시의 16배가 될 것으로 예상되어 투자의 효율성이 매우 낮다는 전망이었다.

그리고 주택 서비스의 지역 간 격차가 벌어지거나 투자집중에 따라 경제력이 수도권에 집중된다는 논의도 있었다. 30~50만 규모의 도시 건설에는 1조 7,000억 내지 3조 원의 투자가 예상되었다. 그리고 사업 시행에 따라 금융·유통·교육·병원 등 서비스 분야의 취업이 2.5~5만 정도 늘어나 수도권으로 인구가 유입될 것이라는 전망이었다.

또 공업입지 등을 규제하는 수도권 정책과 그린벨트 관리 등에 대한 일관성이 상실된다는 주장이었다. 공장·대학과 대규모 건축을 수도권 내에 규제하면서 대규모 도시를 건설하면 수도권 정책의 기조에 대한 큰 변화라고 생각되었다. 그리고 남단녹지는 녹지이면서 그린벨트에 준하여 관리하던 곳이었다. 이를 개활한다면 그린벨트나 대규모 녹지에 대한 개발 기대심리가 확산되어 투기를 조장할 수도 있었다. 그리고 토지이용 규제방향에 대한 신뢰도 너려갈 수 있었다.

둘째는 개발계획 자체의 효과에 대한 의문이었다. 강남지역의 주택에 거주하는 잠재적 수요자가 새로운 도시로 이주하기 위하여는 교통·교육·문화 등 특별대책이 효과적으로 수립되어야 했다. 그러나 그와 같은 대책이 효과를 발휘하여 강남주민이 이주하기는 어렵다고 보는 견해도 있었다. 더하여 제6차 사회·경제개발계획에서 주택 200만 호를 건설하기 위하여 공공부문 택지를 계획적으로 공급하기 때문에 별도의 도시건설이 필요하지 않다는 주장도 제기되었다.

셋째는 중산층 이상과 같이 특정계층을 위한 투자는 주택정책의 방향과 괴리된다는 지적이 있었다. 그 당시 주택정책은 소형 주택을 중점적으로 건설하는 것이었다. 자금지원에서도 18평 이하 규모만 우대되고 있었다. 즉 국민주택기금의 지원·융자우대·조세감면 등의 대상이 18평 이하였다. 그리고 신규 주택의 평균규모도 공공주택은 14.3평인데 비하여 민간은 33.5평 수준이었다. 따라서 중산층 이상의 수요만을 위한 주택투자는 무주택 서민층에 대한 투자를 위축시킬 우려가 있었다. 또 남단녹지에 살고 있는 주민의 반발도 예상되었다. 그들의 토지는 그린벨트에 준하는 규제를 받아 재산권의 사용·수익·처분에 많은 제한을 받아왔다. 그와 같은 토지가 중산층을 위하여 사용될 때 주민도 크게 반발할 수 있었다.

〔표 1〕 신축 주택규모 추이

(단위 : 평)

구분	1981	1982	1983	1984	1985	1986	1987
평균	20.8	26.3	29.1	28.0	27.4	23.6	26.8
공공주택	14.0	15.6	16.9	18.5	19.1	14.5	14.3
민간주택	28.1	32.2	37.0	38.0	39.0	31.0	33.5

한편 이와 같은 유보론에 대하여 반론도 적지 않았다. 당시 강남지역을 중심으로 올라가는 아파트 가격에 대한 대책으로는 새로운 도시를 건설하는 것이 필요하다는 것이다. 특히 전원주택지의 수요가 증가되어 이에 맞는 토지를 개발함에 따라 수도권의 땅값이 상승하고 있었다. 이는 중산층 이상의 주택수요 증가 때문이었다. 그러므로 신도시 건설은 이들의 주거수요를 충족시킬 수 있는 방향으로 건설하여야 했다. 그리고 남단녹지에 대하여는 부동산값이 폭등하고 있는 당시에 규제와 관리 차원을 떠나 종합적으로 어떻게 활용하는 것이 적절한가를 검토할 필요가 있었다. 그리하여 1988년 9월 경에는 일차적으로 남단녹지 이외의 개발 가능한 택지를 우선 개발하고, 주택도시는 서울과의 충분한 거리를 두고 입지를 선정하기로 결론을 내렸다.

3. 상황급변에 의한 추진 필요

그러나 1989년에 들어와 상황은 급변하였다. 주택, 특히 아파트 가격은 계속 올라갔다. 그리고 주택의 공급이 부족하자 아파트 투기가 성행하고 이에 따른 불로소득과 이의 일부계층에의 집중은 경제·사회적인 불만에 더하여 체제의 유지마저 위협하고 있었다. 따라서 1989년 2월과 3월에 대규모로 새로운 도시를 건설하기 위한 방안이 건설부와 청와대를 중심으로 관계부처에서 활발하게 토의되었다. 이 사이에 한국토지개발공사와 대한주택공사는 분당과 일산지역을 200만 호 주택건설을 위한 택지로 개발하기 위해 조사를 진행하고 있었다. 그리고 1989년 4월 21일 MBC와의 시사토론에서 건설부 토지국장으로 재직하고 있던 필자는, '부동산 대책의 일환으로 국민이 깜짝 놀랄 정도의 대규모 주택단지를 건설할 것'을 언급하였다. 물론 문희갑 청와대 경제수석과의 조정을 거친 후의 발언이었다. 부동산 가격의 폭등을 진정시키고 국민을 안심시키기 위해서였다.

그날 토론 후 필자는 노태우 대통령으로부터 격려전화를 받기도 하였다. 그리고 1989년 4월 27일 노태우 대통령이 주재한 관계부처 장관회의에서 분당·일산 신도시 계획을 확정하여 발표하게 되었다. 그 후 관계부처와 공식적인 협의를 거쳐 분당은 1989년 5월 4일에, 일산은 5월 30일에 각각 택지개발 예정지구로 지정되었다. 그리고 인구·교통·환경영향평가를 거쳐 개발계획을 1989년 8월까지 수립하고 이에 따른 실시계획을 만들면서 용지보상을 한 후, 1989년 9월에는 두 지구에 대한 공사를 모두 착공하고자 하였다.

4. 주요 쟁점

(1) 수도권 정비계획과의 저촉 여부

정부의 수도권분산정책은 수도권에 집중된 인구나 시설을 분산하고자 이들의 지방유출을 촉진하고 지방경제활동을 촉진하는 것이다. 그러나 이미 서울에 입주된 인구의 교통, 주택 등 복지 문제를 해결하기 위하여 경제를 활성화하고 수도권 기능을 제고하지 않을 수 없다. 수도권의 5개 신도시 건설도 수도권의 주택난을 해결하기 위하여 불가피한 조치였다. 경제성장정책과 수도권분산정책의 갈등이기도 하다.

새 주택도시 건설로 수도권으로 인구가 집중될 우려는 크지 않았다. 주택은 이미 수도권에 있는 인구에게 제공되기 때문에 서울로의 인구집중 요인이 아니다. 일자리와 교육이 주요한 요인이다. 실제로 수도권에서 새로이 공급되는 주택에 입주하는 인구의 4% 이내만 수도권 이외의 지역에서 유입되고 있었다. 예를 들면 원당에 새로이 공급되는 주택에 75% 이상이 서울에서 유입되고 수도권 이외의 지역에서는 5%만 이주하는 데 그쳤다. 그리고 두 도시 주택도 제6차 경제·사회개발계획 기간 중에 공급하는 200만 호 주택 중의 일부였다.

이를 위하여 수도권에서는 1992년까지 90만 호의 주택을 신축하고 이에 2,400만 평의 택지개발이 필요하였다. 신주택도시를 건설하여 18만 호의 주택을 1,000만 평 택지에 공급하는 것도 그 계획의 일부였다.

그러나 정부는 신주택도시에 지방인구 유입을 억제하는 보완조치를 했다. 공장 등 산업시설은 수용하지 않고 수도권 주민에게만 입주할 수 있도록 하였다. 그 결과 수도권의 과밀한 기능을 신도시에 분산하여 수도권의 기능을 조정할 수 있었다. 따라서 신도시 계획은 수도권정책과는 일관적이지 못한 면도 있지만 수도권의 주택가격 안정으로 주민들의 복지향상을 위하여 불가피한 조치였다. 그리고 새로운 주택으로 수도권에 새로이 인구가 유입되지 않으면서 수도권의 기능을 재편하고자 했다.

(2) 국가안전보장상의 문제점

국가의 안전보장 등 국방 차원에 대하여는 국방부 협의를 통하여 검토가 완료된 후 안보에 지장이 없는 범위 내에서 두 도시가 택지개발 지구로 지정되었다. 또 한수이북 지역의 개발과 안전보장은 관련성이 많지 않다고 보았다. 민통선에의 인접성(隣接性)을 이유로 한수이북 지역의 개발을 제한하는 것은 우리의 국력이 북한보다 우위에 있는 당시에 재고가 필요하였다. 이미 한수이북 지역에 대한 안보적인 시각이 점진적으로 전환되고 있었다. 더 나아가 국토를 효율적으로 이용하고 수도권 지역을 균형적으로 개발하기 위하여는 한수이북 지역의 개발을 유도하고 지원할 필요가 있었다.

또 한수이북 지역에 대한 개발제한을 완화하는 조치도 많았다. 북방교역에 대비하여 평화시(平和市)를 건설하거나 금강산개발 구상이 그 하나의 예였다. 1989년 1월에는 한수이북 지역의 군사시설 보호구역을 해제하기도 하였다. 1988년 12월에는 수도권정비계획법 시행령을 개정하여 개발유보권역서 6만㎡ 이내의 공업단지나 택지조성이 가능하도록 행위제한을 완화하였다. 한편 일산지역의 개발은 장기적으로 안보에 도움이 된다고 판단하였다. 서울지역의 과밀인구와 시설 등을 수용할 수 있고, 강북지역에 도로·전철 등을 확충하여 개발을 촉진할 수 있는 계기가 되었다. 그리고 일산지역을 개발하여 대북교역에 있어서 우위성을 보여 주는 창구로도 활용할 수 있다고 판단되었다.

(3) 재벌들의 소유토지 제외 문제

분당 신도시를 개발할 대상지구의 경계결정 기준은 명백하였다. 도시기능을 위하여 개발이 가능한 토지는 모두 포함하여 지정하였다. 구체적으로는 개발제한구역 및 공원부지 경계, 군사시설 보호구역 및 비행안전 고도유지선 경계, 표고 100m 및 경사 30°이상의 산지, 도시계획구역 경계 등이 지구계 결정기준이었다. 이와 같은 기준은 토지 소유자가 누구냐에 관계없이 도시의 건설을 위하여 가능한 토지는 모두 포함하였으므로 그 근거가 객관적이었다. 따라서 분당지구에 있는 재벌들이 소유하고 있는 토지가 이 같은 기준에 해당되는지 여부에 따라 대상지구에 포함되거나 제외되었다. 당시에 확인된 재벌의 토지 소유 현황과 지구 내 포함 여부는 다음과 같다.

〔표 2〕 분당지구 내 재벌소유 토지현황과 지구 내 포함 여부

(단위 : 천 평)

소유주	면적	지구 내 포함 여부	제외 사유
1. 통일교	260	제외	표고 100~300m의 급경사지로서 공원구역으로분리
2. 극동건설	1,400	제외	고속도로 서측 3㎞에 위치 표고 100~250m의 산지
3. 광명덕	670	일부(4만 평) 포함	표고 100m 이상의 산지
4. 두산유업	100	제외	군사시설 보호구역 내 위치
5. 대한제분	59	포함	
6. 우학물산	30	대부분 포함(2/3 이상)	비행안전구역에 위치
7. 명지학원	52		공원 및 비행안전구역(9천 평)
8. (주)한진	12		
9. 광주고속	20		

(4) 절대농지 편입 문제

농지에 대한 개념도 과거의 증산목표시대와는 달라야 한다. 따라서 농지도 생산성이 높은 분야로 전용되어야 한다. 새로운 주택도시를 건설하는 것도 사회·경제정책상 불가피하였다. 그리고 주택도시를 건설할 위치는 교통사정·한강수자원 활용·쾌적한 환경·강남북 균형발전·지가 등 많은 요인을 감안하여 가장 적합하다고 판단되는 지역으로 결정하였다. 그 결과 대도시 주변농지의 전용이 불가피하였다.

그리고 이렇게 전용된 농지는 서민층이나 중산층 모두를 위한 주택으로 공급하여 활용되었다. 신도시에는 중산층을 위한 중·대형 아파트와 서민주택을 적정하게 배치할 계획이었다. 총 18만 호 중 약 10만 호는 국민주택 규모로 건설하고자 했다.

〔표 3〕대상지역의 토지이용 현황

(단위 : 만 평)

	총면적	농지	임야	기타
분당	540	374(69%)	123	43
일산	460	314(68%)	101	46

(5) 사전 기밀누설과 이로 인한 투기

결론적으로 신도시 건설계획과 관련하여 고의적으로 기밀이나 정보를 사전에 누설한 일은 없었다. 언론이나 풍문 등으로 사전에 신도시 건설정보가 누설되었다는 주장이 많았으나 관련기관의 감사를 통하여 확인된 바로는 그와 같은 증거는 전혀 없었다.

필자가 MBC와의 경제시사토론에서 '깜짝 놀랄 규모의 대규모 택지건설' 언급 이후 신도시의 위치에 대한 문의와 풍문이 표현할 수 없을 정도로 많았다. 또 분당·일산 두 지역을 택지개발지구로 지정하기 위하여 건설부·한국토지개발공사·대한주택공사 등에서 투입된 인력이 적어도 500명을 넘었다. 철저한 보안을 유지하기 위하여 문희갑 경제수석은 관련기관의 장에게 필요한 조치를 하였다. 또한 이에 참가한 모든 인력이 신도시 건설이 체제의 유지마저 위협하는 주택가격 폭등을 막는 역사적 사업임을 인식하고 투철한 국가관과 사명감을 가지고 있었기 때문에 보안이 유지되었다고 필자는 생각한다.

이들 인력은 모두 신도시 계획에 관한 정보를 누설하지 않는다는 취지의 각서를 내고 업무에 임하였다.

〔표 4〕 분당·일산 토지거래 동향(신고·허가)

(단위 : 건)

구 분		1988			1989			
		10	11	12	1	2	3	4
	계	40	50	49	72	58	92	105
예정지		11	13	9	14	8	18	13
주변지역		29	37	40	58	50	74	92
	계	33	37	69	49	66	91	71
예정지		6	15	8	19	16	21	18
주변지역		27	22	61	30	50	70	53

그리고 분당·일산 등 토지거래 실적도 4월 이후 감소하였다. 발표일 일 주일 전에도 건설부 직원들이 현지를 조사하였으나 사전정보가 누설된 기미가 없었음을 확인했다. 또 이 지역들은 이미 토지거래 허가제로 묶여 있었기 때문에 정보가 미리 알려졌다 하더라도 실효가 없었다.

5. 정책홍보와 시범단지 조성으로 신뢰 확보

| 주택 200만 호 건설 달성

1989년 분당을 위시해 5개 신도시를 개발하는 등 주택 200만 호를 건설하였다. 실제로 1988~1992년간 271만 7천 호를 건설하였다. 제6공화국 출범 이후 소득분배 개선과 복지확대 등에 대한 요구가 늘어나면서 주택문제가 국민적 갈등요인으로 대두되었다. 1980년대 들어 연 26만 호의 주택을 공급했으나 주택보급률은 1981년 70.5%에서 1987년 69.2%로 떨어졌다. 전국의 아파트가격 상승률은 1987년 9.4%에서 1988년 20.0%로 크게 급등하였다.

1988년 5월 25일 정부가 200만 호 주택건설계획을 발표할 당시만 해도 여론의 별다른 관심을 끌지 못했다. 그러나 1989년 4월 신도시 건설계획이 발표되면서 국민들의 관심은 급격하게 증가하였다. 이와 동시에 반대여론도 비등하였다. 당시 여당 의석수가 전체의 39%일 정도로 정부에 대한 국민의 지지가 낮았다. 전두환 전 대통령 시절에 내걸었던 '500만 호 건설계획'처럼 단순한 민심 회유용 공약(空約)이 아닌가로 인식되었다. 신도시가 서울 시내 거주자들의 선호지역인 데다 개발 여부를 둘러싼 찬반논쟁이 가열되면서 국민들의 관심이 집중되었다. 학계 등 일각에선 "정부가 주택시장을 안정시키겠다고 급조된 계획을 발표했고 수도권집중 억제의 틀을 깨뜨렸다"고 비판하였다.

우선 정부는 강한 추진력과 일관성으로 5대 신도시를 추진하여 신도시 개발에 대한 국민적 관심과 신뢰를 이끌어냈다. 일부 학계는 물론 신도시 개발지역 내 원주민들의 토지수용에 대한 반대가 심하였다. 그러나 전문가들에게는 신도시 개발의 필요성과 장기간 검토한 개발계획을 설명하였다. 그리고 원주민들에게는 적정보상, 주거 및 생활대책 수립 등을 통해 갈등을 최소화하였다. 그리고 신도시개발계획 발표 이전부터 방송 등을 통해 지속적으로 홍보활동을 추진하였다. 또 분당 신도시의 경우 1989년 4월에 개발계획을 발표하고, 그해 11월 시범단지를 분양하여 신뢰감을 조기에 확보하였다.

▌ "깜짝 놀랄 만한 대규모 택지건설"

당시 건설부 토지국장이었던 필자는 토지공개념 관련 법률과 5대 신도시 건설 때문에 방송토론이나 주요 뉴스에서 정부정책을 설명할 기회가 많았다. 그러던 중 1989년 4월 19일로 기억되는데, MBC 시사토론회에서 전국교원연합회의 안동조합설립에 관한 토론이 있었다. 전해들은 이야기로는 정부를 대표해서 참석한 토론자가 논리나 설명면에서 예상과는 반대로 일방적으로 열세였다고 하였다. 따라서 문희갑 경제수석 입장에서는 정부정책 설명에 대한 열세를 만회할 주제를 찾고 있었다. 그 대안의 하나로 신도시 건설계획을 주제로 방송토론을 할 것에 대하여 필자에게 문의해왔다. 필자는 두 가지 점에서 어려운 점을 지적하였다.

첫째, 이미 필자는 1989년 4월 14일 MBC 경제토론회에서 급히 상승하는 아파트값 대책을 마련하겠다고 밝혔다. 따라서 구체적인 대안인 개발지역이나 계획을 밝히지 않으면 토론에 따른 홍보효과가 없게 되었다.

둘째, 이미 한국토지개발공사와 대한주택공사는 분당과 일산에 대하여 신도시로 개발하기 위하여 조사를 진행하고 있었다. 투입된 인력도 500명은 넘었다. 그리하여 방송토론회에서 지역을 밝힐 경우 극심한 부동산 투기가 예상되며 사업 자체를 진행할 수 없게 될 전망이었다.

첫 번째 문제에 대하여는 문희갑 경제수석과의 조정을 거쳤다. 지역을 구체적으로 거명하지 않고 막연하게 대단위 계획이 있음을 언급하는 것이었다. 두 번째 문제는 보안과 관계되는 문제이다. 이에 대하여는 문희갑 경제수석이 관련기관의 장에게 필요한 조치를 취하였다. 그리고 신도시 건설계획에 관계되는 모든 인력, 건설부, 한국토지개발공사 그리고 대한주택공사 직원에 대하여 모두 신도시계획에 관한 정보를 누설하지 않는다는 취지의 각서를 받았다. 이와 같은 사전조치를 취한 후 필자는 1989년 4월 21일 MBC와의 시사토론에서 "부동산 대책의 일환으로 국민이 깜짝 놀랄 정도의 대규모 주택단지를 건설할 것"을 언급하였다. 토론 중에 사회자로부터 다방면으로 지역을 묻는 질문이 있었다. 그리고 그날 저녁 9시 뉴스에 헤드라인 뉴스로 방영되었다. 그 이후 가장 큰 국민적 관심사로 신도시 건설계획이 부각되고, 신도시 위치에 대한 문의와 풍문이 표현할 수 없을 정도로 많았다.

홍보대책의 강화

주민들의 동향이나 국회 결의안 그리고 국민여론을 감안하여 분당·일산지역에 새로운 도시를 건설하려는 계획에 대하여 두 가지 차원에서 홍보를 강화할 필요가 있었다.

먼저 새 주택도시 건설계획이 너무 졸속으로 처리되면서 무리하게 추진되고 있다는 국민의 의혹이나 우려를 불식시키는 것이었다. 신도시계획은 추진과정에서 설명되었듯이 1년 이상 검토되고 조사된 내용이었다. 그리고 쾌적하고 안락한 도시를 만들기 위하여 개발계획의 수립과 시행 등 모든 문제에 대하여 도시 전문가는 물론 국민의 여론을 충분히 흡수하고자 했다. 따라서 도시계획 등 신도시 건설 추진과정에서 일어날 수 있는 문제점을 충분히 검토하여 대책을 마련하면 신도시는 계획적으로 만들어진다는 점을 널리 홍보하고자 했다.

두 번째로 현지 주민의 생계를 안정시키고 충분히 보상하기 위한 제반대책을 주민들에게 널리 알려 주어야 했다. 주민에 대한 구체적인 보상대책, 농토를 잃는 농민에 대한 대토 확보계획, 이주단지 조성 문제 그리고 현지주민의 취업대책 등 주민들이 제기하는 요구사항에 대하여 즉각적인 대책을 수립하여 홍보하고자 했다.

비공식적으로는 박승 건설부 장관과 주요 신문의 편집국장과의 오찬을 통하여 신도시 계획과 추진방향·전략 등을 충분히 설명하였다. 제도적으로는 청와대에 홍보대책반을 두고 홍보방향을 설정하고 중점적으로 홍보할 필요가 있는 주요 시책을 발전시켰다. 청와대의 대책반에는 건설부, 국토개발연구원, 한국토지개발공사의 실무자가 참석하였다.

아울러 건설부에서는 매주 화요일 오전 11시에 정례 브리핑을 실시하였다. 신도시 건설계획과 추진상황·현지 여론동향 등을 토지국장이 설명하였다. 현지 주민과의 대화창구도 월 1~2회 정례적으로 운영하였다. 현지 주민의 의견을 적극적으로 수렴하고자 함이었다. 건설부·국토개발연구원·한국토지개발공사 관계자와 주민대표가 참석한 회의에서 토의된 의견을 정책으로 반영하고 그 내용 또한 홍보하기로 하였다.

6. 신도시 건설은 성공적이었나?

▌아파트 투기의 진정

단기적으로는 발표만으로도 아파트 투기가 진정되었다. 1989년 초 이래 계속 오름세에 있던 주택가격이 1989년 4월 27일 분당·일산지역에 새로운 주택도시를 건설한다는 계획이 발표되자 내림세로 전환되었다. 주택시장에서 급히 팔려는 매물이 나오고 있었으나 매입자가 관망상태에 있어 실제로 거래는 한산하였다. 일부지역의 경우는 500~4,000만 원 정도 하락하고 있었다. 그리고 두 도시의 건설이 본격적으로 시행된다면 아파트 가격은 더욱 큰 폭으로 하락할 것으로 보였다.

[표 5] 아파트 매매가격 추이

(단위 : 만 원)

지 역	1989.1	1989.3	1989.4.27	1989.5.5	1989.5.27
강남구					
– 청담 한양 32평	8,850	11,000	13,500	13,000	12,500
– 압구정 현대 51평	27,500	29,000	35,000	35,000	33,000
서초구					
– 반포 주공 25평	9,500	11,600	15,000	11,000	11,000
– 잠원 한신 47평	17,500	21,500	28,000	24,000	24,000
– 방배 삼호 43평	11,500	15,300	17,000	16,000	15,800
강동구					
– 둔촌 주공 34평	7,650	9,000	12,000	11,000	10,000
송파구					
– 가락 현대 46평	17,000	19,000	23,000	21,000	21,000
양천구					
– 목동 55평	19,000	21,000	30,000	30,000	28,500
강서구					
– 등촌 동신 46평	10,500	11,200	13,500	13,000	12,000
노원구					
– 상계 주공 17평	2,600	3,250	3,500	3,300	3,000
– 상계 주공 31평	6,000	3,750	7,000	6,800	6,500

분당·일산지구의 개발은 서울 및 수도권 지역에 택지와 주택공급을 대폭적으로 확대하여 주택공급 부족을 획기적으로 완화시킬 것으로 예상되었다. 이미 개발되고 있었던 안양 평촌, 군포 산본, 부천 중동 등에서 공급되는 주택물량을 포함할 때 앞으로 2~3년 동안 5개 단지에서 택지는 총 1,448만 평이 고급되고 여기에 건설될 주택은 33.3만 호에 이르렀다.

새로이 공급되는 33.3만 호의 주택은 서울에 있던 주택수 136만 호의 24.5%, 아파트 42만 호의 79.3%에 해당되었다. 이는 서울 인구의 13%에게 새로운 주택을 공급하는 것과 같은 규모였다.

[표 6] 수도권 주요 택지·주택공급 계획

지 역	택지(만 평)	주택(만 호)	인구(만 명)
분 당	540	10.5	42
일 산	460	7.5	30
안양 평촌(기추진)	154	4.3	17
군포 산본(기추진)	131	4.3	17
부천 중동(기추진)	163	6.7	27
계	1,448	33.3	133

이와 같은 대규모 주택공급은 주택가격을 크게 안정시킬 것으로 기대되었다. 특히 평당 80만 원대의 저렴한 가격으로 1,448만 평에 이르는 대규모의 택지가 공급되고 여기에 건축되는 주택이 분양되는 1990년부터는 서울의 아파트 시장은 수요에 대한 공급부족에서 거꾸로 공급이 수요보다 많게 되기 때문이었다. 또 과거 부동산 시장은 3년여의 호황이 지속된 후 6~8년간의 침체에 빠지는 10여 년의 주기를 보이고 있었다. 그런데 1989년은 부동산 경기가 3년째 호황이었다는 것과 여기에 분당·일산 등 5개 대단위 택지에서 총 33.3만 호의 주택이 공급되면 당분간 주택의 미분양사태가 발생될 것이 우려될 정도였다. 하지만 당시의 비정상적인 주택가격을 내려야만 주택이 없는 근로자나 중산층 모두가 안정된 주거생활을 영위할 수 있었다.

지난 1986년 목동, 상계동 등의 신시가지 개발로 7만 7,000호의 주택이 건설·공급되자 1987년 7월 중에는 5,000호가 분양되지 않는 등 상당기간 동안 대량의 미분양사태가 발생하여 건설업체들이 자금난과

수지악화로 어려움을 겪은 일도 있었다.

▌ 주택시장을 안정시켜

장기적으로 신도시정책은 주택시장을 안정시켰다. 1988년과 1989년에
20% 이상 올랐던 아파트 가격은 1990년에 32.3%의 높은 상승률을 정
점으로 급격히 내려갔다. 이는 신도시 건설로 새로운 아파트가 본격적
으로 분양되는 시점과 일치하고 있었다. 1991년에는 1.8%가 내려갔고,
1992년에는 5.0% 이상이나 내려가면서 주택시장은 안정궤도에 들어가
게 되었다.

다른 한편으로는 땅값도 하락되어 부동산시장 전체가 안정되었다.
토지공개념의 확대도입은 토지제도의 틀 자체를 근본적으로 바꾸는 토
지정책의 일대 전환이었다. 1990년대 들어오면서 토지공개념에 관한
제도가 발표되면서 땅값이 역사상 처음으로 하락하였다. 1992년에는
2.27%, 1993년에는 7.38% 연속 하락하여 토지시장도 안정되었다. 그
리하여 신도시 건설은 토지공개념과 더불어 부동산시장을 안정시키는
데 결정적 역할을 하였다. 물론 1997년 말의 외환위기를 맞아 국제통화
기금으로부터 구제금융을 받으면서 부동산시장은 외부적 충격을 받았
다. 이에 비하여 신도시와 토기공개념 확대도입은 토지시장의 내부적
개혁이었다. 내부적으로 시장구조가 안정되는 과정에서 IMF 충격을 받
은 것이다. 땅값이 크게 떨어지고 거래도 줄면서 토지시장은 극도로 침
체되었다. IMF 충격에 따른 복합불황도 일었다.

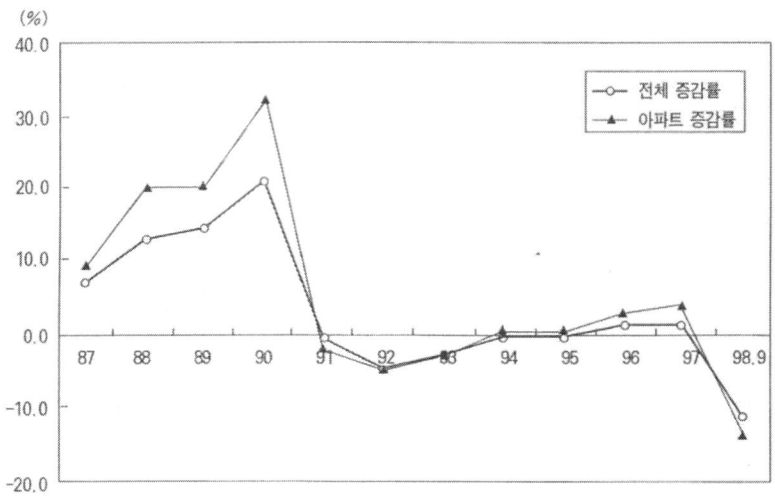

〔그림 1〕 주택가격의 변동추이

그러나 토지공개념의 확대도입이라는 내부적 조정이 없었다면 IMF 충격은 토지가격의 대폭적인 하락으로 직결되었을 것이다. 금융기관의 부실채권은 더욱 커지고 그 결과 금융경색은 심화되며 실물경제는 더욱 나빠져 금융과 실물부문이 모두 불황에 빠지는 복합불황이 될 수도 있었다. 최근의 일본경제가 이에 해당된다.

우리나라의 경우, 갑작스러운 토지가격의 급락으로 땅값에 있었던 버블이 제거되고 자산 디플레이션이 일어나면서 금융기관의 부실과 실물경제가 부실하여 IMF 구제금융을 받게 되었으나 토지공개념의 확대도입으로 토지시장이 안정되어 있었고, 부동산 관련 거품이 제거되어 가고 있는 상황이었기 때문에 복합불황으로 가지 않았다고 분석된다.

더하여 토지시장의 안정화는 토지시장의 구조와 기능을 결정짓는 패러다임도 새롭게 바꾸게 될 것이다. 그리하여 토지도 자산선택이론의 틀속에서 움직이는 재화로 확고히 자리잡을 것이다.

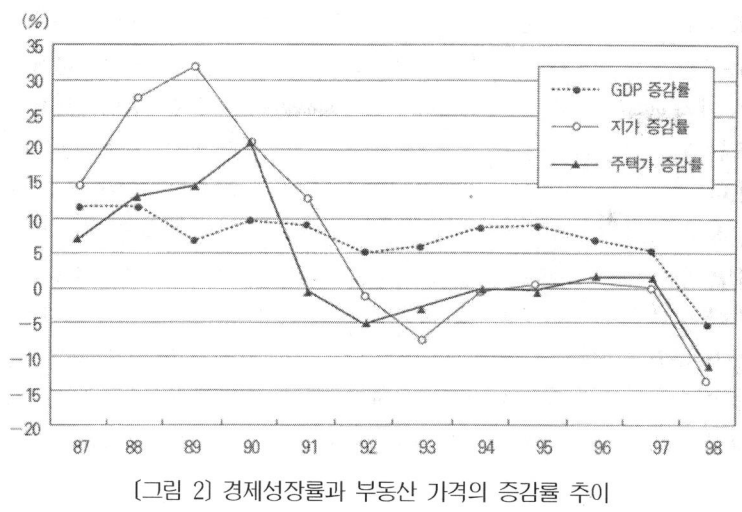

(%)

〔그림 2〕 경제성장률과 부동산 가격의 증감률 추이

한편 분당·일산지구의 동시개발은 그동안 강남지역보다 상대적으로 지연된 강북지역의 개발을 촉진하여 수도권 내의 지역 간 균형개발을 촉진하고, 서울인구를 분산하여 수용함으로써 서울의 과밀화를 해소하는 데 기여할 것으로 전망되었다.

그리하여 수도권 지역의 집중을 막되 이미 수도권에 거주하고 있는 인구에 대한 복지는 보장하고자 했다. 수도권정책은 공장·교육시설 등 주요기관을 지방으로 분산하여 인구의 지방유출을 촉진하고 지방도시를 육성하여 수도권으로의 인구유입을 막는 것이 주요 기조였다. 그리고 이미 서울에 살고 있는 인구의 교통·주택 등 복지 문제를 해결하는 것도 수도권정책의 주요한 내용이었다. 신주택도시 건설은 특히 후자의 차원에서 서울에 있는 인구의 주택 문제를 해결하기 위해 불가피한 것이었다. 다만 산업시설 등 인구를 유발하는 시설은 신도시에 허용하지 않아 집중요인을 없애고자 했다. 실제로도 서울의 인구집중을 유발하는 요인은 주로 일자리와 교육이지 주택은 아니었다.

기업도시, 대한민국 신 성장전략

이 규황

기업도시는 필자가 전국경제인 연합회 전무로 재직하던 중 작성한 「일자리 창출과제 추진계획(안)」(2004.2.25)에서 중요 과제로 탄생되었다. 일자리 창출대책의 기본방향은 ① 투자를 활성화하고, ② 서비스산업을 육성하며, ③ 수요자가 요구하는 인력을 공급하고, ④ 노동식장을 유연하게 만드는 것이다. 기업도시 건설은 이 네 가지 가운데 투자를 늘리는 방안의 일환으로 제시되었다.

기업도시를 구체적으로 제도화하기 위하여 필자가 중심이 되어 「기업도시 건설을 통한 투자활성화 방안」(2004.6.23)을 작성하여 정부에 건의하였다. 이를 정부가 수용하였고, 국회는 2004년 12월 31일 「기업도시 개발특별법」을 만들었다.

기업도시는 국가 경쟁력의 원천이기도 하다. 이하에서는 전경련에서 발표하고 입법화된 내용을 중심으로 기업도시 검토배경과 건설방안을 정리해 본다. 물론 전경련의 요구사항 중 많은 부분이 법안에 수용되었으나, 교육·의료시장에 대한 경쟁과 자율성 도입은 많은 부분이 수용되지 않았다.

1. 기업도시의 검토 배경

▌장기투자 부진의 근본적 타개

외환위기 이후 투자가 부진하였다. 경기는 침체되고 성장잠재력은 내려가고 있었다. 따라서 기업도시는 투자를 활성화시켜 단기적으로는 경기를 진작시키고 장기적으로는 우리 경제의 성장잠재력을 확충하는 방안이다.

첫째는, 기업도시의 건설은 규제완화지역특구의 성격을 갖는다. 기업의 투자가 안되는 가장 큰 이유 중의 하나가 규제이다. 규제는 기업의 투자를 어렵게 만든다. 대표적으로 수도권이나 토지이용규제이다. 또, 출자총액제도 등 지배구조 규제도 있다. 아울러 기업의 투자를 촉진하기 위하여는 조세지원이나 부담금을 감면해서 비용요인을 줄여주어야 한다. 노동시장의 유연성도 높여야 한다. 경쟁과 자율이 넘치는 교육·의료시장도 확보되어야 한다. 그러나 산업이나 지역에 대한 규제는 전국적인 차원에서 완화하기가 쉽지 않다. 도시는 기업의 경쟁력을 담아내는 그릇이다. 기업도시는 규제를 개혁적으로 완화하고 지원을 확대할 수 있는 특구로 기업하기 좋은 환경을 만들어 투자를 촉진시킬 수 있다.

둘째는, 기업도시 내에 서비스산업을 집중으로 육성하여 투자를 촉진시킬 수 있다. 앞으로 산업구조는 부가가치가 높고 고용창출이 많은 서비스산업의 비중이 높아져야 한다. 교육·의료·관광·레저 등의 산업이 이에 해당된다. 이 중에서 선진화된 교육·의료산업의 공급으로 기업도시는 삶의 질을 보장할 수 있다. 또 교육은 기업도시가 필요로 하는 인적자원을 원활히 공급해주어야 한다. 관광·레저산업의 경우 이 산업만 집약하는 관광·레저형 기업도시를 만들 수 있다. 그리고 이들 서비스산업에 대한 규제를 완화하고, 제조업 수준이나 그 이상의 금융·조세지원을 할 수 있다. 이와 같은 내용을 기업도시에 담는다면 서비스산업에 대한 투자 또한 확대될 것이다.

아울러 기업도시건설 자체로도 투자는 늘어난다. 산업시설이나 지원 인프라를 건설해야 되고 도시에 필요한 문화생활·복지시설은 물론 주택건설에 따른 투자도 확대된다.

일자리 창출

기업도시는 클러스터|Cluster의 조성을 원활하게 만든다. 교육기관과 연구기관, 용역업체 그리고 기업을 지리적으로 인접시킨다. 기업은 경쟁하거나 협력하는 기업 그리고 하도급업체를 포함한다. 클러스터는 기업가의 혁신을 촉진한다. 현재의 주종산업의 경쟁력을 유지하는 한편 적극적으로 미래의 핵심산업과 품목에 대한 투자가 이루어지도록 환경을 조성한다. 이를 일자리 창출을 위한 대책 중심으로 보면 기업도시는 R&D 개발을 통하여 기존산업의 경쟁력을 제고하고, 새로운 성장엔진을 발굴하며, 그리고 부품·소재산업을 육성할 수 있다. 또 기업도시는 복합관광·레저타운의 건설, 그리고 교육·의료산업 등 서비스산업에 대한 규제의 대폭적인 완화로 서비스산업을 고급화시킬 수 있다.

첫째, 새로운 성장전략산업의 발굴과 부품·소재산업의 육성이다. 특히, 수출과 내수를 효율적으로 연결하기 위하여는 국산 부품·소재를 공급해야 한다. 국산화율을 높여야 한다. 이를 위하여 R&D가 중심이 되는 산업연구단지를 조성하여 기초·원천기술을 제공해야 한다. 이때 기업과 대학 그리고 연구기관 간 긴밀한 산학협력이 되어야 한다. R&D에 필요한 인력수요가 충당되어야 하고 협동연구도 필요하다.

기업도시는 이와 같은 인프라를 제공할 것이다. 기업도시는 지역 내의 산·학·연 네트워크를 구성하여 공동연구와 상호협력을 제도화한다. 산·학·연 활동은 대학과 기업이 모두 혜택을 받는다. 학생들에게는 경험과 취업의 기회가 제공된다. 교수는 기업의 실질적 프로젝트에 참여하고 기업의 기자재를 대학이 공동으로 사용한다. 기업은 핵심역량과 기술발전을 제공받아 경쟁력을 높인다. 기존산업의 경쟁력을 높이는 데 더하여 앞으로 우리경제를 이끌어갈 엔진을 창조해낸다. 더하여 부품·소재도 개발한다. 미국의 RTP|Research Triangle Park의 경우

RTI|Research Triangle Institution와 대학, 기업의 산·학·연 프로젝트가 활발하게 진행되고 있으며, 이러한 산·학·연 활동이 RTP 성공의 열쇠라고 평가되고 있다. 필란드의 울루, 스웨덴의 시스타 사이언스시티 그리고 프랑스의 소피아 앙티폴리스가 그 예이다.

둘째, 서비스산업의 육성을 도모할 수 있다. 이미 기업의 투자활성화와 관련하여 설명한 것처럼 기업도시는 규제완화를 폭넓게 담을 수 있다. 특히, 서비스산업에 대한 규제는 대폭 완화되어야 한다. 서비스산업은 부가가치가 높고 일자리도 많이 만들고 선진경제의 산업에는 서비스산업의 비중을 높여야 되기 때문이다. 이를 위하여 가장 중요한 과제 중의 하나는 교육 및 의료산업에 대한 규제를 획기적으로 완화하는 것이다. 기업도시는 이와 같은 규제완화 내용을 담을 수 있다.

특히, 대학 등 고등교육기관의 개혁은 매우 중요하다. 성공적인 기업도시는 모두 대학을 중심으로 형성되어 있기 때문이다. 대학의 우수한 연구인력과 대학에서 공급하는 고급인력이 지역에 남아 지역의 발전을 이끌고 있다. RTP의 경우, North Carolina의 주요 3개 대학인 NCSU(랄리), Duke University(더럼) 그리고 UNC(차플힐)가 20분 거리에 위치하여 상호 정보공유와 협력을 통하여 RTP의 발전을 견인하고 있다. 미국 텍사스 Austin의 경우에도 University of Texas at Austin이 지역의 연구개발 활동과 산·학·연 연계의 핵심역할을 담당하고 있다.

기업도시는 자율적인 교육시장을 만들 수 있다. 교육시장에서 외국학교법인의 국내 진출을 단계적으로 허용하거나, 특목고·자립형사립고·대안학교 등 다양한 형태의 학교를 설립하거나 대학의 학생선발 자율권을 확대하는 것 등이 그 예가 될 수 있다.

기업도시는 의료산업도 시장에 맡길 수 있다. 국내 민간영리자본의 의료기관 설립 허용, 외국의료기관 적극 유치, 국민건강보험의 획일적인 보험수가 제도를 개선하는 한편 민간 건강보험도 기업도시 내에서 허용할 수 있다.

셋째, 기업도시는 관광·레저산업을 육성할 수 있다. 기업도시의 하나의 형태로 복합관광·레저타운을 건설할 수 있다. 이 도시에는 리조트, 테마파크, 골프장 등이 포함될 수 있다. 이를 통해 다양한 고급 레저수요를 국내에서 흡수하는 한편, 외국인 관광객의 국내유치를 확대할 수 있다. 그리고 숙박, 식당, 관광지와 관광단지, 주변환경 등 국내 관광산업의 인프라를 선진국 수준으로 높일 수 있다.

일자리 창출 대책

첫째, 우리경제를 견인할 새로운 성장동력을 발굴해야 한다. 과거 우리나라는 시기별로 우리 경제에 필요한 성장 동력을 마련해 왔다. 1960~1970년대는 경공업, 1980년대는 중화학공업, 1990년대는 정보통신산업을 발판으로 고도성장을 이룩해 왔다. 2010년대 이후 우리 경제를 견인할 기술개발과 신성장 동력을 육성해야 한다. 기존 전통산업의 부가가치도 높여야 한다. 이를 위해 정부는 연구개발투자를 지원하고 미래지향적 장기투자를 활발히 추진할 수 있는 여건을 마련해야 한다. 또한 정부나 기업은 신성장 동력을 창출할 수 있는 분야에 대한 선택과 집중으로 투자의 효율성을 극대화해야 한다.

둘째, 고용창출과 부가가치효과가 큰 서비스산업을 육성해야 한다. 선진국의 경우, 생산성이 높아짐에 따라 성장의 고용창출 효과 저하를 서비스업의 고용흡수력 제고를 통해 만회하고 있다. 우리나라 서비스업은 2005년 현재 국내총생산의 56%, 고용의 65%를 차지할 정도로 양적으로는 성장하였다. 그러나 서비스산업의 성장기여도가 오히려 낮아지고 있다. 의료, 교육, 관광, 레저 등 서비스산업에 투자자금이 원활하게 흐를 수 있도록 각종 규제를 개선하거나 없애고 투자를 유인할 수 있는 제도를 확립해야 한다. 또 서비스산업의 경쟁력을 강화하고 생산성 개선을 도모할 수 있는 방안들을 모색해야 한다. 아울러 FTA협상 등에 적극적으로 나서 서비스시장을 개방해서 국내서비스업이 국제적 경쟁력을 확보할 수 있는 기회를 확대해야 한다.

셋째, 부품·소재산업을 육성해야 한다. 그리하여 소재부품의 국산화율을 제고하여 산업연관관계를 높이며 수출의 국내파급효과를 극대화하여야 한다. 이를 통해 수출·내수산업 간, 대·중소기업 간 그리고 지역 간 투자격차 등 양극화 문제를 완화하고 고용을 늘려야 한다. 그 방안의 하나가 클러스터의 조성이다. 대기업-중소기업 간, 산·학·연 간 연계를 강화한 산업집적지를 만들고 연구·개발과 마케팅을 종합하여 시너지효과를 내야 한다. 국내 관련소재 부품산업의 육성을 통해 수출이 내수와 고용확대로 이어지는 경로를 활성화한다면 총요소생산성의 성장 기여도가 다소 개선될 수 있다. 2000년 산업연관표를 이용하여 정보통신산업의 소재부품 국산화율이 10%p 개선되는 경우 경제성장률이 1.1%p 높아지고, 취업자는 21만 명이 새롭게 유발된다.

넷째, 우수한 인적자본을 육성하고, 노동시장을 유연하게 만들어야 한다. 실업문제, 그중에서도 특히 청년층 실업문제는 경기하강에도 원인이 있지만, 중장기적으로 산업수요에 부합하지 못한 교육과 노동시장의 경직성도 문제이다. 기업은 전문성과 능력이 검증되지 않은 청년층을 고용하는 것을 꺼리고 있다. 따라서 산업수요에 부응할 수 있는 고급인력을 양성하고 교육 및 직업능력개발 프로그램을 획기적으로 개선하여 우수한 인적자본을 육성하여야 한다. 또 노동시장의 유연성을 강화하여 청년층의 취업기회를 늘려야 한다. 노사 관련 법제도를 정비하고, 인력수급의 불균형을 해소하기 위하여 노동시장 인프라를 구축하는 한편, 인력양성·훈련체계를 개선하여 기업의 고용창출 여력을 높여야 한다.

다섯째, 공공부문보다 기업이 일자리를 늘릴 수 있는 환경을 만들어야 한다. 정부가 공공부문의 취업지원 기능을 확대하고, 취약계층의 사회적 일자리를 늘리고자 노·사·정 협약을 도출해 내며, 사회통합을 증진시키는 등의 정책적 노력은 바람직하다. 그러나 공공부문을 통한 임시적 일자리나 서비스업 육성 등으로 만들어지는 일자리는 비정규직 등의 확대로 고용의 질을 떨어드릴 수 있다. 따라서 공공부문을 통한 인위적인 고용창출보다는 기업이 일자리를 확대시키는 환경을 만드는 것이 보다 중요하다.

▌총요소생산성 향상을 통한 경제성장 도모

우리 경제가 혁신주도형 경제로 전환하기 위해서는 경제 전체의 생산성을 획기적으로 제고해야 한다. 총요소생산성을 높여야 한다. 단순한 자본이나 노동과 같은 생산요소의 투입증가에서, 생산과정에 투입되는 요소들이 유기적인 결합에 의하여 산출에 반영되는 전체적인 능률을 높여야 한다. 총요소생산성은 경제 전체의 실물자본과 인적자본을 축적하고 기술혁신이 되어야 높아진다. 더 나아가 경제 전체의 혁신 시스템을 만들어 혁신역량을 강화해야 한다. 이를 도모하려면 연구개발투자가 필수적이다. R&D 투자는 총요소생산성을 높이는 지름길이다. R&D 투자는 투자되는 산업은 물론 연계된 산업의 생산성을 높인다. 인적자본과 물적자본도 늘린다. R&D 투자의 외부효과 때문이다. 기업도시는 R&D 클러스터를 형성하여 연구개발의 기능을 극대화할 수 있다.

기업도시는 클러스터의 핵심주체인 기업, 대학, 연구기관, 중앙정부 및 지방정부, 협회 등 중개기관 등을 지리적으로 집중시켜 생산적이고도 유기적인 관계를 만들어 준다. 기업은 지속적인 혁신으로 자체 경쟁력을 강화하고자 연구개발과 그 성과의 상품화를 위해 노력한다. 대학과 연구기관은 기초연구뿐만 아니라 기업의 혁신능력 강화를 지원한다. 기술개발 성과를 지속적으로 이전해 준다. 인적자원을 공급하여 연구는 물론 생산이 가능하게 만들어 준다. 중앙정부 및 지방정부는 클러스터 내와 다른 클러스터 간 혁신의 저해요소를 없애고 필요한 제도를 보완해 준다. 풍부한 공공 연구개발 인프라를 제공한다. 기업이 하기 어려운 기초분야나 응용분야의 기술을 중점적으로 개발한다. 실험시설과 첨단기술기업을 지원한다. 창업기업도 지원한다. 또한, 현장 밀착형 기술지원을 통해 기술혁신을 확산시킬 수 있다. 이처럼 기업도시는 연구·개발에 관련된 다양한 경제주체들이 효율적인 네트워크를 형성해서 새로운 기술과 지식을 창출·도입·활용하고 이를 교류하고 협력하여 기술혁신을 이루고 부가가치를 높여 생산성을 향상시킨다. 클러스터의 형성에 따른 집적의 외부경제효과|Agglomeration Externalities가 발생하기 때문이다. 또 기업도시는 클러스터 엔진을 입지시키고 분리창업|Spin-off을 확산할 수 있다. 대기업 또는 정부투자 기술기업을 통하여 많은 창업기업이 발생한다. 기술 및 생산, 서비스, 지원기능이 연계된 하나의 산업 생태계를 만들 수 있다. 소규모 단위기업이 연합하거나 연구 및 기술개발형 대기업이 지역군집의 주체가 될 수 있다.

그리고 기업도시는 혁신 클러스터 시스템을 만들 수 있다. 지역특성에 따라 2~4개의 전략산업이 중심이 된다. 기업·대학·연구소·관련기관 간 상호연계를 강화하여 효율적인 산·학·연 간 연구체계를 만든다. 특히, 첨단통신과 정보기술, 멀티미디어, 소프트웨어 등 최근 성장을 보이는 첨단업종과 미래 높은 성장이 예상되는 생명공학 분야에 집중할 수도 있다. 이처럼 기업도시는 클러스터를 형성하는 주체와 제도를 담아 경제 전체의 혁신시스템을 만들어 총요소생산성을 높이는 데 기여한다.

▌ 도시경쟁력 확보

기업도시는 첫째, 도시경쟁력을 높여준다. 기업도시는 도시의 경제적 경쟁력을 높여 총요소생산성을 증대시키고 쾌적하고 여유로운 삶의 질도 보장해 준다. 기업도시를 만들고자 하는 모든 기업들은 경제성장과 삶의 질을 보장하여 국제경쟁력을 높일 수 있는 도시를 만든다. 무엇보다 기업도시는 기업하기 좋은 환경을 만든다. 기업은 도시경쟁력을 결정하는 핵심이다. 투자하기 좋은 도시여야 한다. 그래야 기업이 몰려든다. 기업을 둘러싼 환경은 생활환경과 더불어 도시의 물리적·제도적 환경을 의미한다. 도시의 물리적 인프라는 기업이 입지를 고를 때 고려하는 요소이다. 편리한 교통, 접근성, 가용 용지, 지가 등이 물리적 인프라이다. 제도적 인프라도 기업의 입지에 중요하다. 금융, 회계, 법률 등 사업서비스산업의 발달 정도, 풍부한 노동력, 저렴한 임금, 적정 금리, 투자재원의 확보, 규제의 정도 등이 이에 해당된다. 기업도시 내에서는 기업이 투자를 어렵게 만드는 규제를 대폭 완화한다. 세제와 금융지원을 확대한다. 평화로운 노사환경도 제도화한다. 이러한 환경에서 기업은 경제성장과 고용으로 풍요로운 도시를 만든다. 기업의 실적은 고용, 매출, 생산성, GDP 등으로 나타난다. 이처럼 기업도시는 기업하기 좋은 환경과 실적으로 도시경쟁력을 높여줄 것이다.

둘째, 기업도시는 기업이 만들기 때문에 도시개발수요에 맞는 공급으로 경쟁력이 보장된다. 기업도시는 기업이 주도가 되어 기업에게 필요한 환경을 직접 조성한다. 자신의 기업활동에 가장 적합한 환경을 조성한다. 때문에 그 어떤 도시들보다 기업도시는 기업 유치에 있어 경쟁력이 매우 높을 수 있다. 지금까지 우리나라에서는 공공이 택지 및 기업에 필요한 산업단지를 조성하여 공급하여 왔다. 토지를 수용할 수 있다는 장점이 있다. 반면에 공급 용지에 대한 조성원가가 높아져 기업이 최종적으로 공급받을 때의 가격은 올라가기 때문에 기업의 경쟁력을 약화시켰다. 그러나 기업도시는 기업이 직접 개발한다. 기업에게 토지수용권을 부여한다. 따라서 기업도시는 사업시행자의 수요에 맞게 공급되는 공공재가 되고, 조성원가를 줄일 수 있다. 공공에 의한 택지 등의 개발은 토지이용계획도 면밀한 수요조사 없이 수립된다. 주거, 상업, 업무, 산업용지의 배분이 기업의 수요와 적정하게 연결되지 않는다. 특정주체의 부담이 가중되기도 했다. 예를 들어, 산업단지 내에 녹지공급을 확대하는 것은 환경적 측면에서 바람직하다. 그러나 이에 따라 분양될 용지가 줄고, 결국 산업용지의 가격이 높아진다. 공공이 기반시설 확충 등에 정부 재원을 활용한다면 문제가 없다. 그러나 최근의 개발사업들은 개발사업시행자가 기반시설을 확보하고, 심지어 광역교통 확충계획 등 중앙정부가 담당해야 할 비용도 개발에서 나오는 이익으로 충당한다. 때문에 사업성이 나빠지기 쉽다. 그러나 기업도시는 사업시행자가 도시개발권을 갖고 토지이용계획을 수요자에 맞게끔 도시계획을 수립한다. 개발된 토지도 자율적으로 처분한다. 개발이익은 도시개발에 적정하게 쓰도록 배분한다. 이때에도 민간시행자의 도시개발에 따른 정상이윤은 보장되고 일정한 수준의 개발이익도 갖게 된다. 이처럼 기업도시는 개발이 수요와 공급을 일치하도록 하여 경쟁력이 높아진다.

셋째, 기업도시는 삶의 질을 보장해 준다. 기업도시는 지자체와 연계하여 중앙정부에 사업신청을 한다. 때문에 입지 선정이 공공성을 띠고 있다. 그리고 기업은 도시개발을 하면서 기업활동에 필요한 물리적 시설을 갖춘다. 또, 기업에 종사하는 종업원들의 필요에 맞는 주거와 상업, 교육, 문화, 레저시설들을 공급한다. 교육시장은 도시의 경쟁력을 높일 수 있는 인적자원을 공급하는 한편, 도시민의 교육수요에 부응한다. 의료시장도 경쟁을 도입하여 의료서비스도 최고의 수준을 공급한다. 도시의 삶의 질이 보장된다. 따라서 기업도시 개발방식은 삶의 질에서도 수요에 부응한 공급이라는 측면에서 도시의 경쟁력을 높여주게 된다.

넷째, 기업도시는 지역경제 활성화로 지역의 경쟁력을 높인다. 이를 통해 지역 균형발전에도 크게 기여한다. 기업이 지방자치단체와 공동으로 기업도시 개발사업을 제안한다. 기업이 바로 입주하는 것이다. 이미 확인된 지역의 특성을 살리면서 새로운 산업발전에 맞는 거점으로 지역을 육성한다. 성장거점도시가 된다. 이들 산업이 연구·교육기능을 함께 집적시키면 혁신 클러스터를 만들 수 있다. 지역혁신의 주체가 된다. 따라서 기업도시는 지역발전의 중추가 될 수 있다. 이를 통해 국토의 균형발전을 도모할 수 있다.

기업도시를 통한 클러스터 형성

기업도시는 클러스터를 만들어 도시의 경쟁력을 높인다. 클러스터는 혁신이 중요한 지식기반 시대에 지역과 산업의 경쟁력을 높이는 유효한 수단이다. 클러스터|Cluster로 유사한 업종의 서로 다른 기능을 하는 관련 기업, 기관, 연구소 등이 일정 지역에 집적한다. 연구개발은 대학 및 연구소가 담당한다. 대기업과 중소기업은 제품을 만든다. 벤처캐피탈|Venture Capital과 컨설팅 회사 등은 금융이나 정보·지식을 지원한

다. 이들 기관들은 기업도시에 집적한다. 산업클러스터는 이들 기관들이 수평적으로나 수직적으로 네트워크를 형성한다. 이들 기관들은 협력하거나 경쟁한다. 수평적으로는 업종이 비슷한 기업들의 다양성에 따른 이점이 크다. 기업들의 관점, 태도, 통찰력이나 문제해결 방법이 다양하다. 타인의 성공사례를 모방하고 이를 활용하여 혁신이 이루어진다. 공동의 가치와 관습이나 신념을 갖고 있다면 집단적인 학습은 더욱 용이하다. 다양성, 모니터링, 비교, 모방 등은 클러스터지역에서 기업 사이에 쉽게 이루어진다.

수직적인 차원에서는 공급자와 고객기업 간의 거래나 상호조정, 그리고 의사소통을 쉽게 한다. 조정비용을 줄인다. 정보의 비대칭 문제도 없어진다. 전문화를 촉진하고 고도의 지식을 창조한다. 그리하여 서로 다른 기능을 갖고 있는 산업체들이 정보·지식을 공유하고 새로운 지식과 기술을 창출한다. 시너지|Synergy효과가 일어난다. 이렇게 산업클러스터를 통해 일어나는 경쟁력이 바로 도시경쟁력이 된다. 지역경제는 성장하고 주민의 소득은 늘어난다.

그러나 우리나라에서는 산업단지나 특정 전략산업이 있는 지역이 아직 역동적인 산업클러스터의 특성을 보이지 못하고 있다.

첫째, 공업단지가 유사업종으로 특화하지 못했다. 우리나라는 선진국에 비해 산업발전의 역사가 상대적으로 짧다. 때문에 아직 각 지역 특성에 맞는 산업발전지원제도가 마련되지 못하였다. 특히 지방의 산업집적은 대부분 관 주도에 의한 공업단지 조성이다. 그런데 공업단지의 미분양을 해결하는 방안으로 업종제한을 완화했다. 유사업종이 특화되지 못했다. 이에 따라 지역 내에서 기업이 필요로 하는 인력이 충분하게 개발되거나 훈련되지 못했다. 오히려 반대로 지방공단의 경우 고급인력과 기술을 외부지역에 의존하였다. 산업클러스터로서의 기술

혁신이나 거래비용을 줄이는 효과가 없었다. 지역 내에 혁신적 기업정신, 기업환경, 협력과 경쟁의 조화 등이 자리잡지 못했다.

둘째, 산업집적지의 혁신이 이루어지지 못했다. 기존 산업집적지는 혁신을 위한 구조로 개편되지 못하여 산업클러스터로서의 경쟁력이 약해졌다. 예를 들어, 대구나 부산의 경우 섬유·신발산업 분야에서 지속적인 시장개척, 신제품·디자인 개발, 기술혁신 등을 소홀히 했다. 혁신의 분위기가 없었다. 그 결과 초기에는 좋은 집적요건이 있었으나 이를 제대로 활용하지 못했다.

셋째, 지역 내에서 비전을 가진 지도자가 없었다. 세계적인 산업클러스터는 지역산업발전을 위한 선도자나 혁신적 기업가가 선도하였다. 실리콘밸리의 터만 교수, 소피아 앙티폴리스의 라피테, 리서치 트라이앵글 파크의 노스캐롤라이나 주지사 등이 그 예이다. 그러나 우리나라에서 산업집적지건설을 위한 선도자를 찾을 수 없다.

넷째, 하향식 개발방식이 문제이다. 이 때문에 지역은 내생적(內生的) 발전을 위한 네트워크, 상호협력과 선의의 경쟁을 위한 규범과 사회적 자본을 충분히 만들지 못했다. 지방은 산업집적을 통한 혁신을 이루기보다는 중앙의 지원만 바라보고 있었다. 많은 실권을 지방정부에 이양하지 못하는 중앙정부 역시 문제이다. 아직도 지방에서는 지방자치단체, 기업, 대학, 연구기관, 산업협회, 상의, 무역협회 등이 상호 네트워크를 만들어 산업발전의 효과를 크게 하지 못하고 있다. 특히 지방의 인재들이 그 지방의 발전을 위해서 헌신할 수 있는 기회와 여건이 없다. 또한 지방정부나 중앙정부의 지나친 개입으로 기업활동도 원활히 할 수도 없다. 지역산업에 적합한 제도가 없기 때문이다.

산업클러스터가 경쟁력을 제고하는 유효한 수단이다. 그리고 우리나라의 산업집적지를 효율적으로 만들기 위해서는 위에 언급된 문제점을 해결해야 한다. 이를 위해 기업도시는 매우 적정한 대안이다. 기업도시는 전략산업을 중심으로 유치한다. 지방자치단체와 함께 도시를 상향식으로 만든다. 산업·R&D·관광·레저 클러스터를 형성한다. 기업이 자율적으로 만드는 혁신이다. 효율적인 산·학·연 체제를 만들어 지역혁신 시스템을 마련한다. 전략산업 관련 지방대학을 육성한다. 고급두뇌를 양성하고 지방정착 여건을 만든다. 또 주력산업 관련 고급인력 유입과 정착을 유도하기 위하여 초·중·고 교육기관을 자율화하여 우수한 교육환경을 조성한다. 그리하여 산업클러스터의 효과를 극대화한다. 그 결과 도시와 국가 전체 경쟁력을 높인다.

2. 기업도시 건설방안

도시개발과 토지공급

기업의 주도에 의한 도시개발 계획 작성

지금까지 도시의 수요자인 기업과 개발계획이 직접적으로 연결되지 않았다. 기업도시는 기업이 직접 도시의 개발계획을 수립하여 민간의 창의성과 효율성을 동시에 도입한다. 또, 산업단지·문화·R&D 등과 배후도시기능을 효과적으로 연계되도록 해야 한다. 또, 엄격하게 제한된 민간시행자의 범위를 늘리고 제한을 없애야 한다. 기업도시는 컨소시엄으로 도시를 개발하려고 하는 기업, 지방에 신규투자하는 기업, 문화·레저산업 또는 R&D 클러스터를 건설하려는 기업 등 모든 기업이 건설할 수 있어야 한다. 그리고 기업은 해당 지방자치단체와 협의하여 가칭 「기업도시특구」를 지정할 것을 제안할 수 있어야 한다. 그리고 기업과 지방자치단체는 합동으로 기업도시를 건설할 수 있어야 한다.

토지수용권의 보장

기업도시의 건설로 공익을 실현한다. 기업도시는 산업·주거·문화·교육 등 다양한 기능을 담는 그릇이다. 이를 계획적으로 조성하면 투자가 촉진되고 지역을 균형적으로 발전시킨다. 도시와 기업의 경쟁력을 높여 경제성장에 기여한다. 그리고 기업도시는 산업용지와 주택을 대량으로 공급하여 생산을 늘리고 주거를 안정시킨다. 투자의 촉진이나 경제성장, 지역균형발전 그리고 주거안정 등 모두가 공익을 실현하는 것이다. 또 기업도시 개발계획을 기업이 수립한다. 그러나 정부가 이를 심사하고, 관계기관과 협의하며 주민들의 의견을 수렴하기 때문에 지방자치단체가 수립하는 도시계획과 같이 공공성을 확보하고 있다. 이처럼 기업이 도시를 건설하더라도 사업으로 공익이 실현되고 도시계획의 수립에도 공공성이 보장된다. 따라서 기업도시를 건설하는 민간시행자도 토지수용권을 갖도록 해야 한다.

토지수용은 「공익사업을 위한 토지 등의 취득 및 보상에 관한 법률」에 따른다. 정당한 절차에 의하여 객관적인 평가가격으로 보상해야 한다. 물론 지방자치단체가 기업을 대신하여 토지매입을 대행해 주는 방안도 가능하다. 지자체와 민간기업이 합작으로 기업도시를 건설하는 경우이다. 이때 지자체가 토지수용권을 행사하여 토지를 매입하게 되면 기업은 도시를 원활하게 건설할 수 있다.

주요 의제	현행 및 문제점	개선안
1. 개발권 허용	• 지구지정·개발계획은 정부, 시행자·실시계획은 민간이 담당 • 도시개발은 수도권에서 지방으로 이전하는 기업과 건설업자로 제한 – 기업 주도의 도시건설이 불가능 • 민간시행자는 개발대상 토지면적의 2/3 이상에 해당하는 토지 소유자의 동의 필요 – 동의를 얻는 과정에서 지가상승으로 토지매입비용 증가 • 개발계획을 수립할 수 없어 산업시설을 지원하는 배후단지 건설과 효과적으로 연계 미흡	• 기업이 직접 개발계획을 수립하여 산업단지·문화·R&D 등과 배후도시기능을 효율적으로 연계할 수 있도록 조치 • 민간시행자의 범위를 확대 • 기업이 해당지자체와 협의를 통해 가칭 '기업도시특구' 지정 허용
2. 토지수용권 보장	• 사업대상 토지면적의 2/3 이상에 해당하는 토지를 매입 • 토지 소유자가 총수의 2/3 이상의 동의를 얻도록 규정(「도시개발법」 제11조 제6항) • 민간시행자가 토지면적의 2/3 이상에 해당하는 토지를 매입 • 토지 소유자 및 건물 소유자 총수의 각 1/2 이상의 동의를 얻도록 규정(「지역균형개발법」 제19조 제1항)	• 산업단지와 같이 기업도시특구 지역의 민간시행자도 제한없이 토지수용권 허용 • 지자체가 토지를 매입하여 제공하는 방안도 가능
3. 조성토지의 자율적 처분	• 조성토지는 처분방법, 절차, 가격 등을 산업단지관리기관과 협의 • 가격평가는 감정평가업자가 평가한 금액으로 경쟁입찰(「도시개발법」) • 공공기관에만 수의계약에 의한 공급가능(「지역균형개발법」) • 일류기업 유치나 의료기관 등 시장가격 유치가 어려운 경우에 저가유치 불가	• 사업시행자가 조성토지의 가격과 계약방법 등을 자율적으로 결정토록 조치 • 공공 및 기반시설은 시장가격보다 낮게 공급

자료 : 전국경제인연합회, 『기업도시 건설을 통한 투자 활성화 방안』, 2004.6.15, p. 16.

조성토지의 자율적 처분 허용

기업이 도시 내에 조성한 토지에 대하여는 사업시행자가 개발계획에 따라 공급하여야 한다. 이때 토지의 매각가격이나 방법 그리고 대상은 자율적으로 결정할 수 있어야 한다. 그래야 사업시행자의 투자를 유인할 수 있다. 이 경우에도 공공에 귀속되는 시설과 기반시설은 시장가격보다 낮게 공급하여야 한다. 학교·의료시설 등 복지시설도 낮은 가격으로 유치하여야 한다. 그러나 그 이외의 토지는 개발비용의 회수를 위하여 경쟁입찰로 분양할 수 있어야 한다.

개발이익의 합리적 배분

기업도시의 건설에 따라 개발이익이 발생할 수 있다. 그 개발이익은 공공시설의 건설에 사용되어야 한다. 그러나 사업시행자는 도시건설을 위하여 투자된 비용과 사업경영에 따른 정상적 이윤을 보장 받아야 한다. 그리고 기업도시 건설에 따른 개발이익도 일부는 사업시행자에게도 분배되어야 한다. 개발이익을 효과적으로 환수하기 위한 방안으로 개발지역 내의 기반시설은 시행자가 부담하고, 개발지역 밖은 지자체나 국가가 전액 부담하는 것이 바람직하다. 그러나 기업도시를 건설하려는 지역에 이미 기반시설이 많은 경우에는 개발이익을 적절히 환수할 수 있을 정도로 개발구역 밖의 시설도 사업시행자가 부담할 수 있다. 그리고 지가가 높은 수도권과 충청권의 경우에는 진입도로나 상하수도 등 기반시설은 지자체와 기업이 공동으로 부담할 수도 있다.

주택공급 방식의 변경

건설교통부 장관이 지정하는 지역에서 건설하는 주택이나 근로자주택 등 법령의 규정에 의하여 건설하는 주택에 대해서는 공급방법을 별도로 지정할 수 있다. 그러나 공장이전에 따라 근로자에게 직접 필요한 주택을 공급하는 방법도 제한되어 있다. 또 회사 사정 때문에 이주하는 근로자도 1가구 2주택인 경우 양도소득세를 부담해야 한다. 그리고 민영주택을 공급하는 방식으로 분양하거나 공급하는 것은 실제 필요하지 않은 절차로서 이에 따른 비용을 발생시킨다. 따라서 기업도시 내 주택은 주택공급에 관한 규칙의 예외조항을 적용하여 공급하여야 한다. 그리고 근로자주택과 같이 공급방식을 사업시행자가 스스로 결정할 수 있도록 해야 한다.

[표 2] 개발이익의 합리적 처분과 주택공급방식 개선

주요 의제	현행 및 문제점	개선안
1. 개발이익의 합리적 배분	• 개발구역 밖의 기반시설 부담 규정 미비로 사업시행자가 부담 • 기반시설에 대한 정부 지원범위가 불분명하고 정부와 협의곤란으로 부담 과중	• 개발지역 내는 시행자가 부담하고, 밖은 지자체와 정부가 전액 부담 • 입지여건상 기반시설이 많은 경우 적절한 개발이익 환수범위 내에서 밖의 시설도 부담
2. 주택공급 방식의 변경	• 건교부장관이 지정하는 지역의 건설주택이나 근로자주택 등은 공급방법을 별도 지정 가능(기업도시에는 적용불가) • 공장이전에 따른 근로자에게 필요 주택으로 제한 • 일반 민영주택 공급방식의 채택은 부동산 문제 야기 • 회사 사정상 이주하는 경우에도 1가구 2주택인 경우 양도소득세 부담	• 기업도시 내 주택공급은 주택공급에 관한 규칙의 예외조항 허용

자료 : 전국경제인연합회, 전게서, 2004.6.15. p. 17.

▌수준 높은 교육서비스의 제공

초·중등 교육제도의 개선

수준 높은 교육을 공급해야 기업도시가 성공하고 지역 균형발전을 도모할 수 있다. 수도권과 비수도권 간의 교육환경의 격차가 기업이나 근로자들이 지방근무를 꺼리는 가장 큰 이유이다. 따라서 산업시설의 이전과 동시에 자녀 교육문제를 해결할 수 있는 교육제도가 확립되어야 한다. 높은 질의 교육을 보장하여 기업도시 주거민의 복리를 향상시켜야 한다. 기업도시 내에서 학생과 학부모에게 학교 선택권을 주고, 학교운영의 자율권을 보장하여야 한다. 그리하여 학교 간 경쟁이 촉진되고 다양하고 수준이 높은 교육수요를 충족시켜야 한다.

첫째, 자립형사립고 제도를 보완해야 한다. 기업도시 내에 사는 근로자 자녀의 초·중등학교 문제가 해결되어야 한다. 그래야만 기업도시의 정주와 도시기능이 해결될 수 있다. 그러나 초·중등학교의 설립이 엄격하게 제한되어 있다.[1] 그리고 특수목적고, 자립형사립고, 협약학교 등 특별학교 설립에도 기업들이 참여하기에는 많은 제약이 따른다. 뿐만 아니라 초·중등학교 및 교육과정 운영도 제한되어 있다.[2] 학교 운영과 관련한 많은 사항에 대하여 특별히 인정 받도록 구체적으로 지정하고 있다. 교원의 자격(제21조), 수업 등(제24조), 학년제(제26조), 교과용 도서의 사용(제29조), 학교운영위원회의 설치(제31조), 초등학교, 공민학교 수업연한(제39조), 중학교·고등공민학교 수업연한(제42조), 고등학교·고등기술학교 수업연한(제46조) 등은 학교 및 교육과정의 특례를 받도록 명시하고 있어, 초·중등학교의 자율적인 운영을 제한하고 있다.

그리고 자립형사립고는 「초중등교육법」 제61조의 특례에 따라 현재 6개학교가 2002년부터 2005년까지 시범운영 되었다. 자립형 사립고교는 학생의 학교 선택권을 보장하고 학교 운영의 자율성을 핵심으로 하고 있다. 학사운영·학생선발·등록금 책정 등 학교 운영 전반을 자율적으로 할 수 있다.

그러나 자립형 사립학교 운영에도 많은 제약이 있다. 학생선발, 교원 자격 및 보수, 학사운영, 교육과정, 교과서, 재정관리 등에 있어 많

---

1) 「사립학교법」 제3조, 「고등학교 이하 각급학교 설립 운영규정」 제15조, 「초·중등교육법」 제4조.
2) 「초·중등교육법」 제61조(학교 및 교육과정운영의 특례).

은 제약이 있어 자율적인 학교운영이 어렵다([표 3] 참조).

[표 3] 자립형사립고의 주요 특징

1. 자율적 학사 운영	• 창의적인 학생 선발 특성화 • 다양하고 유능한 교원 초빙 • 학년도, 학년제, 수업연한, 수업일수 자율성 • 특색 있는 커리큘럼의 자율적 운영 및 교과서 사용 • 학급당 학생수: 30명 이내 권장
2. 재정관리	• 법인전입금: 학생납입금 대비 법인전입금 비율 8:2 이상 부담, 시·도교육청에서 지원하는 재정결함 보조에서 제외 • 학생납입금: 당해지역 일반고교 기준의 300% 이내에서 자율 책정 • 장학금: 공립학교 상한 기준인 학생 15% 이상 의무화 • 기숙사: 학교실정에 적합한 학생 기숙사 확보 권장
3. 학교 운영의 투명성 확보	• 학교헌장의 제정 및 공개* • 학교재정 운영 및 학사행정의 공개 • 지역사회와의 연계 강화

주 : *「자립형 사립고 시범운영 안내」(교육인적자원부, 2001)에서 제시하고 있는 학교헌
　　장 포함사항은 다음과 같음.
　　• 건학이념 및 특성화된 교육프로그램 제시
　　• 학교 규모, 학급 규모, 교사 대 학생비율 등 학교 개요
　　• 학사운영 계획 및 학생선발기준 및 전형방법
　　• 교사진의 구성과 인사행정
　　• 재정운용 방안(등록금 수준, 내역 고지 및 법인전입금 비율)
　　• 시설 및 설비 확보 계획
　　• 지역사회와의 연계 강화 방안
　　• 학교장기발전 계획 등
자료 : 전국경제인연합회, 『기업도시특별법에 관한 문답집』, 2004.10, p. 64.

대안으로는 초·중등학교의 운영이나 교육과정 운영에 자율성을 보
장해 주어야 한다. 자립형사립고에 대한 자율성을 확대해야 한다. 자립
형사립고는 설립 준칙주의를 도입하여야 한다. 자격요건을 갖춘 사립
고가 자립형사립고를 신청하고 해당요건이 만족된다면 자동적으로 설
립되어야 한다.

〔표 4〕 자립형사립고 개선 방안

	시범운영 기준(현재)	개혁 방안
학생 선발	• 모집지역: 전국·지역 단위 • 선발시기: 전기학교 • 선발방법: 국영수 지필고사 금지, 전형 방법의 다양화·특성화	• 모집지역, 선발시기, 선발방법 등 에 제한을 두지 않고, 학교 단위로 자율화
교원	• 교장: 교원자격증 불필요 • 교원: 산학겸임교사 1/3 수준에서 허용 • 교원보수: 현행 교육공무원 보수 지급(학교 현장별 차이는 있음)	• 교장: 교원자격증 불필요 • 교원: 학교별 자율적 결정 • 교원보수: 수당지급을 통한 우대가 아닌 연봉제 등으로 자율화
학사 운영	• 학년도: 일반학교와 동일 • 학년제: 일반학교와 동일 • 수업일수: 198일 이상	• 학년도 및 학년제: 학교자율 • 수업일수: 190일 이상(자율학교 수준으로 하향 조정)
교육 과정	• 국민공통과정 과목(56단위) • 교과별 최소이수단위 요구 • 교육인적자원부 지정 20% • 시도교육청 지정 30%	• 국민공통과정 과목(56단위) • 교과별 최소이수단위 규정 삭제 • 시도교육청 지정 30% 규정 삭제
교과서	• 국민공통과정 과목 외 자율	• 자율
재정 관리	• 법인전입금: 학생납입금 대비 20% 이상 • 학생납입금: 일반고교 기준의 300% 이내 • 장학금: 공립학교 상한기준의 15% 이상 지급 의무화	• 법인전입금: 10% 이상으로 하향 조정 • 학생납입금: 자율

자료 : 전국경제인연합회, 『기업도시 건설을 통한 투자 활성화 방안』, 2004.6.15, p. 20.

자립형사학의 재정에 대한 규제도 완화되어야 한다. 자립형사학의 법인전입금 비율은 내리고, 학생납입금의 책정한도도 학교가 정해야 한다. 다양한 수익사업도 허용하고 재정운영은 투명성을 강화해야 한다. 학생선발 전형기준이나 방법을 학교가 스스로 정하도록 하고, 교과별 최소이수단위 요구규정도 삭제하여 자립형 사학의 자율성을 넓혀 나가야 한다([표 5] 참조). 그리고 기업도시 내 학교설립에 관한 특례로 특수목적고 또는 자율형사립고, 협약학교 등의 설립을 인정해야 한다(「지역특구특례법안」 제17조). 장기적으로는 자립형사립고의 경우 학교 설립 및 교육과정 운영을 초·중등교육법에 적용받지 않도록 해야 한다.

둘째, 협약학교제도를 도입해야 한다.

협약학교제도는 학교를 운영하고자 하는 사업자와 교육당국 간의 법적 계약을 통해 학교를 설립하는 것이다. 이 제도의 도입으로 학생과 학부모에게는 학교선택권이 보장된다. 또 개별학교는 자율적으로 학교를 운영하여 학교 간 경쟁이 촉진되어 학교의 질이 높아진다.

협약을 제공하는 기관을 다양화해야 한다. 그 결과 학교운영에 대한 포괄적인 권한이 보장된다. 협약제공기관은 협약학교 운영자의 교육철학과 구체적인 학교운영 방법등에 대한 평가를 거쳐 협약 제공 여부를 결정한다. 정부는 이들 학교경영에 필요한 대부분의 재정을 부담하고 등록금도 공립과 동일하게 유지해야 한다.

[표 5] 협약 제공기관 및 협약학교 운영가능 사업자

협약 제공기관	협약학교 운영 가능 사업자
교육인적자원부	기존 사립고등학교
시·도 교육청	교원단체(교총, 전교조 등)
과학기술부	학교 관리자 집단(장학사, 교장 등)
정보통신부	교육관련 영리기업
국립대학	비영리 단체(학부모단체 등)
광역자치단체	종교단체

자료 : 전국경제인연합회, 전게서, 2004.6.15, p. 21.

협약학교 운영자는 교육청의 일상적인 지도·감독 없이 학교운영에 관한 포괄적인 권한을 행사한다. 학생과 학부모는 기업도시 내 협약학교를 선택하여 지원할 수 있다. 더불어 협약학교 진학을 원하지 않는 학생은 일반 공·사립학교에 배정된다. 협약학교 학교 운영자에 따라 설립이념과 운영방식이 다르다. 따라서 학생과 학부모는 이를 비교하여 적합한 학교를 선택할 수 있다. 교육당국과 협약학교 운영자 간의 협약 내용은 학생선발, 교원, 교육과정, 교과서, 수업일시, 학사운영 등에 관한 것을 포함한다([표 6] 참조).

[표 6] 협약학교 운영에 관한 포괄적 권한(협약내용)

구 분	내 용
1. 학교의 학생선발	• 지원자가 많을 경우 학생을 선발 • 성적과 같은 차별적인 기준으로 선택해서는 안됨 • 무작위 추첨, 인근거주자 우선, 가족구성원 재학학생 우선 등 일정한 기준으로 선발
2. 교원 채용 및 해고, 임금수준 자율결정	• 교원자격 없는 전문가 채용 허용 • 산학겸임교사 1/3까지 허용
3. 교육과정 자율 편성·운영	• 국민공통 기본교과목을 3년에 걸쳐 편성 • 그 외의 교과목에 대해서는 자율 허용
4. 교과서 자율선정	• 검정교과서 이외의 도서 활용 허용 • 자체개발·사용 허용 및 교과서 개발 비용 보조
5. 수업일수, 수업시간 자체조정 가능	• 방과후 프로그램 개설 가능, 현장학습 등 탄력적 수업시간 운영 가능
6. 학년제와 수업연한 규정 적용 여부 자율결정	• 학년제 대신 학기제(3학기제 포함) 도입 허용 • 조기졸업 허용, 무학년·무학급제 교육과정 편성 운영 허용

자료 : 전국경제인연합회, 전게서, 2004.6.15, p. 22.

협약학교는 책무성을 평가 받아야 한다. 그 평가는 협약학교 운영성과를 측정하고 협약의 종료 또는 연장 여부를 결정하는 근거가 된다. 평가에는 학생과 학부모의 학교수업 및 학사운영에 대한 만족도, 개별 협약학교의 지원자 수, 협약학교 운영자의 협약 준수 여부, 학업성취도 향상평가 등이 포함되어야 한다. 아울러 협약학교에 대하여 고려할 사항도 많다. 협약학교들이 입시 위주로 교육과정을 편성하거나 운영하지 않도록 대학입시제도를 다양화하여야 한다. 개별학교들은 다양한 교육내용을 학생선발에 반영할 수 있도록 해야 한다. 또, 지나친 학생 유치 경쟁을 막아야 한다. 협약학교들의 학생 선발권은 보장하되, 개별학교에 대한 정보는 교육당국이 제공해야 한다. 그리고 다양한 유형의 학교 간 전학으로 인한 혼란을 막기 위해 교육당국은 전학생의 교과목 중복수강을 조정해야 한다.

셋째, 우수한 교직자를 확보해야 한다.

교원이 좋은 학교를 만드는 데 가장 영향이 크다. 그러나 교원 간 또는 외부학교 교원 간의 경쟁이 없고 승진체계도 일원화되어 있다. 교장·교감으로 승진할 수밖에 없는 승진체계 때문에 교사가 자기계발을 하려고 하는 유인이 없다. 또 변화를 수용하고자 하는 교원에게도 보상과 이익이 없다. 교원에 대한 평가제도도 없다. 교원의 질은 낮아지고 전문성은 부족하다. 우수한 교직자를 양성하는 데 문제가 많다. 교원양성기관 졸업자에게도 자동적으로 교사자격증을 주고 있다. 교사자격의 질적 통제가 어렵고 자질을 검증할 수도 없다. 그리고 고등학교 이하 학교에 대한 외국인 교원 임용은 2004년 3월 시행된 「지역특화발전특구법」에만 규정되고 있다. 아울러 경제자유구역의 국제고등학교 교육과정 운영에 필요한 외국인 교원임용은 허용된다(「경제자유구역법」 제22조 제7항).

우수한 교직자를 확보해 교원의 질을 높여야 한다. 교장초빙제도를 실시해야 한다. 교장은 전문성을 가지고 변화하는 시대에 맞게 학교를 재조직하고 창의적으로 운영하여야 한다. 교장에 대한 자격요건을 대폭 다양화해야 한다. 교직경력 15년 이상인 교사 중 소정의 전문적인 학교경영 교육을 받은 자, 교육학을 전공하여 박사학위를 소지한 자는 교장이 될 수 있어야 한다. 또 특성화학교는 해당 분야에서 객관적으로 능력과 권위가 인정되는 자를 교장으로 초빙하여야 한다. 교장에 대한 교육을 대폭 강화해야 한다. 교장에 대한 교육을 교육전문기관은 물론 기업체에서도 실시해야 한다. 교장은 민간 기업의 최고경영자|CEO에 준하는 권한을 갖고 자율적으로 학교혁신을 이끌어나가야 한다. 교장은 학교운영위원회의 신임을 받는 한 연임되어야 한다.

단위학교에서 근무하는 교사들의 순환근무 연한을 연장하거나 혹은 교사들의 보직을 임명하는 것을 인사위원회의 자문을 받아서 결정할 권한도 교장이 가져야 한다. 교장초빙제도는 교원사회에 미칠 영향을 감안하여 단계적으로 실시해야 한다. 1단계에서는 사립학교와 공립학교 중에서도 특목고, 자율학교, 대안학교 등 학교선택권을 인정하는 학교를 대상으로 한다. 2단계는 의무교육이 아닌 공립 고등학교가 대상이다. 3단계는 공립 초·중·고등학교까지 포함한 모든 학교를 대상으로 한다.

교감제는 수석교사제로 바꾸어야 한다. 그래야 교원인사제도를 연공서열제에서 창의적 제도로 바꿀 수 있다. 수석교사는 학교 교직경력 15년 이상인 교사 중에서 교과 관련 연구, 근무 성적, 수업 능력, 연구 능력 등을 평가하여 임명한다. 수석교사는 일정기간 모범적인 수업뿐 아니라 장학업무를 겸한다.

수석교사제가 도입되면 교사에 대한 감독 업무를 주로 하는 교감은 폐지해야 한다. 기업도시에 설립된 학교는 외국인 교원을 「지역특화발전특구법」과 같이 자율적으로 임용할 수 있도록 제도화해야 한다.

국·공립학교의 교사 순환보직제도를 개선해야 한다. 교사들이 10년 이상 같은 학교에서 근무할 수 있도록 하여, 학교에 대한 소속감과 주인의식을 갖고 교육에 임하도록 해야 한다. 5년 단위 순환보직제의 틀을 유지하면서 교사 본인이 원하는 동시에 교장이 학교운영위원회의 자문을 얻어서 승인할 경우에는 순환보직을 연기한다. 특히, 자율학교와 협약학교의 경우에는 순환보직제를 적용하지 않아야 한다.

교원 임용제도도 탄력적으로 운영해야 한다. 사립학교, 자율학교 및 특성화학교의 교원 임용은 원칙적으로 학교운영위원회의 초빙으로 한다. 다만 국공립학교의 교원임용은 교육감의 권한으로 한다. 그리고 국공립학교의 경우에 기간제 교사, 강사 혹은 특기적성 교과를 담당할 수 있는 한시적 교사의 임용은 학교운영위원회에서 실시한다.

교원의 평가제도를 확립하여 교원의 질을 관리해야 한다. 교원의 질은 직접적으로 학생 개개인에게 미치는 영향이 상당하다. 따라서 교원의 질은 교원 개인의 문제로 맡겨둘 것이 아니라 국가·시도교육청·단위학교에서 관리해야 한다. 학교운영위원회나 교사의 상호평가에 근거한 새로운 교원 평가제도의 도입이 그 방안 중의 하나이다.

[표 7] 기업도시 내 초·중등 교육제도의 정비

주요 의제	현행 및 문제점	개선안
1. 자립형사립고 제도의 보완	• 기업도시 이주 근로자 자녀의 초·중등 교육문제 해결없이는 정주와 도시기능확보에 어려움 • 현행법에서는 자립형사립고, 특수목적고, 협약학교 등 특별학교 설립 곤란 • 학교 및 교육과정 운영도 특례조치를 받지 않고는 금지 • 자립형사립학교의 학생선발, 교원 자격 및 보수, 학사운영, 교육과정, 교과서, 재정관리 등에서 제약	• 모호하게 규정된 자립형사립고의 지정기준 및 재정관련 사항을 법제화 • 학교 설립 및 교육과정 운영을 초·중등교육법의 예외로 인정
2. 협약학교제도 도입	• 학생과 학부모에게 학교선택권을 주고, 운영 자율권을 주는 제도 부재 • 사업자와 교육당국 간의 법적 계약을 통해 설립하는 학교제도	• 협약학교운영자가 학교운영에 관한 포괄적 권한 행사 • 협약 제공기관 다양화 • 정부는 학교 재정을 부담하고 등록금도 공립과 동일하게 유지
3. 우수한 교직자 확보	• 현 체제내에서 교원 간· 외부와의 경쟁 부재 • 일원화된 승진체계 등 인사제도 한계 • 외국인교원임용은 경제자유구역과 지역특화발전특구로 허용	• 교장이 전문성을 가지고 학교를 운영할 수 있도록 자격요건 개선 • 수석교사제 도입과 교감제도 폐지 • 외국인교원임용을 기업도시 내에서 자율화 • 교원평가제도 도입

자료 : 전국경제인연합회, 전게서, 2004.6.15, p. 25.

교육시장의 개방

첫째, 해외 유명 대학을 유치하거나 설립하여야 한다. 그렇게 되면 해외 대학의 경영방법과 지식이전으로 국내대학의 경쟁력을 강화하는 데 효과적이다. 국내 교수들도 우리나라에 진출한 외국 대학에 충원될 것이다.

따라서 교수사회에서도 경쟁이 일어나 교원의 질이 향상된다. 현재는 경제자유구역에 한해 외국인 대학 설립이 허용되고 있다.[3] 앞으로 기업도시 내에도 세계 우수 대학을 분교나 제휴형태로 유치하여 도시 내의 교육문제를 해결하고 산학연계를 강화하여야 한다. 이를 위하여 해외 유명 대학 설립시 임대건물을 교사로 인정하고, 수익용 기본재산에 대한 요건을 보증보험으로 대체해야 한다. 그리고 외국인 이사 수에 대한 제한도 없애야 한다. 경제자유구역, 지역특화발전특구, 특정 지방자치단체에서 해외 우수 대학을 유치하려고 할 경우에는 이들 지역에 우선적으로 규제를 완화해야 한다.

또, 국내 대학이 해외 우수 교수나 학생을 유치하기 위하여 필요한 재정을 지원해 주어야 한다. 외국의 학교와 대학에 대해서는 비영리법인만 허용하되, 장기적으로 영리법인 교육기관도 개방해야 한다. 그리고 비영리법인의 발생 이윤은 자체 내에서 이전될 수 있으나, 이익을 해외로 송금할 수 있어야 한다. 외국 대학에 우리 교육시장을 열기 위해서는 국내 대학에 대한 규제를 과감하게 완화해야 한다. 학교운영도 자율화해 주어야 한다. 그래서 국내 대학이 외국의 교육기관과 공정하게 경쟁할 수 있어야 한다.

---

3) 「경제자유구역 지정 및 운영에 관한 법률」 제22조.

[표 8] 영리법인 전문대학 관련 제도 개선사항

구분	개선내용	관련 법
1. 주식평가 대상	• 영리법인 전문대학의 자산평가 기준과 방법에 대해 별도로 규정(기본재산의 포함 여부 등)	사립학교법 제5조
2. 사업범위	• 현행 비영리법인 전문대학도 교육에 지장이 없는 범 위 내에서 사립학교의 경영에 충당하기 위하여 수익 사업가능(수익사업회계) • 영리법인 전문대학은 교육사업 자체가 수익사업이므 로 사업의 종류와 계획을 보고하되, 정관에 사업명, 종류 및 자본금 등을 공고하도록 명시 • 수익사업을 학교회계와 단일회계로 처리	사립학교법 제6조
3. 재산관리	• 학교법인이 기본재산의 매도, 증여, 교환 또는 용도 변경, 담보제공, 의무 부담이나 권리 포기를 하고자 할 때에는, 회사법의 기재사항이므로 이사회의결을 받고, 이를 관할행정청에 신고 • 학교법인의 기본재산은 매도 또는 담보에 제공할 수 없으나 영리법인의 경우에는 관할 행정청의 인가사항 으로 변경	사립학교법 제28조, 시행령 12조
4. 해산	• 영리법인 전문대학의 정관에서 정한 해산사유나 목적 의 달성이 불가능한 때에는 이사 정원의 3분의 2 이 상의 동의와 주주총회의 특별결의를 얻어 관할행정청 에 신고 • 다른 학교법인과 합병하거나, 학교법인의 파산 또는 해 산의 확정판결이 있을 때에는 관할행정청에 이를 신고	사립학교법 제34조
5. 해산시학 교법인의 잔여재산	• 해산하는 학교법인의 잔여재산은 합병 및 파산의 경 우를 제외하고, 원칙적으로 정관으로 정한 주주의 지 분에 의한 비율에 따라 귀속 • 이에 의해서 처분되지 아니한 재산 중 대학교육기관을 설치·경영하는 학교법인의 재산은 국고에 귀속 • 기타학교를 설치·경영하는 학교법인의 재산은 지방 자치단체에 귀속 • 특히 국고 또는 지방자치단체에 귀속된 재산을 사립 학교교육의 지원을 위하여 다른 학교법인에 양여, 무 상대부 또는 보조금으로 지급하거나 기타학교사업에 사용할 수 있음	사립학교법 제35조
6. 합병	• 영리법인 전문대학이 다른 학교법인과 합병할 경우 주 주총회의 특별결의와 교육부장관의 인가가 필요 • 합병 후 존속하는 학교법인 또는 합병에 의하여 설립 된 학교법인은 합병에 의하여 소멸된 학교법인의 권 리·의무를 승계함	사립학교법 제36조, 제40조, 제41조

자료 : 전국경제인엽합회, 전게서, 2004.6.15, p. 28.

둘째, 영리법인으로 사립(전문)대학을 설립할 수 있어야 한다. 현재 학교법인을 설립하고자 하는 자는 일정한 재산을 출연하고 교육인적자원부장관의 허가가 필요하다.4) 그리고 대학설립 주체는 비영리법인이어야 한다. 지금까지 전문대학은 산업인력을 효율적으로 공급해 왔다. 그러나 산업계에서 필요한 인력공급이 이루어지지 못하고 산학연계가 미흡하였다. 이와 같은 산업수요와의 괴리와 열악한 교육환경 때문에 기술인력의 질적 수준을 저하시켰다. 따라서 전문대학을 영리법인으로 하여 대학 간 경쟁을 촉진시켜야 한다. 그리고 인력이 직접 필요하고 그 수요를 잘 아는 산업계에도 인력양성의 기회를 주어야 한다. 그리하여 기업현장에서 필요한 실용학문 위주의 고급 전문인력을 양성하여 산업계 인력의 수요와 공급이 균형을 이루도록 해야 한다.

사립학교법에서 대학설립 주체를 비영리법인으로 제한하는 요건을 없애야 한다.5) 일정요건을 만족하면 영리법인이 전문대학을 설립할 수 있어야 한다. 책무성에 대한 평가는 5년 주기로하여 교육의 질을 관리하여야 한다. 영리법인은 정부의 지원이나 통제를 받지 않아야 한다. 사립전문대학에 대한 감독과 통제가 완화되어야 한다. 지금까지는 사립학교가 비영리법인이었기 때문에 재정지원을 할 수 있었고 그에 따라 감독기관의 통제를 받았다. 영리법인 전문대학이 허용되면 주식평가 대상, 사업범위, 해산, 합병 등 관련규정의 개선도 필요하다([표 9] 참조). 특히 강조할 점은 영리법인이 대학이나 전문대학을 설립하여 운영하면 국내 모든 대학의 경영정보가 투명해지고 경영진에 대한 책임소재가 명확해진다.

---

4)「사립학교법」제10조.
5)「사립학교법」제2조·제3조,「고등교육법」제3조.

셋째, 대학의 재정자립으로 교육의 질을 높여야 한다. 등록금은 자율화되어야 한다. 현재 등록금은 명목적으로 자율화되어 있다. 물가관리 차원에서 간접적으로 등록금의 조정폭이 제한된다. 기업도시 내 대학은 각 학교가 교육여건과 현실에 맞추어 등록금을 책정할 수 있어야 한다. 각 대학이 공급되는 교육의 질적수준에 맞는 가격을 책정하여야 된다.

기부금도 활성화되어야 한다. 현재 등록금에 의존하는 상업적 비영리법인을 기부금 의존형으로 전환해서 교육의 질을 향상시켜야 한다. 일반시민이나 기업들이 대학에 기부금을 제공하는 환경을 조성하고「고등교육법 시행령」제29조의 규정을 확대해석하여 기여입학을 인정해야 한다. 기여입학의 구체적 예시를 들자면, ① 기부입학은 적어도 3~5년간 지속적으로 해당 대학에 기여한 사람의 자손에게 인정되어야 한다. ② 그러나 기여자의 자손도 일정 수준 이상의 성적이 되어야 한다. 심사과정을 거치고 입학시 소정의 가산점을 줄 수 있다. ③ 그리고 정원 외로 2% 정도로 하여 일반학생에 피해가 없어야 한다.

넷째, 대학의 구조조정이다. 정부가 대학을 평가하고 그 결과에 따라 재정을 지원한다. 대학은 평가항목에만 맞추는 노력으로 획일화되고 대학의 자율은 훼손된다. 그러나 대학의 퇴출 기제가 마련되어 있지 않아 구조조정이 어렵다. 따라서 대학에 대한 평가시장이 형성되어야 한다. 대학도 교육서비스 관련 정보를 공개해야 한다. 이를 통해 대학의 책무성이 높아져야 한다. 우선적으로 전문대학이 취업률을 공표할 수 있는 제도가 도입되어야 한다. 대학의 퇴출제도도 정비되어야 한다. 퇴출하고자 하는 학교법인에게 수익용 기본재산 중 일부를 분배해야 한다. 구조조정이 필요한 대학들이 재정 확충을 위해 잉여 교육시설을 일부 매각할 수 있어야 한다. 대학의 인수・합병 | M&A시에도 교육시설의

부분적인 인수와 인수 후 일부는 처분이 허용되어야 한다. 또 교육수요가 많은 수도권지역에 대학 설립이나 정원 증원이 억제되고 있다. 수도권 소재 대학의 경쟁을 제한하게 된다. 수도권지역의 대학 설립이나 정원의 제한을 풀어야 한다. 그리하여 다양화 노력을 진작시켜 대학교육의 질을 높여야 한다.

〔표 9〕 우수인력 확보 방안과 산학협력 체제 마련

주요 의제	현행 및 문제점	개선안
1. 해외 유명 대학 유치기반 확보	• 경제자유구역을 제외하고 외국인 대학 설립은 엄격하게 제한하여 기업도시 내 세계 우수 대학 유치 불가	• 대학설립시 임대건물을 교사로 인정하고, 수익용 기본재산에 대한 요건을 보증보험 가입으로 대체 • 외국인 이사수에 대한 제한 철폐 • 기업도시특구 내 해외 우수 대학 유치 신청시 우선 허용
2. 영리법인의 사립(전문) 대학 허용	• 학교설립은 비영리법인만이 교육부 장관의 허가를 거쳐 설립 가능 • 현재 우리나라 대부분 공·사립(전문)대학은 산업계가 요구하는 인력을 공급하지 못하여 산학연계 미흡	• 기업도시 사업시행자도 대학 설립을 허용 • 정부의 재정지원이 없을 경우 사립 전문대학에 대한 감독과 통제 완화 • 영리법인의 전문대학 설립은 일정요건에 만족하면 허용하고, 규정준수 여부를 5년 단위로 심사
3. 등록금 자율화와 기여 입학제 허용	• 명목상 등록금 자율화에도 실제적으로는 물가관리 차원의 제한 존재 • 기부금 활성화로 학교재정을 보완하여 교육의 질 향상 모색	• 기업도시 내 대학은 교육의 질 향상을 위해 교육여건과 현실에 맞추어 등록금 책정 허용 • 현행 「고등교육법 시행령」 제29조의 확대해석으로 기여입학 인정
4. 대학의 구조조정	• 수도권 소재 대학 설립·정원 제한 • 대학의 퇴출 기제 미확보 • 대학의 평가제도 미흡	• 수도권 대학설립·정원자율화 • 대학의 퇴출 기제 마련 • 대학의 합리적이고 객관적인 평가방법 도입

자료 : 전국경제인연합회, 전게서, 2004.6.15, p. 30.

양질의 의료시설 확보

첫째, 가장 중요한 기업도시의 성공요인 중의 하나는 기업도시 주민들에게 고급화된 양질의 의료서비스를 제공하는 것이다. 현행 의료법상 의료기관은 의사, 국가 또는 지방자치단체, 의료법인, 비영리법인등만 개설할 수 있다.6) 기업도시 사업시행자는 종합병원을 설립할 수 없다. 의료인이 아닌 민간인이 의료사업을 하기 위해서는 사회복지법인 혹은 재단법인 등 비영리법인 형태로만 가능하다.

또, 비영리법인을 설립한 최초의 투자자는 법인 설립목적에 반하지 않는 범위 내의 수익행위만 허용된다. 투자에 따르는 이익이나 원금을 회수하기가 어렵다. 모든 수익은 법인에 귀속된다. 수익을 의료사업에 재투자하도록 강제하는 효과는 있다. 그러나 투자자의 수익이 보장되지 않기 때문에 의료산업에 대규모 투자를 유인하기가 어렵다. 그 결과 의료서비스산업에 대한 투자는 해외로 나간다. 2003년 8월 말 현재, 국내 병원이 해외로 투자한 누적액은 1,200만 달러이다. 이 중 중국에 한 투자는 200만 달러로 16.2%를 차지한다.

의료행위의 강한 공공적 성격 때문에 비영리법인만 의료기관을 설립할 수 있다. 그러나 국민에게 충분한 의료서비스를 제공할 재정적 여력이 없어 공공병원은 11.3%에 불과하다. 공공성이 매우 취약하다. 우리나라 병원의 88.7%는 민간이 운영한다. 의료서비스 공급의 대부분을 민간이 전담하고 있다. 그럼에도 의료산업에 대한 규제는 많다([표 12] 참조). 또, 개인병원·의원·클리닉 등을 제외하고는 영리가 금지된다. 그 결과 의료서비스의 형평성과 공공성도 모두 부실화되었다. 의료서비스의 질도 기대를 만족시키지 못하고 있다.

---

6)「의료법」제30조 제2항.

[표 10] 병원 종류별 소유형태 분포

(단위: %)

소유형태별 구분		종합병원	병원	종합병원+병원
공공		21.0	7.4	11.3
민간	학교법인	22.8	1.4	7.4
	재단·사회복지법인	9.8	7.6	8.2
	의료법인	30.1	26.7	27.7
	개인	16.3	56.9	45.4
계(병원수)		100.0(276)	100.0(699)	100.0(975)

자료 : 대한병원협회, 『2002년 전국병원명부』; 전국경제인연합회, 『기업도시특별법에 관한 문답집』, 2004.10, p. 87.

병원 경영도 악화되었다. 영리를 금지하고 원가에 못 미치는 낮은 수가 때문이다. 의료기관은 늘어나고 있다. 그러나 2001년 7월 의약분업 실시 이후 의원 개업이 늘면서 병원 경영은 더욱 어려워지고 있다. 병원 도산율도 증가하고 있다. 대한병원협회에 따르면 1999년 병원 도산율은 6.5%이었다. 그러나 2000년에는 7.4%, 2001년 8.9%, 2002년 9.5%로 계속 늘어나고 있다. 병원의 경영난으로 인건비 부담이 늘다 보니 대부분의 병원이 법에 정한 의료인력도 충족시키지 못하고 있다.

진료수가도 원가의 60~70% 수준으로 통제되고 있다. 1997년 기준 의료서비스 제공에 대한 원가보전률은 64.8%이다. 의료보험 진료비 증가 때문에 건강보험의 재정이 악화되는 것을 막기 위함이다. 그 결과 의료기관은 수익을 내기 위해 의료보험이 적용되지 않는 비급여 의료행위를 늘리고 비보험환자 진료에 주력하고 있다.

[표 11] 의료기관 설립주체 제한 이외의 의료 관련 각종 제한사항

〈영리제한〉
- 영리목적의 환자 소개, 알선 등 행위금지 (「의료법」 제25조 제3항)
- 의료법인, 민법 또는 특별법에 의하여 설립된 비영리법인의 영리추구 금지(의료법 인의 사명) (「의료법」 제30조 제2항; 「의료법 시행령」 제18조)

〈엄격한 자격요건〉
- 외국인 의료면허 소지자가 의료법인에서 의료행위시 보건복지부 장관의 승인필요 (「의료법」 제25조 제1항 제1호, 동법 시행규칙 제20조)
- 원격의료는 의료인과 의료인 간에서만 가능 (「의료법」 제30조의2)
- 외국 의료면허 소지자의 국내 의료면허 시험 취득자격(외국의료교육기관 졸업 후 외국의료면허 소지자에 국한됨) (「의료법」 제5조 제3항)
- 약국 개설 등록조건(약사 또는 한약사 면허소지자만의 약국 개설) (「약사법」 제16조 제1항)
- 외국 약학전공 대학 졸업자의 국내 면허자격 요건(보건복지부 장관이 인정하는 외 국의 약학전공 대학 졸업 후 해당국가의 약사면허를 받은 자로서 국내 약사국가시 험에 합격한 자) (「약사법」 제3조 제2항)

〈수량제한〉
- 의료인이 2개소 이상 의료기관 개설제한(1 의료인 1 의료기관 개소 원칙) (「의료법」 제30조 제2항)
- 약국 개설장소 제한(의약분업제도 실시 이후 의료기관 내 외래약국 개설 금지) (「약사법」 제16조 5항)
- 약사의 1 약사 1 약국 개설 원칙 및 약국 개설자만의 약국관리(약국의 관리의무) (「약사법」 제19조 제1항 및 제2항)

〈기타〉
- 요양기관 강제지정 (「국민건강보험법」 제40조 제4항) : 모든 의료기관은 의료보험 환자를 의무적으로 받아야 함

자료 : 전국경제인연합회, 『기업도시특별법에 관한 문답집』, 2004.10, p. 82.

[표 12] 우리나라 병원산업 현황

구 분	병원		제조업*
	1980년대 초	2001년	2003년
병상당 종업원 수	1.6~1.7명	0.9명	–
부채비율	50~100%	150~300%	116.1%
의료수익 순이익률	3~10%	△2~5%	7.1%**

주 : * 매출액 10억 원 이상 제조업체 대상, ** 영업이익률
자료 : 대한병원협회, 산업은행; 전국경제인연합회, 전게서, 2004. 10, p. 83.

또 현행제도로는 대형병원을 유치하기 어렵다. 30만 명 규모의 기업도시에 맞는 병원은 750병상 규모이다. 그러나 초기 100~300병상 병원은 수익을 내기 어렵다. 의료 인력이 중·소지방병원을 기피하여 병원의 경영이 곤란하기 때문이다. 그리고 특정지역에 양질의 의료서비스를 제공하기 위하여는 선도 대형병원|Tertiary Hospitals을 유치하여야 한다. 이를 위해서는 의사, 간호사 등에도 좋은 생활환경을 보장해 주어 질 높은 의료진을 확보해야 한다.

의료법인의 부대사업은 제한되어 있다. 의료업무 외에 의료인 및 의료관계자의 양성 또는 보수교육의 실시와 의료 또는 의학에 관한 조사연구만 허용된다.[7] 의료기관들은 부대사업을 통해 병원 운영상의 적자를 보전하고 있다. 한국병원경영연구원이 22개 3차 의료기관(대학병원 규모)을 대상으로 분석한 2002년 경영실적을 보면 진료활동만으로는 평균 42억 원의 적자이다. 2001년 적자 24억 원에 비해 69.4%나 증가된 것이다. 이들 의료기관들은 장례식장, 식당, 주차장 등 의료 외 부대사업 운영으로 평균 32억 원의 수익을 올리고 이를 통해 적자를 보전해 왔다.

〔표 13〕 법인 형태별 특징(미국)

	영리법인	비영리법인
투자·운영 목적	• 이윤 극대화 • 투자자의 부(富) 극대화	• 설립목적에 부응하는 임무수행(교육, 연구수행 등)
수익분배	• 이윤의 일정 부분을 투자자에 분배	• 이윤분배 불허
조세혜택	• 일반기업과 동일(재산세, 소득세, 판매세 등 납부)	• 다양한 조세혜택
해산시 재산처분	• 자유로움	• 제약 있음
운영주체	• 주주 이사회(Board of Directors) • 주주가 경영상의 통제권한 행사	• 주주 없음 • 기업 형태와는 다른 이사회 구성

주 : 공공병원－정부 관련 당국은 결과를 감독하고 이사회를 임명. 세금 없음. 급여 및 고용관행에 있어 민간비영리보다 자유롭지 못함, 환자치료 거부 못함(비영리는 가능)
자료 : 전국경제인연합회, 전게서, 2004.10, p. 84.

---

7) 「의료법」 제42조.

고급화된 선진의 의료서비스를 공급해야 기업도시는 성공한다. 이를 위하여 먼저, 기업도시 사업시행자가 종합병원을 개설할 수 있어야 한다.[8] 의료기관을 설립할 수 있는 주체에 상법상의 영리법인을 허용해야 한다. 비영리법인만 의료기관을 설립할 수 있는 것은 '진입제한으로 인한 경쟁제한적 규제'이다.[9] 또, 영리법인에 대해서는 영리추구금지[10]를 배제하거나 완화해야 한다. 영리추구가 가능해야 의료서비스산업이 발전된다. 투자자가 투자 수익을 회수할 수 있어야 의료산업에 대한 투자를 확대할 수 있다. 또, 의료기관 간 M&A가 활성화되어야 한다. 규모의 경제가 이루어지고 최첨단 고가장비에 대한 투자가 늘어나 의료산업의 경쟁력을 높일 수 있다.

둘째, 의료산업에 경쟁이 도입되어야 한다. 병원부지를 저가로 공급하여 선도 대형병원을 유치하여야 한다. 해외 유명 의료기관이 들어올 수 있도록 의료기관을 개방하여야 한다. 외국 선진 의료기관은 선진 의료 시스템과 노하우를 국내에 전파한다. 그리고 외국 병원이 국내 병원과 제휴할 경우, 자본 조달이나 인력 확보 등이 쉽다. 병원 운영도 선진화된다. 국내 의료기관이나 대기업 등도 기업도시에 진출한 외국 의료기관과 경쟁을 하게 된다. 그와 같은 경쟁으로 의료산업의 효율성은 높아지고 서비스의 질은 높아진다. 참고로 UR 당시 의료업은 외국인 투자 제한 업종에서 제외되었다. 그러나 각종 국내규제([표 12] 참조) 때문에 외국인 투자실적은 없다.

---

8) 「의료법」 제30조에 반영.
9) 2004년 7월 국회 정무위원회 공정거래위원회 업무보고.
10) 「의료법 시행령」 제18조.

〔표 14〕 미국의 사례(1)

○ 영리법인 설립을 허용하면, 의료기관들은 병원 경영여건 및 상황에 따라, 병원 소유형태(영리, 비영리, 공공 등)를 자유롭게 변경할 수 있음
   − 미국의 경우, 1990~1993년 기간 동안 총 6,015개 병원 중 183개 병원의 소유형태가 변화
     • 변화형태 및 비율: 비영리→영리 24.3%, 공공→비영리 34.2%, 비영리→공공 41.5%
     • 비영리에서 영리로 전환했다가 다시 비영리로 돌아선 사례도 많음
 	
 ○ 미국의 의료기관들이 법인형태를 전환하는 이유는 법인 형태별로 혜택이 다양하기 때문임
 	
   − 비영리법인이 영리병원으로 전환하는 이유
     • 주식발행을 통해 자본을 조달하면 비용이 상대적으로 적게 듦
     • 해산할 경우 잔여재산의 처분이 자유로움
     • 영리를 추구하므로 효율성이 제고될 수 있음
     • 미국의 영리법인은 비영리법인에 비해 규제를 덜 받음
     • 비영리법인으로는 더 이상 병원 유지가 어려울 경우나 다른 영리병원과 합병하기 위함
 	
   − 영리병원이 비영리병원으로 전환하는 이유
     • 미국은 내국세법에서 비영리병원의 비영리성(공익성)을 엄격히 심사하고, 심사 기준에 적합하면 각종 세제상의 혜택 부여: 법인세, 재산세, 자본세, 소득세 등을 면세 또는 감세
     • 중앙 및 지방정부가 재정, 시설, 장비 등을 지원
     • 비영리병원 수입 중 기부금 비중이 1992년 기준 3.6%를 차지

자료 : 전국경제인연합회, 전게서, 2004.10, p. 85.

셋째, 의료법인도 목적사업 수행에 지장이 없는 범위 안에서 수익사업을 허용해야 한다. 부대사업으로 생긴 수익은 의료기관 운영에만 사용하여야 한다. 병원이 수익사업에 치중하는 것을 막아야 하기 때문이다.

넷째, 의료시설에 대한 지원을 늘려야 한다. 병원부지는 저가로 공급하고 장기 저리의 자금을 지원함이 바람직하다. 법인세도 내려주어야 한다. 개인병원·치과·안과·한의원 등 일반 클리닉의 유치를 위해 상업시설도 저렴한 가격으로 설치할 수 있어야 한다.

[표 15] 미국의 사례(2)

○ 영리 병원을 허용해도 비영리병원의 비율이 지배적으로, 일반인이 우려하는
  비영리병원의 위축은 발생하지 않음

  – 미국의 경우, 1994년 기준 비연방단기일반병원(Nonfederal Short-term
    general Hospital) 중 12%가 영리, 60%가 비영리, 나머지 28%는 정부가 운영
  – 영리병원을 도입한 프랑스, 독일, 스위스 등도 비영리병원 및 공공기관의
    비중이 더 큼

주요국 영리/비영리병원 비율(1980~1990년대 초)

	공공시설	민간비영리시설	영리병원
프랑스	65	16	19
독일(병상수기준)	51	35	14
스위스	46	32	22

  – 미국 내 전체 병원 병상 중 비영리 민간병원 병상은 1970년 이후 70% 유지.
    그러나 영리 민간병원 병상은 1970년 6.2%에서 1995년에 12.1%로 증가.
    영리병원당 평균병상수도 69개에서 141개로 증가

미국 병원형태별 병상수 비율

		1970	1980	1985	1990	1995
민간	비영리	70.0	70.0	71.0	71.0	70.0
	영 리	6.2	8.8	10.4	10.9	12.1
공공(비연방)		23.8	21.2	18.6	18.1	17.9

자료 : 전국경제인연합회, 전게서, 2004.10, p. 86.

관광·레저시설의 확충

관광산업은 산업구조를 고도화시키고 새로운 일자리를 만드는 원천이
다. 관광·레저산업의 부가가치는 매우 높다. 자동차산업의 2배나 된
다. 일자리도 제조업의 2배를 만든다. 그리고 건강·레저에 대한 수요
가 늘어난다. 특히 주5일제 근무가 본격적으로 시행되면서 국민여가활
동 총량의 20% 증가가 예상된다. 관광·레저산업이 발전할 수 있는 잠

재력은 매우 크다. 아울러 중국을 비롯한 세계 각국의 관광객의 수요에 맞는 시설을 공급해야 한다. 그러므로 관광·레저도시 건설에 대해서도 지원을 강화해야 한다.

첫째, 관광시설에 대한 규제를 완화해야 한다. 기업도시 개발구역이 해양수산부와 협의를 거쳐 지정된 경우에는 국토계획법에 의한 수산자원보호구역이 해제되어야 한다. 또, 환경부 등과 협의를 거쳐 실시계획이 승인되면 관광진흥법에 의한 관광지·관광단지 조성계획이나 체육시설법에 의한 체육시설 사업계획이 승인된 것으로 보아야 한다. 자연공원이 일부 포함된 경우에는 사전 환경성 검토나 환경영향평가 과정에서 공원위원회 심의 등을 거쳐 일괄적으로 협의하여야 한다. 기업도시 내에 외국인 전용 카지노장을 설치하는 것을 고려할 수 있다. 이와같은 카지노장은 관광·레저형 도시의 실시계획에 반영되어야 한다. 카지노업은 총사업비 5천억 원 이상을 투자하는 사업시행자가 신청하고, 신청내용이 실시계획에 부합되어야 하며, 관광진흥법에 규정된 카지노업에 필요한 시설과 인력 등을 확보해야 한다. 또, 기업도시에는 경마·경륜·경정장 등이 설치될 수 있어야 한다. 그리고 관광·레저형 기업도시를 건설하는 시행자나 지방자치단체는 관광시설이나 이를 위한 기반시설 그리고 관광단지를 조성하는 것이기 때문에 관광진흥개발기금을 지원해야 한다.

기업도시는 쾌적한 정주환경이 되어야 한다. 체육시설을 설치하여 주민건강을 보장해 주어야 한다. 그러기 위하여는 먼저, 체육시설 설치에 대한 규제를 완화해야 한다. 골프장, 스키장, 요트장, 조정장, 카누장, 빙상장, 자동차경주장, 승마장, 종합체육시설 등 등록체육시설은 각 종류별로 사업계획서를 작성하여 시·도지사의 승인을 얻은 후 설치해야 한다. 이와 같은 등록체육시설은 기업도시 내에 필요하다. 따라서 기업도시계획의 승인이나 변경승인을 얻은 경우에는 체육시설법에 의한 사업계획 승인을 받은 것으로 의제 처리해서 체육시설의 설치를 쉽게 해야 한다. 또, 골프장·스키장·썰매장업·자동차경주장업에 대한 부지면적 등 제한을 기업도시에서는 풀어주어야 한다.

둘째, 편리한 체육시설을 공급해야 한다. 현재는 사회간접자본시설의 범주에 '전문체육시설'이 포함되어 있지 않다.[11] 민간자본 투자를 유치하기 어렵다. 또, 스포츠서비스업은 국민체육진흥기금 융자지원 대상이 아니다.[12] 영세한 스포츠산업은 활성화되기 어렵다.

[표 16] 주요 체육시설에 대한 제한내용

구 분		제한내용
설치금지	골프장	• 숙박시설 금지(18홀 이상, 5층 이하는 가능)
규모제한	골프장	• 클럽하우스의 연건축면적 최대기준 규정
부지면적 제한사항	골프장	• 홀수마다 최대면적 규정
	스키장	• 전체 슬로프 길이 × 50m × 4
	썰매장업	• 슬로프 면적의 3배의 면적을 초과할 수 없음
	자동차경주장업	• (트랙 면적 + 안전지대 면적) × 6 이하

자료 : 전국경제인연합회, 전게서, 2004.10, p. 48.

체육시설의 개·보수에 대한 규제도 매우 엄격하다. 수익성 확보가 어렵다. 국내 경기장이나 체육시설은 주로 개발제한구역 또는 도시공원(일부는 군사시설 보호구역) 등에 설치한다. 그리고 시설의 효율적 관리·운영과 수익성을 확보하기 위하여 라커룸, 미팅룸 등 부대시설이 필요하다. 그러나 이들의 신·개축이나 증축이 금지되어 있다.[13] 따

---

11)「사회간접자본에 대한 민간투자법」제2조.

12)「국민체육진흥법」제2조 및 제16조.

13) 「도시계획시설의결정·구조및설치기준에관한규칙」 제93조, 「도시공원법」 제82조, 「군사시설

라서 편리한 체육시설을 공급하기 위하여 관련법의 개정이 필요하다. 사회간접자본시설의 범주에 '전문체육시설'이 포함되어야 한다. 또 국민체육진흥기금은 체육용구업체와 체육시설업체는 물론 스포츠서비스업체도 지원하여 스포츠산업의 국제경쟁력을 높여야 한다. 체육시설 관련 부대시설의 증·개축도 허용하여야 한다. 아울러 지방자치단체의 지방조례로 체육시설에 기업의 명칭을 사용하고 이를 판매할 수 있는 제도를 마련하여 체육시설의 유지·관리에 드는 비용을 감당할 수 있어야 한다.[14]

셋째, 단지 내 여가시설 확충을 지원해야 한다. 현재 국민체육진흥기금의 융자대상은 골프, 스키, 요트, 조정 등 등록체육시설에 국한되어 있다. 앞으로는 에어로빅센터, 당구장, 썰매장, 체육도장, 체력단련장 등 신고체육시설까지 늘려야 할 필요가 있다.

골프장 내 숙박시설의 부대시설 면적도 제한되어 있다. 이를 없애야 가족단위의 숙박객을 포함하여 새로운 관광수요에 대응할 수 있다.[15] 회원제 골프장에 대해서는 지방자치단체별로 지방세 중과 여부를 선택할 수 있어야 한다. 지방세를 중과세 하지 않는다면 특별소비세도 경감하거나 면제해야 한다.[16] 지방세는 현재의 규정으로도 경감이 가능하다. 지방자치단체가 경감세율을 적용한다면 특별한 사유가 없는 한 행정자치부가 이를 허가하면 된다.

보호법 시행령」 제8조 등.

14) 「국민체육진흥법」 제12조, 「체육시설의설치·이용에관한법률」 제4조.

15) 「체육시설의설치·이용에 관한 법률 시행령」 제12조.

16) 「특별소비세법」 제1조 제3항 제4호.

주요 의제	현행 및 문제점	개선안
1. 체육시설 확보	• 사회간접자본시설에 '전문체육시설'이 포함되지 않아 민간자본 유치 곤란 • 스포츠서비스업이 국민체육기금 융자지원대상에서 제외되어 영세 스포츠업 영업 곤란 • 체육시설 개·보수를 엄격히 규제 • 경기장 및 체육시설은 개발제한구역이나 도시공원에 설치토록 제한 • 기업명칭사용권 제도 미비	• 사회간접자본시설에 전문체육시설 포함 • 국민체육진흥기금 융자를 스포츠서비스업체까지 확대 • 도시공원법과 군사시설보호법의 체육시설 관련 규제를 기업도시특구내에서 완화 • 체육시설에 기업명칭 사용과 판매가 가능한 제도 마련(지방조례로 가능)
2. 여가시설 의 확충	• 골프장 운영과 입장에 대한 높은 세금으로 일반인 이용에 어려움	• 골프장 내 숙박시설 제한규정을 완화하여 가족단위 숙박수요 창출 • 기업도시특구 등 특정지역 내 지방세와 특소세 경감·면제

자료: 전국경제인연합회, 기업도시 건설을 통한 투자활성화 방안, 2004. 6. 15, p. 36.

투자환경 개선

첫째, 출자총액제한제도가 개선되어야 한다. 기업도시 건설에는 대규모 자금이 필요하다. 예를 들자면, 5백만 평의 기업도시를 만들 때 산업시설에 18조 원, 배후시설에 10조 원 등 총 28조 원의 자금이 필요하다. 기업도시 건설에 필요한 자금은 프로젝트 파이낸싱|Project Financing에 의하여 조달할 수 있다. 그러나 계열사 간 출자도 중요한 자금의 원천이다. 그리고 기업도시에 대한 기업의 투자방식은 회사 내 사업부를 신설하지 않고 신규법인을 설립해서 추진할 수도 있다. 이때 자본투자로서 출자를 규제하면 기업의 신규투자와 신성장산업에 대한 진출을 저해할 수 있다. 뿐만 아니라 이미 시행한 투자도 철수해야 하는 경우도 있을 수 있다.

출자총액제한제도는 자산 5조 원 이상의 기업집단에 속하는 계열사가 대상이다. 이와 같은 회사는 당해 회사의 순자산의 25%를 초과하여 다른 국내 회사의 주식을 보유하거나 취득하지 못한다. 따라서 출자총액제도 때문에 기업의 성격이 전혀 다른 사업에 진출하거나 동종 업종이 아닌 경우 투자를 할 수 없게 한다. 기업도시도 출자총액제한 대상이 되어 사업을 운영할 수 없게 된다. 따라서 출자총액제도를 폐지하거나 기업도시투자에 대하여는 예외가 인정되어야 한다.

둘째, 사업시행자에 대하여 은행법상 신용공여한도의 예외를 인정하는 것이 필요하다. 동일인이나 동일계열에 대한 신용공여한도는 당해 금융기관 자기자본의 25% 수준이다.[17] 민간사업시행자가 기업도시 건설에 필요한 자금을 은행권으로부터 조달하기 어려울 수 있다. 또, 기업도시 건설에 프로젝트 파이낸싱을 통해서 금융기관이 적극적으로 참여하고자 하는 경우 신용공여한도는 기업도시에 대한 다양한 자금조달 경로를 막는 결과가 된다.

따라서 기업도시 건설에 투자하는 금액에 대하여는 신용공여한도를 자기자본의 40%까지 늘리거나, 신용공여한도에 대한 예외를 인정하는 방안이 필요하다. 실제로 산업발전이나 국민생활안정을 위해 불가피하다면 신용공여한도를 초과할 수 있다. 또한 부채비율을 200% 이하로 관리하는 방안도 재무적으로 건전성이 보장된다면 신축적으로 운영할 필요가 있다.

---

17) 「은행법」 제35조 제1항.

〔표 18〕 주요 투자 관련 규제완화 방안

현 행	관련내용	개선안
1. 대기업은 출자총액제한 제로 투자에 제약	• 자산총액 5조 원 이상에 속하는 회사는 순자산액의 25%를 초과하여 다른 국내 회사의 주식을 취득 또는 소유하지 못함(「공정거래법」 제10조)	• 기업의 전략적 투자활동을 저해하므로 폐지 • 또는 기업도시 투자에 대하여는 예외 인정
2. 동일인·동일계열 신용공여한도 때문에 금융권 차입도 제약	• 동일인·동일계열 신용공여한도가 25%로 제약(「은행법」 제35조 제1항)	• 신용공여 한도를 40%로 상향 조정 • 또는 한도 예외 인정
3. 주거래은행과 재무구조개선 약정에 따라 부채비율을 200% 이하로 관리	• 일률적 부채비율 200% 규정으로 공격적 투자 제약(「재무구조개선 재약정」 98.3.24)	• 재무구조가 건전한 경우 융통성 있게 운영

자료 : 전국경제인연합회, 전게서, 2004.6.15, p. 39.

▌세제 지원

첫째, 시행자에 대하여 세금을 감면해 주어야 한다. 일반적으로 기업이 투자를 꺼리는 이유 중의 하나는 조세공과금에 대한 부담이 경쟁국보다 높아 비용이 크기 때문이다. 특히 기업도시 건설은 10~20년에 걸친 장기간의 사업이다. 투자의 규모도 크고 위험도 매우 높다. 이런 점을 감안하면 사업시행자가 이윤을 낼 수 있도록 지원할 필요가 있다. 특히, 기업도시는 투자를 활성화시키고 지역 간 균형개발을 도모하기 때문에 세제상의 지원을 할 수 있다. 시행자에게 법인세·소득세·관세·취득세·등록세·재산세 및 종합토지세 등의 조세를 감면해 주어 투자유인을 제공해야 한다. 또, 수도권에서 지방으로 이전하는 기업에 대한 지원 이상으로 세금을 줄여주어야 한다. 예를 들자면 법인세는 5년간 면제되고, 그 이후 2년간은 50% 이상이 감면되면 바람직하다. 취득세·등록세·재산세·종합토지세 등 지방세는 면제되어야 한다.

[표 19] 사업별 조세지원제도 비교

사업별 분류		지원내용		
		법인세	지방세	
			취득세 등록세	재산세 종합토지세
수도권 → 지방이전 기업	→ 농공단지	• 4년 50%	–	–
	→ 과밀억제권역 외	• 5년 면제, 2년 50%	–	–
	→ 수도권 외	• 5년 면제, 2년 50%	면제	면제
경제자유구역	사업시장자, 입주기업(외투기업)	• 3년 면제, 2년 50%	면제	5년 면제 2년 50%
제주국제 자유도시	사업시행자 (외투기업)	• 3년 면제, 2년 50%	면제	5년 면제 2년 50%
	첨단과학기술단지 입주기업	• 3년 면제, 2년 50%	면제	5년 50%
	투자진흥지구 · 자유무역지역 입주기업	• 3년 면제, 2년 50%	면제	3년 면제 2년 50%

주 : 경제자유구역과 제주국제자유도시의 경우, 국세면제는 최초소득발생일 기준이며, 5년
　　간 소득이 발생하지 않을 경우에는 5년째부터 3년간 면제됨
자료 : 전국경제인연합회, 『기업도시특별법에 관한 문답집』, 2004.10, p. 42.

　둘째, 부담금도 감면해 주는 것이 바람직하다. 사업시행에 따른 각
종 부담금으로 기업도시에 대한 투자가 위축될 수 있기 때문이다. 기업
도시 건설은 농지나 초지가 사용된다. 이를 사용할 때 부담금을 내야
한다. 또, 개발이익 발생에 따라 징수되는 개발부담금 등 각종 부담금
이 부과된다. 그러나 기업도시 건설은 장기간의 대규모 투자로 불확실
성이 높기 때문에 수용하여야 할 위험수준이 예상이윤보다 클 수 있다.
그리고 기업도시는 투자활성화 · 지역 간 균형개발 등 공공성이 매우 크
다. 따라서 각종 부담금이 면제되어야 한다. 개발부담금, 농지조성비,
대체초지조성비, 교통유발부담금, 공유수면점 · 사용료, 대체산림자원
조성비, 생태계보전협력금, 환경개선부담금 등이 이에 해당된다. 경제
자유구역 개발업자는 조세와 부담금의 감면을 받고 있다.[18]

18) 「경제자유구역법」 제15조 제1항 · 제2항.

〔표 20〕 부담금 감면 사례와 개선의견

종 류	감면 사례	기업도시
개발부담금 (개발이익환수법)	• 중소기업을 위한 공업단지조성사업(50%) • 산업단지(100%), 국민주택용 택지개발(50%)	100% 면제
농지조성비 (농지법)	• 산업단지(100%), 관광지・관광단지(50%) • 제주투자진흥지구 골프장 사업용지(50%)	100% 면제
대체초지조성비 (초지법)	• 중요산업시설을 위한 전용(100%) • 제주투자진흥지구를 위한 전용 등(100%)	100% 면제
교통유발부담금 (도시교통정비촉진법)	• 경제자유구역, 산업집적활성화법에 의한 공장 • 특정연구기관육성법상 특정연구기관 등	100% 면제
공유수면점・사용료 (공유수면관리법)	• 산업입지 및 개발에 관한 법률에 의한 산업 단지(100%) • 공익목적의 비영리사업을 위한 경우(100%) 등	100% 면제
대체산림자원조성비 (산림법)	• 농어촌정비사업 시설(보전・준보전 100%) • 산업입지 및 개발에 관한 법률에 의한 산업 단지(준보전 100%) • 벤처기업집적시설(보전・준보전 100%)	100% 면제

자료 : 전국경제인연합회, 전게서, 2004.10, p. 43.

셋째, 기업도시 내로 이주하는 기업에 대하여도 세제는 물론 자금을 지원할 필요가 있다. 기업도시 내 이주하는 근로자(가족 포함)들에 대해서도 동일한 지원이 바람직하다. 참고로 경제자유구역에 투자하는 외국인 기업에게는 세제 및 자금 지원을 하고 있다.[19]

넷째, 투자세액공제도 늘려야 한다. 기업도시 내로 진출하는 기업의 투자는 생산성 향상 시설투자나 특정설비 투자, 혹은 임시투자세액 공제제도에 준한 세제 혜택을 줄 필요가 있다. 기업도시 내 기업의 투자를 활성화하기 위함이다.

다섯째, 사업시행자에 대하여 자금지원을 할 수 있다. 정부는 기업

---

19) 「경제자유구역법」 제16조 제1항.

도시 내에서 기반시설을 개발하거나 확충할 때 필요한 재원의 일부를 국가균형발전특별회계에서 지방자치단체에 지원할 수 있다. 또 문화관광부장관은 개발구역에서 관광사업의 발전을 위한 기반시설을 건설할 때 지방자치단체 또는 시행자에게 관광진흥개발기금을 보조하거나 대여할 수 있다. 국가 및 지방자치단체는 국유재산법·지방재정법 그밖의 다른 법령의 규정에 불구하고 입주기업에 대하여 국·공유 재산의 임대료를 감면할 수 있다. 또 기업도시개발특별법에서 개발구역 안에 있는 국가 또는 지방자치단체 소유의 재산으로서 개발사업에 필요한 경우 국유재산법 및 지방재정법의 규정에 불구하고 시행자에게 수의계약의 방법으로 처분할 수 있어야 한다. 또 개발구역 안에 있는 국유재산 또는 공유재산을 시행자에게 매도 또는 임대할 경우 개발여건을 임대료나 매각대금을 장기분할 납부하는 등 지급조건을 완화해 주어야 한다.

▌노동시장의 유연성 제고

첫째, 경영상 해고요건을 완화해야 한다. 경영상 해고는 ① 긴박한 경영상의 필요, ② 사용자의 해고회피 노력, ③ 해고대상자 선정의 합리적이고 공정한 기준, ④ 노조에 60일 전에 사전통보 및 협의 등의 요건을 갖추어야 한다. 그러나 기업이 구조조정을 도모할 경우 고용조정이 매우 어렵다. 경영악화 방지를 위한 사업의 양도·인수·합병 등 기업변동의 경우에는 긴박한 경영상의 필요가 있는 것으로 본다고 규정하고 있다. 하지만 이 요건을 충족하기 어려워 실제로 적용하기는 곤란하다. 정리해고제가 그 요건과 절차상의 규제 때문에 제대로 기능하지 못하는 실정이다. 노동조합과의 사전협의를 위한 통보기간 60일도 급박한 구조조정이 필요한 경우에는 너무 길다. 현실적으로 인수·합병이나 사업양도 등의 경우에도 근로자의 요구와 정부의 실업최소화 정책에 따라 대부분 고용이 승계된다. 심지어 자산매각 때에도 고용승계를 요구한다. 모두 구조조정이나 외자유치를 어렵게 한다. 따라서 정리해고의 요건을 완화해야 한다. 경영상 이유에 의한 해고의 요건을 '긴박한 경영상의 필요'에서 '경영상 객관적 합리성이 인정되는 경우'로 완화할 필요가 있다. 또 정리해고시 노조에 대한 통보기한을 노동부 신고기한과 같이 '30일 전'으로 줄여야 한다. 영업양도나 자산매각의 경우에는 고용승계 의무가 없어야 한다. 또 도산절차 중인 기업에 대하여는 정리해고 요건을 적용하지 말아야 한다.

둘째, 파견근로제도도 개선되어야 한다. 현행 근로자파견제도는 파견대상업무를 26개 업종으로 엄격히 제한하고 있다. 이는 파견근로자의 활용을 자유롭게 허용하는 세계적인 추세|Negative System와 다르다. 따라서 파견근로의 대상을 네거티브 시스템으로 바꾸어야 한다. 항만운송, 건설, 경비업무 등 관련법의 적용을 받는 직종만 제외하여야 한다.

또한, 파견근로자 파견기간을 최장 2년(연장 1년 포함)으로 제한하고, 파견기간 2년이 경과한 후에는 사용기업의 근로자로 간주한다. 이에 대하여는 파견근로 상한기간 제한(최장 2년, 1회한 연장기간 1년 포함)을 폐지하거나, 최소 4년 이상으로 연장하여야 한다. 그리고 파견기한을 초과한 때 정규직으로 전환하는 규정은 계약자유의 원칙을 훼손한다. 또 파견근로자를 계속 사용할 수 없도록 하면 파견시장을 위축시켜 기업과 근로자 모두에게 피해를 준다. 사용자와 노동자의 자율적인 계약에 맡겨야 한다.

셋째, 대체근로자제도도 고쳐야 한다. 현행 노동조합 및 노동관계조정법은 쟁의행위기간 중 쟁의행위로 중단된 업무는 당해 사업 내의 근로자에 의한 대체근로만으로 수행할 수 있다. 당해 사업과 관계없는 자의 신규채용이나 대체근로는 물론 쟁의행위로 중단된 업무의 도급이나 하도급도 금지된다. 외부 근로자의 대체가 허용되는 국제적 규범과는 다르다. 그러나 쟁의행위기간 중 대체근로 문제는 노동조합의 쟁의권도 보호하고, 사용자의 영업(조업)의 자유도 함께 고려되어야 한다. 그러나 노조의 쟁의권만을 보호하여 생산차질이 우려된다. 현재 노동조합은 파업기간 중의 임금도 위로금, 타결 장려금, 노사화합 장려금 등의 각종 명목으로 사실상 보전 받고 있다. 그러나 기업은 최소한의 수단인 대체근로자의 투입마저 금지되고 있다. 기업은 쟁의행위로 인하여 조업중단·대체근로불가·무노동유임금 지급의 삼중고(三重苦)를 겪고 있다.

따라서, 쟁의행위 기간 중 대체근로자 활용을 허용하여야 한다. 노사관계의 공정성을 확립하는 한편 기업활동을 지속할 수 있어야 한다. 파업시 공익사업은 물론 일반사업장에도 당해 사업과 관계없는 대체근로자를 허용하여야 한다.

박정희 대통령의 행정수도 건설계획 |

김 종문

1. 10 · 26사태와 대통령의 서거

1979년 10월 27일 새벽 2시경 전화벨이 유난히 크게 울린다. 당시 한국일보 외신부장인 친구로부터 박정희 대통령의 유고를 알리는 청천벽력 같은 소리다. 나는 한동안 멍하니 내가 꿈을 꾸고 있지 않나 하였다.

　당시 나는 건설부 근무 중 청와대 경제2비서관실(수석: 오원철)의 행정수도건설기획단(단장 오원철, 부단장 박봉환 전 동자부장관 및 관계부처에서 온 과장급 7명 등으로 구성)에 차출되어 약 4년간 행정수도건설계획(안)을 수립, 최종보고서를 작성하고 대통령께 보고하기 위한 일정을 오늘 내일 기다리고 있던 참이라 얼마나 충격이 컸는지 모른다. 대통령의 국장을 마치고 대통령 집무실을 정리하는데, 대통령 책상 위에는 오로지 기획단의 행정수도 건설계획(안) 보고서 상·하권과, 관련된 도면만이 놓여 있었다는 오 수석의 말씀을 듣고 우리는 얼마나 애절함을 느꼈는지 모른다. 당시 우리의 작업실은 세종로 정부청사 516호[1]로, 육영수 영부인께서 선택한 금색 도배를 한 약 50여 평 되는 공간인데, 당시 우리나라 최고라는 기홍성 씨의 작품인 행정수도 전체모형도를 비치하고 대통령의 시찰만을 대기하고 있던 참이었으니 박 대통령의 서거는 얼마나 아쉬움이 컸으랴….

---

1) 군사혁명 기념일이다.

2. 행정수도 건설을 위한 대통령의 결단

▌ 박정희 대통령의 고뇌와 구상

박정희 대통령은 꽤 일찍부터 행정수도 구상을 했던 것으로 보인다.

> 1975년 8월 2일 진해에 있는 대통령의 하계 휴양지에서 기자들에게 기밀을 못박으면서 "수도권 인구 분산정책의 획기적인 방안은 수도를 옮기는 것밖에 없다. 수도를 지금 옮긴다고 하면 겁을 먹고 전쟁을 피해 도망간다고 생각하지 않겠는가……. 이런 얘기가 새나가면 큰 혼란이 생길 것이다. 정부가 충분히 검토해서 결정을 내려 집행할 단계에 이르면 공개적으로 여러 사람들의 의견을 듣고 공청회를 여는 등 국민들의 의사를 집약할 생각이다. 앞으로 3,4년 내에 정세가 안정되면 수도 건설계획을 구체화시키겠다. 수도를 옮기더라도 완전 행정도시로 하여 관공서만 옮기겠다. 정치, 경제, 문화는 서울에 두고 행정만 옮기는 것이다. 북괴가 호시탐탐 남침을 노리는 상황에서 700만이라는 방대한 인구를 가진 수도가 휴전선에서 불과 25마일 거리에 있다는 것은 큰 문제다. 이에 반해 북한의 평양은 휴전선에서 자동차로 3시간 걸리는 거리에 있다." - 〈중앙일보〉, 1977.2.11

1975년 12월경 박 대통령은 이경식 경제1수석에게 '수도권 인구 억제 정책' 수립을 지시했으나 여의치 않아 1976년 초 무임소장관(신형식 장관)실로 업무가 이관되어 검토되기 시작하였는데, 결론은 서울의 인구집중 근본요인은 산업의 집중뿐 아니라 중앙집권적인 행정체제, 교육기관의 과밀한 집중, 금융문화 등 전면적인 집중도가 너무 클 뿐만 아니라 국민의 서울지향 의식구조(사람은 나면 서울로, 말은 제주로)가 너무나도 뿌리 깊게 박혀 있어서 발본적 시책이 아니면 수도권의 인구억제는 불가능하다고 설명하였다. 평범한 행정규제로는 어려우니, 임시행정수도를 만들고 명문대학에 지방분교를 만들도록 하여 점진적으로 지방이전하는 정책을 시행해야 하며, 이를 주축으로 지방으로의 권한 이양과 국토계획 재편성을 통해 수도권의 산업을 지방으로 이전하여 서울과 지방의 격차를 해소시키는 방법 등 제반 의견이 많이 나왔다.

1976년 6월 2일 박 대통령은 김종필 총리에게 ① 서울에서 2시간 이내로, ② 가급적 금강변이며, ③ 인구 5만 정도인 조그마한 행정수도 건설 기초작업을 지시하였다.

총리실에서는 서울대 주종원·최상철 교수가 현지를 답사한 후 최종 마무리한 것을 김종필 전 총리를 통해 N.C.|New Capital라는 명칭의 앨범으로 6월 22일 박 대통령에게 제출됐다.

▌임시행정수도 건의: 수도권 인구 재배치 기본구상

1976년 7월 22일 이러한 수도권 인구 재배치 구상은 최규하 총리 이하 관계장관이 배석한 가운데 박 대통령에게 보고되었다. 보고된 주요전략으로는 첫째, 대전, 청주, 조치원 삼각지대 인근에 인구 50만 규모의 임시행정수도를 건설하고 통일 후에는 서울로 복귀한다. 둘째, 서울의 유명 대학은 지방분교를 설립하고 서울의 학생정원을 점진적으로 줄이고 지방분교를 확충하여 장차 분교를 본교로 한다. 셋째, 공장 신증설을 평택 이남으로 하고 지방 중소도시 통근권 내에 산업단지를 신설한다. 이것 외에도 수도권 인구를 줄이고 지방으로 유인하는 많은 수단이 포함되어 있었으며 쉬운 것부터 단계적으로 실시한다는 내용이었다. 이것은 훗날 '수도권 인구 재배치 기본 계획'의 골간이 되었다.

박 대통령은 이날 보고에 대단히 만족해 하며 그 자리에서 이대로 실천하자고 결정한 후 "이렇게 많은 대학과 대학생이 한 곳에 집중되어 있는 나라는 우리나라밖에 없다는 것 아닌가. 실은 나도 2,3년 전부터

저 문제를 생각하고 있었어. 우리는 한국전쟁이 끝난 뒤 저 정도의 자리에 새로운 수도를 만들었어야 했어. 서울로 되돌아와 이제 와서는 이러지도 못하고 저러지도 못하고……. 저 방법 외에 무슨 방법이 있어?"라고 언급하였다.

박 대통령이 행정수도를 검토한다는 사실은 당시엔 아무도 몰랐다. 최규하 총리는 행정수도 건설이 국민에 주는 충격이 너무도 크기 때문에 행정수도 부분을 삭제 보고하라고 지시했을 정도였다. 그러나 박봉환 실장과 신형식 장관은 확신을 갖고 삭제 없이 보고하여 결과적으로 박 대통령의 의중을 꿰뚫은 것이 되었다.

그 뒤 1976년 8월 4일, 또다시 진해 별장에서 박 대통령은 수도권 인구 분산문제를 언급하며 "정부는 현재 수도권의 인구를 분산시키는 계획을 진행하고 있으며 인구분산정책은 현재 그 기본 방향이 잡혀 있다"고 하면서 "실현가능성 있는 것부터 먼저 실시하고 나머지는 중장기 안목에서 꾸준히 단계적으로 펴나가겠다"고 덧붙였다.

그 다음 1976년 8월 18일, 박 대통령은 김재규 건설부 장관에게 행정수도 작업을 지시하였다. N.C. 앨범(주종원·최상철 교수 수립)과 '임시행정수도 입지기준'을 참고토록 하였다.

입지선정기준은 ① 휴전선을 고려할 것, ② 서울에서 2시간 거리일 것, ③ 경부선 주변 도로망이 좋은 곳일 것, ④ 수원 확보가 용이할 것, ⑤ 30분 내지 1시간 내에 기존 중심도시로 접근이 용이할 것, ⑥ 우량농지가 적을 것, ⑦ 배수가 좋고 낮은 구릉 야산지대일 것, ⑧ 20~30분 거리에 비행장 건설이 가능할 것, ⑨ 50만 명 정도의 인구를 수용할 수 있을 것, ⑩ 문화재 등 기존 특수시설이 철거되지 아니할 지역일 것 등이었다.

건설부는 즉시 작업에 착수하여 9월 21일 중간보고를 비롯하여 두

차례 더 보고하면서 다음과 같이 건의하였다. "건설부 도시국으로서는 더 이상 일상업무를 제쳐두고 이 일에 매달릴 수 없다. 범국가적인 사업이니만큼 새로운 임시기구를 만들어 추진하는 것이 좋겠다. 말로라도 임시행정수도를 건설하겠다고 하고 담화발표를 하면 그 자체만으로도 인구가 서울로 모여드는 것이 주춤할 것이다"라는 내용이었다.

결단

1977년 2월 10일 서울특별시 대통령 연두 순시에서 구자춘 시장과 하점생 교육감의 시정방향 보고에 이어 박 대통령의 지시사항 전달이 있었다. 서울시 인구 억제, 도로 확충 등 몇 가지 지시사항 뒤 약간 뜸을 들인 후 조용한 어조로 "다음은 임시행정수도에 관해서입니다"라는 발언이 이어졌다. 청천벽력이었다. 2년여 동안 물 밑에 숨어 있던 박 대통령의 결심이 드디어 공표되는 순간이었다. 당시의 속기록을 전재하면 다음과 같다.

첫째, 서울의 근본문제는 인구가 느는 것을 어떻게 억제하느냐에 관한 적절한 정책을 세워 꾸준히 미는 것이라고 생각한다. 이런 것을 지금 단계에서 발표하면 공연히 쓸데 없는 잡음이 일어날까 봐 이야기를 안하고 있었는데, 2~3년 전부터 내가 구상하고 있는 것은 수도의 인구는 여러 가지 정책을 수립해서 강력히 막아야 되겠지만 결국은 우리가 통일이 될 때까지 임시행정수도를 어디 다른 곳으로 옮겨야 되겠다 하는 것이다.

둘째, 물론 그것이 지금 구체화된 것이 아니고 위치가 결정된 것도 아니며 몇 군데 염두에 두고 여러 가지 기초조사를 해보고 있는데, 다른 나라의 경우도 예를 들어 브라질 같은 나라는 과거에 리우데자네이루가 수도였는데 그곳이 국토 한쪽에 너무 구석져 있다 하여 제트기로 2~3시간 거리의 브라질리아로 옮긴 것으로 알고 있다.

셋째, 우리는 옮기더라도 특별한 고속도로를 만들든지 전철을 만들든지 하여 서울에서 한 시간, 길어도 한 시간 반 정도면 오고 가고 할 수 있는 그러한 범위 내에서 인구 몇 십만 정도 되는 새로운 수도를 만들자는 생각이다. 서울에서 새 수도로 옮기는 인구는 그렇게 많지 않을지 모르지만 새로 행정수도가 앉음으로써 서울에 전입하는 인구를 한쪽에서 잡아당기고 억제하는 데에는 상당히 큰 역할을 하게 될 것이고 또 많은 인구를 그쪽으로 유도할 수 있게 될 것이다.

넷째, 우리가 한국전쟁 직후에 새 수도를 건설했더라면 가장 이상적이었는데 그렇게 하지 못했고 또 통일이 곧 될 수 있다는 뚜렷한 전망이 보인다면 당분간 참겠지만, 그런 전망도 아직까지 어두울 뿐만 아니라 또 지금 인구 700만이 넘는 수도 서울이 휴전선에서 너무 가깝게 있는 것은 문제이다. 즉, 휴전선 건너편에 있는 적의 지상포화 사정거리 안에 지금 인구 700만이 넘는 수도가 있는 것이다. 물론 전쟁이 나면 우리는 수도를 일보도 양보하지 않고 최후까지 사수하겠다는 결의와 모든 태세가 돼 있지만 자연증가 등으로 아무리 억제해도 인구는 자꾸 늘 것이므로 장기적인 안목에서는 통일이 될 때까지 임시행정수도로서 독일의 본 같은 그런 수도를 만드는 것이 가장 좋은 방안이라는 구상을 한 것이다.

다섯째, 수도를 옮기자면 상당한 예산투자를 해야 되는데, 우리는 지금 국군 전력 증강에 온 힘을 기울이고 있고 재정면에 있어서도 여력이 남아도는 형편이 아니므로 그러한 구상만을 하고 있는 것이다. 혹시 이 이야기를 들으면 그곳이 어디냐 하고 지금부터 가서 땅을 사려고 하는 사람들이 있을지는 모르지만 그 사람들에게 어디라는 장소를 알릴 리도 없고 또 알고 가서 샀더라도 그 사람들이 땅장사 해서 돈을 벌 수는 없도록 제도를 마련해서 시행하게 될 것이다. 과거에도 임시수도로 옮기자는 말이 있었지만 몇 년 앞으로가 문제가 아니라 장기적으로 봐서는 이제 우리가 힘의 우위를 과시할 수 있는 그런 단계에 왔으므로 서울은 서울대로 그대로 두되 중요한 행정기관과 기타 거기에 꼭 따라가야 될 기관을 이전하자는 것이다. 중요한 문제는 인구 소산이고 또 휴전선에 너무 접근되어 있으므로 이에 대비해서 통일이 될 때까지는 임시로 옮기자는 것이다.

여섯째, 그러나 수도 서울을 사수한다는 전략개념은 추호도 변경이 없다. 임시수도가 어디 다른 데로 가더라도 만일 전쟁이 나면 대통령과 중요한 기관은 즉시 서울로 옮기는 데 대해서는 어떤 심리적인 동요는 하나도 없으리라고 믿는다.

1977년 3월 7일 무임소장관실의 박봉환 실장은 1976년 7월 22일 기본구상에 관한 보고시 내약을 받은 「수도권 인구 재배치 기본계획(안)」을 완전히 성안하여 박 대통령에게 보고하였다. 박 대통령이 이에 재가함으로써 수도권 인구 재배치계획은 국가기본계획으로 확정되었다. 그 자리에서 행정수도 건설에 관한 지침이 시달되었다.

"건설부장관은 계획대로 공단용지를 반월로 정하여 공업용수와 동력을 공급해서 서울에 있는 공장이 빠져나가도록 유도해 주고…… 반월과 서울의 거리가 너무 가까워 그 사이에 집이 들어서는 도시 연결화를 막아야 하므로 그린벨트를 확정해서…… 저 계획을 그래도 시행하고 부총리와 총리는 저 계획대로 시행되도록 밀어주고…… 다만, 행정수도 건설 문제만은 청와대에서 내가 직접 하겠어."

그 지침을 살펴보면 다음과 같다.

첫째, 행정수도 건설은 아무리 빨라도 앞으로 10년, 혹은 그 이상이 걸릴 것이며, 이를 조금도 무리하게 하거나 조급히 서두를 생각은 없다. 국방력 증강 등 다른 중요사업 수행에 지장이 없도록 무리 없이 추진해 나가겠다.

둘째, 행정수도 건설의 방법은 먼저 백지계획부터 수립한다. 백지계획의 작성기간은 2년 정도로 하되 청와대에서 직접 담당한다.

셋째, 수도의 이전은 예산이 허용하는 범위 내에서 하나씩 하나씩 수행한다.

넷째, 백지계획 업무는 중화학공업 기획단장 오수석의 책임하에 추진
    토록 하며 오늘 수도권인구계획을 성안 보고한 박 실장이 기획단
    으로 옮겨 오 수석을 보좌하도록 한다.

  이렇게 해서 '임시행정수도 백지계획'이 착수되었다. 그 다음날 오
원철 수석은 박봉환 실장을 불러 중화학공업기획단 부단장을 맡아서 행
정수도 건설만을 맡아 작업하라는 각하의 지시가 있었음을 통보하였다.
박봉환 실장이 기획단 부단장에 임명된 것은, '수도권 인구 재배치 기
본 구상' 보고시 인구대책의 대안으로 임시행정수도 건설을 건의한 것
이 박 대통령의 의중에 들어 백지계획까지 맡기고자 한 것으로 보인다.

3. 「행정수도 건설 계획(안)」의 작성과정

▌만남: 기획단의 구성

중화학공업추진위원회 기획단장은 오원철 청와대 경제2수석이 겸임하였
다. 오단장 산하 부단장에는 박봉환 씨가 임명됐다. 백지계획 전담을 위
해서이다. 박 부단장은 과거 청와대에 파견됐던 김병린 서울시 도시계획
국장과 건설부 및 산하 국영기업체의 실무경험이 풍부한 전문기술자와 행
정·법률·도시계획·조경 엘리트들 10명으로 실무작업팀을 구성했다.
  우리는 국내 석학들을 최대한 망라해서 자문단을 구성하고 중지를 모
아야 한다는 데 상하 없이 동의하고 각 분야별로 사계전문가를 모셔왔다.
  정치·철학·역사분야는 주로 박 부단장이 직접 방문하여 자문을
받았으며, 기타 분야는 주제별로 실무팀과 회의방식으로 참여하였다.

백지계획의 진행과정

1977년 3월 하순부터 종합청사 5층에 둥지를 틀고 작업에 착수했다. 우리는 곧바로 1977년 중 백지계획(안)을 완성하고 연차별로 이를 발전시켜 나갔다. 사상초유의 백지계획이어서 백지계획 수립체계를 마련, 오 수석에게 보고하고 기획단은 박 부단장의 책임하에 아무런 전제조건이 없는 상태에서 자문교수단의 자유로운 발상과 난상토론을 통해 실무자들과 피드백하고 공동토론으로 여러 문제를 주제별로 정리해 나갔다.

〔표 1〕 자문단의 구성

도시계획 분야	건축 분야
박병주, 김형만,곽영훈(이상 홍익대 교수)	엄덕문, 김수근, 김정철, 윤승중(건축가)
주종원(서울대 공대 교수)	윤장섭(서울대 공대 교수)
강병기(한양대 공대 교수)	안영배(경희대 교수)
토목시설 분야	**조경 분야**
최영박(고려대 교수)	장문기(조경공사)
박중현, 선우중호(서울대 공대 교수)	유병림(서울대환경대학원 교수)
	임승빈(서울대 농대 교수)
교통 분야	**도시방호 분야**
임강원(서울대 환경대학원 교수)	이종렬 장군(국방부)
도시지리 분야	**미술 분야**
이기석(서울대 사범대 교수)	김영준(조각가)
경제사회 분야	**정치·철학·역사 분야**
백영훈(국회의원)	박종홍(서울대 교수)
박승(중앙대 교수)	노재봉(서울대 교수)
권태준, 최상철, 김안제(서울대 환경대학원 교수)	이홍구(서울대 교수)
황명찬(건국대 교수)	이한빈(아주대 총장)
황인정(한국개발원 책임연구원)	

대략 6개월 정도에서 기획단 자체안이 완성되었다. 도시계획 구상도는 공주군 장기면 주변을 모델로 해서 도면화했으며, 특별히 실제 지명을 표기하지 않은 채 「임시행정수도 건설을 위한 백지계획(안)」(1977.11)이란 책자에 작업성과를 요약했다.

이 기간 중에 국제 세미나를 치렀고, 또 서울대학과 동국대학에 의뢰해서 여론조사도 실시했으며 그 결과는, 국민 47.5% 찬성, 대기업 이전 73.1% 불원, 공무원 77% 필요성 인정이었다.

1978년 이후는 KIST 지역개발연구소를 설립 황용주 박사, 강홍빈 박사팀을 동원, 더욱 심화된 연구가 진행되어 1979년엔 거의 완벽한 계획안이 수립되었으며 이러한 작업은 1980년까지 계속되었다.

신도시 건설로 방향설정

막대한 비용 때문에 기존 도시에 정부기관만을 지어 이전할 것인가 완전한 신도시 건설로 할 것인가를 집중적으로 검토하였다. 박 대통령도 1976년 7월 22일 박봉환 실장의 '임시행정수도' 건의를 받는 자리에서 "그 당시는 이 문제를 예상하지 못하고 충남 대덕에 연구학원단지를 만들었단 말이야. 거기에 정부청사만 지으면 행정수도 이전은 간단한 일이 될 텐데 이제는 그렇게 할 수도 없고……"라며 아쉬워했다고 한다. 하지만 기존 도시에 접속시키면 결국 또 하나의 서울 같은 과대과밀도시를 만드는 결과를 가져올 것이고 어떠한 구제로도 이것을 막지 못한다고 판단했다. 또한 백지계획의 특성상 완전한 이상적인 수도를 계획하는 것이므로 기존도시에 붙여서 계획할 경우 각종 계획 조건을 해결하는데, 부정적인 요소가 너무 많으므로 일단 완전한 신도시를 계획하기로 작업방향을 정하였다. 훗날 입지 선정시 현지 여건에 따라 백지계획의 내용이 조정될 것으로 생각했다.

▍역사성 – 이념 – 서울의 대책

임시행정수도 건설의 역사적 위상과 건설이념을 정립하고 통일 후에 다시 수도가 될 서울의 대책이 가장 큰 고뇌였다. 민족의 '생존'과 '평화통일'을 이룩하고 영원한 민족번영을 이끌어갈 길잡이로서 행정수도 건설의 당위성과 역사적 필연성을 논의하였다. 행정수도 건설은 새로운 문화창조로 이해하였고 한국의 '얼'과 '멋'이 담긴 새로운 미와 문화를 창조하는 일이며 이로서 오늘의 민족문화를 후손에게 전승하는 도시가 되기를 바랐다. 무엇보다 중요한 것은 이전과정에서 생기는 서울의 충격을 최소화하는 대책을 세우는 일이며 새 수도와의 기능분담 그리고 서울의 안정화대책과 장기대책을 수립함으로써 국력낭비를 방지하고 통일 후의 수도 서울의 위상을 확실히 하고자 했다.

▍함께 다룰 국정과제

행정수도가 국토의 중심부에 서게 도면 국토공간 질서가 새로운 패러다임으로 변화하게 된다. 국토계획의 재정립이 당연한 것으로 보았다. 뿐만 아니라 차제에 도시 건설로 인한 개발이익의 사유화에 따른 토지투기를 근원적으로 방지하기 위한 토지제도의 개선이 불가피하다고 보았다. 적어도 신행정수도의 토지는 공유화해야만 한다고 믿었다. 좁은 국토공간에 알맞고 사회정의를 실현시킬 수 있는 토지제도의 창출을 시도키로 했다. 더불어 국가행정기구의 개편, 지방행정체제의 조정도 함께 이루어져야 한다고 보았다.

　행정수도의 건설은 단순한 도시계획이 아니고 국정쇄신의 계기가 되며 국가발전을 선도할 역사의 시점이 되어야 한다고 믿었다. 관련 시책을 건의한 까닭이 여기에 있다.

▎모델 입지: 특별조치법

일반적으로 도시계획은 입지가 결정된 후 수립한다. 백지계획은 입지가 없는 상태에서 준비하는 것이므로 이상적인 가상도시계획을 완벽하게 수립할 수 있다. 이후 입지가 결정되면 바로 현지에 적합하게 조정해서 확정시키면 된다. 가상이므로 실체는 없으나 예견되는 모든 사항을 수집·분석하여 장래의 도시발전에 필요충분조건을 찾고자 했다.

당초 백지계획에는 입지에 대한 요건 또는 입지선정 기준을 정하고자 했었다. 초기단계부터 입지 조사를 실시하면 우리나라 현실로 보아 지가가 폭등하고 투기행위가 발생하여 행정수도의 목적과 위배되는 반대방향의 사태가 진전될 것을 우려해서이다. 따라서 입지 조사는 백지계획이 완성되고 토지투기 등을 막을 수 있는 특별조치법을 공포한 뒤 수용지역에 대한 현지대책 등이 세워지고 부작용 없이 토지수용이 가능하도록 선조치되면 그 이후에 본격적으로 착수하는 것으로 생각했다.

1977년 5월 경에 오 수석의 지시가 있었다. 금강변 충남 공주군 장기면 일대를 중심지구로 한 백지계획을 수립하라는 것이었다. 북쪽의 국사봉과 남쪽 금강변의 장군봉 축을 중앙에 두고 동서 12km 구간을 도시 범역으로 정하면 지형이 서울의 북한산 남산 한강축과 비슷하고, 신촌과 청량리 구간이 약 12km이므로 그 정도면 행정수도 50만 규모로 적당하며, 대체적으로 구릉지가 많고 농지가 적으며 저지대가 아니어서 바람직하다는 얘기였다. 비교적 초기단계의 도시배치방안이 있는 도면을 받았는데 이것이 기획단 실무작업팀의 당초 구상과는 좀 차이가 있어서 위치 지정 없이 진행할 것을 바라며 그 지역이 남북 간경이 좀 좁고, 북저남고 지형이고 구릉지가 완만한 지형이 아니고 공사비가 많이 들 소지가 있어서 추후 결정코자 한다고 보고했었다.

그러나 이 보고는 받아들여지지 않았다. 많은 곳을 조사했지만 그만한 지역이 없다는 것이었다. 아마도 행정수도 책임자로서 신참 기획단에게만 맡겨둘 수만 없어서 직접 입지조사를 하고 도시구상을 한 것으로 보인다. 아직 대통령께 보고 결정된 바 없고 입지 후보지로 공포할 수도 없었으므로 추후 후보지 조사 후 종합하여 보고하기로 하고, 일단은 장기지구를 모델로 해서 백지계획 도면작업을 하기로 했다. 우리는 한 가지 걱정이 앞섰다. 장기지구를 현지 조사해서 도면화하는 과정에는 많은 참여자가 필요한데 과연 완벽한 기밀이 보장될까 하는 것이었다.

우리는 「임시행정수도 건설을 위한 특별조치법」 제정을 서두르기로 하였다. 주요 골자는 임시행정수도 구역이 결정 공포되면 그 지역은 대통령이 서울시에서 행정수도 건설을 공포한 그 날짜, 즉 1977년 2월 10일자의 기준지가로 수용한다는 내용이었다. 건설부가 적극적으로 노력하여 이 특별조치법은 국회를 통과하여 7월 22일 제정·공포되었는데 지가는 법령 공포일 기준으로 수정되었다.

또다시 백지계획은 본 궤도에 올라 진행되었고 입지조사는 별도로 박병주 교수를 주축으로 한 조사팀이 실시하여 최종적으로는 장기지구와 논산지구, 천안지구 세 곳으로 압축됐다. 오늘날 연기공주지구는 당시의 장기지구와 약간 구간이 겹치고, 보다 동쪽으로 5km 정도 이동한 곳이다. 박봉환 부단장이 1976년 7월 22일 보고 당시 신형식, 박봉환, 김병린 3명이 조치원, 금남면, 구축면, 탄동면을 한 번 답사했을 뿐 현지 세부조사 없이 도상으로 추정 건의한 조치원·청주·대전 삼각지역과도 근접되고 있다. 박 대통령이 금강에 가까운 지역을 희망했던 지난

날의 자료들을 종합해 보면 대통령을 가까이 모셨던 오원철 단장은 종합적으로 판단하여 장기지구에 대해 확신을 가졌던 것 같다.

돌이켜 보면 박 대통령의 서거로 백지계획이 사라졌으나 장기지구에 대한 기밀이 행정수도가 재론된 현시점까지 비밀로 잘 지켜져 왔다는 것은 높이 평가할 만하다.

▌도시의 얼개

인구는 50만 규모로 하되 후대에는 100만을 수용할 수 있는 범역으로까지 도시구역을 확대하고 외곽지역은 개발통제를 고려했다. 도시의 건설단계는 3단계로 구분했다.

〔표 2〕 도시의 건설단계

1단계	인구 7.5만 명	초기건설
2단계	인구 25만 명	행정도시
3단계	인구 50만 명	자족도시

도시건설은 재정계획에 따라 무리 없이 추진키로 하고 현지주민대책을 사전에 수립하기로 하였다. 이전계획은 정부관서 및 국영기업체별로 단계화하고 이주자를 위한 생활환경, 주택 등은 사전공급을 원칙으로 하였다.

도시의 성숙단계는 주민이 수도시민으로서의 자긍심을 갖고 도시와 함께 융화하는 시민의식이 정착되는 단계로 보았다. 이 같은 단계는 대개 올림픽이나 엑스포 등의 행사를 통해 재정립되므로 이 같은 행사를 할 수 있도록 고려했다. 모든 도시계획은 유보지 등을 두어서 장래의 불확실성에 대비하도록 하였다. 과학기술의 발전과 국가발전 속도에 따른 변화에 유연하게 대응하기 위해서였다.

▌ 수도의 상징: 중심축과 중심지구

수도로서의 상징성을 이곳에 강력하게 부각시키고자 했다. 중심지구 가로망은 격자형으로 배치하고 중심축 좌우는 대칭구조로 하되 대규모 녹지공간과 다양한 조경으로 아름다움을 갖도록 했다. 북측 중앙청과 남측 시청을 있는 주축선과 동서로 부축선을 배치했다. 양축선은 넓은 수식 가로로 '역사의 포도|鋪道' 등으로 표현2)하여 5개의 광장을 배치했다. 북측 중앙청 앞에 '역사의 광장', 남쪽 시청 앞에 '번영의 광장', 양축선 교차점에 '민족의 광장', 사법부 앞에 '정의의 광장', 입법부 앞에 '자유의 광장'이 그것이다. 이것으로 영원한 민족의 통일과 번영을 기리는 수도의 이념과 헌법정신을 구현하고자 했다.

이곳에 오면 바로 우리나라 문화와 역사를 알고 우리가 추구하는 가치관을 누구나 알 수 있도록 중심지구를 설계코자 한 것이다. 국가와 민족의 번영을 느끼고 애국심이 솟아 나는 도시를 설계하는 것이 기획단의 꿈이었다.

---

2) 신화시대, 고조선, 삼국, 통일신라, 고려, 조선 및 현대를 표상하는 역사적 대표물은 전국 각 시도에 생산되는 석재 등을 사용해서 '모자이크'로 포장.

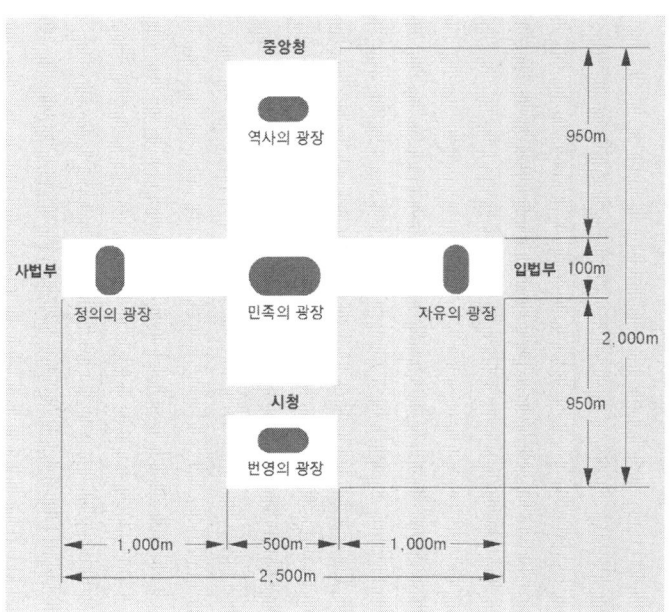

〔그림 1〕 중심축 공간구성

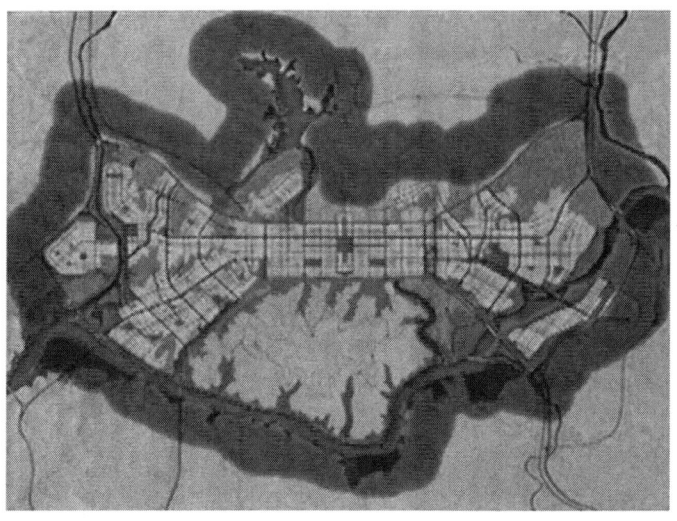

〔그림 2〕 신행정수도 종합계획도

▌도시기반 시설

기본적으로 자원절약형을 고려했고 도시기능이 항상 살아있도록 대체성이나 순환망을 고려했으며, 시민에게 선택의 다양성을 주도록 했고 환경조화를 고려했다. 교통을 전 국토에 사통팔달할 수 있도록 고속전철, 일반철도, 고속도로, 국도 연결 외에 인근 공항을 고려했다.

시민 교통은 다양성을 두되 보행전용, 자전거전용은 주거단지에, 그리고 도심은 지하철로 연결되도록 지구 성격에 맞게 배치했다. 지역 냉난방과 열병합발전소를 고려했고 쓰레기는 분리수거하되 진공관으로 수거하는 것도 검토했다. 정보통신망은 당시로서는 미래지향적으로 TV, 전화, 컴퓨터통신, 레이저통신 등을 수용할 계획이었다. 가능하면 지하매설물은 공동구 등으로 유도하고자 했다. 또다시 부수고 고치는 일이 없도록 하고자 했다.

▌도시운영관리제도

행정수도는 특수 지위를 부여하여 정부직할시로 하되 먼 훗날에 자치기구화를 고려했다. 행정관리체계는 최대한 단순화해서 시민, 토지, 시설 관리기능으로 대별하고 봉사행정은 온라인 시스템으로 하는 형태를 구상했다. 또한 시설물의 유지관리기능은 시가 아닌 공사가 관리주체가 되도록 했다. 시의 토지는 원칙적으로 공유화해서 시민은 사용권만 갖는 것으로 계획했으며 토지이용과 공간사용은 엄격한 규제와 확실한 기준에 의한 일종의 도시설계로만 허가되도록 했다. 그래야만 경관과 도시미관 등이 조화되고 수도로서의 공간질서가 형성되기 때문이다.

건설자금

건국이래 최대 규모의 공공투자

행정수도 건설사업은 15년(1982~1996) 동안 총 5조 5,000억 원(1978년 불변가격)이 투입되는 건국 이래 최대 규모의 민족 대역사이다. 또한 민족문화를 선양할 수도건설이라는 경제 외적 요소와 도시건설이라는 경제 내적 요소가 상호 복합되어 있는 투자사업이다. 행정수도 건설을 위한 투자소요 규모는 공공부문(정부 및 국영기업)이 전체의 62%인 3조 4,409억 원, 민간부문은 38%인 2조 1,012억 원으로서, 행정수도 건설은 공공부문 투자가 주도하게 된다. 건설단계별로는 공공부문의 소요자금은 전 단계에 걸쳐서 비교적 균등하게 분포되어 있는데 반하여 민간부문의 소요자금은 제2,3단계에 집중되어 있다.

〔표 3〕 투자 주체별 소요자금

(단위 : 억 원. 1978년 불변가격)

구분	계	1단계(1982~1986)	2단계(1987~1991)	3단계(1992~1996)
전체	55,421(100)	14,046	33,401	18,914
공공부문	34,409(62)	12,023	12,878	9,508
민간부문	21,012(38)	2,023	9,583	9,406

이와 같은 행정수도의 건설자금은 국민경제의 거시지표상에서 볼 때, GNP의 0.6%, 재정규모의 3.2%를 차지할 것이며, 건설단계별로는 제2단계에서 그 비중이 가장 크다. 현재 건설 중인 세종시의 건설 예산은(공공부문) 8조 5,000억 원이다.

소요자금 총액과 경제지표와의 대비

소요자금 총액의 연차별 분포를 보면, 건설 초년도인 1982년이 1,548

억 원으로 가장 낮고, 점차 증가하여 1989년에는 가장 높은 4,588억 원에 달하며, 그 후에는 다시 감소하여 1996년에는 3,245억 원이 된다.

공공부문은 가장 낮은 경우가 역시 초년도인 1982년의 1,548억 원과 1996년의 1,535억 원이며, 가장 높은 경우가 1986년의 2,968억 원이다. 민간부문은 1982년에는 2억 원에 불과하며, 1992년이 가장 높은데 1,983억 원에 달한다.

〔표 4〕 국민경제 거시지표별 소요자금

(단위 : %)

구분	전 기간 (1982~1996)	1단계 (1982~1986)	2단계 (1987~1991)	3단계 (1992~1996)
GNP	0.60	0.73	0.76	0.43
재정규모	3.24	4.19	4.15	2.26
총고정자본 형성	1.98	2.52	2.55	1.39
건설부문 고정자본 형성	3.74	4.57	4.79	2.69
국내 저축	1.93	2.44	2.46	1.34

4. 그때를 생각하며

21세기 초 참여정부(노무현 대통령)는 국가발전 목표의 하나로, 지역균형발전을 위해 우리나라의 중부권에 행정수도 건립을 위한 원대한 계획을 발표하고, 2004년 제3공화국시 거론된 지역을 최종입지로 선정해 발표했다.

30여 년 전 제3공화국(1970년대 중반) 당시 박정희 대통령의 지시로 만들어진 신행정수도 건설을 위한 백지계획수립기획단에 참여하여 불철주야 본계획 수립에 전념을 다한 젊은 날들을 회고해 보니, 참여정부가 2007년부터 행정수도 건설을 착공한다고 하는 것이 과연 가능할 것인지에 대한 걱정부터 앞섰다.

당초, 우리 기획단은 국가 백년대계를 위한 이 거대한 프로젝트를 어디에서부터 시작하여 마무리할 것이고, 공사는 몇 해 동안 할 것이며 행정수도는 어디에 어떻게 만들 것인가를 두고, 당시 약 30여 명의 각 계각층의 석학과 실무진이 몇 년에 걸쳐 고민했다.

특히 계획수립 과정에서 가장 문제점으로 수도건설의 정당성 제시, 재원조달 방안 강구, 관련 시책의 추진(국토 재편성, 국가 및 지방 행정 체제의 개편, 토지제도, 서울의 대책 등) 등에 집중 연구하였다.

당시 기획단에서는 가상 속에서 해법을 찾기 위한 그림을 그려 최종 결과물을 대통령께 보고드리려 했지만 대통령이 1979년 10월 26일 갑 자기 서거함으로써 모든 계획은 종지부를 찍게 되었다.

▍수도건설의 이념 설정

백지계획 수립 당시 행정수도 프로젝트는 국가의 운명이 달린 엄청난 과제였기 때문에 도시를 어떻게 설계하고 건설하느냐 하는 것에 앞서, 건립의 이념적 배경과 그 정당성을 어떻게 전개해야 하고, 수도이전에 대한 국민의 동의를 어떻게 받을 것인가가 최우선 과제였다. 회고해 보 건대, 당시 실무기획단의 책임자는 이것을 정리하는 것이 백지계획의 시작이며 그 전부라 보고 여기에 중요한 비중을 두었으며, 각계각층의 석학 30여 명의 자문을 얻어 이념을 정립하느라 불철주야 전전긍긍했 던 기억이 뇌리에 남아있다. 그 결과, 박봉환 부단장이 중심이 되어 우 리 민족의 생존과 번영 그리고 새로운 국민정신의 함양으로 집약시킨 이념을 다음과 같이 정리하였다.

첫째, 민족의 안전한 생존과 평화통일을 위한 새 터전의 구축

둘째, 민족의 영원한 번영을 위한 새 공간질서의 형성

셋째, 민족자아 계발을 위한 새로운 정신풍토 조성

당시 대통령이 임명한 기획단 조직은 하드웨어 부분의 오원철 단장과 소프트웨어 부분의 박봉환 부단장을 중심으로 10명의 실무책임자로 구성되어 있었는데, 이러한 구성원들의 배합은 당시 대통령이 기획단의 조화로운 인원 안배를 고려했기 때문이라고 생각된다.

▎ 재원조달 방안 강구

당시 건설비의 재원조달 방안은 이념 설정 다음으로 중요한 것이었다. 특히, 국가경제의 충격을 최소화하고, 신행정수도 이전의 실질적 실현 가능성을 찾아내는 것은 기획단의 매우 중요한 과제였다.

1976년 당시 총 예상사업비는 약 4조 원(이 중 62%가 공공부문, 38%가 민간부문)이었는데 이 같은 행정수도 건설비용은 당시 국민경제의 거시지표상에서 볼 때 국민총생산 | GNP의 약 0.6%의 재정규모가 소요되는 대형 프로젝트였다. 따라서, 재정적으로 원활하게 수행해 나가는 방법을 찾는 것은 국민 설득을 위해서도 초미의 관심사였다.

당시 기획단에서는 경제이론뿐만 아니라 실물경제까지 꿰뚫고 있는 연구 적임자들을 찾았는데, 고심 끝에 당시 중앙대학교 경제학과 교수였던 박승 박사 | 前 한국은행 총재와 실물경제에 밝은 한국은행 우수 인력으로 프로젝트팀을 만들어 자금조달계획을 수립했다. 그 결과 당시 경제개발 총투자비의 최대 3%, 정부부문 총투자비의 최대 7% 수준이라면 국내 재원으로도 건설이 가능하다는 결론이 도출되었다. 그 결과를 접하고 기획단에서는 한층 행정수도 건설을 자신감 있게 진행하였다.

관련 시책의 추진

당시 신행정수도를 중부권으로 이전 건립시, 여러 가지 장단점이 존재했었다. 당시 국부의 35%를 차지하며 GNP의 30%를 차지하는 거대 서울을 어떻게 유지·발전시킬 것이며, 통일 후 수도의 위치는 어떻게 정할 것인지 등 신행정수도 이전의 후속대책들을 행정수도 건설 못지않게 고민하였다.

그러나 상기와 같은 단점보다는 행정수도가 우리나라 국토의 중심부에 건립된다면 모든 국토는 1일 생활권에서 반일 생활권으로 되어 천문학적인 국가적 비용절감을 이룰 수 있고, 국가 행정기구의 개편으로 국정쇄신을 기하고, 또한 전 국토의 효율적 이용으로 국가발전의 속도를 좀 더 가속화시킬 뿐 아니라 전 국민의 삶의 질이 향상될 수 있다는 장점을 중점적으로 노출시켜 프로젝트를 진행하였다. 이렇듯 당시 기획단에서 치밀하게 연구했던 백지계획을 30여 년이 지난 오늘 회상해 보니, 실제로 신행정수도가 당시에 이루어지지 못한 것이 매우 아쉬운 점으로 남는다.

가장 잊혀지지 않는 기억들

기획단 근무 중 특히 기억에 남는 일은 도시 계획적 측면에서 선진국 수도들의 도시의 중심측, 주요 건물, 도시 운영관리방안 등을 집중 조사키 위해 약 2개월간 오대양 육대주를 누비며 20여 개국의 주요 수도를 답사하였던 것이다. 당초 박 대통령은 약 25만 정도의 독일의 본과 같은 조그마한 규모의 수도로서 그것도 '임시'자를 붙여 임시행정수도라고 단서를 붙였는데, 당시 기획단에서는 선진 주요국 수도를 답사한 후 행정수도 규모를 인구 50만을 기준으로 설정하고 향후 100만 도시

로 성장하는 데 충분한 도시 캐퍼시티|Capacity를 갖는다는 계획목표를 세웠다. 우리 기획단은 대통령의 의중과는 다르게 50만 내지 100만 규모로 확대 진행시켜, 그 정당성을 대통령께 보고 드리는 문제가 큰 과제 중 하나였다.

당시 학계에서는 행정수도가 자족기능을 갖기 위해선 최소 100만 규모의 도시 정도가 되어야 한다는 것은 외국의 도시들을 비교 분석한 석학들의 견해이지, 당시 우리나라에서 적정 규모|Optimum Size의 도시 규모를 비교 분석한 자료들이 없어 규모 산정이 어렵다는 의견이 있어 우리나라에서의 도시 적정규모를 실험적인 방법으로 기획단에서 연구한 바 있었다.

당시 본인은 한국산업개발연구원|KID. 이사장 백영훈의 실무책임자 안원태 씨와 함께 청주시와 대전시 등 몇 개의 도시를 검토한 후 대전을 선정, 서울의 도시비용과 집중비교하는 조사를 한 경험이 있다.

그때 대전시청 옆 조그만 여관방 하나를 얻어 4명의 인원이 하루 종일 대전의 도시 '인프라 코스트' 자료를 수집하였는데, 관련자료가 정비되지 않고 출처도 명확하지 않아 여간 고통스럽지가 않았다.

우리는 당시 대전시장에게도 철저한 보안을 위해 중화학공업기획단에서 우리나라 도시비용에 관한 적정규모 연구를 위한 자료조사차 대전을 선택하여 조사코자 한다면서 자료협조를 부탁하였다.

당시 시청 각과를 다니며 자료를 수집하였으나 시청 직원들의 비협조와 통계자료가 없어, 기대하는 자료를 수집하고 정리하는 일이 무척 힘들었다.

그렇게 정리작업이 일 주일째 되던 날 밤 9시경, 작업을 하고 있는 방에 경찰에서 왔다는 건장한 청년 5명이 들이닥쳐 우리 작업내용을 모두 거두어 놓고, 어디서 와서 이런 작업을 하는지, 중화학공업기획단이

뭘 하는 곳인지, 혹시 간첩이 아닌지 호통을 치는 사건이 생겼다. 중앙정보부 직원들이었다.

중화학공업기획단이라면 공업도시를 선정해야 하는데 그렇지도 않고, 청와대에서 엄명을 받고 하는 일이라고 해서 청와대에 확인해 보았으나 그런 직원이 없다고 하여 동행명령차 왔다는 것이다. 책임자인 나는 현재 하는 일이 절대 비밀사항이라 이런 일이 생기게 되었다고 아무리 설명을 하여도 막무가내로 연행하려 하였고, 우리는 꼼짝없이 간첩으로 오인을 받았다. 그날 청와대, 중앙정보부 등에 비상이 걸린 사건이 어제 일처럼 뇌리에서 사라지지 않는다.

나중에 알게 된 사실은 당시 우리 일행 중 한 명이 시청에서 자료 받는 것이 어렵자 쉽게 자료를 수집하기 위해 청와대에서 나온 사람이라고 말한 것이 그만 발단이 되어 그날 CPX가 된 것이다.

▌박 대통령 서거 후 행정수도 백지계획의 흔적

박 대통령 서거 후 모든 행정수도 계획작업은 중단되었고, KIST 지역개발연구소를 비롯한 모든 작업팀들은 해체되었다. 우리 기획단 요원들 또한 각각 원대복귀하였다. 나도 당시 건설부 토지이용계획과장의 명을 받고 4년 만에 원대복귀하게 되었다. 당시 바쁘게 움직이던 광화문 정부종합청사 5층 기획단사무실은 적막이 흐르는 고요한 산사의 선방 같은 느낌이 들었고, 516호 특별실에 전시된 초대형 행정수도 건설 모형은 수도이전의 꿈을 이루지 못하고 서거한 박 대통령의 넋이 그 위를 맴도는 것 같아 비참한 기분이 들었다.

그간 4년간의 젊음을 바친 이 원대한 프로젝트를 그만 두고 친정에 돌아간다는 것에 대한 아쉽고 애석한 마음을 그 무엇으로 달랠 수가 있었을까……

그 후 약 6개월이 지났을 때쯤 갑자기 이규호 차관께서 나를 불렀다. 노태우 보안사령관(그 후 무임소장관으로 임명됨)께서 행정수도 건설계획(안)을 비밀리에 보고받으시겠다 하니 나에게 보고자료를 준비하라고 지시했다. 그래서 비밀리에 행정수도 건설의 이념, 도시모형. 건설비, 재원조달 방안, 관련 시책 등 주요사항만을 발췌하여 작성한후, 오후 4시경 종합청사 516호실에서 이 차관과 함께 보고하였다. 노사령관은 보고받은 후 "참으로 어려운 일을 여기까지 해왔는데 다 끝내지 못하고 서거하셨으니 애석하기 그지없다"며, 4년간 참 큰일 해냈는데 정권이 안정되면 이를 발전시켜 나가겠으니 모든 자료를 잘 보관하라고 했다. 그 후 이 차관께서 행정수도 관련 모든 자료의 보관을 나에게 지시하여 나는 자료보관 책임을 맡게 되었다.

나는 그 후 1980년대 초 중동 건설의 확충을 위해 대규모로 건설관이 교체될 때 리비아 주재 건설관의 명을 받고 해외로 떠나게 되어 행정수도 관련 모든 자료를 국토개발연구원에 이관시키고 이 일을 완전히 마무리하였다.

중동 열사의 사막에서 근무하다 보니, 기획단과 함께한 젊은 날의 열정은 차차 뇌리에서 잊혀졌고, 이젠 어언 30여 년이 흘렀다.

참여정부에서 행정수도 건설계획을 다시 추진하자 2003년 초 KBS 역사스페셜팀이 박 대통령 시절 작성한 행정수도 백지계획에 대한 자료를 수집하여 방영하겠다고 도움을 요청했다. 나는 역사스페셜팀과 같이 공주시 장기면 옛 행정수도 후보지를 답사하며, 그때의 회상을 다시하게 되었다. 우리는 현지에 가기 전 대전 정부청사 정부기록보관소에 들러 옛날 우리의 손때가 묻은 보고서들을 하나하나 펼치며 KBS PD에게 설명하였다. 그러나 우리가 만든 보고서는 애석하게도 원형대로 보관되지 못하였고, 또한 상당 분량의 보고서도 분실되어 있어 나는 우리나라 공무원들이 귀중한 옛 자료를 소홀히 한다는 생각이 들었다. 이에, 같이 동행한 김병린, 김영하 씨와 함께 옛 보고서의 복원작업을 해야겠다고 마음먹고 과거 실무기획단에 참여한 10명이 N.C.C.포럼을 만들어 옛날을 회상하고 있다. 이번에 이런 N.C.C.포럼을 만들게 된 계기가 되어준 KBS의 역사스페셜 제작팀에게 고마움을 전한다.

글을 맺으면서 그간 4년간 기획단에서 박 대통령을 모시고 수도 건설이라는 원대한 계획에 참여하면서 꼭 남기고 싶은 이야기는,

첫째, 대통령이 70년대 국민소득 1,000불의 어려운 경제여건 속에서 수도 건설이란 꿈을 갖게 된 것은, 울산, 구미, 창원 중화학공업의 건설과 이에 따른 공업도시의 개발, 과천, 안산 등 수도권 인근 신도시 개발과 이에 따른 수도 서울의 팽창 전망 등을 억제하기 위한 대도시의 그린벨트 설정 등, 국가의 먼 장래 계획에서 앞으로 20~30년 후에는 수도 서울은 너무 팽창하여 비경제적 사항이 클 것으로 예상하셨기 때문이다. 또한 본인의 경험으로는 대통령께서는 지금 대덕연구단지에 30만 평 정도의 독일의 수도 본과 같은 정부도시 건설을 오래전부터 구상했다가, 선진화에 꼭 필요한 과학기술단지 건설을 위해 수도 후보 구상지를 양보하셨다는 언젠가의 말씀이 생각난다.

둘째, 기획단의 4년간의 작업 중 국토계획 분야 학자들을 해외에서 많이 유치하여 KIST 부설로 지역개발연구소를 설치, 세계적으로 유능한 인재들을 스카우트하여 당시 계획 분야의 전문가를 많이 육성하여 수도 건설에 참여시켰다. 행정수도 건설계획은 무산되었으나 그 인력들이 오늘날 우리나라의 도시 및 지역계획 도시공간 및 교통계획 등의 분야에 많은 인재로 육성되었음을 자부하고 싶다.

셋째, 당시 행정수도 건설계획을 보면 건설 2단계, 1990년 전에 세

계산업박람회|EXPO와 올림픽 유치를 신수도 인근에 개최한다는 꿈은 이미 실현되었으며 — 당시 아시안게임을 유치하고도 반납하여 벌과금도 내던 시절이었다 — 신수도 중심 사통팔달의 국토통신체계의 구상과 서울·부산 고속철도의 건설 구상이 그 당시의 꿈만은 아니었음을 보람으로 여긴다.

세종 행정복합도시의 건설

30여 년 전 강력한 군사정부 시대에는 국가가 하나의 강력한 정책을 수행하면 국민들은 이에 다소 불평이 있더라도 결과는 훗날의 역사가 판단한다는 생각 아래 수도이전과 같은 대형 국가정책을 일관성 있게 추진할 수 있었다. 그러나 현재는 국가정책에 대한 국민참여가 매우 적극적이며 여론마저 다양해져 예전과 같은 일률적인 국가 목표와 이념설정이 어려운 것은 사실이다.

특별히 세종시건설추진단에 건의코자 하는 것은 예전 기획단과 같이 민족의 생존과 번영, 민족자아의 재발견 같은 캐치프레이즈나 수도라는 상징성에 집착하기보다는 그간 30여 년 동안 정부가 추진한 수십 개의 신도시 건설 경험을 살려 친환경도시, 에너지절약도시 및 자연과 생명이 있는 문화환경도시, 최첨단 과학도시로서, 입체적이고 다핵적 구조를 갖는 현대행정과 최첨단 공학기술이 접목된 21세기형의 훌륭한 도시를 만들어 달라고 부탁하고 싶다.

되돌아보는 보건복지행정

김 용문

사회복지사에서 20세기의 최대 발명품이라면 사회보험을 들 수 있다. 각국은 앞 다투어 공공보험제도를 도입하는 데 많은 노력을 기울였다. 우리도 그런 바람을 가졌으나 정부조차 사회보험제도에 대한 이해 부족으로 그 시행이 늦어졌다. 여기서는 사회보험 중 내가 직접 관여한 의료보험과 연금보험에 대하여 살펴보기로 한다.

1. 국민 건강을 책임지는 의료보험제도의 도입 준비

의료보험은 단기 소득보장인 반면 연금은 장기소득 보장이다. 그래서 연금제도를 먼저 실시하는 것이 선진국의 예이다. 우리는 그 반대로 1963년 12월에 의료보험법이 제정되고 1976년 12월 개정을 거쳐 1977년 7월부터 500인 이상 사업장을 대상으로 처음 실시되었다. 그 후 공무원 및 사립학교 교직원, 300인 이상 사업장, 5인 이상 사업장, 한방의료보험, 지역의료보험, 1989년 10월 약국의료보험이 시작됨으로써 의료보험 시작 12년 만에 국민 개보험 시대가 열렸다.

　의료보험 도입이 결코 쉬운 일은 아니었다. 처음엔 경제기획원 N부총리가 반대했다. 실시 시기가 너무 빠르고 만약 한다면 급여 수준을 선진국 수준으로 높여야 한다는 논리였다. 논쟁은 계속되다가 결국 박 대통령 주재 관계장관회의에서 보건사회부의 손을 들어 주었다. 그 당시 신현확 장관의 위력은 대단하였다. 1977년 7월 시행이 결정되자 그 작업은 급물살을 타고 추진되었다. 당시 수리조사과는 연금의 장기재정 전망을 추계하는 과였으나 연금이 실시되지 않아 그 기능을 의료보험 급여를 준비하는 역할을 맡았다. 의료보험에서 가장 중하면서 어려운 작업이다. 즉, 의료보험수가, 약가, 급여기준을 빠른 시일 내 끝내야 하는 책임이 주어졌다. 이 작업의 담당과장으로서 열이 올랐다. 의료계와 약업계가 신경을 곤두세우고 있었다. 국민들은 준비작업을 재촉하면서 지켜보고 있었다.

의료학회별로 많은 의사들을 만나서 격론을 벌였다. 어떻게 하면 의료비를 줄여 국민의 병원 문턱을 낮추고 보험재정을 건실히 하면서 의료혜택을 넓힐 수 있는 보험수가를 만들 수 있을까 하는 것이 나의 목적이었다. 당시 차관이 의사로서 보험수가준비위원장을 맡고 있었고, 국장과 나는 행정직이었다. 의료계에서는 의사가 아닌 국·과장이 보험수가를 만들 수 있느냐고 따지기도 하였다. 원래는 의정국에서 수가를 만드는 것으로 되어 있었으나 못한다고 발을 뺐다. 목마른 사람이 우물을 판다는 말이 있듯 할 수 없이 사회보험국이 맡았다.

차관실에서 의사들과 토론이 있을 때 나와 국장이 참석했다. 회의 전에 국장은 나에게 이런 당부를 했다. '김 과장은 고시 출신이고 나이가 30세로 젊으니 소신껏 논리를 펴 의사를 설득하라'고. 차관은 의사라 말이 없었다. 국장도 가만히. 그러니 내가 책임을 질 수밖에 없었다. 이렇게 하여 진료행위별 수가제도가 마련되었다. 우리나라에서 최초로 의료수가가 마련된 셈이다. 포인트는 진료행위별 진료시간, 빈도, 난이도 등의 키워드였다. 지금까지의 일반수가는 의료기관별 임의수가이며 보건사회부에서 의료수가를 만들도록 의료법에서 규정하고 있었으나 솔직히 말하면 자신이 없어 법령개정을 통해 시·도로 이관하고 있었다. 쉽게 말하면 공식적인 의료수가가 없는 가운데 의료기관이 쓰는 통상적인 관행수가가 있을 뿐이었다. 의료보험 실시로 처음 탄생한 보험수가는 국민진료와 의료기관에 대한 개혁적인 조치였다. 이어 보험급여 기준을 만들었다. 예를 들면 의사와 환자 간의 주사 선호, 과다한 약물 복용 등 진료상 많은 부작용이 있어 주사수기료는 주사 횟수에 관계없이 1회만 인정, 약 처방은 1회 3일분으로 제한하고, 미용을 목적으로 한 성형수술은 의료보험에서 제외시켰다. 그 외에도 제한적인 기준이 수없이 많았다. 의료계가 가만히 있을 리 없었다. 욕도 많이 얻어먹고 어떤 병원협회장은 청사 복도에서 만날 때마다 '청산가리를 갖고 다닌다'고 으름장을 놓았다.

나는 의연히 대처하면서 보험수가 작업이 어느 정도 마무리를 보면서 보험약가 작업에 몰입했다. 직원이 적어 나를 포함하여 3명이 300개가 넘는 제약회사의 시중 일반 거래약가를 조사하는 것은 대단히 어려웠다. 사무실에서 밤을 수없이 새면서 예산이 없어 저녁은 빵과 우유로 떼우고 많은 제약회사의 거래장부를 뒤적였다. '너무 북적거린다'고 이웃에서 불평이 나왔다. 그래서 대한약품공업협회 회의실로 자리를 옮겼다. 우리는 어느 누구로부터도 커피 한 잔 얻어 먹지 않기로 다짐하였다. N전무는 된장찌개 하나도 거절하는 우리를 원망했다. 수차례에 걸친 어려운 작업으로 보험약가가 막바지에 다다랐을 즈음 문제제기를 하고, 심지어 작업에 의심하는 사람이 있어 국장과 한바탕 하고 사과를 받아냈다. 이런 작업이 대략 1977년 5월 말에 끝나고 6월 한 달 동안 홍보를 거쳐 그해 7월 1일부터 의료보험이 실시되었다. 시간의 한계로 다 만족스럽지는 않지만 의료보험 실시에 참여하였다는 자부심은 지금도 가지고 있다. 기술하고픈 말이 많이 있으나 이 정도로 줄인다.

그 후 연금보험국장, 사회복지정책실장, 기획관리실장, 차관으로 재직하면서 사회보험 대상 확대, 보험료 조정, 급여수준 개선, 의료보험 조직통합 문제 등에 깊이 관여하였다. 1997년 차관시절 300여 개가 넘는 의료보험조합을 1개의 단일조직으로 통합해야 한다는 통합론자들의 주장이 당시 정권에 먹혀 들어 여·야 공히 「통합의료보험법(안)」을 의원입법으로 국회에 제출하였다. 대통령, 국무총리도 묵시적인 동의를 한 상태였다. 그러나 보건복지부의 입장은 좀 달랐다.

특히 농어민과 자영업자들의 소득이 객관적인 자료로 파악되지 않는 상황인 반면 직장인의 소득은 100% 잡히는 현실에서는 통일된 보험료 책정이 불가능하며, 의료보험조합에서는 운영위원회에서 지출에 적응하는 자율 보험료 조정기능이 있으나 통합되면 이런 기능이 상실되어 정부가 곤혹스럽게 된다. 농어민의 보험료가 줄어든다는 주장은 허구이며, 당시 공무원·교직원의료보험에 적립된 4.5조 원의 적립금만 잠식되는 결과를 초래하므로 지금은 통합이 어렵고, 자영업자들의 소득이 50% 이상 파악되는 시점에서 검토되어야 한다고 주장하면서 국회 보사위에서 나는 강력히 반대했다. 그러나 정족수가 부족하여 농수산위에서 의원 1명을 빌려와 의결했다. 법(안)은 법사위로 넘어 갔다. 법(안) 제출 여·야의원 2명의 제안 설명이 있었다. 의결하기 직전 K의원이 '복지부의 의견을 들어 보자는 제안'을 하여 분위기가 싸늘해진 가운데 나는 반박논리를 토해 냈다. 슬쩍 두 의원을 보니 얼굴이 벌겋게 달아올라 있었다. 나는 신경 쓰지 않았다. 그래서 의결하지 못하고 법사위 소위원회로 넘겨졌다. 전문위원실로 가서 소위원회에서 부를 때까지 기다렸다. 전문위원이 나를 나무랐다. 의원들 앞에서 '너무 심했다'는 것이다. K총리의 호통이 보건복지부장관에게 전달되었다는 전갈도 왔다. '차관이 왜 그러는지 알 수 없다'는 것이었다.

법사위 소위원회에서 연락이 없어 직접 가보았더니 문은 잠겨 있고 '김 차관은 들어올 수 없다'며 가라고 하여 별수 없이 사무실로 돌아 왔다. 그날 오후에 그 악법이 본회의를 통과했다. 그 다음 해인 1998년에 나는 사표를 내고 공직을 떠났으며 그 통합론자는 장관이 되었다. 통합론자들의 논리는 14년이 지난 오늘에도 실현되지 못하고 있다. 의료보험은 건강보장에 대한 국민의식, 의료계, 제약업계, 의대생들에게 순純과 역逆의 많은 영향을 미쳤고, 지금도 영향을 미치고 있는 역작이다. 그러나 꾸준한 개선의 노력이 필요하다. 지금까지의 기술이 오래전의 일이라 약간의 착오가 있다면 이해를 바란다.

2. 산통 끝에 탄생한 국민연금

1977년 의료보험 실시에 뒤이어 1988년 연금보험이 도입되었다. 연금법령이 제정된 지 15년 만의 일다. 1974년에 연금제도를 도입하기 위하여 1973년에 그 법령이 정비되었다. 그러나 낮은 보험료(3~9%)에 급여수준은 임금대체율을 40년 가입에 70%로 설정하였다. 그러나 당시 연금에 대한 이해가 부족하였고 복지보다는 경제개발 재원조달이라는 비판이 있었다. 기금적립방식을 채택하였기 때문에 연금 지급이 본격적으로 일어나는 20년 전까지는 엄청난 기금이 적립된다. 정부는 이 기금을 은행 정기예금에 일정 이자를 붙여 빌려 쓸 수 있다. 사실 이 목적이 의도된 것이다. 사회의 비판과 함께 1975년 오일 쇼크로 인해 연금 시행은 무기한 연기되었다.

다소 안타까운 점은 있다. 연금기금은 수익성과 안정성이 함께 고려되어야 한다. 누구에게 맡겨 안정된 수익을 확보할 수 있는지 고려하여야 한다. 시행 초기에는 믿을 수 있는 정부에 빌려주는 것이 통상의 예이다. 그렇지 않으면 경제개발을 위해 국민이 많은 세금을 부담하여야 한다. 믿지 못하면 국채를 발행할 수도 있다. 나라가 망하지 않는 한 연금제도는 존속한다. 기금이 고갈나기 전에 보험료를 단계적으로 올리고 급여수준을 조정하는 안전장치가 필요하다. 그래서 우리는 연금이 선진국처럼 먼저 시행되지 못하고 1977년 의료보험부터 시작되었다.

그 후 연금을 1983년도부터 실시한다고 경제사회개발계획에서 밝혔다. 나는 두 분의 장관 비서관에서 벗어나 1981년 미국 유학길에 올랐다. 피츠버그대학의 국제행정대학원에서 연금 문제를 집중적으로 공부하였다. 「한국에 있어서 연금도입의 필요성에 관한 연구 논문」은 A+ 학점과 함께 담당 교수의 출판 권유를 받기도 하였다. 대학원에서의 성적은 나도 모르게 좋았다. 컴퓨터부문에 B+를 받고 나머지는 모두 A였다. 당시 컴퓨터는 내가 처음 보는 기계였다. 외국인으로는 처음으로 우등상을 받고 1983년 4월에 졸업 후 미국 사회보장청의 일선기관을 견학한 뒤 그해 7월에 귀국하였다. 내 손으로 연금제도를 만들겠다는 생각으로 가득차 있었다.

귀국 후 총무과장이 '어느 과를 희망하느냐'고 물었다. 나는 선택의 주저 없이 연금기획과를 택했다. 총무과장이 '지금은 연금을 실시하지 않고, 또한 그 실시가 무기한 연기되어 일이 없다'는 것이었다. 그러나 언젠가 누군가 연금 준비를 해야 한다며 그 과를 고집하였고, 그래서 그해 11월에 연금기획과장으로 발령이 났다. 1984년에 「국민연금제도 도입 기본계획」을 장·차관께 보고하고, 사무관 1명과 함께 연금준비 작업을 외부에 보안을 유지하면서 진행하였다. 나중에 연금이 시행되었을 때 이때 만든 기본계획이 교과서가 되었다. 연금 시행이 기약 없는 가운데 1985년 5월에 청와대 보건사회비서실로 발령이 났다. 해외여행 중 급히 귀국해야 했다.

대통령께 연금의 조기실시의 필요성을 수차례 직보를 하였으나 선진국의 복지병 염려로 번번이 기각되었다. 나는 계속 수석비서관에게 보고를 하였다. 드디어 1987년 말로 예정된 대통령 선거가 계기가 되었다. 1986년 하반기에 '1988년부터 연금을 실시하라'는 전두환 대통령의 지시 사항이 있었다. 대통령 선거를 앞둔 정치적 결단이었다. 그 뜻이야 어디에 있든 나는 실시 자체에 의미를 두었다. 나는 보건사회부와 함께 작업을 서둘렀다. 아쉬운 것은 '저부담 고급여 체계'를 합리적 수준으로 조정할 수 없었던 점이 마음에 걸렸다. 그러나 실시를 위해서는 이 기회를 놓치면 안된다고 생각했다. 복지가 선거를 의식해 정치적으로 이용되면 나중에 엄청난 재정문제를 가져오고, 복지의 '후퇴 불가능 속성' 때문에 급여를 줄이는 데 어려움이 많아진다. '복지는 첫 단추를 잘 끼워야 한다'는 논리를 잘 알고 있으나 정치적 결정을 나로서는 어쩔 수 없었다.

1986~1987년 동안 준비작업을 다 마치고 1988년 1월 1일 500인 이상 사업장을 대상으로 국민연금이 드디어 실시되었다. 나도 뿌듯했다. 물론 많은 관계 공무원들이 함께 고생하였다. 1988년 나는 국장으로 승진하여 보건사회부로 돌아왔다. 위생국장을 포함한 3개 국장을 거치고 1991~1994년 스위스 제네바의 WHO 근무를 마친 후 귀국하여 농어민연금 실시 준비를 위해 국민연금국장을 맡았다. 대상이 점차 확대되어 1999년 4월에 전 국민 연금시대가 열렸다. 나는 연금보험국장, 사회복지정책실장, 기획관리실장, 차관에 재직하면서 연금보험 개편작업을 추진하였다. 보험료율은 급여 증가에 따라 3%(1988)~6%(1993)~9%(1998~)로 조정되고, 장기 재정안정을 위해 급여 수준도 70%(1988)~60%(1999)~50%(2008)~2009년부터는 매년 0.5%씩 하향조정하여 2028년부터는 40% 수준이 되도록 현재 조정되어 있다. 나는 지금도 그때 미국에서 사회보

험을 공부하고 내가 직접 관여하면서 의료보험과 연금을 실시하게 된 것을 공직생활 중 가장 보람된 일로 생각한다.

국민연금제도는 정부가 관리운영비를 지원하면서 국민의 노후보장을 위한 공적연금제도이다. 사보험|Private Insurance과 달리 이익에 탐닉하지 않고 국가와 운명을 같이하는 사회보장제도 중의 하나이다. 급여 수준도 사보험보다 높다. 안전하다. 소득에 관계 없이 18세 이상이면 누구나 가입이 가능하다. 실질가치가 보장된다. 노령연금, 가급연금, 장애연금, 유족연금, 반환일시금도 있다. 각국과 사회보장협정 체결로 한국인 외국 근로자의 경우 국내외 연금 합산이 가능하다. 기금적립금은 2010년 12월 현재 323조 9,908억 원으로, 금융기관 등에서 운용되고 있다. 재정수지에 따르면 기금적립금이 2020년에는 약 923조 9,850억 원, 2043년에는 약 2,464조 5,070억 원에 이를 것으로 전망된다. 직접 소득이 없는 가정주부에게도 임의가입이 열려 있다는 것을 알아두면 노후에 큰 도움이 될 수 있다. 연금에 대한 이해에 조그마한 도움이 되기를 바란다. 설명이 다소 부족하지만 지면상 여기서 줄인다.

3. 식품의약품안전청(KFDA)설립

1995년 중앙공무원에서 교육 중 "식품의약품안전청|KFDA 설립에 관한 당·청 합의가 있었다"는 언론기사를 보고 나는 괴성을 지르고 말았다. 나는 WHO의 식품영양국에 근무하면서 미국의 FDA 출신 과학자들과 한국의 상황을 설명하면서 많은 대화를 나누었다. Dr. Moy가 대표적인 식품 과학자이다. 그는 나중에 중국 베이징에서의 HACCP|식품위해요소 중점관리제도에 관한 세미나에 참석하고(1993년) 나와 함께 한국으로 와서, 최초로 한국의 식품 관련 공무원 및 식품업계 사람들을 대상으로

HACCP제도를 설명하고 도입을 서두르도록 촉구하였다. 그날 저녁에는 소주파티도 열었다. 그는 중국계 미국인으로서 당시 미국 FDA에 근무하고 있었다. 나도 신이 나서 WHO의 많은 자료들을 한국으로 보냈다. 그 결과 1995년 시범사업이 실시되고 1996년부터 육·우유제품에 전면 실시되었다. WHO에 2년간 있는 동안 식품안전과 영양 관련 자료를 보건복지부에 보냈다. 운송비가 너무 많이 들어 나중에는 외무부 파우치 편으로 보내기도 하였다.

1994년 4월 귀국할 즈음 Food Safety Unit의 책임자였던 Dr. Kaferstain은 "앞으로 한국이 동남아 국가들의 식품안전 문제에 대한 책임을 지고 WHO와 함께 교육, 연구, 훈련, 학술 세미나 등을 주도해 주기를 바란다"는 메시지를 나에게 주었다. 나는 흔쾌히 받아들였다. 이런 WHO와의 긴밀한 유대 속에 있었기 때문에 KFDA 설립은 나에게 지대한 관심사였다. 공무원 교육 중에 나는 궁금하여 새로 부임한 K장관을 방문했다. 뜻밖에 놀라운 사실을 발견하였다. 구상하는 조직이 '…청 수준'(차관)이 아닌, '…본부 수준'(1급)이었다. 당과 청와대에서 "청" 설립을 촉구했는데 보건복지부에서 굳이 기피하는 이유를 알 수 없었다. 나는 장관에게 엄격히 따졌다. 장관은 "온 지 얼마 안되고, 오니까 이미 이런 방향으로 작업이 진행되어 바꿀 수 없다"고 하였다. 차관 이하 작업 관계자들이 한심스러웠다. 보건복지부의 힘으로는 단독으로 KFDA를 결코 설립할 수 없다는 것을 나는 잘 알고 있다. 미국의 FDA가 어떤 기능을 갖고 있는지를 전혀 모르고 있었다. "본부" 단위로 설립되더라도 조만간 "청" 단위로 승격되어야 한다고 강력히 주장하였으나 국민 식품의약품 안전보다는 부처 이기주의에서 벗어나지 못했다. 첨언하면 '…청이 설립되면 보건복지부의 위생국과 약정국이 사라져 부처의 기능이 크게 위축되고 다른 부처로 통합될 수 있다'는 허망한 우려 때문이라니, 이 얼마나 비효율적이고 어리석은 생각인가! 외국의 예를 보면 보건부, 사회부, 후생부 등이 업무의 중요성으로 부처 서열의 선두에 있음을 간과한 것으로, 아쉬움이 많았다.

1996년 4월 6일 식품의약품안전본부 | KFDA가 문을 열었다. 초대 본부장(1급)으로 내가 임명되었다. 개원식에는 당시 L국무총리, 장관 등 각계 관련인사들이 많이 참석해 축하해 주었다. 언론도 많은 관심을 가졌다. 나는 긴장되었다. 인력과 장비를 확충하는 것이 문제였다. 그해 4월 개원으로 정규예산이 확보되지 못해 예비비를 써야 했다. 먼저 필요한 것이 120여 명의 연구인력을 추가 확보하는 것이었다. 당시 국립보건원 인력을 확보하고 나머지는 철저한 공채를 주장하였다. 당시 내부에서 반발이 있었다. 기존의 석사급 임시 연구원들은 자리가 비기를 바라고 있었으며, 자리가 비면 우선적으로 이들을 채용하는 인사 시스템이 운영되고 있었다. 그것을 배제했으니 반발은 당연했다. 그러나 공채로 밀고 나갔다. 자신이 있으면 시험에 응시하라는 것이었다. 외국에서도 지원자가 있었다. 4월 중순경 인력 확보를 마무리하였다. 총 700여 명이 되었다. "청" 수준의 인력이었다. 본부와 6개 지방청을 두었다. 연구기자재 예산도 대충 확보되었다. 아쉬운 것이 있다면 1차로 미국 FDA의 우수인력을 추가 확보하고 점진적으로 WHO나 선진국에서 근무하던 인력을 확보하는 것이었다. 그렇게 하여야 KFDA가 국내·외적으로 능력을 발휘할 수 있는 기구로 발전될 수 있다는 것을 나는 WHO의 근무를 통해 잘 알고 있었다.

명칭도 KFDA | Korea Food and Drug Administration를 고집한 데는 내 나름대로의 이유가 있었던 것이다. 보건복지부와 당시 총무처에서는 명칭을 '…Drug Security Headquarter/Agency'로 할 것을 고집했으나 나는 이를 무시하고 대외적으로 KFDA를 사용하였다. 나는 한국도 미

국의 FDA에 상응하는 정부기관이 설립되었음을 국내·외에 천명하고 한국의 식품의약품의 안전성에 대한 신뢰를 높이고 싶었다.

▌ 미국 FDA 우수연구자 초빙

6개 지방청의 개청도 마무리 짓고 어느 정도 기관 운영이 가능할 즈음 나는 경제기획원 예산실을 찾았다. 미국 FDA에 근무하고 있던 우수 인력을 확보하기 위한 유치 작전을 서둘렀다. 10채의 아파트 전세비용, 10대의 차량 예산을 요구했다. 예산당국자는 "지금까지 전혀 선례가 없었으며, 이것은 전연 불가능한 일"이라며 말도 꺼내지 말 것을 강조하였다. "내가 거기에 굴할 것 같으면 시작도 안했다"라고 다짐하면서 "선례가 없다는 것은 말이 안된다. 선례는 새로운 환경이 만들어질 때 이루어지는 것이며 지금까지 외국인 초빙공무원이 없었고, 지금은 YS정부에서 세계화를 중요한 국정지표로 삼고 있기 때문에 우리 공무원 세계도 오픈되어야 한다"는 것을 끈질기게 강조하였다. 보사예산심의관이나 예산총괄심의관은 냉랭하였다. 할 수 없이 예산실장 집을 새벽에 쳐들어갔다. 3일 동안 계속 실장 아파트를 찾았다. 나도 후퇴하여 5채를 요구하였다. 예산실장도 나의 끈질긴 설득에 못 이겨 아파트 3채로 서로 합의하고 3억 원을 추가예산에 책정하였다. 1996년 당시 KFDA가 있던 녹번동, 불광동 주변에는 3억 원이면 전세로 아파트 3채 이상 구할 수 있었다. 나는 아쉽지만 세계화에 부응하는 선례를 만든다는 데 만족하였다. 실제로는 미국 FDA 박사들이 몇 명이나 올지도 모르는 상황이었다.

나는 드디어 1996년 4월 30일 미국 출장 길에 올랐다. 워싱턴에 있는 Watergate Hotel에 짐을 풀었다. 닉슨 대통령의 잔영이 잠시 스쳐갔다. WHO 근무 때 알았던 L박사한테 연락하여 방문 목적을 알리고, FDA의

식품의약품 분야 재미 한국 과학자들의 다음 날 저녁 초대까지 부탁하였다. 저녁 초대에 약 20명 정도 참석하였다. 나는 열변을 토했다. 방문 목적을 진지하게 설명하면서 "여러분의 오늘이 있기까지의 끊임없는 노력과 국위선양에 찬사를 보냅니다. 캐나다 국민은 경찰을 가장 신뢰하고, 미국 국민은 FDA를 가장 신뢰한다"는 말도 잊지 않았다. "이제 고국으로 돌아갑시다. 한국에도 제2의 FDA를 만듭시다. 조국은 여러분을 기다리고 있습니다. 아파트도 마련되고 차량도 준비되어 있습니다. 봉급은 제가 잘 모르지만, 공무원 급수에 준하여 지급될 것이나 여기보다는 적을 것입니다. 봉급보다는 아름다운 명예가 더 중요하지 않겠습니까?"라며 사실을 약간 부풀려 설명하였다. '3명 이상 지원하면 어쩌나' 하는 걱정이 들고 '차량은 하나도 없는데 어쩌지?' 하면서, '내 차도 내 놓고, 일부 직원 차도 이용하면 될 거야' 하면서 내심으로는 은근히 걱정되었다. 이 분들 '봉급이 굉장히 높을 텐데' 하는 걱정도 들었다. '모르겠다. 많은 사람들이나 지원해라' 하고 바라면서 호텔로 돌아왔다.

그들의 가장 큰 애로사항은 자녀교육과 한국사회의 적응 문제였다. 하루 종일 호텔에 머물렀다. 일곱 명한테서 전화가 왔다. 단순한 격려인사 전화도 있었고, 관심은 있으나 미국처럼 편하게 생활할 수 없을 것이라는 우려와 함께 자녀교육 문제로도 고민하고 있었다. 많은 관심을 보이고 도와주었던 L박사는 아버지가 한국에서 전직 판사이고, 한국 사정을 비교적 잘 아는 독신녀라 이해할 줄 알았는데 결국 적응 문제로 포기하고 말았다. 이인수 박사만이 적극적으로 관심을 보이며 그날 자기 집으로 저녁초대를 하였다. 이야기 끝에 "연봉이 얼마냐"고 물었다. "연 수입이 14만 불 정도 된다"고 하였다. 나는 우리 돈으로 얼마인지 계산도 하기 전에 이 기회를 놓쳐서는 안된다는 강박관념에 사로잡혀 "보건복지부는 공무원 보수 책정기관이 아니라 잘 모르지만, 내가 50% 할인하여 7만 불은 책임질 테니 한국에 가자"고 하였다. 당시 그는 FDA의 암연구센터 발암연구실장으로 일본과 스위스 등지에서도 많은 활동을 하고 있었다. 호텔로 돌아와서 봉급을 계산해보니 지금 정확하게 기억이 안 나는데, 우리 돈으로 대략 월 700~1,000만 원 수준이었다. 그때가 1996년이니까 지금으로부터 16년 전의 일이다. 그러나 '1명이라도 대어를 낚았으니 다행이다'라고 생각하면서 바쁜 국내 일정으로 다음 날 귀국하였다.

장·차관에게 보고하였더니 깜짝 놀라 했다. 미리 보고했더라면 불가능한 분위기였다. '잘 저질렀다'고 생각했다. '이렇게 해서라도 선례를 만들자'는 깊은 속셈도 있었다. 언론은 연일 대서특필이었다. "대한민국에서 가장 보수를 많이 받는 공무원, 대통령보다 보수가 많다(?). 김 본부장의 WHO 경력이 만든 의지 반영. 취임시 2년 안에 미국의 FDA처럼 KFDA를 발전시키겠다는 약속을 실천하는 첫발을 내딛다." 등의 많은 기사가 쏟아졌다. 산은 높았고 고개는 험준하였다.

발령을 받기 위하여 총무처 인사·보수 관련 국장을 만났더니 손톱도 안 들어갔다. 차관을 만났으나 난처해 하였다. 조해녕 장관을 만났다. 장관은 다행히도 행시10회 동기였다. 내 설명을 다 듣고는 쾌히 승낙을 하였다. "총무처도 문을 열겠다"는 의지 표명까지 해주었다. 정말 고마웠다. 조해녕 장관이 아니었으면 나의 의지도 주저앉고 말았을 것이다. 총무처의 관계규정 개정으로 6월(?)에 발령이 난 것으로 기억이 된다. 나는 그가 열심히 일할 수 있는 분위기를 만들어 주었다. 부장들이 반기는 분위기는 아니었다. 그들의 실력이 평가 받는 것이 아마 부담스러웠을 수도 있다. 나는 이 박사가 있는 동안 많이 배우라고 독려하였다.

KFDA는 그런 대로 잘 굴러갔다. 내가 본부장 발령을 받을 때 당시 K장관에게 최소 2년 동안은 근무할 수 있도록 건의를 드렸다. 내가 있

는 동안 WHO와 FDA 그리고 KFDA와의 3각관계를 확립하여 아시아 존|Zone에서 KFDA가 식품의약품안전 분야에서 주도적 역할을 하고 싶었다. 그러나 그 꿈은 깨어졌다. 그해 11월에 장관이 바뀌면서 사회복지정책실장을 맡아달라는 전갈을 받고 보건복지부로 발령이 났다. 한참 국민연금과 의료보험에 어려운 문제들이 많아 해결책을 세우라는 것이었다. 이어서 4대보험개혁단이 구성되어 작업에 들어갔다.

그 후 KFDA는 청으로 승격되고 내가 본부장으로 있을 때 독성연구소장으로 있던 박 박사가 승진하여 초대 청장으로 임명되었다. 나는 박 박사를 청장으로 적극 추천하였다. 박 박사는 내가 본부장으로 있을 때 설득하여 모시고 온 분이며, 88올림픽 때 도핑연구센터 소장으로 있으면서 참가선수들의 약물복용을 밝히는 데 큰 역할을 담당하여 외국에 잘 알려진 과학자다. 박 박사를 초빙하던 때의 이야기는 생략한다. 나는 떠날 때 박 박사와 이 박사한테 KFDA를 잘 키워달라는 당부를 했다.

내가 본부장으로 있으면서 가장 곤혹스러웠던 것은 "소아분유 발암물질 검출" 사건이다. 당시 영국에서 소아분유에서 발암물질이 검출되었다는 외신을 보고 우리도 예방차원의 대비책으로 유통되고 있던 소아분유를 수거하여 검사를 시작하였다. 언론이 눈독을 들이고 있었는데, SBS의 P기자가 관련 직원을 유혹하여 검사결과가 나오지도 않았는데 중간검토 자료를 김포공항 대기실에서 건네받아 9시 저녁뉴스에 톱기사로 방송하여 세상을 떠들썩하게 만들었다. 반박성명을 내고 언론의 허구성을 질타하였다. 청와대도 야단이었다. 감사원에서 감사가 나왔고 그 직원은 파면되고 시간이 좀 지나 정확한 결과를 공식 발표했다. 시간이 지나면서 SBS의 거짓이 드러났다. P기자가 아직도 언론에 종사하는지는 모른다. 그의 부친(?) 상가에서 만난 것이 마지막이었다. SBS가 한

심스러웠다. 그 후 이 박사는 박 박사의 임기 동안 근무를 하고 "후견인이 없어 근무하기 어렵다"는 말을 나에게 전달하고 미국으로 돌아갔다. 아쉬운 점이 한두 가지가 아니었다. 어렵게 모시고 온 분인데 그 가치를 알지 못하고 놓쳤으니 관련 공무원들의 무식이 원망스러웠다. 지금의 KFDA는 국민건강을 확보하기 위하여 열심히 일하고 있다. 대견스럽다.

1996년 4월 KFDA 본부장 발령을 받고 K대통령 비서실장을 방문했다. 나와는 전혀 면식이 없는 분이다. 그는 이렇게 말한 것으로 기억하고 있다. "김 본부장은 특별히 선택되었어. 식품 분야에서 WHO에 근무한 사람은 우리나라에서 당신 혼자밖에 없었어. 철저히 조사를 해보았지. 열심히 하십시오." 하면서 격려해 주었다. 그 이후 보건복지부를 떠날 때까지 서로 만남이 없었다. 지금이라도 그분께 감사를 드리고 싶다.

제3부

지방행정 · 문화 · 국가보안 분야

구미 수출 300억 불 - 근로자들과의 약속

김 관용

1. 역경은 꿈과 희망을 낳는다

나의 삶은 꿈꾸고 도전하고 이루고, 또다시 꿈꾸는 삶의 연속이었다. 때론 좌절도 겪고 시련도 있었지만 나에게 주어진 길을 최선을 다해 걸어왔다고 생각한다. 나는 우리나라 선비문화의 본산인 구미시 선산의 시골마을에서 2남 3녀 중 장남으로 태어났다. 소학교에 진학하던 해 아버지를 여의고 어머니 손에서 자랐다. 가사를 책임진 어머니께서는 마을의 궂은일을 도맡아하셨고 그렇게 얻어온 곡식으로 끼니를 해결하는, 정말 찢어지는 가난 속에서 자랐다.

소학교 시절, 하루는 하도 배가 고파서 술도가의 술찌끼를 한 움큼 집어먹고 학교에 갔다가 술기운에 얼굴이 벌겋게 달아오르는 통에 선생님에게 호되게 뺨을 맞기도 했다. 그러한 우리집 사정을 안타깝게 여긴 이웃에서 나를 꼴머슴으로 달라고 했을 때 눈물을 보이셨던 어머니의 슬픈 모습이 아직도 눈에 선하다. 이웃에서 쌀 한 말을 선뜻 내주어 중학교 입학금을 마련할 수 있었고 여공으로 일하며 학비를 대주신 큰 누님이 있었기에 공부를 할 수 있었다. 그 시절의 시련과 가난은 장남인 내가 우선 극복해야 할 대상이었고 어린 마음에도 무엇인가 해야 한다는 의지를 움틔우는 계기가 되었던 것 같다.

배움의 과정에 있어서도 정규 엘리트 코스를 밟지 못했다. 초등학교를 마치고 어린 나이에 대구로 홀로 떠나 대구사범학교를 졸업하고 교사의 길을 택했다. 당시 가난한 이 땅의 젊은이들이 우선 취직이 되고 희망을 걸 수 있는 것이 교사였기 때문이었다. 19살의 나이로 구미초등학교에서 교사 생활을 시작했지만 낮에는 교사로 밤에는 야간대학생으로 공부를 하는 학생 생활을 함께했다. 대학 생활의 낭만 같은 것은 꿈도 꿀 수 없었고 직장이 있는 구미에서 열차를 타고 학교가 있는 대구로 오갔던 그때, 제일 하고 싶은 일이 잠을 실컷 자는 것이었다.

교사 생활 만 10년째가 되던 1971년, 우리 나이로 서른 살이 되던 해 행정고시에 합격하여 새로운 공직에 발을 들여놓았다. 그러나 기본에 충실하자는 나의 원칙주의는 현실과 영합하기에는 괴리가 있었다. 또한, 처가 쪽이 야당생활을 하고 학연·지연이 우선시되는 시류 속에서 한직으로 밀려나는 수모를 겪기도 하는 등 공직생활도 순탄치만은 않았다. 이러한 과정 속에서 병무청, 세무서, 청와대 민정비서실 등 중앙의 다양한 부처에 근무하면서 행정과 인생의 많은 부분을 터득하였다. 돌이켜보면 이 시기야말로 나에게는 어려움과 위기, 다양성과 전문성을 동시에 경험하게 해준 값진 시절이었던 같다.

30여 년간 관료의 길을 걷다가 1995년 민선지방자치가 실시되면서 단기필마로 구미시장 선거에 출마했을 때 주변에서는 만류가 심했다. 시장에 출마하기 위해 미리 준비한 것도 아니었고 처음에는 정말 맨손이었다. 특히 선거에는 문외한이었다. 막상 구미에 내려오자 선거를 도와줄 사람도 없었고 조직도 없었다. 지역 현실을 파악하고 정책을 구상하고 열심히 시민들에게 호소하는 게 선거운동의 전부였다. 그리고 선거운동을 하는 과정에서 뜻을 같이하는 사람들이 하나 둘씩 선거캠프에 참여하고 해서 정신없이 선거를 치렀다. 다행히도 운이 따랐고 결과가 좋았다.

초대 민선 구미시장 취임 |

　풀뿌리민주주의라고 일컫는 지방자치의 시작과 함께 첨단IT도시인
구미시의 초대 민선시장을 맡은 것은 개인적으로도 큰 영광이라고 생각
한다. 지역발전과 지방자치의 새로운 패러다임을 만들어 간다는 점에
서 성공한 자치단체장이 되고 싶은 건 누구나 마찬가지일 것이고 나 역
시 그랬다. 나는 스스로 야전사령관이라고 말할 정도로 현장에서 살았
고 현장을 지켰다. 가난에 대한 뼈저린 경험도 했고 배고픈 사람들의
서러움도 잘 알고 있었다. 그래서 나는 구미시정의 최우선 목표를 투자
유치와 일자리 창출을 통한 먹고사는 문제 해결에 두었다.

2. 4공단 조성으로 구미의 새로운 엔진을 마련하다

　구미시를 간단하게 소개하면 지금의 구미시는 1995년 1월 1일, 원래
한 뿌리였던 구미시와 선산군이 다시 합쳐지면서 통합 구미시로 발족했
다. 사람들은 구미하면 첨단IT산업이 있는 공단을 생각하지만, 낙동강
을 중심으로 고대 문화유산이 산재해 있고 신라 불교의 최초 전래지일
뿐 아니라 유교문화를 꽃피운 민족 정신문화의 산실이다. 유학의 거장
야은 길재ㅣ冶隱 吉再 선생 등 많은 동량이 배출되어 「朝鮮人材半在嶺南,
嶺南人材半在善山」ㅣ조선 인재의 반은 영남에 있고, 영남 인재의 반은 선산에 있다으
로 불려질 만큼 '인재의 고장'으로 명성이 높은 지역이기도 하다.

근래에 와서는 박정희 대통령을 배출하고 조국 근대화의 주역으로 국가발전에 중심에 서 왔으며, 새마을운동 중흥지, 자연보호운동 발상지로 국민 정신운동의 구심적 역할을 담당해 왔다. 내륙의 중심부에 위치해 있지만 경부선 철도와 사통팔달의 고속도로망은 전국을 한나절생활권으로 연결하고 있다. 구미산업단지는 1969년 12월 당시 경북 선산군 구미읍 남동쪽 낙동강 일대에 터를 잡은 1단지가 착공에 들어가면서 서막이 열렸다. 1973년 준공된 1단지는 섬유와 전자 중심의 업체가 주로 입주했으며, 이어 1977년 시작되어 1981년 준공된 2단지는 반도체 중심의 업체가 주로 입주하여 구미가 우리나라 전자·정보통신산업을 세계적인 산업으로 이끌어내는 중추적인 역할을 다해 왔다.

특히 구미산업단지는 우리나라가 1980년대 수출 100억 달러 달성과 전자산업이 수출 1위 업종으로 부상하는 데 결정적인 역할을 했다. 1980년까지 구미공단 입주업체들의 업종 분포는 전자 분야 97개사, 섬유 분야 91개사, 기타 17개사 등 도합 205개사에 이르러 내륙공업단지로서는 국내 최대 규모를 자랑하게 됐다. 섬유 분야가 45%에 이르렀지만 당시 대부분의 사람들은 구미공단을 국내 최대 규모의 전자전문공단으로 인식하고 있었다. 이후 1987년부터 1995년까지 인접한 경북 칠곡군 등의 부지를 추가 매입하여 제3단지를 조성했다.

내가 구미시의 초대 민선시장으로 취임하면서 시민들에게 제시한 비전은 구미공단을 세계적인 첨단공단으로 일류화시키는 「테크노폴리스 구미」 건설이었다. 물론 구미는 다른 지역에 뒤지지 않는 문화적 기반도 있고 농촌 기반도 튼튼한 편이었다. 하지만 무엇보다도 구미의 중심이 되고 있는 것은 공단이고 구미가 내걸 수 있는 최고의 노하우였다.

당시 구미공단은 겉으로는 3개 공단 17,584천㎡의 규모로 내륙 최대의 공단, 세계적인 첨단산업기지로서의 명성을 갖고 있었으나 내부

적으로는 서서히 많은 문제점을 드러내고 있었다. 정부의 수출드라이브 정책에 의해 길들여진 공단은 몇몇 대기업에 의해 전자, 섬유 등 특정 업종에 과도하게 의존하는 단선적 생산구조를 가지고 있었다. 특히 연구개발기능이 없는 단순생산 하청기지로 전락하여 생산제품의 68.2%가 라이프 사이클|Life Cycle이 쇠퇴기에 접어들고 있는 등 공단의 공동화|空洞化현상이 발생할 우려가 높다는 지적이 많았다.

그렇지만 내가 시장으로 취임했을 당시는 공단 발전계획 하나 없는 현상유지 그 자체였고 국가공단이지만 지방자치와 맞물려 정부의 역할도 지방의 역할도 분명치 않은 과도기적 공백상태였다. 나는 공단이 이렇게 흘러가서는 안된다는 위기감을 느끼면서 태스크포스팀인 「시정발전기획단」을 설치하고 지역상공인과 함께 공단발전의 새 틀을 구축하는 데 주력했다. 가장 시급한 일이 연구개발기능을 갖춘 새로운 공단, 즉 4공단 조성사업이었다.

그러나 당시 4공단 조성사업은 정치인들의 선거 단골메뉴로만 등장하였고 선거가 끝나면 그만이었다. 시장에 취임하고 소관부처인 건설부를 찾아가 실상을 파악해보니 당초부터 여러 가지가 법령에 저촉되어 어려움이 많은 사업이었다. 구미가 사는 길은 바로 4공단 조성이라고 확신하고 있었던 나는 눈앞이 캄캄했다. 민선시장으로 의기양양했던 모습은 사라지고 미래에 대한 걱정과 불안감만 잔뜩 안고 돌아왔다.

그때는 대구의 위천공단 조성사업이 여러 가지 요인으로 표류하고 있었기 때문에 자칫 잘못하면 정치적인 문제로 번질 가능성도 있었다. 그렇다고 포기할 수도 잠시도 머뭇거릴 수도 없는 절박한 상황이었다. 나는 직원들과 머리를 맞댔다. "모든 것은 사람이 하는 일이다. 우리가 할 수 있는 데까지 해법을 찾아보자." 직원들과 함께 농지문제 등 법령에 저촉되는 부분을 모두 발췌하여 대안을 마련한 계획서를 가지고 10

여 개월 동안 지역 출신 국회의원과 함께 관계부처와 청와대를 방문하며 서울에서 살다시피 했다.

그 결과 당초 6,269천㎡에서 6,218천㎡로 규모는 축소되었지만 1996년 6월 5일 마침내 제4공단 조성입지 지정을 받아냈다. 그러나 공단조성 입지지정만 받아내면 끝날 줄 알았던 사업에는 또 다른 암초가 기다리고 있었다. 1997년 편입토지 보상을 시작하고 공사를 시작할 무렵, IMF 구제금융 체제를 맞아 보상금 지급이 중단되고 공사마저 앞길이 보이지 않는 어려운 상황을 맞게 된 것이었다.

3공단 조성을 끝으로 제자리걸음을 하고 있던 당시 구미시민들의 가장 큰 소원은 4공단 조성이었다. 그러나 구미공단은 IMF체제로 인한 기업 빅딜과 구조조정으로 공단조성 후 가장 어려운 위기의 시기에 직면해 있었다. 특히, 구미공단 전체가 구조조정의 대상이었고 실시계획 승인까지 난 4공단 조성사업 또한 물거품이 될 것 같았다. 수자원 공사도 정부차원의 획기적인 재정지원이 없으면 4공단 조성은 엄두조차 낼 수 없다고 공언하고 있었다.

4공단 전경

악화일로로 치닫는 구미의 어려운 국면을 타개하기 위해서는 무엇이든지 할 수 있는 대안들을 찾아야 했다. 그 첫 번째가 당시 야당 소속 시장으로서 당을 탈당하여 무소속으로 남음으로써 정치적인 한계를 극복하는 것이었다. 나의 결단에 구미를 걱정하는 시민들과 지인, 심지어 민간단체까지 적극 동조하고 나섰다. 탈당이 빌미가 되어 3기 선거에서 많은 어려움을 겪기도 했지만 되돌아보면 그 당시 누가 시장이었더라도 구미가 무너지는 듯한 위기상황 속에서 이러한 결단을 내릴 수밖에 없었을 것이다.

그리고 국가경제발전의 중심역할을 충실히 해 온 구미공단의 위기와 실상을 알리는 데도 많은 노력을 기울였다. 1998년 12월 120여 개 단체로 구성된 「구미경제 살리기 범시민 비상대책위원회」를 구성하고 10만 명 서명운동 전개, 범시민 궐기대회 개최, 전국 유명 석학과 정부 정책관계자들을 초청하여 구미공단 활성화 방안에 대한 심포지엄을 개최하는 등 전국적인 관심을 모아 나갔다. 또한 여야를 떠나 정치지도자를 방문하는 등 정치권도 관심을 가지도록 노력을 기울이고 연구기관, 출향인사의 협력, 여론을 조성하는 등 문제해결을 위해 다각적인 활동을 벌이기 시작했다.

그 결과, 정부는 물론 정치권에서 구미공단을 보는 시각을 새롭게 각인시키고 기업 구조조정의 소용돌이에서 헤어나는 데도 많은 도움을 얻어낼 수 있었다. 이러한 노력으로 장래가 불투명했던 4공단 조성사업은 1998년 3월 실시계획 승인고시에 이어 1999년부터 본격적인 궤도에 진입하여 1999년 5월 14일 역사적인 기공식을 가질 수 있었다. 이처럼 우여곡절 끝에 추진된 4공단은 2008년 조성이 완료되어 구미경제의 새로운 성장엔진이 되었다.

4단지는 단순하게 공단 하나가 더 조성된 것이 아니었다. 구미산업단지가 단순 생산기지에서 R&D 기능을 갖춘 혁신클러스터로 기능 고도화가 가능해졌다는 점에서 공단의 새로운 미래 방향을 제시한 것으로 평가할 수 있다. 특히 외국인기업전용단지를 조성하여 첨단기술과 자본을 갖춘 글로벌 기업을 유치할 수 있는 터전을 마련한 것도 큰 의미가 있다. 현재 4단지에 입주해 있는 아사히글라스, 도레이새한, 한국옵티칼하이테크 등 첨단 외국기업들이 이를 잘 말해준다.

돌이켜보면 4공단 조성이야말로 국내보다 세계에 더 잘 알려진 수출산업도시, 국가경제의 중심으로 당당히 자리매김하고 있는 구미시가 전자와 섬유산업 중심에서 차세대 모바일, 태양광, 그린IT와 같은 21세기 미래산업을 이끌어가는 세계적인 녹색첨단산업도시로 새로운 기준을 만들어 갈 수 있는 기반을 구축한 결정적인 계기가 되었다고 생각한다. 무엇보다 정치적인 문제해결 방법보다는 행정의 기본원칙으로 접근하여 이루어낸 성과라고 자평하고 싶다.

3. 빈약한 지방재정, 불평만 하고 있을 수는 없다

지방자치가 실시되었다고는 하지만 지역발전 기반이 될 대형프로젝트 사업을 중앙정부의 지원 없이 지방에서 단독으로 추진하는 데는 많은 어려움이 있었다. 내가 초대 시장으로 취임하던 해인 1995년 구미시의 한 해 예산은 3,084억 원으로 재정자립도가 59%였고 민선3기 마지막 해인 2005년 한 해 예산이 5,724억 원으로 재정자립도가 63% 정도였다. 예산규모나 재정자립도를 따지면 경상북도에서 최고였지만 특별회계예산과 경상경비, 법적부담경비를 제외하면 순수투자사업비는 수백억 원 남짓밖에 되지 않았다. 이 돈으로 도로를 내고 농촌개발 소규모 생활편익사업에 쓰면 대형프로젝트 사업은 엄두도 낼 수 없었다.

나는 지방에 돈이 들어오는 길은, 하나는 기업의 투자유치이고 다른 하나는 국가예산, 두 가지밖에 없다고 봤다. 특히 국가예산은 도로 건설이나 공단 조성과 같은 SOC 확충을 위해 반드시 필요한 돈이다.

'예산은 투쟁의 산물'이라 해도 과언이 아니다. 한 푼의 돈이라도 더 받아내기 위해 해마다 예산 시즌이 되면 전국의 모든 지방자치단체 공무원들이 중앙부처와 국회 주변에 진을 치고 로비를 펼친다. 재정이 넉넉하지 못한 현실에서 지역발전에 필요한 대규모 사업을 추진하려면 중앙예산 확보 없이는 불가능하기 때문이다.

나는 초대 민선시장에 취임하면서부터 정책기조를 정부지원이 수반되는 대형 프로젝트사업 유치에 중점을 두었다. 왜냐하면, 구미는 세계적인 수출산업기지 국가공단이라는 이점을 가지고 있어 국책사업이나 국비지원사업을 따내기에 유리한 측면이 있다고 봤기 때문이다.

국책사업을 유치하고 국비지원사업을 따내기 위해서는 정부정책 방향이나 추진의지에 부합되는지, 추진 시기성은 적절한지 등 여러 가지 관점에서 사전에 충분히 검토되어야 한다. 또한, 국책사업이나 국비지원사업이 결정되었다고 해서 그냥 마음 놓고 있어서는 안된다. 계획대로 추진되도록, 또는 조금이라도 앞당길 수 있도록 관계부처를 방문해서 추진상황을 수시로 설명하고 더 많은 관심을 갖도록 하는 것이 중요하다.

내가 구미시장에 취임하고 나서 보니 그 치열한 경쟁의 현장에 구미시는 없었다. 부탁하는 것을 싫어하는 자존심, 가진 것은 없어도 배짱을 튕기는 체면 때문이었다. 나는 국비 확보를 위해 적어도 일 주일에 한두 번 정도는 서울로 출장을 가서 중앙부처와 정치권을 문턱이 닳도록 찾아다니며 예산지원을 요청했다.

1996년 11월에는 정부종합청사 주변에 사무실을 임대하여 직원 2명이 상주하는 구미시 서울사무소도 개설했다. 국비확보 전담조직도 가

동시키고 관계자들을 아예 서울에서 근무하고 내려오지 말라고 독려했다. 시장이 그렇게 집요하게 달려드니 국가예산을 확보하기 위해 노력하는 직원들의 모습도 피부로 느낄 수 있을 정도로 많이 달라짐을 확인할 수 있었다. 당시 구미시 직원들이 하도 서울로 출장을 가니까 중앙부처 실무자들이 구미시 담당직원의 이름까지도 술술 외울 정도였다는 말이 나오기도 했다.

구미종합선상역사를 유치할 때의 일이다. 중소도시 소재 철도역으로는 전국 처음이고 규모와 사업비도 매우 큰 프로젝트사업이었다. 구미역은 1967년 주민 2만 명이 이용하는 데 지장이 없는 862㎡ 규모로 건립되었으나 1998년 당시만 해도 하루 이용승객이 2만여 명에 달했다. 특히, 내륙최대의 수출산업기지인 구미공단을 대표하는 관문으로 외국인, 해외바이어들의 이용이 꾸준히 증가하는 추세였다.

나는 포화상태에 이른 역사를 이대로 두고서는 구미의 미래를 볼 수는 없다는 판단을 하고 사업계획서와 파워포인트를 제작하여 1998년 5월 정부예산안 편성시기와 때를 같이하여 철도청 실무자와 청장을 만나 사업계획을 설명하였다. 하지만 철도청 관계자들은 IMF 관리체제로 정부의 재정여건이 좋지 않고 추진 중인 대구역사 건립 등으로 중소도시 철도역은 아직 시기상조라는 단호한 입장이었다. 설사 착수한다 하더라도 민자유치사업으로 추진하는 것이 정부정책 방향이라는 것을 알려주었다. 그렇지만 나는 민자유치사업으로 구미역을 종합선상역사로 건립하는 것은 사업자의 수익성 측면에서 볼 때 불가능하다고 판단했다. 그래서 구미지역 상공인과 함께 힘을 모아 기획예산처, 건설교통부, 청와대 등을 수차례 방문하고 설명하는 등 1년여 간 각고의 노력을 기울였다. 그 결과 1999년도 정부예산에 반영되어 전액 국비가 지원되는 철도청 직영사업으로 추진케 하는 개가를 올릴 수 있었다.

구미시장 재임 시절 이런 노력의 결과 4공단 조성사업과 구미종합선상역사 외에도 디지털전자정보기술연구단지, 중소벤처기업임대전용단지, 중소기업종합지원센터, 농산물도매시장 건립 등 국·도비가 지원되는 굵직굵직한 경제 인프라를 확충하고 또한 남구미대교, 4공단진입로 및 산호대교 건립 등 많은 대형 SOC사업들을 유치하고 추진함으로써 공단지원기반을 구축할 수 있었다.

또한 김천시와 공동으로 KTX 김천·구미역사를 유치해 수도권과의 접근성을 높이는 한편 경부고속도로 8차선 확장, 중앙고속도로, 중부내륙고속도로, 구미~현풍간 고속도로 등 전국을 연결하는 사통팔달의 광역교통망을 조기에 구축해 줄 것을 중앙정부를 상대로 꾸준히 요구했다. 내가 구미시장으로 있으면서 추진했던 도로망 구축사업은 대부분 현실화되어 지금은 구미 발전에 없어서는 안될 경제의 대동맥이 되고 있다.

빈약한 지방재정 문제는 당시도 그렇지만 지금도 우리나라의 모든 지방이 안고 있는 가장 절박하고 엄연한 현실이다. 중앙부처는 지방자치단체에 비해 상대적으로 충분한 예산이 있고 부처별로 하는 사업도 다양하다. 결국 지원을 얻어내는 것은 지방의 몫이고 단체장의 의지가 우선되어야 한다. 빈약한 재정이라는 틀에 얽매여 손놓고 있으면 아무것도 할 수 없다. 국책사업을 개발하고 현실성 있는 구체적인 계획으로 중앙정부를 설득하고 이해시켜야 한다. 그리고 적극적인 추진의지를 보일 때 다소 시간이 걸리더라도 정부지원을 얻어내는 것은 가능하다.

4. 투자유치, 단 1%의 가능성이 있어도 달려가다

세계화시대에 글로벌 경쟁은 선택이 아니라 필수다. 앨빈 토플러는 『권력이동』에서 이미 지리적 경제의 종언을 선언했다. 지방자치단체 역시 지방이라는 협소한 틀에 매여 있을 것이 아니라 세계와 경쟁해야 한다. 그러기 위해서는 기업, 특히 외국기업의 유치를 통해 글로벌 경쟁력을 강화해 나가야 한다.

나의 주전공은 투자유치다. 투자유치를 위해 나만큼 많이 다닌 자치단체장도 그리 많지 않을 것이다. 구미시장 재직시에는 '애니콜 시장', '세일즈 시장', 'CEO 시장' 같은 재미있는 애칭들이 따라다녔다. 경북도지사 취임 이후에는 하도 '들이대'고 다닌다고 해서 언론에서 'DRD 도지사'라는 별명도 붙여 주었다. 그만큼 노하우도 많다. 평소 삶의 자세는 '1%의 가능성만 있어도 도전한다'이다. 물론 투자유치가 마구 들이댄다고 이루어질 수 있는 것은 아니다. 투자유치는 정말 어려운 일이다 그래서 나는 투자유치를 '낙타가 바늘구멍 들어가기'에 비유하곤 했다. 국내적으로 비수도권인 데다가 더욱이 내가 구미시장으로 재임할 당시에는 세계적인 금융위기로 기업들이 크게 위축되어 있던 때였다. 역설적이지만 어려운 경제의 활로를 찾는 일은 투자유치밖에 없다고 생각했다.

그런 면에서 4단지는 구미의 투자유치 활동에 날개를 단 셈이었다. 나는 4단지 조성을 추진하면서 디스플레이 분야에 세계적인 경쟁력을 가진 구미의 강점을 고려하였고 투자유치도 이 부분에 전략적인 선택과 집중을 했다. 그래서 4공단 기공식이 되자마자 바로 외국기업 유치를 위한 구체적인 실천에 나섰다. 투자유치는 고도의 테크닉을 발휘해도 1~2년의 세월은 걸리기 마련이고 따라서 공단조성이 되고 나서 기업유치를 시작하면 늦다는 판단 때문이었다. 외국인들의 투자가 용이하도록 외국인전용기업단지 지정을 추진하면서 외국인 투자자를 찾아 세계를 뒤지고 문을 두드리고 다니면서 구미에 오면 성공할 수 있다는 확실한 손익계산서를 제시했다.

청사 3층 중앙에 있던 넓은 시장실을 1층 현관 옆 5평짜리 방으로 옮기고 시장 접견실을 통상교섭실로 바꿔 통상업무를 위해 누구나 쓸 수 있도록 개방했다. 시장 혼자 열심히 하는 것이 아니라 시청 조직 전체를 일하는 조직으로 탈바꿈시켰다. 투자유치 특공대라 할 수 있는「투자유치기획단」을 발족시키고 작은 투자정보라도 얻으면 현지로 달려가 설명회를 열었다. 또한 영어, 일어, 중국어 등 통역 전문가를 정식 직원으로 채용하여 외국인 기업가들이 국내에서 비즈니스 활동을 하는데 불편함이 없도록 정성을 다하는 서비스를 제공했다.

아사히글라스 착공식

기초자치단체 공무원이라도 국제감각을 갖지 못하면 살아남지 못한다는 사실을 인식하고 신규 임용되는 공무원을 대상으로 3주 동안 영어공부를 집중적으로 실시했다. 더불어 구미시청 내에 4년제 학사과정 야간대학 캠퍼스를 설치하여 직원들의 외국어 교육과 해외연수를 추진했다. 구미공단을 외국 첨단기업이 투자하는 국제공단으로 육성하여 세계 속의 중심 구미로 거듭나기 위한 준비를 이때부터 했던 것이다.

또한 '원스톱 서비스제'를 운영하여 차별화된 기업지원 환경도 조성하였다. 공장설립기획단, 구미시, 산업단지관리공단, 상공회의소, 세무서 등 7개 관련기관으로 구성된「기업애로현장 상담 및 종합지원반」은 기업의 애로사항을 신속히 해결해 주었으며, 유망 중소기업을 유치하는 데도 크게 기여하였다.

2003년에는 외국인투자촉진지원조례와 규칙을 제정하여 제도적인 지원근거를 마련하고 외국인 기업의 유치에 총력을 기울였다. 이렇게 투자환경을 갖추고 외국 기업인이 구미시를 찾아오면 안내와 통역은 말할 것도 없고 식사와 잠자리까지 대접했다. 말 그대로 24시간 편의를 돌봐주었다.

지방자치시대를 맞아 지방 차원의 국제협력의 틀을 새롭게 구축하는 일에도 많은 노력을 기울였다. 1998년 4월에는 세계 400여 자치단체 간 네트워크를 가지고 있는 독일 아데나우어재단에서 주관하는 세계지방자치단체 금상을 수상하기도 했으며 이를 계기로 동북아-동남아국가 자치단체들이 참여하는 네트워크를 형성하여 교류와 협력활동도 주도적으로 펼쳐 나갔다. 기초자치단체로는 처음으로 지방자치단체국제연합인 이율라|IULA 회원으로 선정되어 구미의 위상을 세계 속에 확산시키고 미국, 네덜란드 등 주요 투자국가의 대사들을 초청하여 생산현장을 직접 체험하도록 하고 명예시민증을 수여하는 등 유대를 강화해나갔다. 이런 활동들이 외국기업의 투자를 이끌어내는 데 한몫을 단단히 담당했다고 본다.

기업이 가장 관심이 있는 노사협력 문제에 대해서는 지역산업체의 노사평화정착을 위한 적극적인 중재를 다할 것이며 우수인력 확보방안에 대해서도 적극 지원하겠다고 약속했다. 정주여건 개선 등 행정지원 사항을 불과 이틀 내에 처리해 주는 등 기업의 요구에도 발 빠르게 대응했다. 해외에 거주하는 동포들과 인적·물적 네트워크를 구축해 통상교류와 투자유치에 적극 활용했다.

이처럼 시정의 모든 주파수를 기업에 맞추는 방향으로 전환하여 나를 포함한 시청 직원 모두가 기업의 투자를 유치하기 위해 발로 뛰었다. 나는 투자유치 현장을 뛰면서 직원들에게 늘 "나는 시장이기 이전에 구미 주식회사의 비즈니스맨이다. 우리는 구미라는 브랜드를 파는 사람이다."라고 강조했다. 시장이 시민을 위해 구미를 알리고 구미의 발전을 위해 뛰는 구미시민의 일꾼으로 자처하고 행동으로 움직이자 직원들도 변하기 시작했다.

투자유치는 지난한 싸움이다. 몇 년이 걸릴 수도 있는 일이다. 개인이 이사를 해도 최소한 몇 달, 심지어 몇 년을 고민하는데 수천억 원이 오가는 기업의 투자야 말할 필요도 없다. 외국기업을 찾아가 무작정 '우리 지역에 투자해 주시오'라고 아무리 사정해 봐야 씨알도 안 먹힌다.

투자를 검토 중인 기업의 정보를 입수하는 일부터 시작해서 실제 투자로 이어지기까지 빈틈없는 준비와 고도의 전략이 필요한 일이다. 투자의향 기업을 설득할 수 있는 인적 네트워크와 그들이 투자에 매력을 느낄 만한 장점을 갖추고 있어야 한다. 우리 지역에 오면 확실하게 성공할 수 있다는 확신을 심어주어야 한다. 가장 중요한 것은 정성과 믿음을 주는 것이다.

2004년 세계 굴지의 기업인 아사히글라스의 투자유치를 이끌어낸 것은 이러한 기업감동 전략과 치밀한 준비가 성공한 좋은 사례 중의 하나다. 아사히글라스가 공장 증설을 계획하고 있다는 정보가 흘러나오자 국내의 자치단체들은 물론 중국, 대만, 싱가포르, 미국 등 외국의 자치단체들도 유치전에 뛰어들었다. 일본에서도 5개 자치단체가 나섰다.

우리 구미시 투자유치팀도 수차례 일본으로 건너가 홍보전을 펼쳤다. 공장부지 무상 제공, 세금감면과 같은 인센티브 제공은 물론 삼성전자와 LG전자의 IT기반, 울진원전을 이용한 양질의 전력공급 등 구미공단의 강점을 적극 알렸다. 무엇보다 노사분규 걱정이 없다는 점도 강조했다. 그리고 아사히글라스의 조사단이 구미를 방문해 호텔에 머무는 동안에는 24시간 그들의 손발이 되다시피 했다.

나도 아사히글라스 회장을 만나 구미에 투자해 줄 것을 요청하기 위해 일본으로 건너갔다. 마침 비가 왔고 그 비를 맞으며 아사히글라스 회장 집 앞에서 오랜 시간을 무작정 기다렸다. 그리고 가는 차를 막고 매달려 구미에 투자해 줄 것을 간청해서 투자유치를 이루어냈다. "나는 당신을 믿고 투자를 결정했습니다." 회장의 말이었다.

투자 결정 이후 실제 투자로 이어지기까지 투자기업이 만족할 수 있도록 세심하게 배려했다. 4공단에 6억 달러를 투자하기로 결정한 아사히글라스를 위해 시청사 내에 '아사히글라스 4공단 투자준비 사무실'을 마련하여 공장 설립을 지원했다. 독립 사무실은 회의용 탁자와 소파, 컴퓨터, 국제전화 전용회선, LAN 등을 설치했으며 영상회의가 가능하도록 첨단 멀티시스템 장비까지 갖춤으로써 일본에서 건너온 아사히글라스 본사 직원들의 현지 업무에 조금도 불편함이 없도록 했다.

이와 함께 11개 기관이 참여하는 '원스톱서비스 유관기관 지원대책회의'를 열고 입주와 관련한 인허가 처리는 물론 설계, 건축, 시설 등 현안사항들을 일괄 처리해 주었다. 나중에 구미시를 방문한 와다 다카시 사장은 "세계 각지에서 공장을 유치하려고 했지만 구미시의 유치 노력을 지켜보면서 함께 사업을 해도 되겠다는 신뢰가 생겼다."며 오히려 구미시에 "고맙다."고 말했다.

공장 설립 이후에는 사후관리팀을 통해 투자기업의 어려움을 해소하고 소통을 강화하여 기업활동에 불편함이 없도록 했다. 이는 결국 추가투자로 이어져 아사히글라스는 2010년에도 1억 5천만 달러를 추가투자하기로 하는 등 구미를 대표하는 성공한 외국인 투자기업의 모델로 성장했다.

이런 일도 있었다. 남미 쪽에서 투자유치단이 구미를 방문했다. 유치단이 도착했는데 호텔도 제대로 된 것도 없고 그래서 복지관으로 바로 모시고 갔다. 나는 그 전에 대사관을 통해서 투자유치단장이 어떤 음식을 좋아하는지 취미는 무엇인지 제일 좋아하는 노래는 무엇인지 그 사람이 가장 좋아하는 것을 모두 조사했다. 공식적인 행사를 하고 오찬시간에 그가 좋아하는 탱고를 틀었다. 식사를 하던 그가 깜짝 놀라 물었다.

"탱고를 좋아하느냐?"
"나는 매일 탱고다."

그렇게 되자 더 이상 상담이 필요 없었다. 그 이후로 대화는 화기애애하게 진행되었고 일이 잘 추진된 것은 말할 것도 없다. 에피소드에 불과하지만 투자유치는 상대방이 깜짝 놀랄 정도로 세심한 곳까지 배려해야 한다. 이러한 일들을 통해서 나는 '투자유

출처 : 구미시, 『통합시정 11년백서』.

치 전문 자치단체장', '발로 뛴 세일즈 행정'이라는 언론과 여론의 찬사도 받았다. 경북도지사인 지금도 그렇지만 투자유치에 무슨 비법이 있느냐는 질문을 자주 받는다. 그럴 때마다 나는 "비법은 없다. 오직 정성

과 신뢰."라고 말한다.

새로운 공단조성과 투자유치에 힘쓴 결과 구미경제는 눈에 띄게 성장했다. 구미공단의 제조업체 수는 1995년 1,893개에서 2005년에는 2,701개로 2배 가까이 늘었으며 종업원 수도 2005년 82,099명에서 2005년에는 91,534명으로 일자리가 크게 늘어났다. 같은 기간 동안 국가산업단지 입주업체 수도 403개에서 828개로 증가해 투자유치의 직접적인 효과가 나타나고 있음을 보여 주었다. 특히 생산실적은 1995년 10조 원에서 2005년 49조 원으로 구미의 경제규모가 다섯 배 가까이 급증하였다. 나는 이러한 성적표가 국가공단을 새롭게 조성하고 기업하기 좋은 도시를 만들어서 투자유치를 이끌어낸 결과라고 확신하고 있다.

5. 수출 300억 불 도시의 시장이 되다

"방금 구미공단 수출이 200억 달러를 돌파했습니다."

2003년 12월 19일 오후 1시 20분. 구미시청 구내 스피커를 통해 흘러나온 목소리는 지금도 잊을 수 없다. 1969년 첫 삽을 뜬 구미산업단지가 불과 한 세대 만에 수출 200억 달러 돌파라는 찬란한 금자탑을 이루는 순간이었다. 구미공단은 1971년 800만 달러의 전자제품을 수출한 것을 시작으로 1975년 1억 달러 수출을 넘어섰다. 그리고 18년 만에 200배인 200억 달러를 돌파했으니 말 그대로 고도의 성장을 이룬 셈이었다.

나는 2003년 12월 19일은 구미시뿐만 아니라 한국경제의 '역사적인 날'로 기록되기에 충분하다고 본다. 국내 단일공단으로서는 처음으로 수출 200억 달러를 달성했다는 것도 대단한 일이지만, 단순한 수출액에 국한된 것이 아니라 품목을 보더라도 굉장한 의미를 가진 것으로 평가되기 때문이다.

1970년대 구미공단의 주요 수출품은 금성사의 흑백TV를 비롯한 전자제품과 코오롱의 나일론 등 섬유제품이 주종을 이뤘다. 이어 80~90년대에는 컬러TV와 다양한 종류의 화학섬유로 국가경제 성장을 이끌었으며 IMF 한파 이후에는 휴대폰과 TFT-LCD, PDP-TV 등의 첨단제품으로 국내경기 침체를 극복하는 원동력이 됐다.

이처럼 구미공단의 주된 수출상품이 국내산업의 흐름을 주도하고 있는 업종임을 통해 구미가 한국경제의 중심에 있음을 다시금 확인한 셈이었던 것이다. 특히 구미지역의 무역수지 흑자 규모가 전국 무역수지 흑자의 85%를 차지하고 있다는 점은 고무적인 일로 받아들이기에 충분했다.

수출 300억 불 달성 기념식

나는 시장 취임과 함께 구미공단이 생산의 60% 이상을 수출하는 수출산업기지라는 특수성을 감안하여 수출시장 개척에 많은 노력을 기울였다. 1995년 지역수출상품 목록을 제작하여 배포하였는가 하면 수출

기회를 넓혀 나가기 위해 1996년 10월 중소도시에서는 처음으로 해외 시장개척단을 파견한 이래 매년 시장개척단을 파견하고 통상 구매단을 초청하였다. 이와 함께 중국 상하이에 무역사무소를 설치하는 등 해외 무역 전시관 운영을 활성화시켰는가 하면 해외 유명 박람회도 꾸준히 참가했다. 동시에 외국어 통·번역 자원봉사제도, 해외명예통상자문관 제도 등 다양한 시책을 추진했다.

특별히 전체기업의 93% 가까이에 이르지만 자금, 인력, 기술개발, 판로 등 4중고를 겪고 있는 중소기업 지원에 집중했다. 중소기업육성자금 지원을 매년 확대하고 중소기업지원기금설치 조례를 마련하는 등 기업 활동에 어려움이 없도록 지원체제를 제도화시켜 나갔다.

이와 함께 구미를 방문하는 외국인, 상품구매 바이어, 투자유치단 및 국내기업인들을 대상으로 수출입 상담과 기술 정보를 신속히 제공하기 위하여 시청사 본관에 「중소기업 무역상담실」을 설치하고 이를 통해 중소기업들이 외국과의 상거래시 언제라도 자문에 응할 수 있는 준비도 갖춤으로써 지역기업체와 행정기관에 대한 외국인들의 신뢰성을 높여 나갔다.

1999년에는 중소기업 제품 가상전자상거래운행 시스템을 구축하였는가 하면 해외 상설무역관도 개관하였다. IMF 관리 체제에 따른 경제 위기를 극복하기 위해 「경제발전기획단」을 조직하고 「구미경제살리기 범대책위원회」를 구성하는 등 총력을 기울였다.

그 결과, 내가 시장에 취임하기 전인 1994년 50억 달러에 불과했던 수출이 1995년 92억 달러, IMF로 그 어렵던 1998년에는 115억 달러로 껑충 뛰었다. 그 이후로 2000년에는 수출 131억 달러를 달성하는 등 그동안 기울인 노력들이 새로운 구미공단의 모습으로 자리해 나가고 있음을 직감할 수 있었다.

그리고 2003년 마침내 구미시민 모두가 꿈에 그리던 수출 200억 불을 달성할 수 있었다. '기초 자치단체 최초'라는 수식어와 함께 구미시가 대한민국의 역사에 다시 한 번 빛나는 모습으로 기록되는 영광의 기념식은 2004년 2월 6일 구미문화예술회관 대공연장에서 노무현 대통령과 이의근 경북도지사, 기업인, 근로자 등 1,300여 명이 참석한 가운데 성대하게 열렸다.

나는 기념식에 앞서 구미공단에 입주해 있는 대기업 본사를 방문하여 감사를 표시했다. 대기업 비중이 7%밖에 되지 않지만 수출 200억 달러 달성에 대기업이 기여한 바는 지대했기 때문이었다. 대기업을 방문한 자리에서 나는 실업난 해소를 위해 투자를 확대해 줄 것을 요청하고 본사이전 기업에 대해서는 지방정부 차원에서도 과감한 인센티브를 제공하는 등 기업 활동을 적극 지원할 것임을 약속했다.

그리고 불과 2년 뒤인 2005년에는 기초자치단체 최초로 수출 300억 불을 돌파하여 305억 불이라는 새로운 지평을 열 수 있었다. 특히 무역흑자 197억 불로 전국 흑자의 84%를 차지함으로써 구미가 한국을 먹여 살린다는 말이 생기기도 했다.

재미있는 것은 수출 200억 불 달성 이후 외국에 나가니까 대접이 달라졌다는 것이었다. 그 전에는 "대한민국 구미시 시장인데 당신네 시장을 만나고 싶다."고 하면 돌아오는 답은 "기다려라, 스케줄을 확인해 보겠다."는 것이었다.

그런데 수출 200억 불 달성 이후 "수출 200억 불 이상을 하는 도시의 시장입니다." 하니 깜짝 놀라는 것이었다. 여기에 "삼성, LG가 바로 우리 구미시에 있습니다." 하면 더 놀랐다.

구미의 수출실적은 내가 시장으로 취임한 이후 10년 만에 6배 규모로 성장하는 경이적인 기록을 세웠다. 나는 이러한 기록이 우연하게 이루어진 것이 아니라 세계적인 경제위기로 모두가 어려울 때 4공단 조성이라는 과감한 결단을 내리고 세계시장을 발로 뛰어다닌 결과였음을 믿는다. 무엇보다 세계무대를 상대로 경쟁의 전선을 구축한 기업인들의 땀과 산업현장에서 흘린 근로자들의 희생과 노력이 가장 큰 힘이었다고 생각한다.

출처 : 구미시, 『통합시정 11년백서』.

6. 근로자들 앞에서 약속을 하다

구미시가 기업하기 좋은 도시로 각광받기까지 순탄한 길을 걸어온 것만은 결코 아니었다. 갈등의 힘든 시기도 있었고 위기의 어려운 순간도 있었다. 구미시장으로 취임하고 나서 부닥친 가장 큰 위기는 노사분규였다. 돌이켜 보면 오랜 세월 동안 근로자는 근로자대로 경영자는 경영자대로 서로 다른 주장으로 많은 희생의 대가를 지불하고 있었다. 노동자들은 현장에서 거리로 뛰쳐나오고 회사는 회사대로 절박한 상황에 놓이고 시원한 대답이 없는 팽팽한 줄다리기가 계속되었다.

시장 취임 이듬해인 1996년 한국합섬HK에서 노조원 2명의 산재사망 사건이 발단이 되어 30여 일간의 파업으로 이어졌다. 그 과정에서 분신으로 2명의 중화상을 입은 근로자가 발생하고 화염병 시위가 나타나는 등 전국적인 대형 노사분규였다. 나는 노동복지과 담당 계장을 매일 시민단체에 보내 조정안을 자문 받으면서 노사 간 의견을 좁혀 나갔고, 시민단체가 참여하는 기관단체 대책회의도 소집하는 등 중재자로서의 리더십을 발휘했다. 그리고 주위의 만류에도 불구하고 공장에 직접 들어가 철야협상 중재를 통해 노사합의를 이끌어내면서 장기파업을 종결시켰다.

설상가상으로 외환위기에 따른 IMF 구제금융 신청의 매서운 바람은 잘나가던 구미도 비켜가지 않았다. 실직자가 된 가장이 거리를 배회하고 가까운 이웃의 가게가 문을 닫고 많은 사람들이 생전 경험해 보지 못했던 절박한 상황을 받아들여야만 했다. 1997년 7월에는 한국전기초자(주)에서 100일간의 파업이 있었고 25차례의 교섭을 가지는 기간 동안 노사와 함께하면서 중재하고 조정역할을 했다.

1998년 7월에는 200여 명이 일하고 있던 OB맥주 구미공장이 구조조정으로 처음 문을 닫았다. 대우전자와 LG반도체가 기업 빅딜의 대상으로 떠오르면서 근로자 4천여 명, 협력업체 종사자 300개 업체 5천여 명 등 당장 9천여 명의 근로자가 일자리를 잃을 위기에 처하는 등 매일매일 절박한 상황이 전개됐다. 공장과 길거리는 온통 근로자들의 구조조정 반대 집회장소로 이용되었다. 사정이 이러하니 공단을 기반으로 하는 지역상권은 완전 위축되어 시내의 많은 상점들이 폐업 직전까지 내몰렸다. 시민들 사이에서는 '이제 구미가 망하는구나' 할 정도로 유언비어가 난무하고 민심은 동요하고 있었다.

나는 근로자의 분규대상은 사용자가 아니라 불확실한 미래라고 생각했다. 모두가 위기와 절망 속에 헤매고 있을 때 근로자와 시민들에게 힘을 하나로 뭉칠 것을 호소했다. 시민단체가 참여하는 기관단체 대책회의를 소집해서 함께 어려움을 풀어나갔고 현장에 직접 뛰어들어 노사 양측을 설득했다. 산업평화를 위해 노조 지도자들과 10시간 이상 대화한 일도 있었다. 투쟁과 대립의 잘못된 관행을 끊어내고 노사가 신뢰하는 새로운 산업현장을 구축하기 위해 전국 최초로 노사가 함께 공부하는 경영노동대학을 설립하고 노사정 한마음 갖기 행사, 노사정 워크숍 개최 등 신뢰를 회복하는 데 집중했다.

노사분규 현장에 직접 가서 "노동자들이 골프를 칠 수 있는 세상이 오지 않으면 절대로 골프를 하지 않겠다."고 약속한 것도 이때였다. 그 약속은 지금까지 지켜지고 있다. 그런 노력의 결과 2004년 2월 4일 한국노총 구미지부와 경북경영자총협회가 '수준 높은 상생의 노사문화를 만든다'는 내용의 결의가 담긴 산업평화선언문을 채택하는 것으로 연결되었다. 그때까지 개별 사업장의 노사가 평화선언문을 채택한 경우는 많았지만 노사단체가 평화선언문을 채택하기는 전국에서 처음이었다. 구미의 노사 산업평화선언은 이후 타 지역에 벤치마킹의 대상이 되었다.

안타까웠던 것은 산업평화선언 이후 있었던 코오롱 구미공장의 노사분규였다. 2004년, 노조의 64일간의 파업과 이에 맞선 회사 측의 정리해고로 촉발된 코오롱 구미공장 노사분규는 이후 2006년까지 이어지며 구미경제에 심각한 영향을 주었다. 노사교섭을 위해 백방으로 뛰어다녔지만 양측의 불신은 극도로 깊었고 상처는 쉽게 아물지 않았다. 2005년 2월부터 노조 측에서는 공장과 본사는 물론 구미시장인 내가 방관한다며 구미시청 앞에서 천막을 치고 농성을 하기도 했다. 2006년 1월 구미지역 시민단체와 구미공장을 방문했으나 회사 측은 현 노조 집행부를 인정할 수 없다며 대화를 거부했다.

나는 절박한 마음으로 그 해 2월 27일 코오롱 본사를 방문했다. 그날은 내가 경상북도지사 출마를 위해 구미시장을 그만두는 날이기도 했다. 나는 구미시장을 그만두면서 이대로 방치했다가는 코오롱뿐만 아니라 구미경제가 회복불능의 타격을 받을 수도 있다는 위기의식을 느꼈고

시장직에서는 물러나지만 반드시 대화의 물꼬를 터야겠다는 각오로 코오롱 본사 측에 노사교섭과 사태해결에 나서줄 것을 촉구하였다. 이후 노조 집행부가 바뀌고 노사는 대화의 테이블에 나왔다. 그리고 2007년 4월 11일 회사 창립 50주년을 맞아 항구적 무분규 선언을 하기에 이르렀다. 나는 그날 경상북도지사의 자격으로 그 자리에 참석하여 감개무량한 마음으로 현장을 함께 했다.

코오롱 근로자들과 직접 대화 |

구미가 다른 지역에 비해 상대적으로 기업유치에 경쟁력을 가질 수 있었던 것은 구미에는 삼성과 LG 같은 대기업이 있는 데다가 현장기술 인력이 풍부하고 노사분규가 없다는 점이 크게 작용한 것이 사실이다. 나 또한 외국의 기업인들을 만나 구미에 투자해 줄 것을 요청하면서 이러한 점을 강조했다. 실제로 투자유치를 위해 외국기업의 CEO들을 만나면 그들은 한결같이 노사문제를 가장 먼저 꺼냈다.

군이 외국기업이 아니더라도 국내의 대기업, 심지어 중소기업 현장까지 아무리 경영의욕을 가진 기업인이라 하더라도 산업평화가 불안하면 오지 않는다. 나는 기초자치단체장 11년을 하면서 현장에서 근로자들과 함께 호흡하며 살아왔다. 때로는 노동운동이 전향적으로 바뀌어야 한다고 목소리를 냈고, 때로는 경영자의 의식도 바뀌어야 한다고 주장하기도 했다. 산업현장에 변화의 물결이 일지 않고는 살아남을 수가 없다는 것을 확신했기 때문이다.

나는 평소에 진보냐 보수냐가 중요한 것이 아니라 먹고사는 문제가 중요하다고 말한다. 우리는 그동안 산업평화에 대해 큰 대가를 지불했다. 투쟁과 대립으로 얻어낼 수 있는 시대는 지나가고 이제 산업평화의 길로 가지 않고는 배겨낼 도리가 없다. 주장할 때는 주장하지만 양보할 때는 양보하는 새로운 산업평화의 모습이 항구적으로 정착되기를 기대한다.

갈등 없는 사회는 있을 수 없다고 생각한다. 지방자치는 풀뿌리민주주의를 실천하는 도장이며 다양한 욕구가 분출되어 갈등과 조정을 거치면서 발전해 나가는 생동의 장이기 때문이다. 이런 사회현상의 변화와 님비|NIMBY와 핌피|PIMFY로 대변되는 주민·지역 간의 이해관계가 때로는 분쟁과 갈등을 유발하고 저항을 받을 때가 많다. 그렇다고 갈등을 치유하지 못하고 묻어 두게 되면 지역발전의 저해요인으로 상존하게 되고 갈등은 또 다른 갈등과 문제를 야기하기 마련이다.

그런 점에서 생활쓰레기 매립장 운영과 관련하여 지역주민과 구미시가 겪은 갈등은 상호 신뢰와 믿음으로 해결할 수 있었던 좋은 사례였다. 1990년 5월 매립용량 140만 톤 규모로 조성된 구포쓰레기매립장은 1999년까지 10년간 사용될 계획이었다. 그러나 선산군과의 통합과 늘어나는 인구로 인한 쓰레기의 증가 등으로 1996년도에 시설용량의 약 85%가 매립되어 대책이 시급한 상황이었다.

대책을 강구하던 중 신규매립장 조성보다 소각 가능한 쓰레기는 소각 처리하여 잔재를 매립하고 나머지는 압축처리 방법을 통해 쓰레기 매립량을 최소화함으로써 기존매립장의 사용기한을 연장하는 방안으로 결론지었다. 문제는 사전에 인근 주민들과 교감하지 못하는 결정적인 잘못을 저질렀다는 것이었다.

주민들은 매립장 운영이 장기화되면 주변의 땅값, 집값 하락 등 득

보다는 실이 많다는 이유로 당초 계획한 사용기한의 연장을 결사적으로 반대했다. 주민들은 그날부터 비상대책위원회를 결성하고 모든 쓰레기 반입을 저지하는 등 조직적인 반대에 들어갔고 3일 동안 시내 곳곳에 쓰레기가 처리되지 못하고 쌓이게 되었다. 쓰레기장 입구에는 "시장 죽일 놈", "시장×새끼"라는 현수막을 내걸고 집단농성을 벌이는 등 분위기는 점차 험악해져만 갔다.

나는 직원들의 만류에도 불구하고 농성현장에 참여하여 주민들과 같이 시장 욕도 하면서 농성을 같이 했다. 주민들도 이렇게 시장이 고민하는 모습을 보고 마음을 하나하나 열어나갔고 이어 자치위원회를 구성하여 매립장을 친환경화하고 주민숙원사업을 우선 추진하자는 등의 건설적인 대안을 찾아냄으로써 갈등해결의 실마리를 찾을 수 있었다. 나는 이 과정에서 사전에 주민들과 충분하고 진솔한 대화가 있었더라면 하는 아쉬움을 새삼 느끼게 되었다. 투명하고 믿음을 주는 행정, 절차와 과정을 중시하는 행정, 다소 시간이 걸리고 힘이 들더라도 주민들을 설득하고 동의를 이끌어내는 것만이 갈등을 최소화할 수 있다는 것을 더욱 실감하였다.

7. 일하는 조직을 만들고 민·관 새로운 협력의 틀을 구축하다

나는 시장은 시민에 의해 선출된 공직자인 동시에 시 조직을 대표하는 일원으로서 조직 전체의 일사불란한 행동을 조정하여 시정이 목표하는 바를 추구해 나가는 자리라고 생각했다. 따라서 시정을 이끌어가는 시청은 철저하게 일하는 조직으로 시스템화가 되어 있어야 한다고 봤다. 아무리 좋은 정책을 구상하더라도 그것을 체계적으로 추진해 내지 못한다면 한낱 탁상행정에 불과하기 때문이다.

특히 주민들이 정부를 느끼는 것은 일선창구이고 주민과의 접촉을 통해 정책이나 시책을 최종적으로 실현하는 것도 일선공무원이다. 재능 있는 몇몇의 공무원만으로 시정을 경영하는 것은 불가능하다. 결국 좋은 시스템을 갖춘 조직을 만드는 게 중요하다고 생각했다.

나는 취임 이후 생동하고 살아있는 조직을 만드는 데 많은 노력을 기울였다. 대학을 나오지 못한 직원들을 위해 정규 학사과정의 직장캠퍼스를 개설하여 못다 한 공부를 다할 수 있도록 했고 또한, 전문성 확보를 위해 석·박사과정을 이수토록 하고 직원능력개발비를 지원하여 어학훈련, 컴퓨터교육, 업무와 관련한 자격증 취득훈련 등 서비스 정신과 비즈니스 마인드를 갖춘 전문 행정인으로서의 소양과 능력을 개발하는 데 많은 노력을 기울였다. 석·박사급 공무원으로「미래디자인팀」을 구성하여 참신한 아이디어와 다양한 전문지식을 시정에 접목시키는 등 능력을 발휘하고 성취 욕구도 충족시킬 수 있도록 여건을 만들고, 연말에는 부서단위로 추천을 받아 가장 우수한 직원을 뽑는「MVP제도」를 운영하여 팀워크를 다지도록 했다.

'인사人事가 만사萬事'라는 말이 있듯이 가장 풀기 어려운 것이 인사문제였다. 나는 단체장 이전 30여 년 동안의 공직생활을 하면서 잘못도 없이 여러 번 한직으로 밀려나는 수모를 직접 경험한 사람으로서 인사문제만큼은 철저했다. 공무원 각자는 개성을 가지고 있고 개성에 맞게 능력도 다양하다. 이런 장점들을 발굴하여 업무기능에 맞게 배치하고 능력을 발휘하도록 일 중심의 시스템을 만들어 주는 것이 인력관리에 대한 나의 소신이었다.

승진에 있어서도 사무관(5급) 승진은 지역출신을 고려했다. 구미시와 선산군을 통합한 특성이 있는 만큼 구미와 선산의 고향 출신이 수적으로 많았지만 구미는 78년 시 승격과 더불어 외지에서 전입해 온 공무원도 많고 출신지역도 다양했다. 지역안배라고는 할 수 없지만 승진시에 특정지역 출신이 지나치게 많을 때는 조직안정을 저해하는 요인으로 보았다.

그리고 인사청탁에 대해서는 반드시 불이익을 주는 것을 원칙으로 한다고 직원조회시 공개적으로 언급하였다. 가끔 인사청탁이 들어올 때마다 구체적인 이름을 밝히지는 않았지만 간부회의나 직원조회 등을 통해 이의 부당성을 주지시켰으며 이로 인해 인사의 투명성은 놀랄 만큼 향상되었다. 이처럼 철저하고 투명한 인사원칙이 서자 시청조직을 일하는 조직으로 완전히 탈바꿈시킬 수 있었다.

구미시장으로 재임하면서 또 하나 노력을 기울인 것은 새로운 민관협력의 틀을 구축한 것이었다. 다양성·전문성이 지배하는 사회에서 급변하는 환경으로 문제해결을 위한 행정수요도 비례적으로 증가하고 있다. 이런 변화에 대응하기 위해서는 시의 조직과 시스템만으로는 한계가 있으며 민간이 가지고 있는 지식과 정보, 아이디어를 시정에 접목시키는 시스템이 필요하다고 보았다.

그래서 나는 취임 초기부터 예산, 주요 시책사업 등 시정의 대부분을 공개하고 주요 정책결정이나 주요사업 추진시는 반드시 공청회, 설명회 등을 통해 참여를 중시하는 행정으로 시정운영의 틀을 제도화해 나가는 데 노력을 기울였다. 시정 추진 각종 위원회 조직도 전문성을 갖춘 민간인 위주로 위원 영입을 확대하였으며 매년 한해 살림살이를 짜는 주요업무계획수립에도 시민단체, 전문가들의 의견을 수렴하여 반영하고 시책의 우선순위도 설문조사 등을 통해 결정했다.

인구의 절반인 여성들이 가지고 있는 다양한 능력을 사회참여로 이끌어내기 위해 1998년 12월 여성 전문가 29명으로 구성된 여성정책자문위원회를 발족하여 직장여성의 보육문제, 전문화사회에 필요한 자격증 취득 프로그램 운영 등 현실적인 여성시책을 개발, 추진하고 여성발전

기금 조성(2억 원) 등 여성정책이 실효성을 거둘 수 있도록 제도화했다.

2001년 4월에는 지역의 대학, 시민단체, 직능단체, 분야별 전문가 등 20명이 참여한 구미시 정책연구위원회가 자율 결성되어 전문지식과 정보, 참신한 아이디어를 발굴하여 정책제안을 하고 현안사항에 대한 해결방안도 함께 강구해 나갔다. 또한, 금오공과대학 등 지역의 각 대학은 물론 도내 주요 대학과도 산업경제, 복지, 문화, 환경 등 여러 분야에서 컨소시엄을 구성하여 다양한 프로젝트사업을 추진했고, 전국적인 유명석학들을 「시정자문관」으로 활용하여 전문적인 지식과 새로운 정책들을 시정에 접목함으로써 조직내부의 발전을 꾀해 나가는 데도 한몫을 했다.

시정의 또 다른 수레바퀴의 한 축인 시의회와도 협력과 신뢰를 구축함으로써 주요 시책이나 현안사항에 대해 격의 없는 대화를 나눴다. 각종 위원회에 시의원들을 참여시키고 집행부가 가지고 있는 정보와 자료들을 시의원들에게 상세히 제공하고 동의와 합의를 이끌어냈다. 또한 출입기자, 언론사간부들과도 동반자적 협력관계를 유지함으로써 수시로 기자실을 방문하거나 간담회를 통해 주요 정책이나 현안에 대해 설명했다. 비판적인 기사에 대해서 잘못한 부분이 있으면 과감히 수용하고 시정하는 등 언론에 대해 적극적인 관심을 가졌다.

시민생활현장의 불편을 일사천리로 해결하기 위해 도로교통, 상·하수도 등 8개 분야 67명으로 구성된 「1472기동처리단」을 발족하여 생활민원을 24시간 상시 처리하는 시스템을 갖추기도 했다. 저소득층 특별대책으로 무료 세탁 배달, 건강음료 및 도시락 배달, 이동목욕차량 운영, 혼자 사는 노인 비상연락체계인 '무선페이징시스템' 도입 등 현실적으로 도움을 줄 수 있는 많은 시책을 발굴하고 추진했다.

8. 지방이 살아야 나라가 산다

지방자치는 생활자치다. 어찌 보면 중앙정부보다 더 세밀한 부분까지 알아야 하고 가장 효과적인 것은 시민들의 소리에 귀를 기울이는 것이다. 그리고 시민 생활현장에는 수많은 해답이 있다. 구미시는 시·군 통합으로 서울시보다 조금 더 넓은 면적을 가지고 있고 도시와 농촌이 공존하고 첨단 수출산업기지, 젊은 인구층 등 다양한 도시모습만큼이나 행정수요도 역동적인 도시다. 이러한 수요에 대응하기 위해서는 기업의 생산 현장, 농촌, 시민 생활도 살펴야 하고 발로 뛰는 현장행정이 아니면 불가능하다.

관선시대와 달리 민선시대의 단체장은 현장에 있어야 한다는 것이 나의 행정철학이었다. 당시 일부에서는 시장이 일은 하지 않고 밖으로만 다닌다는 비난을 보내기도 했지만 시민생활 현장을 모르고 하는 행정은 나무만을 보고 숲을 이해하지 못하는 우를 범할 수 있고 시민들이 느끼는 체감행정을 만들어 낼 수 없는 한낱 전시행정·탁상행정에 불과하다고 생각했다.

주민들은 투표에 임할 때부터 더 나은 삶, 발전된 시정의 모습을 기대하며 중요한 한 표를 행사한다. 나는 임시방편적인 일 처리로 책임을 회피하거나 눈앞의 인기에 영합한 행정은 구미에 큰 죄를 짓는 것이고 고향 발전의 걸림돌이 된다고 생각하며 시정에 임했다. 나중에 실적을 가지고 성적표로 당당하게 평가받으면 된다는 것이 나의 소신이었다.

우리나라 지방자치 역사도 어느덧 16년이 되었다. 나는 구미시장 3선과 경북도지사 재선으로 기초부터 광역에 이르기까지 지방자치의 현장을 처음부터 지켜온 유일한 사람이다. 현장에서 느끼는 우리의 지방자치는 나름대로 일부 진보한 것은 틀림없지만 완전한 자치가 이루어지기까지는 아직 넘어야 할 산이 많다고 생각한다.

무엇보다 지방의 미래와 생존을 수도권에서 결정하는 지금의 구조는 반드시 끊어내야 한다고 본다. 지방자치는 주민과 가장 가까이 있는 지방정부가 지역문제를 스스로 결정하는 것이 근본이념이다. 그러나 지금 우리의 지방자치 현실을 보면 국가사무와 지방사무의 비율은 73:27 정도이고 국세와 지방세 비율은 78:22 정도이다. 돈과 권한이 중앙에 과도하게 집중되어 있는 이러한 상태에서 지방은 발전역량 자체가 구조적으로 취약성을 가질 수밖에 없다. 내가 우리나라의 지방자치를 불행한 지방자치로 비유하는 가장 큰 이유이기도 하다.

　　지방이 지역의 문제를 스스로 해결하기 위해서는 자치수준에 맞는 재정은 물론, 권한과 조직운영의 자율권 등 제도적 뒷받침이 따라야 한다. 물론 지방 스스로도 그에 따른 책임을 함께 지면서 경쟁력 강화에 노력해야 한다. 지방의 경쟁력이 국가경쟁력의 근간임은 주지의 사실이다. 대다수 선진 국가가 중앙집권형에서 분권형으로 개편하고 있듯이 지방분권과 균형발전은 결코 거스를 수 없는 세계적인 흐름이다. 무엇보다 지방자치 16년이라는 학습을 통해 지역 스스로가 책임 있는 자세로 문제를 진단하고 해결해 나가는 자치능력과 의식이 무르익었다고 본다.

　　같은 맥락에서 국가자원의 효율적 배분도 중요하다고 본다. 세계적으로 유례를 찾아보기 힘든 포화상태의 수도권은 규제를 풀면서, 영양실조에 걸린 지방은 까다로운 법률과 촘촘한 규제로 묶여 있어 '풀 한포기 마음대로 움직일 수 없을' 정도이다. 반세기 가까이 진행된 압축성장의 와중에서 비롯된 불균형 문제는 그렇다 치더라도 어렵게 지방자치가 시작되었음에도 지방의 발전이 답보적인 상태에 머물러 있는 것은 바로 위로부터 주어진 태생적인 한계를 극복하지 못했기 때문이다.

　　나는 균형론자이다. 내가 주장하는 것은 수도권 발전을 반대하는게 아니라 집중을 반대하는 것이고 지방이 자립할 수 있을 때까지만 도와주고 기다려 달라는 것이다. 예를 들면 지방의 공항, 지방의 고속도로와 같은 SOC나 R&D사업들을 단순하게 비용편익 문제만 따지면 지방에는 앞으로 아무 것도 할 수 없다. 따라서 이러한 국책사업들은 미래에 대한 투자로, 지방경쟁력 강화 차원에서 우선 배려해야 한다고 보는 것이다.

이대로 가면 수도권·비수도권 불균형문제로 인해 남북 간 이념이나 동서 간 갈등보다 더 깊은 불신과 분열을 초래할 우려가 있다. 수도권만 세계 일류가 되어서는 결코 선진국이 될 수 없다. 전국 각 지역이 다 같이 발전하고 팔도강산이 모두 성장동력이 되는 실질적인 지방자치의 길로 나아가야 국가경쟁력도 그만큼 높아질 것으로 확신하며, 중앙정부와 정치권의 과감한 결단을 기대한다.

한국의 보릿고개 극복과 통일벼 쌀의 애(愛)와 증(憎)

백 형조

1. 도지사 취임 첫날부터 부딪친 난제

1991년 2월 18일, 나는 경찰대 학장에서 갑자기 전라남도 도지사 발령을 받았다. 나는 전남도청에 전화를 걸어, 도정현안사항으로서 가장 시급히 해결되어야 할 긴급과제가 무엇이냐고 물었다.

27개 시와 군을 포함한 큰 도l道에 긴급한 문제들이 한두 가지가 아니겠지만, 그러한 문제들 중에서도 250만 인구의 52%를 점하는 농도l農道 전남의 당시 가장 심각한 문제는 마을마다 농민들이 연일 동네 앞 광장에 나와 추곡볏섬을 쌓아 놓고 불태우면서 시위를 계속하고 있는 문제였다.

일년 내내 피와 땀을 흘려 지은 벼농사의 결실인 햅쌀들을 다량으로 불태우고 있는 농민들의 처절한 모습은 그 어떤 반정부시위와도 근본적으로 차원이 다른 심각한 문제였다.

농민들이 쌀(볏섬)을 불태우는 시위의 원인은 간단했다.

오랫동안 정부는 농민들의 추곡을 전량 수매해 왔으나 1990년 가을에 갑자기 「통일벼」는 극히 일부만을 제외하고는 정부에서 사주지 않겠다는 것이었다. 농민들은 거의 모두가 수확량이 많은 통일벼만을 재배하여 왔기 때문에, 정부의 통일벼 수매거부는 농가수입의 원천을 가로막는 것이나 다름이 없었다. 여기에 기름을 끼얹는 것과 같은 것이 있

었으니, 이른바 '우루과이 라운드|Uruguay Round'에 의한 농산물 수입개방 문제였다.

이는 1989년 9월 남미의 우루과이에서 개최된 GATT의 제8차 다자 간 무역협상을 지칭하는 것인데, 농산물 수입개방은 한국 농민들에게는 크나큰 충격이 아닐 수가 없었다. 각국의 각료급으로 구성된 '다자 간 무역협상 위원회|Trade Negotiation Committee' 산하에 관세·비관세·농산물·지적재산권·긴급 수입제한 등 14개 '상품 협상그룹|Group of Negotiation on Goods'과 '서비스 협상그룹|Group of Negotiation on Services' 등 15개 협상그룹으로 구성되었으며, 1994년 4월 15일 완전히 타결되었다. 이로 인하여 우리 정부는 소위 UR대책에 심혈을 기울였으나 농민들의 불안심리는 날이 갈수록 더해 갔던 것이다. 전국적인 농민시위도 계속되었다.

2. 보릿고개를 극복하게 한 「통일벼」의 외면

1970년대 초까지만 하더라도 우리 국민은 식량부족으로 굶주리고 배고픈 생활에서 벗어나지 못하였다. 가을의 벼 수확을 거둔 후 그 쌀로는 이듬해 5~6월 보리수확을 하도록까지 식량을 메울 수가 없었다. 그래서 봄철이 되면 춘궁기가 생겼고, 보리가 익기 전까지는 험난한 배고픔을 견뎌야 했으며, 이것이 우리 한국이 오랜 세월을 겪어온 이른바 '보릿고개'였다. 따라서 정부와 국민의 최대 과제는 식량증산과 식량 자급자족이었다.

농촌진흥청에서는 다수확 품종개발에 총력을 기울였다.

다수확 볍씨 개량을 위한 수많은 실험재배 끝에 드디어 1971년 '통일벼'라는 이름의 획기적인 다수확 품종을 개발하기에 이르렀다. 통일볍씨는 재래종 볍씨에 비하여 3~4배의 다수확을 거둘 수 있었다. 그리

하여 드디어 한국은 식량자급의 염원을 달성하였으며 보릿고개라는 말이 자취를 감추게 되었다. 매년 정부에서는 쌀 증산왕|增産王을 포상하는 등 그야말로 통일벼는 전 국민의 사랑을 한 몸에 받게 되었고, 국민적 자랑거리가 되기도 하였다. 농민들의 소득 역시 크게 증가되기도 하였다. 1977년 1월, 박정희 대통령은 연두기자회견에서 처음으로 쌀로 막걸리를 만드는 것을 허용하겠다고 발표하였고, 이것은 모든 언론매체에 대서특필되었으며, 그해의 가장 큰 화두|話頭가 되기도 하였다. 그리하여 쌀 막걸리가 인기절정이었다.

그러나 70년대 후반과 80년대를 지나면서 국민소득의 증가와 생활수준의 향상으로 국민들은 통일벼 쌀을 차츰 먹지 않게 되고, 따라서 소비가 안되니 통일벼의 정부 비축량(재고량)은 크게 증가하기만 하여, 이제는 천덕꾸러기 신세가 되었다.

통일벼쌀은 기름기(찰기)가 부족하고 밥맛이 없는 것이 사실이다. 그래서 입맛이 고급화된 한국인은 통일벼 쌀밥을 외면하게 된 것이다. 그렇게 되니까 정부도 1990년도 추곡부터는 통일벼 수매를 극히 제한하기에 이르렀고, 결국 농민들이 연일 쌀을 불태우는 자해적|自害的인 데모를 계속하게 된 것이었다.

이러한 시위의 근본에는 정부에 대한 농민들의 철저한 배신감과 불신, 그리고 허탈감이 바탕에 깔려 있었던 것이다.

3. 문제해결의 두 가지 열쇠

나는 이 문제를 해결하는 데는 다음 두 가지 과제가 반드시 선행되어야 한다는 결론을 내렸다.

그 첫째는, 이처럼 심각한 '쌀 태우기 시위'가 정부정책의 불신에서

비롯되었기 때문에 무엇보다도 먼저 도정|道政과 도지사의 언행은 정직하고 약속은 반드시 실천되며, 거짓이 없다고 하는 도민의 확고한 믿음을 심는 것이었다. 그 둘째는 도민 인구의 52%인 농민들에게 보다 밝은 농정시책을 제시하고 이를 철저히 실천함으로써 미래에 대한 희망과 꿈을 심어주는 일이었다.

4. 농민들의 신뢰회복과 시위의 진정

▌ 농민이 신뢰하는 지사의 진실된 농민 대변(代辨)

공직자에게는 정직성과 신뢰성이 가장 중요하다.

공자는 국가(정부)가 해야 할 일을 족병|足兵, 국방·족식|足食, 경제·민신|民信, 국민의 對정부 신뢰성으로 요약하였으며, 이 중 하나 또는 둘을 뺀다면 국방이나 경제일 수 있으나, 국민의 대정부 신뢰성은 최후까지 절대로 결여되어서는 안되는 필수요소라고 하였다. 신뢰성은 거짓말이 없어야 한다. 언행이 일치하고 정직성이야말로 신뢰를 얻을 수 있는 최후·최선의 보루이다.

> "나는 무엇보다도 중요한 것이 공직사회의 도덕성 회복과 신뢰구축이라고 생각합니다. 우리가 아무리 좋은 시책을 구상한다 하더라도 그것을 믿지 않고 우리 도민이 공직자나 정부의 하는 일에 대해서 신뢰하지 않을 때 그러한 시책들은 사상누각(沙上樓閣)에 불과합니다. 이와 같이 서로 믿고 결속하고 그 신뢰를 통해서 우리 2만여 도 공무원들이 똘똘 뭉치고 또 3백만 도민들이 하나의 목표를 향해서 똘똘 뭉칠 때에 우리의 힘은 엄청나게 발휘될 수 있다고 생각합니다."

나의 '도지사 취임사'의 한 대목으로, 『전남도정자료』에 지금도 실려 있는 것이다.

정직성은 하루 이틀에 구축되는 것이 아니라, 자기 일생을 걸고 입증되어야 믿음을 받는 사람이 될 수 있다. 나는 취임사에서 밝힌 것처럼 평생을 정직하게 살아 왔다는 것을 자부한다. 어떻든 전남도민들은 차츰 도지사의 정직성과 진실성을 신뢰하게 되었음을 각종 대화과정에서 확인하게 되었다.

▌ 국무총리의 경고서한

나는 도지사에 취임하자마자, 농민대표(특히 전국농민회 각 시군·읍·면 대표)들과 계속해서 대책회의·간담회 등으로 대화를 하면서 공감대|共感帶를 형성하였고, 농민들을 대신해서 도지사가 앞장서서, 대정부 투쟁을 하겠으니 도지사를 믿고 '쌀 태우기 시위'를 중지하라고 하였다. 그리하여 여러 차례 정부에 대하여 통일벼 쌀 전량수매를 강력히 요구하였고, 이러한 뜻을 언론에도 계속 발표하였다.

'통일벼 불태우기 시위사태'의 근본적인 해결책은 결국 정부가 과거 20년 동안 시행해왔던 것처럼 추곡을 전량 수매해 주는 것뿐이었기 때문이었다.

그런데 어느 날 나에게 당시 국무총리란 사람으로부터 친서라는 형식의 일종의 경고장이 날아왔다. 내용인 즉, 지사가 계속해서 농민들의 주장만 가지고 대정부 요구를 하기 때문에 '대통령 각하께서도 심려를' 하고 계시다는 것이었다.

나는 그러한 경고장에 조금도 개의치 않았다. 그리고 이튿날 아침 도청 간부회의 석상에서 150만 전남농민들의 가슴 아픈 고충보다도 윗사람의 심기나 살피는 총리의 모습이 가소롭다고 생각되어 '뱁새가 대붕의 뜻을 어찌 알겠느냐'고 말한 바 있다.

▌지사직을 떠나는 날까지 통일벼 쌀로 식사

나는 정부에서 수매해 주지 않고 또한 타시도(他市道) 사람들도 사서 먹으려고 하지 않는 통일벼 쌀이라면 우리 전남도민 스스로가 먹어서 소비하는 수밖에 없지 않느냐고 말하고, 농림국장에게 지금 전남농민들이 보유하고 있는 통일벼 쌀을 전남도민이 전부 먹어서 소비할 경우에 기간이 얼마 동안이면 되겠느냐고 산출토록 지시하였다. 그랬더니, 도민 전체가 2개월 동안만 계속해서 통일벼 쌀을 먹는다면 완전히 소비할 수 있다고 하였다.

나는 즉시 도민의 통일벼 쌀 먹기 운동을 제안하였다. 남(타도민)들이 먹기 싫어하는 통일벼 쌀을 억지로 사달라고 강요할 수도 없기 때문에 우리가 스스로 먹어서 소비하고 그 대신 일반미를 내다 팔자고 제의하였다.

그리하여 대대적인 통일벼 쌀 먹기 운동을 전개하기 위하여 전남도청 산하 27개 시군과 모든 기관·단체의 공식행사장의 식사는 반드시 통일벼 쌀로만 짓게 하고, 또한 2만여 명의 공직자 모두가 통일벼 쌀로만 밥을 지어 먹도록 지시하였다. 이에 앞서 나는 거짓말하지 않는 정직한 도지사로서 솔선수범하기 위하여 그날부터 도지사직을 그만두고 전남을 떠나는 그날까지 단 한 번도 빼지 않고 '통일벼 쌀의 밥'만을 먹겠다고 약속하였고, 나는 도지사를 그만두고 상경하는 그날까지 어김없이 실천하였던 것이다.

나의 이러한 강한 의지와 약속과 언행일치를 지켜 본 농민대표들은 만날 때마다 지사를 믿는다는 말을 자주 하였다.

1991년 10월 어느 날로 기억된다. 그 해의 추곡수매(공판)의 날이 전남 보성에서 처음 시작되었다. 나는 추곡수매의 첫날이기 때문에 지사로서 보성군의 추곡수매판장에 나가보지 않을 수 없어 보성읍에 갔다. 그런데 멀리까지 대형 확성기를 통하여 "추곡수매를 거부하자."는 농민들의 시위와 구호소리가 울려 왔다. 나는 시위현장에 다가가서 주동자(농민회장)에게 조용히 한마디 하였다.

"지사의 도정|道政을 믿는다면 이제 데모는 끝내시지요." 하고 말하였다. 이에 그 농민회장은 나에게 귓속말로 "우리는 지사님의 말은 믿습니다. 데모는 그만하고 해산하겠습니다." 하고 확성기, 깃발 등을 치우고 자진 해산하였다.

데모를 경찰력으로 진압하는 것보다는 서로의 신뢰 속에 자진 해산케 하는 것보다 더 아름답고 평화로운 방법은 없다.

위와 같은 이야기는 별첨 사진과 같이 1994년 〈조선일보〉의 「일사일언|一事一言」에도 실린 바 있다.

〈조선일보〉
(94.4.21)

全南쌀 사세요, 擊道的 판촉활동

서울서 出鄕人士 초청 협조당부

맛과 質 전국제일 우수성 홍보

知事·郡守등 직접나서 「고향쌀 사주기」운동

섬맞이 큰잔치

「섬날선물과 제수품은 우리 농산물로」 순南道가 29일부터 광주시영주품종합체육관에서 열고있는 설맞이 농수산물 큰잔치에 시민들이 몰려 성황을 이루고있다 (사진은 매장을 둘러보는 白譚和 순南知事).

〈서울신문〉 (92.1.27) 　　〈중앙일보〉 (92.1.31)

5. 농어촌 활력 회복을 위한 농정시책

▌『가을쌀 판로(販路) 미리 확보하는 예약제도』 첫 시행

그 어떠한 상품이나 농산물이든 간에 예상판로와 판매량을 고려하지 않고 무조건 생산부터 해놓고 판매가 되지 않으면 큰 낭패가 될 수밖에 없다. 그런데 당시까지만 하더라도 쌀을 비롯한 농산물 생산은 판로와 판매량을 고려하지 않고 농사를 짓는 경향이 일반적인 현상이었다. 그래서 나는 쌀농사 역시 '계획생산'을 해야겠다고 생각하고, 우리나라 최초로 「가을쌀 예매제도」를 구상하고 가을쌀을 봄에 '미리 사주기 운동'을 대대적으로 전개하였다. 이는 당시 중앙지·지방지 등 신문에도 크게 보도된 바 있다.

전국 각 시도의 향우회·기업인들뿐만 아니라 쌀을 다량 소비하는 기관·단체들을 대상으로 ① 초청간담회, ② 전남쌀 시식회, ③ 직거래 장터 개설, ④ 방문판매, ⑤ 홍보물·서한문(도지사명의) 발송 등 다각적인 방법으로 농민과 소비자를 연결시켜 주는 데 최선을 다하였다.

농촌개발과 활력화를 위한 종합시책

도지사 재임 이후 근 20년이 지난 지금도 농어촌 문제의 근본적 해결은 어려운 일이지만, 어떻든 나는 당시 도정의 최우선 시책을 농도|農道 전남의 활력 회복에 두었다. 그리하여 중장기 종합계획을 수립하고 이를 적극적으로 시행해 나아갔다. 이를 대강 열거하면 다음과 같다.

① 농경지 정리·용수개발·생산기반시설 정비
② 기계화 영농단 및 유통사업단과 위탁영농회사 확충 및 기업농 추진
③ 농업정보화·과학영농기술센터 운영
④ 농산물 전시·판매장 건립 및 대일|對日물산전 등 농산물 국내판로·수출시장 확대
⑤ 1 읍면 1 특품 육성 및 유망 신품종·작목|作目의 적극 개발
⑥ 전남의 중장기 발전전략 개발을 위한 「전남발전연구원」 설립

6. 결론

참다운 국가발전은 전국의 각 지역이 고루 잘 살고 균형적인 발전이 이루어져야 가능하다. 그런데 지역 간의 불균형, 계층 간의 대립, 중앙과 지방의 불협화, 정부에 대한 국민의 불신 내지 신뢰관계 결여 등은 국가발전의 크나큰 장벽이다. 특히 아직도 우리 사회에 대정부 불신 내지는 신뢰 부족이 뿌리깊다고 생각한다.

공무원이든, 행정기관이든 불신의 원인은 부패와 부정직에 있다. 선진국과 후진국을 나누는 것은 GDP만이 아니고, 그 나라에 부패와 부정직과 불신이 어느 정도이고 신뢰사회인가 아닌가가 중요한 요소가 된다.

선진국을 방문 또는 여행하면서 필자가 참으로 부러워하는 것은 그들의 소득수준이나 생활수준이 아니라, 참으로 정직하고 거짓말을 하지 않으며 서로 믿는 탄탄한 신뢰사회를 이루고 있다는 사실이었다.

나는 약 45년의 공직활동을 하는 동안 개인적으로나 기관장으로서 정직과 신뢰만이 최선의 정책이라는 믿음을 가지고 살아왔으며, 그것이 결국 언론이나 세평으로부터 단 한마디의 작은 구설수口舌數도, 비위 연루설도 없이 끝마칠 수 있게 했다고 확신한다.

그런 의미에서 도지사 시절 쌀을 불태우는 농민시위 역시 '데모진압경찰'의 강제해산에 의해서가 아니라, 지사의 정직에 바탕을 둔 농민들과의 신뢰관계에 의해서 잠재울 수 있었다고 생각한다.

치악산큰송이(포타벨라) 한국이식 성공의 역사와 의미

한 상철

1. 도입 경위

민선2기 원주시장이 되어 1998년 11월 관내 경제인과 함께 자매도시가 있는 미국과 캐나다를 방문하게 되었다.

자매도시의 현지 시장과 의장 등이 마련한 오찬이나 만찬에 이상한 버섯으로 만든 요리가 거의 빠지지 않고 나왔으며, 그들이 그 버섯요리를 즐겨 먹는 것을 눈여겨보고 무슨 버섯이냐고 물어 보았다. 포타벨라라고 하며 맛과 향이 소고기와 비슷하여 소고기 대용으로 선호하며, 고기는 많이 먹으면 고혈압과 당뇨 등 성인병을 유발하여 포타벨라를 즐겨 먹게 되었다고 하였다.

그러고 보니 포타벨라 요리는 물론이고 야채도 즐겨 먹었다.

1975년 워싱턴 D.C.에 있는 조지타운대학교에서 연수 받을 때 보니 미국인들은 거의 매 끼마다 고기를 먹고 코카콜라와 커피만 주로 마셨는데, 그 모습과는 너무나 대조적이라 충격을 받았다.

동시에 이 버섯을 우리나라에서 생산하면 우리나라의 경제발전 추이로 보아 얼마 안 가서 경제성이 있고 국민건강에도 보탬이 되겠다는 생각이 들어 우리나라로 가지고 들어가야겠다고 결심을 하였다.

그러나 농산물은 수입절차가 복잡하고 오래 걸리며 제한이 많아 생버섯으로는 통관이 불가능하여 삶은 포타벨라 중 생버섯을 한두 개 섞어 비공식적으로 들여온 것이 우리나라에서 원주가 최초로 포타벨라 (큰송이) 버섯을 재배하는 시발점이 되었다.

포타벨라가 생물이기 때문에 시간이 지날수록 세균에 의한 부패가 되어 버섯으로서의 가치는 물론 종자(균)를 확보하기가 매우 힘들다는 사실을 알고 이동 중이나 숙박을 할 때에는 항상 냉장상태를 유지하는 등 어려움은 이루 말할 수가 없었다.

포타벨라가 국내에 도착했을 때에는 사진에서 보는 바와 같이 거의 부패가 되어 안타까움과 아쉬움이 있었지만 각고 끝에 1개의 버섯에서 종자(균)를 확보할 수 있었다.

균(종자)을 확보하여 국내 연구기관인 농촌진흥청 농업과학기술원 균이과(현 원예특작과학원 버섯과)에 자문을 받고, 원주시 농업기술센터에서 버섯재배에 대한 연구와 실험 및 실증을 2년여에 걸쳐 실시한 결과 버섯 재배를 성공할 수 있었으며, 우리나라에선 원주에서 최초로 대량생산과 재배에 성공하여 농가에 보급하게 된, 원주에서만 생산되는 포타벨라|Portabella이다. 이 버섯은 *Agaricus* 속에 속하는 버섯으로 *Agaricus brunescens* 또는 *Agaricus bisporus* 로 명명되고 있는 양송이버섯의 일종으로, 국내에서는 '치악산큰송이'로 불리고 있다.

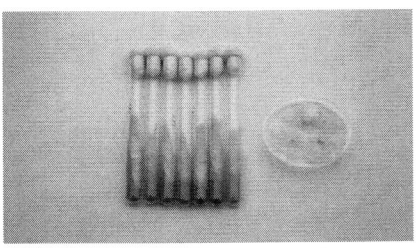

버섯 도입   균(종자) 확보

양송이는 17세기 루이14세 시기에 Olivier de Serres에 의해 인공재배가 시작되었으며 현재 세계적으로 가장 많이 재배되고 있다. 양송이 재배는 1950년대까지 흰색계통이 주종을 이루다가 그 후 갈색계통의 양송이버섯이 점차 늘어났다. 1980년대에 기존의 양송이보다 큰, 갈색양송이 계통의 새로운 변이종이 육성되어 큰양송이(포타벨라)로 불리며 재배되었는데, 처음 시장에 출하되어 판매되었을 때는 비정상적인 크기로 인해 판매가 되지 않았으나 양송이보다 뛰어난 풍미가 알려지면서 현재 미주, 유럽 등지에서 매우 인기 있는 버섯이 되었고, 현재는 갈색계통 버섯의 선호도가 높은 편이다.

큰송이는 일반명으로는 이탈리아어에 어원을 둔 포토벨라|Portobella로 새롭게 불리고 있고, 미주에서는 포타벨라|Portabella, 그 외에도 Ports, Brown Button Mushroom, Champignon, Button Mushroom 등으로도 불리고 있으며, 이보다 작은 형태는 Crimini, Baby Portobelo, Portobellini 등으로 다양하게 일컬어지고 있다.

자실체|子實體의 형태는 어린 버섯일 때 구형의 자실체로부터 성장하여 갓이 피면서 볼록렌즈|Convex형을 거쳐 결국엔 평평한 플랫|Flat형이 된다. 갓이 피기 전에 주름의 색깔은 분홍색에 가깝지만 갓이 핀 후에는 색깔이 점점 진해져 초콜렛색이 된다. 일반적으로 갓이 피지 않은 것은 Brown Button 또는 Crimini로 불리지만 갓이 피고 플랫형이 되면 포토벨라|Portobella로 호칭하는 것이 일반적이다.

2. 성공과 전망

치악산큰송이가 성공할 수 있었던 것은 필자의 확고한 의지와 신념에 더하여 원주시 농업기술센터의 경상현 지도사를 비롯한 공직자 여러분의 집중적 연구와 헌신적 지원, 그리고 재배농가 대표 심성섭 씨의 적극적인 참여에 힘입어 가능하였으며, 결과적으로 원주에서 버섯을 재배하는 농업인에게 희망과 자긍심을 주었다고 말할 수 있다.

지방자치시대에 재정이 열악하였지만 예산을 확보할 수 있는 농림부, 농촌진흥청, 강원도청 등을 수차례 방문하면서 사업성을 설명하고 지원을 요청하여 원주가 우리나라를 대표하는 치악산큰송이버섯 생산기지로 자리매김할 수 있었던 것이다. 버섯 재배를 성공하기까지 치악산큰송이버섯에 대한 재배법이나 기술을 국내 어디서도 찾아 볼 수가 없어 어려움이 이루 말할 수 없었으며, 여러 번의 실패를 거듭하면서 재배에 성공하게 되었다. 사실 나침판 없이 항해하는 것이나 암흑 속을 헤매는 것과 다를 바 없었다.

치악산큰송이버섯은 개체중이 30~130g, 갓 크기 50~10mm, 대굵기 25~30mm로 일반 양송이버섯의 2~3배로 매우 큰 특징을 가지고 있다. 치악산큰송이를 재배하는 농가는 2002년 6월 말 필자가 퇴임할 때까지 20호 46동 9,1082㎡에서 연중 버섯을 생산하고 있었다.

상자를 이용한 재배 실험

재배 성공 버섯 생육 장면

원주시에서는 지적재산권 확보를 위하여 2001년 7월 13일 특허번호 0281173호로 의장등록을 마치고, 2002년 5월 4일 등록제 0519407, 0519408로 상표등록을 마쳤으며, 포장재도 개발하고 나아가서 친환경

인증 및 강원푸른마크도 획득하였다(강원02-08호). 동시에 38종의 요리 개발과 우표 발행, 우편엽서 발행, 각종 전국 농산물 전시 및 품평회에서 대상 등을 수상하고, TV, 라디오, 신문, 잡지, 쇼핑몰 등에 여러 번 반복하여 보도되기도 하였다.

디자인 개발 우수상 수상

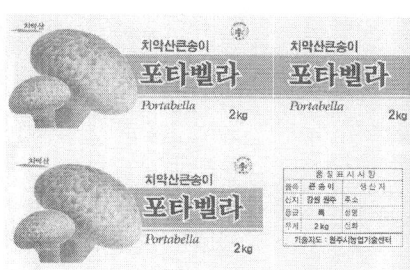

포장재 디자인 개발

요리책자 발간

요리 개발 및 시식회를 시찰하는 당시의 필자

엽서 발행

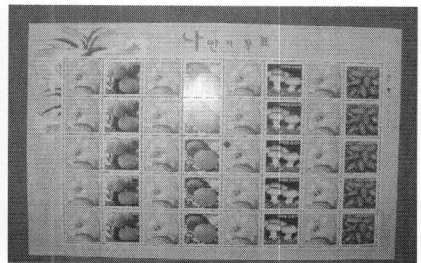

우표 발행

치악산큰송이는 자연송이에 버금가는 맛으로 육질이 쫄깃하여 고소한 맛과 씹는 맛이 일품으로 우리나라 사람이 선호하는 버섯이며, 고단백 저지방 식품으로 육류 대용, 특히 소고기 대용으로도 손색이 없으며, 우리나라에서 생산하는 버섯 중 유일하게 생식으로 먹을 수 있고 각종 요리를 하여 먹을 수도 있는 고급버섯이다.

치악산큰송이는 농촌진흥청 농촌생활연구소에서 그 성분을 분석한 바 [표 1]과 같이 고단백 저지방의 버섯으로 우리 인체에 필요한 칼슘, 철, 인, 회분, 인 등의 각종 성분을 골고루 함유하고 있는 버섯이다.

〔표 1〕 포타벨라(치악산큰송이) 성분분석표

(단위 : 100g당 성분)

버섯 종류	에너지 kml	수분 %	단백질 g	지방 g	탄수화물		회분 g	칼슘 mg	인 mg	철 mg
					당질 g	섬유 g				
큰송이(생)	25	90.0	4.0	0.04	4.16	0.7	1.1	0.6	119.3	0.7
양송이(생)	24	91.0	3.6	0.2	3.6	0.8	0.8	9.0	112.0	0.6
느타리(생)	31	89.3	3.0	0.4	5.6	0.8	0.9	4.0	98.0	4.5
만가닥(생)	36	87.8	2.3	0.1	8.3	0.6	0.9	2.0	110.0	1.9
목 이 (건)	246	8.7	11.3	0.9	6.0	12.9	6.2	83.0	434.0	2.0
버들송이(생)	24	91.3	3.2	0.2	3.9	0.8	0.6	2.0	76.0	2.6
잎 새 (생)	32	88.2	3.6	0.5	4.6	2.0	4.0	32.0	113.0	23.0
팽 이 (생)	30	89.7	2.7	0.5	5.4	0.9	0.8	1.0	80.0	0.9
표 고 (생)	39	87.2	3.1	0.4	8.0	0.7	0.6	8.0	58.0	2.0

버섯 종류	나트륨 mg	칼륨 mg	아연 mg	마그네슘 mg	비타민 A RE	티아민 mg	리보플라빈 mg	나이아신 mg	아스코르브산 mg
큰송이(생)	5.4	322.8	0.46	17.2	0	0.10	0.57	4.8	0
양송이(생)	4.0	400.0	–	–	0	0.07	0.53	4.0	0
느타리(생)	3.0	310.0	–	–	0	0.38	0.32	5.2	3.0
만가닥(생)	–	–	–	–	0	0.17	0.52	4.3	0
목 이 (건)	28.0	1,200.0	–	–	0	0.25	0.58	3.5	0
버들송이(생)	–	–	–	–	0	0.07	0.40	4.7	0
잎 새 (생)	–	–	–	–	0	0.21	0.49	4.0	0
팽 이 (생)	4.0	360.0	–	–	0	0.28	0.23	5.8	2.0
표 고 (생)	4.0	180.0	–	–	0	0.08	0.23	4.0	0

* 식품분석기관 : 농촌진흥청 농촌생활연구소(2000.7.5)

이와 같이 성분만 좋은 것이 아니라 우리나라 버섯 재배의 주종을 이루는 느타리버섯보다 381%, 양송이버섯보다 192%나 높은 농가소득을 올려 330㎡에서 연간 40,950천 원의 수익이 창출되어 고소득 작목으로서 행정당국이 조금만 지원하면 FTA로 점점 어려워지는 농촌을 살릴 수 있는 대안이 될 수도 있는 것이다.

[표 2] 버섯 소득 비교

(기준 : 330㎡/년)

버섯명	생산량(kg)	조수익(원)	경영비(원)	소득(원)
큰송이버섯	8,000	91,000,000	50,050,000	40,950,000
느타리	5,659	23,694,000	12,955,000	10,738,000
양송이	9,102	46,535,700	25,211,000	21,326,000

* 자료 : 농진청, 『2010 지역농산물표준소득조사』. 큰송이버섯은 자체 자료임.

필자가 들여와 보급시켰기 때문에 일명 '한상철버섯'으로 불리며 지원을 꺼려 보급이 크게 확대되지 않아 아쉽기는 하지만, 이제 새로 의욕적인 분이 시장이 되었으니 재배 인프라 확대에 지원을 아끼지 말고 홍보 강화는 물론 생산기반을 확대하여 최소한 100동 이상의 특산단지를 조성하는 등 경쟁력을 강화하면 전망은 아주 밝을 것이다.

동시에 포타벨라(치악산큰송이)에 맛들여진 주한 미국, 캐나다 및 EU상의회원에 대한 홍보와 대일 수출의 확대, 그리고 대형 Mart와 제휴하여 납품을 정례화하면 판로도 무한대가 될 것이다.

최근에는 치악산큰송이를 이용한 장아찌, 버섯분말, 염장 등 가공식품개발에 노력을 기울여 농가소득 향상 및 부가가치를 높이고 있는 것이 치악산큰송이가 성장하는 좋은 계기가 될 것으로 기대된다.

버섯재배 농가는 친환경 농법을 이용한 고품질의 버섯을 안정적으로 생산하고 소비자는 안전한 청정농산물을 이용할 수 있는 생산자와 소비자는 한 가족이 되었으면 하는 것 또한 필자의 바람이다.

3. 결어

일찍이 고려 말 문신 문익점|文益漸 선생은 1363년 좌정언|左正言으로 계품사|啓稟使의 서장관|書狀官으로 원나라에 갔다가 귀국할 때 금수품이던 목화씨를 몰래 가지고 들어와 3년 만에 목화 재배에 성공하고 물레까지 개발하여 보급함으로써, 일반 백성의 의복 재료가 종래의 삼베|麻布에서 무명|綿布으로 바뀌게 되어 백성들이 추운 겨울에도 부드러운 옷으로 따뜻하게 지내게 하였다.

또한 조선 후기의 문신인 조엄|趙曮 선생은 고향이 원주이고 묘가 원주시 지정면 간현리에 있는바, 1763년 통신정사|通信正使로 일본에 갔다가 대마도에서 고구마를 보고 흉작에 시달리는 백성들의 민생문제를 해결하고자 하는 위민정신에서 종자를 가져와 보장법|保藏法과 재배법을 아울러 보급하여 구황|救荒 작물로서의 기능을 톡톡히 하였던 것이다. 따라서 일반 백성들이 흉년에도 배고픔과 굶주림에서 벗어나 가히 흉년을 지낼 수 있도록 먹는 문제를 해결하는 데 기여한 바 있다.

오늘 날 생활수준 향상과 과다육류 섭취로 많은 국민들이 비만에 허덕이고 고혈압과 당뇨 등의 성인병과 암으로 인하여 고생하고 있는 이 때 치악산큰송이를 많이 애용하여 이러한 고통으로부터 해방되어 국민 모두가 건강하고 행복한 생활을 하였으면 좋겠다.

더군다나 한미 FTA 등의 발효로 농촌의 어려움이 가중되어 가고 있는 절박한 현실에서 치악산큰송이 재배가 원주시는 물론 전국적으로 확대되어 새로운 소득원 창출로 농가소득 향상은 물론 농촌 활력화에 크게 기여하게 되었으면 좋겠다.

성동구청의 창의행정 |

이 호조

나는 성동구와 아주 질긴 인연이 있는 모양이다. 1993년 말경 용산구청장으로 있을 때 용산구 출신의 서정화 국회의원으로부터 곧 지방자치가 실시되는데 다음 민선 용산구청장을 준비하는 게 어떻겠냐는 권유를 받았지만 나는 용산구청장이 첫 구청장 보직이었던 터라 "조금 더 큰 구청경험을 하고 싶습니다."하고 이를 사양했다.

그리고 과연 1993년의 마지막 날 나는 성동구청장으로 발령을 받게 되었다. 당시 성동구(광진구와 분구 이전)는 인구가 78만으로 전국에서 기초단체로서는 제일 큰 행정구역이었다.

내가 구청장으로 재직 중 성동구, 광진구 분구를 실현시키고 1995년 6월 말까지 재직했다.

이때 성동구 출신 이세기 국회의원이 민선구청장 출마를 권유했다. 용산에 이어 두 번째의 출마 권유를 받은 셈이다. 하지만 나는 선출직보다는 공무원 생활을 더 할 생각으로 이를 사양했다. 1995년 8월 나는 민선1기 서울시장인 조순 시장으로부터 내무국장으로 임명되었다.

그후 1998년 8월 성동구에 위치한 서울시 시설관리공단 이사장으로 다시 성동구의 땅을 밟게 된다. 3년의 임기를 시립묘지의 수해복구부터 월드컵 경기 후의 상암경기장의 흑자운영까지 성공적으로 마치자 고건 시장은 그 공로를 인정하여 3년 연임을 결정해 주셨다.

공기업 사장 연임은 드문 일이었다. 그런데 이명박 시장이 취임한 후 연임 3년 중 남은 임기 1년을 채우지 못하고 전 시장이 임명한 인물이라는 정치적 이유로 공단 이사장직을 퇴임하게 되었다.

성동구청장으로 3선을 연임한 고재득 구청장의 후임에 대한 2006년 7월 민선4기의 성동구청장 공천 경합은 한나라당이나 민주당이나 모두 치열했다. 우여곡절 끝에 한나라당의 공천을 받아 민선 4기의 성동 구청장에 당선되었다. 성동구와의 질긴 인연이 나타난 것이다.

1. 재개발 지분 쪼개기 차단

지금은 부동산경기가 죽어 상황이 좀 다르지만 몇 년 전만 해도 부동산 투기가 정부의 골칫거리였다. 특히 개발이 예정된 지역에 투기꾼에 의해 자행되는 기획 부동산, 미등기 전매, 지분 쪼개기 등 다양한 방식의 불법, 탈법 행위가 증가하고 있었다. 성동구 역시 이러한 부동산투기에서 자유롭지 못했다.

2005년 6월 성수동 뚝섬지역 상업용지가 평당 5,665~7,732만 원에 달하는 고가에 낙찰되고, '강북지역 업그레이드 개발전략인 뉴타운 프로젝트'가 발표되자마자 대상지인 성수동 한강변 지역이 부동산투기 행위로 몸살을 앓기도 했다.

구청장후보 시절 성수동에서 있었던 일이다. 나를 부동산 중개사무소로 안내하며 불만을 쏟아내던 분이 계셨다. 노후도|老朽度가 충족되지 못해 서울시로부터 뉴타운 개발지구 지정이 부결되었는데, 이후 우후죽순으로 7~10평 규모의 다세대주택을 짓는 투기꾼들이 늘어나 평당 가격이 4~5천만 원을 호가한다는 것이다.

개발이 확정되었을 때 이들이 다세대주택 수만큼 분양권을 가지게 되면 일반분양이 줄어들게 되어 결국 투기꾼들만 이익을 얻게 되어 다른 순수 조합원들은 부담이 늘어날 수밖에 없다는 이야기였다.

이런 부도덕한 건축행위를 더 이상 방치했다가는 구에서 추진하는 모든 지역개발사업들도 수포로 돌아갈 위험이 크다는 생각이 들었다. 또 민선4기 서울시의 핵심정책이랄 수 있는 '뉴타운 프로젝트' 추진에도 막대한 차질이 불가피해 보였다. 나중에 개발사업이 본격화되었을 때 신축건물을 철거해야 하는 불필요한 자원낭비가 발생할 수밖에 없었고, 세대수 증가만을 목적으로 한 개별건축이다 보니 결과적으로 부실건축물만을 양산할 뿐이었다.

또한 나를 부동산 중개소로 안내했던 그 주민의 말처럼 조합원 수가 증가하다 보니 개발의 사업성도 악화되고, 결국엔 이것이 구역 내 다수 주민들의 부담을 가중시키게 되는 악순환의 고리가 된 것이다.

나는 구청장 정식 취임 때까지 그냥 이 문제를 기다리고만 있을 수 없었다. 당선이 확정되자마자 담당 국장과 과장을 불러 성수동 개발예정지에 우선 건축허가를 중지시키도록 했다. 이미 20여 건이나 건축허가가 나갔는데 평균 10세대로만 계산하더라도 200여 세대가 넘게 허가가 된 것이었다.

그러나 그동안 허가를 거절한 사례가 없다 보니 담당 국장과 과장은 난색을 표했다. 임의로 사유재산권을 제한하는 조치를 할 수 없다는 것이었다. 나는 선의의 다수를 위하는 것이 법집행의 우선이라고 생각했다. 그래서 소송에서 지더라도 내가 책임지겠다고 설득하며 강력한 추진의지를 보였다.

관계법령을 찾아보니 건축제한을 할 수 있는 경우는 여러 가지가 있었는데, 제일 마지막 항목에 '기타 서울시 시장이 필요하다고 인정하는 경우'라는 조항이 있었다.

나는 이 조항을 적용하면 건축허가 제한이 가능할 수 있겠다는 생각
이 들었다. 즉, 제한범위를 투기목적의 부도덕한 건축 행위만으로 제한
하도록 하고 이것을 시장이 인정하면 사유재산권을 보호하면서도 부동
산투기는 근절할 수 있다고 판단했다. 바로 서울시와 협의에 들어갔고
결국 2006년 7월 18일 전국 최초로 성수동 한강변 주거지역 개발예정
지에 건축허가 제한을 단행하게 되었다.

개발예정지에 대한 건축허가 제한조치는 생각보다 효과가 빨리 나
타났다. 실제로 건축허가 제한조치 이전과 비교해 보니 부동산거래가
절반 이하로 뚝 떨어졌다. 제한조치 전인 2006년 6월의 거래건수가
247건이나 되었지만 조치 이후인 8월에는 187건, 9월에는 103건으로
60%가량 줄어들었다.

이렇게 그 효과가 입증된 「개발예정지 부동산투기 방지대책」은 현재
서울시의 '뉴타운지구 부동산 투기방지대책'으로 도입되어 시행되고 있다.

또한 지역개발 계획이 있는 다른 지방자치단체의 좋은 모범사례로
벤치마킹되는 등, 부동산시장 안정화에 크게 기여한 창의적 혁신사례
로 평가받았다. 집값 안정을 원하는 주민들의 요구에 응답하는 행정기
관의 작은 메아리가 부동산투기도 방지하고 지역개발도 촉진할 수 있는
계기로 발전된 것이다.

2. 사무관 승진제도의 개혁

항상 인사적체 문제를 안고 있는 기초자치단체의 경우엔 한정된 자리에
인적자원을 어떻게 승진, 배치할 것인가 하는 문제가 늘 조직관리의 중
요과제가 되고 있다. 그렇기 때문에 그동안 공무원 조직 내에서 승진과
관련한 잡음이 끊이지 않은 것도 사실이다.

특히 6급에서 5급 사무관으로 승진할 경우, 승진시험이 절대적인 영향력을 미치기 때문에 대다수의 진급예정 공무원들이 시험에 목을 맬 수밖에 없었다.

그러다 보니 6개월이 넘게 출근하지 않고 시험준비에만 매달리는 직원이 있는가 하면, 출근후 본인의 담당업무보다는 헌법, 민법과 같은 책을 보느라 하루의 대부분을 보내는 직원도 있었다. 조순 서울시장 시절 내가 내무국장으로 있을 때의 일이다. 당시 사무관 시험준비를 위해 자리 비우며 공부하는 주사들의 복무자세를 비판하는 신문기사가 큼지막하게 보도된 적이 있다. 당연히 시장으로부터 따끔한 질책이 뒤따랐다.

시험준비를 위해 자리를 비우는 것은 당연히 큰 잘못이라고 생각했지만 나는 조순 시장께 다른 관점에서 건의를 드렸다.

"시장님, 중앙부처들은 조직 경쟁력을 위해 국비를 들여 직원들에게 해외유학까지 보내고 있습니다. 그런데 서울시는 직원들의 실력을 업그레이드할 수 있는 지원이 부족한 편입니다. 아예 이번 기회에 사무관 승진시험을 준비할 수 있는 여건을 마련해 주어 간부로서의 실력을 키우게 하는 게 좋을 것 같다는 생각도 듭니다."

물론 내 건의는 당시 실현되지 않았다. 40년간 공직생활을 통해 공직사회 승진시험 혁신의 필요성을 절감하고 있던 나는 민선 성동구청장이 되면서 성동구의 공무원 승진제도에 칼을 뽑아 들었다.

나는 기존의 폐단을 최소화하면서도 공무원들이 변화하는 행정환경에 적응할 수 있는 능력을 갖추도록 하는 제도를 만들어 시행하기로 했다.

전국 자치단체 중에서 처음으로 실시한 공무원 승진 자격이수제資格履修制는 바로 이러한 취지에서 나왔다. 기존 시험승진제도와 심사승진제도의 장점을 살려 단점을 최소화시킨 것이다. 특히 사무관 승진시험 과목을 한꺼번이 아닌 한 과목씩 누적해 합격해도 승진자격을 주도록 했다.

기존에는 승진을 앞둔 50대의 6급 공무원들이 몇 달씩 힘든 공부에 매달려 업무를 소홀히 하는 폐단이 있었다면 자격이수제를 실시한 이후부터는 이러한 문화는 사라지고 업무는 업무대로 열심히 하고 평소부터 꾸준히 공부하는 문화로 바뀌게 되었다.

이러한 변화는 공무원들이 업무공백 없이 주민을 위한 행정에 더욱 충실하게 할 수 있는 배경이 되었다. 또한 시험승진할 실력이 되지 않는데도 인사권자와의 결탁을 통해 승진하는 경우를 미리 예방할 수 있는 조치이기도 했다.

특히 직급에 상관없이 자격이수를 실시하게 하여 일찍부터 전문지식과 직무능력을 향상시켜 공무원의 전문성을 높이고 행정 서비스를 향상할 수 있도록 했다.

공무원 승진을 위한 자격이수제를 구청 자체적으로 실시하게 되면 전문성과 신뢰성이 떨어지는 게 아닐까? 하고 의심스런 눈길을 보내는 사람도 있었다. 나는 이러한 우려를 불식시키기 위해 외부의 평가전문기관에 의뢰하여 공정성을 확보하고 대내외 신인도도 뒷받침할 수 있도록 했다.

이 「공무원 승진자격 이수제」는 2007년 한국 공공자치연구원에서 주최한 '제8회 공공혁신 전국대회'에서 최우수상을 수상하는 등 그 우수성을 이미 검증받았다. 그리고 서울시를 비롯한 전국의 많은 자치단체에서 자격이수제를 벤치마킹해 이제는 전국적인 제도로 자리를 잡아가고 있다. 자격이수제를 처음 창안한 사람으로서 많은 보람과 자부심을 느낀다.

한편 헌법, 민법, 행정법, 행정학등 네 과목의 응시과목을 2008년부터는 세계사, 국사, 외국어(영어·일어·중국어) 등 다양한 과목으로 확대하였으며, 2008년 9월부터는 부동산공법도 추가했다. 업무와 관련된 분야뿐만 아니라 다양한 분야의 상식과 지식을 높여 보다 고품질의 행정을 제공하기 위한 취지에서 그렇게 한 것이다.

특히 확대된 자격이수제 각 응시과목에 합격하게 되면 상시 학습제의 교육이수 실적으로 인정될 뿐만 아니라, 평소의 고과평정 考課評定에서 과목당 0.1점의 실적 가점 加點이 부여되어 직원들의 학습동기가 크게 제고되도록 했다. 빠르게 변화하는 세상이다. 이제는 공무원들 스스로가 발전을 위해 노력하지 않으면 안되는 세상이다.

3. 저항 없는 노점상 정비

인도를 점령하고 있는 노점상들 때문에 비좁은 거리 사이를 힘겹게 뚫고 지나간 경험은 누구나 가지고 있을 것이다. 노점상은 거리의 위험한 장애물이기도 하다. 차도라고 예외는 아니다. 도로 갓길을 버젓이 막고 서 있는 노점들은 차량소통을 방해하는 것은 물론 교통사고 위험을 증가시키는 골칫거리이다.

정확한 통계는 알 수 없지만, 서울시 전역에 1만 3천여 개의 노점이 활동하고 있는 것으로 추산되고 있다. 이 중에는 기업형 대형노점들도 수두룩하다. 성동구만 해도 6백 개 이상의 노점이 영업 중인 것으로 알고 있다. 이렇게 노점상이 급격하게 증가하게 되면서 우리 도로의 주객 主客이 뒤바뀐 느낌이다.

도시의 거리 미관을 해치는 것은 기본이고 우리의 안전한 보행권마저 침해받고 있기 때문이다. '거리의 주인 자리를 다시 주민들에게 돌려주자! 많은 저항이 있겠지만 내 뒤에는 34만의 성동구민이 있다.' 이런 마음으로 지나치게 이웃에게 불편을 주는 노점상을 정비하기 위한 본격적인 준비에 들어갔다.

먼저 확고한 정비기준과 원칙이 필요했다. 기준과 대책이 없는 무원칙한 노점단속이야말로 단속을 위한 일시적 단속일 뿐 실효성이 없다고 생각했기 때문이다. 그리고 성동구청의 노점상 정비원칙과 기준을 전국노점상연합회 측에 분명히 전달했다.

"성동구에서는 앞으로 불법 노점상에 대해서는 철저히 정비를 할 것입니다. 새로 생기는 노점상과 기업형 노점은 즉시 철거하겠으며, 고정식 노점도 영업이 끝난 후에는 별도 보관장소로 옮길 수 있는 이동식으로 전환하십시오. 그리고 앞으로 기업형 노점에 대해서는 재산조사를 통해 과징금을 부과할 것입니다."

구청의 확고한 단속원칙과 기준을 제시하며 본격적인 정비의 신호탄을 쏘아 올렸다.

이와 함께 노점상 정비에 주민들이 직접 참여할 수 있도록 정비방법을 혁신했다. 노점상인들의 제일 큰 무기는 어렵게 사는 자신들을 주민들이 동정하고 있다는 것이다.

우선 이 고리를 끊는 것이 노점상들의 극렬한 저항을 잠재우는 요체라 생각했다. 그리고 주민들이 직접 자신의 거리를 찾는다는 주인정신으로, 우리 아이들의 건강과 안전을 지킨다는 사명감으로 노점정비에 함께 참여해 준다면 정비효과도 훨씬 클 것이라 생각이 들었다.

주민들은 일단 노점단속의 필요성, 단속방법 등에 대한 설문을 통해 주민 스스로 단속방법을 결정했다. 그리고 직접 '노점상 이용 안하기 캠페인' 등 자발적인 주민운동을 전개했다.

주민들의 적극적인 참여가 이어지면서 구청의 단속에도 한결 힘이 붙었다. 주민들과 함께 단속을 하게 되니 전보다 단속명분이 확실해졌고, 전국노점상연합회에 대한 대처도 수월해졌다.

불법 노점상 정비를 하면서 가장 어려웠던 곳은 성동구 금호3가동에 위치한 금남시장 주변도로를 빼놓을 수 없다. 금남시장은 40여 년 전부터 자연발생적으로 형성된 재래시장으로 63개의 불법 노점상이 인도뿐 아니라 차도까지 점거한 채 영업을 하고 있는 지역이었다.

노점으로 차량통행이 방해를 받는 것은 물론 세금을 꼬박꼬박 내고 있는 정규 시장상인들도 매출감소 탓에 노점상에 대한 불만이 많았다. 도시 미관을 떨어뜨리는 것은 말할 것도 없다.

이 지역은 이전에도 수차례 정비를 시도했지만 그때마다 노점상인들의 강한 저항으로 실패할 수밖에 없었다. 이번에는 성동구청이 물러설 수 없다는 배수진을 치고 다시 한 번 노점상 정비에 팔을 걷어붙였다.

노점상 정비를 앞두고 설문조사를 해보니 대다수의 주민들도 금남시장 노점정비를 원하고 있었다. 주민들의 든든한 여론을 등에 업고 이번에는 정말 제대로 해결해보자고 다짐했다.

우선 정비를 위한 사전작업으로 생계가 어려운 노점상인을 위한 복지지원대책을 마련하도록 했다. 점포임대를 희망할 경우에는 대출을 알선해 주도록 했다. 일방적인 단속과 정비의 한계를 누구보다 잘 알고 있었기 때문이다.

한편으로는 시장 상인들을 설득하여 노점이 시장 내로 이전하는 것에 동의한다는 시장상인들의 서명을 받아내기도 했다. 그리고 시장 앞 횡단보도 앞에 있는 버스 정류장을 이전하여 차도에 밀집되어 있는 노점을 분산시키기도 했다.

노점상인들과의 충돌과 예측할 수 없는 사고의 위험이 있었으므로 무리한 단속보다는 보도와 차도 사이에 구분|區分 펜스를 설치하여 차도 위의 영업자들에게 심리적 부담을 주는 방법을 택했다. 대다수 직원들은 물론 성동 경찰서에서도 불가능하다는 의견이 많았다. 나는 직원들을 독려해 우선 노점상들과 지속적으로 대화를 이어가도록 했다. 직원들은 금남시장에서 살다시피 하면서 노점상들을 설득하고 달래기도 하면서 반발을 줄여 나갔다.

노점상 중 일부는 거친 욕설과 몸싸움을 하면서 펜스 설치작업에 저항하기도 했지만 다행히 큰 사고 없이 펜스 설치를 마무리할 수 있었다.

펜스 설치에 대한 효과는 즉시 나타났다. 차도와 보도에 걸쳐 있던 노점은 차도 부분의 자리를 포기해야 했기에 면적이 상당 부분 축소되었고, 차도 노점은 영업에 큰 심적 부담을 가지게 되면서 그 규모가 점차 축소되기 시작했다.

펜스 설치가 끝나자마자 '노점상 이용 안하기' 홍보를 강화해 나갔다. 매일매일 거리 캠페인을 했고 주민들의 노점 정비 요구 서명도 함께 받았다. 주민들도 자신의 일처럼 적극적으로 참여하고 호응을 보냈다.

쉼 없이 계속된 계도와 단속으로 노점의 규모는 하루가 다르게 축소되었다. 그렇게 약 2개월간을 매일같이 쫓아다니며 노점상을 설득한 끝에 큰 마찰 없이 금남시장 앞 차도 노점상은 완전히 정비될 수 있었다.

정비 전과 그 이후 모습을 사진으로 비교해보니 그렇게 뿌듯할 수가 없었다. 너무 복잡하던 금남시장 앞 도로는 시원하게 탁 트인 도로로 제 모습을 찾았다. 치밀한 준비와 끈질긴 설득으로 도로가 주민에게 다시 되돌려진 것이다.

같은 방법으로 한양대 앞 노점도 정비할 수 있었다. 그동안 대학 주변 환경을 단장하고 싶어도 주변 노점 때문에 제대로 정비를 추진할 수 없었던 한양대학도 성동구청의 노점 정비를 계기로 자체 재원을 투자해 학교 담장을 허물고 정문 환경을 새롭게 개선했다.

이러한 성동구의 노점 정비는 서울시의 벤치마킹 대상이 될 만큼 괄목할 만한 성과가 있었다. 내가 2006년 7월 취임할 때만 해도 600여 개의 노점상이 있었는데 그동안 꾸준한 정비를 통해 퇴임시는 1/3 수준인 200개 이내로 줄어들었다.

수해파괴된 공동묘지를 장묘(葬墓) 개선의 계기로 |

이 호조

서울시 민선2기 고건시장이 계실 때이다. 서울시 교통관리실장을 거쳐 상수도사업본부장과 교통관리실장이라는 1급직 2개를 겸직하며 바쁘게 보내던 나는 1998년 8월 초 후진을 위해 용퇴해 달라는 권유를 받아들였다. 그리고 곧 1998년 8월 24일에 나는 서울시 시설관리공단 이사장으로 임명되었다. 서울시 시설관리공단은 교통, 도로 분야를 비롯해 공원, 지하보도상가 등 다양한 서울시 시설물을 관리하는 기관이었는데 장묘사업도 관장하고 있었다.

그런데 그해 8월 초 엄청난 폭우로 인해 서울시립묘지 안에 있는 350여 기의 묘지가 유실되고, 4,000여 기의 묘지가 파손되고 허물어지는 큰 사고가 발생했다. 헬리콥터로 피해현장을 둘러보시던 고건 시장은 '이것은 제2의 삼풍사고'라는 말씀까지 하셨다고 전해 들었다.

너무도 처참한 상황이었던 것이다. 이렇게 엄청난 수해의 뒤처리를 해야 하는 상황 속에서 시설관리공단 이사장으로 가게 된 것이다. 너무나도 힘들었던 6개월이 넘는 2개 보직 겸직을 그만두자마자 다시 사상 초유의 힘든 업무가 기다리고 있었던 셈이다.

성동구 마장동에 있는 시설공단 본사에서 경기도 파주시 광탄면 용미리 서울시립묘지까지 매일 오고가며 해결책을 찾기 위해 노력했다. 시설공단 업무는 서울시에서 대부분 익힌 일이라 큰 어려움은 없었다.

우선 묘지에서 유실된 시신 350구를 계곡에서 찾아내어 방부처리한 후 다시 관에 넣어 유족들이 확인할 수 있도록 했다.

시신은 형태를 알 수 없을 정도로 훼손되어 있었다. 난 장묘사업부 인부 10여 명과 그 지역 인부 10여 명에게 흰 가운을 입혀 유족들을 맞이하도록 했다. 그리고 유족들이 연고 시신을 확인하고 찾는 데 있어서 언제나 친절하고 겸손한 태도로 안내하도록 했다.

하지만 참혹한 현장과 훼손된 시신을 접한 유족들은 격앙되기 일쑤였다. 난 그럴수록 더 친절히 안내하도록 했다.

시신 확인이 사실상 불가능한 상태에서 이대로 있다가는 해결의 기미가 보이지 않을 것 같았다. 난 현장을 방문하신 한 분 한 분에게 설문서를 통해 제안을 했다. 모두 화장|火葬을 한 후 합동분묘를 만들고 그곳에 위령비를 세워 고인의 이름을 새기는 게 어떨까 하는 내용이었다. 처음에는 반대하는 분들도 계셨지만 나의 간곡한 설득에 대부분의 유족들께서 동의를 보내주었다.

유족들을 설득하는 과정에 있어서 고건 시장은 보상을 통해 문제를 해결하라고 하셨지만 난 보상으로는 협상과 타협이 될 수 없다고 생각했다. 먼저 사실대로 친절하게 해결방안을 모색하고, 그래도 안되면 보상방법을 건의하겠다고 말씀드렸다.

그리고 합동화장부터 위령비 제막식까지 하나의 절차가 이루어질 때마다 유족들에게 개별적|個別的으로 사실을 알리고 사정을 말씀드렸다.

예를 들면 화장 날짜, 위령비 모형, 위령비의 글 내용까지 하나하나 유족들에게 개별적으로 통보했던 것이다. 이것은 유족분들의 집단적인 항의를 방지하는 방법이 되기도 했다.

일단 사람들이 모이면 각종 요구조건을 걸어 일을 더 어렵게 만들었기 때문이다. 서울시에서는 그동안 보여준 나의 꼼꼼한 일처리에 새삼 놀라는 눈치였다. 마지막 위령비 제막식을 앞두고 난 공단 이사장 주관 하에 제막식을 치르겠다고 고건 시장에게 보고를 드렸다.

시장께서 참석하신다면 더없이 좋겠지만 혹 유족들과의 보상문제가 대두될 수 있다는 우려가 있었기 때문이다. 그런데 제막식에서 만난 유족들은 도리어 나에게 "이사장님, 그간 마음 고생이 심하셨죠! 수고하셨습니다."라며 위로의 말씀을 해주기도 했다. 위령비의 문안은 시인 조병화|趙炳華 씨로부터 받았다.

추 도 시

인간이 어찌 천지의 변동을 알리요만
뜻하지 않은 갑짝스런 대 폭우로
삽시간에 무너져 내린 영령들의 묘역
여기 큰 탑 세워 다시 정성으로 모시니
이 효성 받아드려서 편히 오래 오래 명복 하시길

－유가족의 아픔으로
조병화 대한민국 예술원 회장

나는 우리네 장묘문화는 시급히 바뀌어야 한다고 생각한다. 아무리 호화분묘라 하더라도 세월이 흐르면 풍화되기 마련이고, 관리가 안되면 결국 잡초에 묻혀 나중에 후손이 찾기도 어려워지게 될 뿐이다. 자연훼손 문제는 말할 것도 없다. 나는 우리의 장묘문화가 화장으로 가야 한다고 생각한다.

시립 추모시설(납골시설)에 고인을 안치한 후 미처 전하지 못한 사랑에 안타까워하던 남겨진 사람들의 모습을 지켜보면서 나는 이분들에게 조금이나마 위로가 될 수 있는 방법이 없을까 고심했다. 그러다가 그 애틋한 마음을 글로 표현할 수 있는 방안을 검토하게 되었고 마침내 용미리(파주 소재)와 벽제리(고양 소재) 시립추모시설 다섯 곳에 비망록 '고인에게 쓰는 편지'란 코너를 마련한 것이다.

이 일은 내가 서울시 시설관리공단 이사장으로 재직하면서 가장 기억에 남는 일이었다.

놀랍게도 주말마다 긴 줄을 애써 기다리면서 그리움을 폭포처럼 풀어놓는 유가족들의 행렬이 이어졌다. 2000년초에는 추모시설까지 자주 올 수 없는 분들을 위해 인터넷에 「사이버 추모의 집」을 개설하면서 그 안에 '하늘나라 우체국'이라는 코너를 만들기도 했다.

나는 서울시립 추모시설에 비치되어 있는 비망록 「고인에게 쓰는 편지」와 인터넷 사이트 「사이버 추모의 집」을 통해 온라인으로 접수된 사연들을 묶어 책으로 펴내기로 했다.

모든 편지 글들이 소박하고 진솔한 내용으로 읽는 이의 영혼을 울리는 사랑의 감정을 담아내고 있었기 때문이다.

그 책들이 바로 『눈물의 편지』(제1권), 『새가 되소서, 하늘을 나소서』(제2권), 『하늘나라 우체국』(제3권), 『하늘로 보내는 편지』(제4권)이다.

『눈물의 편지』를 발간하고 나서 서울시 시설관리공단 강당에서 작은 출판기념회를 열었다. 이 책의 편집에 참여하신 연세대 송복 교수, 신달자 시인, 김주영 소설가께서 참석해 주셨다. 모두 고급관료는 권위적이고 딱딱한 줄 알았는데 참 대단한 발상이라고 칭찬해 주셨다. 책을 발간하고 시판에 들어갔는데 무려 5만 권이나 넘게 팔려 당시 교보문고 베스트셀러에 기록되기도 했다. 『눈물의 편지』는 후에 중국어로 번역

되어 중국에서 발간되었고 대만에서도 출판되었다.

특히, 어린이판인 『하늘나라 우체국』은 자라나는 청소년들에게 우리의 효문화를 되새기는 기회가 되어주었다는 평가를 받기도 했다. 인쇄자료는 장묘문화 관련 시민단체의 지원금으로 충당되도록 했다.

광주비엔날레 준비로 잠 못 이루던 나날들

정 영식

1. 무등의 정신과 사생결단의 자세로 준비하다

무등의 정기, 비엔날레로 영글다

무등산을 갈 때는 늘 옷매무새를 고치곤 했다. 왜 그랬는지 모른다. 집 마당에 있는 듯한 유달산을 오를 때와는 다른 경건함 같은 것을 느꼈던 것 같다. 무등산은 일부러 마음을 먹고 가야 한다. 광주 외곽에서 광주를 응시하고 있는 무등산은 산 이름 그대로 산 모양새가 평탄하고 수굿해서 흡사 화엄경 속으로 들어가는 듯한 그런 느낌이 들곤 한다. 산 하면 떠오르는 흔한 삼각형 모양의 산이 아니다. 그 점에서 다른 많은 산들이 높이 솟은 봉우리를 하늘에 디밀고 사람들의 선망을 기대한다면 무등산은 뭇 생명의 평등함을, 아니 평등을 넘어선 같음을 설법하는 것이라고 할까. 나는 무등산에 자주 가곤 하였다. 전남도 기획관리실장 재직시(1992)에는 아침마다 무등산자락인 각화동 뒷산을, 광주부시장 때(1995)에는 주말마다 무등산 중봉, 서석대의 품에 가서 안기곤 하였다.

나는 무등산은 뭐라고 딱 꼬집어 말하기는 어렵지만 '사유의 산'이라는 느낌을 받는다. 인간으로 하여금 삶에 대한 성찰을 요구한다고 할까. 산은 우리 동양에서는 인간의 탄생과 삶에 영향을 주는 것으로 이해된다. 어느 산 정기를 받고 태어난 사람 … 하는 말이 자연스러운 것은 그 때문이다. 나도 그 견해에 동의한다. 무등산은 우리 역사에서 부단히 인간의 존엄을 지킬 것을 가르쳐 왔다. 광주학생독립운동사건, 광주민주화운동이 단적으로 그것을 보여준다.

미당 서정주 시인은 무등산을 이렇게 노래했다.

'가난이야 한낱 남루에 지나지 않는다. / 저 눈부신 햇빛 속에 갈매빛의 등성이를 드러내고 서 있는 / 여름 산 같은/ 우리들의 타고난 살결, 타고난 마음씨까지야 다 가릴 수 있으랴. (……)'

나는 학생 시절 즐겨 외곤 하던 이 시구를 읊조리며 이 아침 내 마음 속으로 무등산을 모셔온다. 누가 우리 전라도의 타고난 마음씨까지 다 가릴 수 있으랴. 이 지역의 고결함, 아름다움이 영글어 광주비엔날레의 예술혼으로 승화하였다고나 할까? …

비엔날레 준비 당시 마음은 사생결단의 자세

1995년 1월 1일 광주 부시장으로 부임하여 내 어깨에 부하된 가장 무거운 짐이 창설 준비 중인 비엔날레의 성공적 개막이었다. 지방 정치 일정은 비엔날레를 기획한 시장이 6월 30일 물러나고, 7월 1일부터 새 민선 시장이 인계받도록 짜여 있었다. 조직위원회 사무총장으로 총괄적인 집행책임을 혼자 떠안게 되어 마음이 외롭고 앞이 캄캄하였다.

하느님께 매일 기도를 바치며 용기를 얻고, 조직위원회 전 직원이 충무공의 "필생즉사, 필사즉생 必生則死, 必死則生"의 결연한 사명감과 굳센 성공의지로 똘똘 뭉쳐 짧은 준비기간 내에 그 엄청난 일을 마무리하고, 제1회 광주비엔날레 개막을 성공시켰던 기억이 엊그제 같다. 아무리 어려운 일이라도 사생결단 死生決斷의 자세로 하게 되면 목표를 성취하게 된다는 교훈을 얻었다.

2. 광주비엔날레 개요

▌비엔날레의 연혁 및 개관

비엔날레의 개념

비엔날레|Biennale란 본래 이탈리아어에 어원을 둔 '2년마다', '2년간 계속되는'을 뜻하며, 영어식 표기로는 바이에니얼|Biennial이다. 2년마다 열리는 행사나 집회를 모두 비엔날레로 부를 수 있겠으나, 특히 미술 분야에서 격년제로 열리는 국제 규모의 전시 및 부대행사를 일컫는 것이 일반적 추세이다.

유명 비엔날레의 운영을 살펴보자면, 비엔날레의 형식은 유사하지만 그 내용은 천차만별이다. 베니스 비엔날레는 각 나라가 위임한 커미셔너에 의해 선발된 작가들이 각 국가관에서 작품을 발표하는 본전시와, 세계 미술계의 흐름을 조명하는 특정 주제 아래 열리는 특별전으로 구분하여 전시한다. 휘트니 비엔날레나 시드니 비엔날레의 경우처럼 큐레이터|Curator나 예술감독|Art Director이 자신의 관점에 따라 전시 주제를 설정하고 그 주제에 부합하는 작가를 선정하여 전시하는 방식도 있다. 일반적으로 국제적인 규모의 비엔날레들은 각 국가별로 커미셔너를 위촉, 이들이 추천한 작가들로 전시가 구성되는 것이 관례이다.

비엔날레의 의의 및 평가

비엔날레는 그 형식에서 의미를 찾을 것이 아니라 그것의 내용과 방향이 무엇이며, 현대미술의 흐름에 어떤 전망과 기여를 제공할 수 있는가에 그 의의를 두고 있다. 비엔날레의 성공적 개최를 위하여는 미술의 발전은 물론 여러 부수효과를 창출할 수 있는 전략의 수립이 전시기획 전문가 및 주최기관의 과제라 할 수 있다. 비엔날레의 개최국가나 개최

지역은 행사의 주최에 대한 자긍심에서부터 지역적 문화전략을 수립하는 주체가 된다. 베니스나 상파울루의 경우를 보면 비엔날레 개최 이후 새로운 시야와 정보, 행동들을 수용하는 울타리 구실을 해왔다.

1980년 베니스 비엔날레는 Trans Avantguarde를 본격적으로 소개함으로써 예술운동을 통한 후원자의 이름을 얻었다. 「카셀도큐멘타」는 1982년 독일과 미국의 신표현주의를 통합 전시하여 1980년대 신표현주의의 신구대륙 논쟁을 포괄하였으며, 「상파울루 비엔날레」는 500년간 식민지 영토로 인식된 라틴아메리카의 고유한 전통문화와 언어를 되찾는 작업을 벌였고, 「하바나 비엔날레」는 제3세계가 갖는 정치·사회·문화적 현실의 문제를 예술의 문제로 설정하는 데 성공한 예라고 할 수 있다.

▌광주비엔날레 태동의 배경 및 개최 의의

1994년 9월 지역예술인들의 여망과 중앙예술인들의 국제 비엔날레 창설 필요성을 권고 받은 당시 강운태 시장이 1994년 9월 28일 실무작업 기획단을 구성하고, 비엔날레 개최 기본시안을 작성하여 1994년 11월 5일 문화체육부, 내무부, 대통령비서실과 협의를 거친 다음 동년 11월 14일 의욕적인 광주비엔날레 개최계획을 발표하기에 이르렀다. 1995년은 국가적으로나 지역적으로 중요한 한 해로서 광복 50주년이 되는 뜻 깊은 해이자 정부에서 「미술의 해」로 선포하여 의미를 부여하고 있는 만큼 예향|藝鄕 광주의 장점을 살려 문화예술적 이벤트 행사의 기획 필요성이 절실하던 차였다. 이를테면 지방의 국제화추진 전략으로서의 문화이벤트적 성격을 강하게 내포하고 있었다.

광주의 특성 및 문화예술적 전통과 역사적 배경을 살펴볼 때 광주는 국토의 서남권에 위치한 호남의 중심도시로 물산이 풍부하고 인심이 순후하며, 전통적으로 예의를 숭상하고, 의병활동, 3·1운동, 광주학생독립운동 등 나라가 위태로울 때마다 국난극복의 한 중심에 있어왔다. 이러한 충의의 전통과 불의를 보고 참지 못하는 의로운 기백이 맥맥히 흘러 내려와 1980년에는 또한 조선 후기 판소리 및 남종화의 본고장이기도 하고, 근대에 들어와 동양(한국)화의 거장 의재 허백련, 서양화의 오지호 화백을 중심으로 독특한 남도의 화풍을 이어온 전통적 예향으로, 광주를 비롯한 남도지방은 예로부터 풍류의 고장으로 생활 속에 문화의 향기가 넘쳐나는 고장이다. 이러한 문화예술적 전통을 바탕으로 문화예술회관, 미술관, 음악당, 국악당, 민속마당, 사물놀이마당 등 문화시설이 도시 곳곳에 갖추어져 있고, 중외공원의 문화벨트가 형성되어 있는 점 등 국제비엔날레를 치를 만한 축적된 잠재력을 갖추고 있었다.

광주비엔날레의 개최 의의는 정부의 국제화·세계화 시책에 발맞추어 광주시가 문화예술부문을 바탕으로 세계일류의 문화도시로 도약하고자 그 기반조성을 위한 국제적 기획상품으로 계획한 것으로, 도시마케팅의 핵심적 전략수단으로 비엔날레를 선택했다는 데 있다. 기존의 해외 비엔날레와 차별성을 부여하며, 민주성지로서의 광주의 상징성과 예향으로서의 지역특성을 바탕으로 아시아·태평양 지역의 유일한 국제적 미술 이벤트를 광주라는 지방도시에서 개최함으로써 광주 자체를 상품화하는 방식으로 변신을 도모하여 광주의 문화이미지를 최대한 제고시키면서 21세기 문화의 새로운 지표를 설정하는 계기로 삼고자 한 것이다.

광주비엔날레의 선언문에서도 "광주비엔날레는 광주의 민주적 시민정신과 예술적 전통을 바탕으로 한다. 건강한 민족정신을 존중하며, 지구촌시대 세계화의 일원으로 문화생산의 중심축을 자임한다…."라고 대외적으로 메시지를 천명하고 있다. 광주비엔날레의 창설은 광주비엔날레를 아시아·태평양 지역의 대표성을 지닌 최고의 유일한 국제미술제로 자리매김되도록 육성해 나감으로써 남도의 다양한 문화형식과 행동을 간직해온 전통적 예술의 고장 광주시를 세계적인 예향으로 발돋움시키는 전기를 마련, 광주의 민주적 시민정신과 예술적 전통을 바탕으로 지역문화의 활성화와 예향 광주시민으로서의 일체감 조성을 위한 도시문화개발 차원의 획기적 사업이 될 수 있다고 볼 수 있을 것이다.

▎준비과정

광주비엔날레는 1995년 창설되었다. 하지만 타 지역의 유치의지와 질시, 비협조로 인해 그해 9월 개막을 앞둔 광주비엔날레는 커다란 어려움에 봉착했다. 그래서 이러한 난관을 극복하고자 100년 전통을 자랑하는 베니스 비엔날레를 벤치마킹하기로 하고, 1995년 6월 우리 일행은 관광의 보고 이탈리아의 베니스로 출발했다.

관광차 간 것이라면 좋았으련만 광주 부시장, 광주비엔날레 사무총장으로 제1회 광주비엔날레의 성공적 개최(95.9.20~11.20)라는 절대절명의 과제를 안고 베니스에 도착했다. 남들은 흥겹고 즐거운 관광길에 모두들 미소를 보내고 떠들건만 우리 일행에게는 그럴 틈조차 없었다. 아니 이런 여유는 사치에 속하는 것이었다. 이곳에서 우리 일행은 관련자들을 만나고 하나라도 더 자료를 얻고자 동분서주했다. 그 와중에도 기억에 남는 것은 베니스시청에 들러 '마시모 키카아리' 시장을 예방했던 일이다. 그 자리에는 미국에서 직접 날아온 세계적인 비디오 아티스트 백남준도 함께했다. 물론 광주비엔날레를 돕기 위해서였다.

이때 베니스시장은 광주시 대표인 우리 일행은 의례적으로 대하면서 내내 백남준 님의 말은 경청하면서 존경의 눈빛까지 보내는 것을 보면서 백남준 선생의 예술적 성공의 위력을 실감할 수 있었다.

당시 베니스시장은 40대 중반으로, 철학, 건축 등 박사학위를 다섯 개나 가진 석학에 노총각이었다. 이런 시장의 예술가에 대한 태도는 마치 제자가 스승을 모시는 듯한 모습이었다. 아, 이렇기 때문에 베니스 비엔날레가 권위를 갖고 세계 미술계를 이끌어가는 것이구나 하는 생각이 들었다.

이제야 밝히지만 광주비엔날레가 자리잡고 1회 대회가 성공적으로 개최될 수 있기까지 백남준의 도움은 매우 컸다. 백남준은 마치 광주비엔날레의 홍보대사처럼 활약했다.

숨은 얘기가 또 있다. 광주비엔날레의 예산이 취약한 관계로 광주비엔날레 CF제작이 미루어지고 있었다. 이때 안을 낸 것이 백남준 선생을 무료로 출연시키자는 아이디어였다. 백 선생님께 전화로 말씀드렸더니 미국까지 촬영진이 오면 경비가 많이 드니 백 선생님이 베니스에 오신 기회를 이용, 촬영에 응해 주시겠다고 한술 더 떴다. 베니스비엔날레 한국관 앞에서 **"9월에 광주에서 만나요. 우리의 비엔날레 광주비엔날레가 9월 광주에서 열립니다."** 라는 백 선생의 호소력 있는 멘트가 200만 명 가까운 국내외 인사의 광주 방문에 큰 원동력이 되어 주었다.

두 단체의 끝없는 대립과 갈등

비엔날레 조직위 구성 당시 이후 가장 어려웠던 것 중의 하나는 예총계열과 민예총계열 간의 끝없는 대립과 갈등이었다. 제1회 광주비엔날레 주제가 '경계를 넘어서'인데 마치 두 그룹 간의 화합을 염두에 두고 정한 느낌이 들 정도로 예총 대 민예총 간의 대립각이 매우 날카롭고 벽이 두터웠다. 두 조직으로 분할된 이후 최초로 광주비엔날레 전시회를 통하여 함께 참여하는 기록을 만드는 대회가 되었다. 임영방 조직위원장이 그 틈새에서 서너 번 위원장직 사퇴소동을 벌였었다.

익명의 비엔날레 기금

1995년 당시에 광주 부시장의 권한 중 아파트 사전승인심사위원회의 위원장으로서 건설 예정 단지의 기존 도시계획과의 적정성 여부, 주차여건, 친환경성 등을 심사하여 사실상의 승인권한을 갖고 있었다. 건설회사들의 로비가 간혹 있게 마련이다. 나를 만나러 와 으레 떡값이라 하여 거부할 틈새를 주지 않고 기술적으로 놓고 나가버리므로 거절이나 반송이 쉽지 않았다. 그때마다 익명의 이웃돕기성금이나 비엔날레기금 등으로 입금시키곤 하였다. 지금도 광주비엔날레 기금 중 익명의 기천만 원이 그 돈이다.

무등산 등 경관보호조치

1995년도에는 경관 심사기준을 강화하여 제1회 광주 비엔날레가 열려 외국인 등 손님들에게 아름다운 광주를 보여주기 위해 본 전시장 주위의 숲이나 녹지를 훼손하는 아파트단지 승인을 가급적 최대한 억제시켰고, 이를 계기로 무등산, 화방산 등 좋은 경관을 유지할 것이 요청되는 산기슭의 개발한계를 등고선|等高線 90°라인까지 하도록 하는 경관보호에 관한 조례의 제정 추진을 주도하였다.

개막 이틀 전 '야외공연무대'의 늑장 준공

시설공사 가운데 대단히 중요한 야외공연무대가 개막 하루 이틀 전에야 준공되어 남몰래 애타던 가슴앓이가 풀린 것이다. 당초 소규모 중소 건설업체에 낙찰되어 시공과정이 걱정되었으나 사업이익에 앞서 국제미술제 개막의 책임감이 공사는 무조건 해놓고, 계산은 나중에 맞추자는 식으로 되어 고민을 해결시켰다.

가슴 졸이게 한 어느 작가 전시코너

개막을 앞두고 가장 마음 졸이게 한 것은 S모 커미셔너가 담당하는 남미대륙작가 전시코너가 개막 당일 아침 6~7시가 되어서야 작품제작이 완성된 것이다. 전시본부 임직원들이 복통이나 가슴앓이를 쓸어내리듯 얼마나 안절부절 못하게 애를 먹였는지 해당 커미셔너의 추천·선정을 원망하기조차 하였다.

청천벽력, 대통령 불참 통보

광주비엔날레의 개막 준비 때문에 95년도에는 설이나 추석 명절에 하루씩만 쉬고 공휴일도 없이 일년내내 매일 저녁 11시경에야 퇴근하였다. 그런 고생을 하면서 천신만고 끝에 개막을 하루 앞두고 있는데, 당시 김영삼 대통령이 광주비엔날레 개막식에 참석 못한다는 통보를 하여 행사를 망치치 않나 하는 청천벽력과 같은 일이 발생하였다.

온 신문들이 1면 톱을 준비하다가 헤드라인을 바꾸는 등 광주 비엔날레를 망치게 하는 듯하여 앞이 캄캄하고 분통이 터졌다. 국제미술전에는 52개국 92명의 작가가 출품하고 182억 원의 예산이 투입된 행사였다. 개막 전날 불참정보를 확인하고 청와대 행정수석실에 대학생들의 돌출행동 우려나 좌파적 시각의 행사라는 경직된 평가보고를 하여 대통령이 참석 않게 한다는 것은 국제 미술제에 대한 예의나 올바른 배려가 아니라고 하면서 애걸도 하고 항의성 불만을 전달하기도 하였다.

그러나 참으로 고마운 존재가 언론이었다. 청와대에서 홀대하는 것을 보고, 역으로 언론이 광주에 대한 동정심을 갖고 경쟁적으로 보도지원을 해주어 오히려 더욱 홍보가 잘된 셈이었다.

대통령 참석을 방해한 해프닝 정보

김영삼 대통령의 참석을 방해한 정보 및 해프닝으로는 피카소의 작품 중 「미군의 조선 농민 학살」 게시 정보(우리나라 소재와 관련된 유일한 것이고, 반미|反美 색체가 강한 그림), 5·18 민중항쟁코너의 섬뜩한 작품 전시, 김정현의 판문점 작품 속에 김영삼 대통령과 김정일을 대조시켜 그린다는 정보가 있었다. 김정현씨의 동|同 작품은 전날 밤까지도 감시를 하고, 유홍준 교수를 내세워 돌출행위를 예방하는 조정을 하기도 하였다. 이러한 것들이 정보기관 정보로 보고 되어 참석에 부정적인 영향을 미치지 않았나 추측된다.

▎주요 행사

최고 호화 멤버들 참여의 개막행사

내 평생 겪은 행사 중 우리나라 재벌들 회장이 대부분 참석하고 최고의 명사들이 대거 참석한 최초의 행사로 기억될 것이다. 당시 이건희, 김우중, 최원석 씨 및 부인 등등 또한 전 리투아니아 대통령 란즈베르기스가 비디오 퍼포먼스 공연차 내한하였으며, 특히 세계 최고의 비디오 아티스트 백남준, 이응노 화백, 피카소, 샤갈, 뒤샹, 장포트리에, 타틀린, 호안미로 등의 작품이 전시되어 관심이 많았다. 피카소의 「넘어진 여인」, 타틀린의 「제3 국제기념탑」이 출품 당시(1995) 6억, 3억 원을 호가하였다.

피카소 작품 대관한 미술관 책임자의 위세

피카소 작품을 대관해준 스페인 마드리드 미술관 책임자는 불쾌한 기억을 남겼다. 물론 유료로 반출 전시토록 한 것은 이해되나 힐튼 호텔의 1등객실인 스위트룸과 비행기 1등석 등을 요구할 뿐 아니라, 바빠서 대접이(안내 등) 소홀한 듯하면 작품 손상의 우려 등 다른 이유를 걸어 작품을 회수조치한다는 등 눈살을 찌푸리게 하는 더티한 행동을 보여주었다.

기금 출연 VIP의 테이프 커팅 참여

개막식에 삼성그룹 이건희 회장 부인 홍나희 여사가 테이프 커팅 참여를 희망하였다. 10억 원의 기금을 출연한 VIP로서 당연히 그 뜻을 받아들였다. 당시 D그룹 회장 부인도 삼성 홍 여사의 예를 들어 테이프 커팅 참여를 희망하였으나, 조심스럽게 삼성의 기금출연 내역을 설명드렸더니 그 후 아무런 이야기가 없었다.

당시 광주의 부끄러운 호텔 사정 일화가 있다. M관광호텔이 오래전에 부도가 나 노조에서 어렵게 직영하느라 새로운 시설투자 없이 기존시설을 그대로 이용하여 남루한 편이었다. S그룹에선 한 층을 몽땅 빌려 카펫도 새로 깔고 침구도 새로 임차하여 회장 사모님께 경의를 표하였다.

광주 상징물 '무지개 다리'의 설계비

오늘날 TV 방송의 광주 상징물이 비엔날레 개최 축하시설물인 빨강, 파랑, 백색의 "무지개다리"이다. 이 작품에 대한 아이디어 제공과 디자인을 해주신 분은 이 고장 출신 고 김영중 조각가였다. 내가 광양군수

시절 포항제철과의 인연으로 당시 5억 원 상당을 후원해주고, 포철 생산의 철구조물을 제공한 다리였다. 김영중 선생께 당초 7천만 원의 설계비를 사례하기로 하였으나, 김 선생님께서 조직위부위원장을 맡고 있어서 돈 받았다는 얘기가 듣기 싫다고 무료로 희사한 일화가 있다.

광주비엔날레 행사의 특징을 살펴보면,

첫째, 단순한 미술전람회가 아니라 민속, 음악, 무용, 의상 등 축제행사가 결합된 종합 문화예술축전의 특징을 지니고 있으며,

둘째, 세계 최신 경향의 미술과 동양의 독창적 미술이 조화된 전시이자 작품의 소장가치와는 무관한 실험적, 종합적 작품 위주의 전시가 주종을 이루고,

셋째, 참여작가 선정에 있어 선. 후진국 구별 없이 범세계적으로 역량 있고 주제에 걸맞은 작가를 고르게 참여케 하는 등 서구의 비엔날레와 차별성을 나타냈다.

넷째, 청·장년, 노인 등 다양한 관람 연령계층에 따라 흥미를 갖고 참여하도록 학생미술 실기대회, 북한미술. 공예품전, 한국근대회화 명품전, 국악공연 등 각양각색의 예술적 체험 및 관람기회를 제공하도록 기획하였다.

다섯째, 예술과 첨단과학의 접목에 의하여 미래생활의 총아인 쌍방향TV, 가상현실|Virtual Reality, 멀티미디어, 인터넷 등 첨단기술을 동원하여 제작된 새로운 설치미술 작품을 대거 등장시켜 정보화사회와 예술의 긴밀한 관계를 나타냈다. 특히 인터넷을 활용하여 광주비엔날레의 전시내용, 축제행사, 광주시의 교통. 관광. 숙박. 음식점 시설 등의 제반 정보를 지구촌 곳곳의 네티즌들에게 신속하게 홍보하고 있어, 인터넷이 새로운 해외홍보 매체로서 유익한 수단이 될 수 있음을 보여주고 있다.

광주비엔날레의 주요 행사는 전시행사와 축제행사인데, 각각을 간략히 소개하면 다음과 같다.

먼저 전시는 세계적인 작가가 한데 모여 경연을 벌이는 본전시인 「국제현대미술전」과 국내외 미술의 흐름과 특성을 집중하는 「특별전」 및 광주비엔날레를 축하 기념하는 「기념전, 후원전」 등으로 다양하게 구성되었다.

다음으로 축제행사를 요약하면 다음과 같다.

광주비엔날레를 단순한 세계미술전람회에 그치지 않고 무용, 음악 등에까지 넓혀 전통과 현대예술의 조화로운 만남을 통한 세계인의 문화 예술 올림픽 축전으로 승화시키기 위한 목표를 지니고 있다. 지역, 세대, 계층, 이념 등을 초월한 세계각국의 문화행사를 유치하여 범국민적 축제분위기를 조성하고자 주제에 부합되는 세계수준급의 다양한 볼거리를 제공하며, 민간예술단체 및 시민들의 자율적 참여로 지역문화역량을 제고하고, 미술, 음악, 무용, 패션 등의 만남을 통한 종합축전의 장을 마련하는 데 주안점을 두었다.

행사는 크게, ① 공식적인 의식행사(전야제, 개막제, 폐막제), ② 국내외 예술단체 공연행사와 ③ 특별행사로 나눌 수 있다. 제1회 축제행사는 총 30개 국가의 165개 단체, 12,000여 명이, 제2회 축제행사는 총 14개 국가의 183개 단체 소속 7,600여 명의 출연진이 등장한 다채롭고 다양한 행사로 구성되었다. 국내 공연단체로는 국립예술단체, 시·도 예술단체, 국가지정 중요무형문화재 공연을 들 수 있으며, 해외 민속예술단으로는 인도 Kinnar공연단, 일본 와라비좌, 러시아 국립아카데미 가무단, 이집트, 필리핀, 내몽고, 베트남 등 여러 예술단체가 내한하여 공연하였다.

▎지역발전 기대효과

광주비엔날레는 광주시가 문화예술을 바탕으로 1급도시로 성장하고자 그 기반조성을 위하여 기획한 도시마케팅의 핵심전략으로 선택한 것이라고 할 수 있다. 광주지역의 정체성|Identity 형성에 기여하면서 지역경제에 확실한 파급효과를 가져올 수 있느냐에 그 성공의 관건이 달려 있으며, 이런 관점에서 광주비엔날레는 긍정적인 평가와 기대를 모으고 있다.

시장지향적인 도시마케팅의 이론에 입각, 도시발전 효과를 분석하기 위하여 실제로 관람객을 대상으로 한 설문조사에 의하여 구체적 지출사항을 표본조사하고, 산업연관 분석기법에 의한 전국 및 광주·전남지역의 생산·소득·고용유발 효과를 산출하는 방법을 택하였다.

먼저, 광주비엔날레가 **정치·사회적 측면에서 미친 효과**를 설문조사 방법에 의하여 분석한 결과, 지역의 정체성 형성에 기여한 공헌도가 대단히 높은 것으로 나타났다. 광주가 세계적 예향, 적어도 동북아의 유일한 비엔날레 개최도시로 부상된 데 대한 광주시민의 긍지와 자부심이 한껏 높아졌으며, 비엔날레 이미지 관리가 성공적이었다는 것은 관람객의 43.6%가 광주·전남지역 거주자로 나타난 점과, 다음 제3회 대회를 보겠다고 희망하는 사람이 75%를 차지하는 것을 보더라도 확인할 수 있다.

다음으로, 설문조사 및 산업연관분석기법을 이용하여 분석한 **경제적 효과**를 보면, 광주비엔날레가 지역경제에 미친 영향이 대단히 컸다는 점을 알 수 있다. 비엔날레 관련 광주시의 재정지출액 91억 원과 관람객이 소비한 것으로 추산된 총 소비지출액 555억 원을 가지고 1996년의 산업연관표로 산출한 결과 생산유발효과는 904억 원, 고용효과는 2,615명, 소득효과는 107억 원으로 나타났다.

끝으로 **기타 효과**로서 비엔날레가 문화행정적인 측면에서 미친 효과를 분석한 결과, ① 우리나라 출신의 국제전시전 커미셔너 배출(2명), 전시총괄 기획경험 축적 등 국제미술 전문인력의 조직화 내지 체계적 양성의 계기를 촉발시켰으며, ② 양분된 미술계(예총/민예총)의 화합 참여의 장 제공, ③ 효율적인 민관 협력에 의한 재단기금 마련, ④ 해외 유명 미술관, 박물관, 저명한 국제미술인과의 외교 및 인간관계 형성 등 다각적인 측면의 성과 내지 결실이 있었다 할 것이다.

▍후일담

제1회 광주비엔날레를 시작으로 그간 광주비엔날레가 이렇게 성장하기까지에는 최초에 열과 성을 다해 충심으로 광주를 도와주시고 애써주신 백남준 님이 계셨기에 가능한 일이었다.

　제1회 광주비엔날레에서 선생은 비디오 특별전인 '인포아트|InfoArt' 전을 직접 기획하시어 90여 명의 세계적으로 유명한 비디오 작가들을 참여시켜 본 대회를 빛내주시고, 초대 리투아니아 대통령 란스베르기스 등과 함께 개막전 퍼포먼스를 벌여 국내외 이목을 집중시키기도 했다. 이때 제작된 것이 백 선생 서거시 분향소를 설치했던 비엔날레관의 '고인돌'이란 작품이다.

　하지만 회한으로 남는 것은 당시 광주비엔날레의 성공에 들며 예술계 일각에서 제안한 백남준미술관을 세우지 못한 것이다. 광주비엔날레에 출품한 백남준의 작품과 그 제자들의 작품을 모아서 미디어 아트가 총합된 백남준미술관을 광주에 건립하는 문제는 장기적인 측면에서 매우 중차대한 일이었지만 예산 문제 등으로 흘려보내고 만 것이다. 광주의 명물, 호남의 명물을 하나 가질 수 있었는데 지금도 참 안타깝기만 하다. 백남준기념관은 현재 경기도에 설치되어 있다.

KAL858기 폭파범 김현희의 체포

최 진

1987년 11월 29일 서울 시간 오후 2시 1분 바그다드에서 출발하여 승객 115명을 태운 KAL858기가 인도양 상공에서 방콕과 교신 후 실종되었다는 보고가 들어왔다.

당시 88년 서울올림픽을 준비하고 있던 대한민국 정부는 올림픽을 방해하려는 북한의 테러 시도에 대해 신경을 곤두세우고 있었다. 그런 중에 이런 사건이 발생하자 당연히 이 사건이 올림픽을 방해하려는 테러일지도 모른다는 생각을 하게 되었다.

안전기획부는 해외의 전 거점에 관련 정보를 타전했다. 곧 아부다비 대한항공 지점으로부터 바그다드에서 탑승하고 아부다비에서 내린 사람 중 두 일본인 하치야 신이치蜂谷眞一와 하치야 마유미蜂谷眞弓의 이름이 주목을 끌었다. 나머지 13명은 현지 중동사람들이었다. 다 신원이 확인되었다.

일본에는 오래전부터 대한민국 파괴활동을 해온 조총련의 공작조직이 있었다. 즉시 일본 전 거점에 하치야 신이치와 하치야 마유미의 이름이 하달되었다. 그런데 당시 주일본 대사관에 근무하고 있던 안기부 파견관 최○○ 일등서기관이 바로 하치야 신이치가 동경 시부야구에 거주하는 조총련 활동가라는 점을 기억해 냈다. 그는 평소 자신의 정보목표에 대해 부지런히 연구해왔기 때문에 즉각적으로 기억해냈다. 이는 바로 안기부 ○○국에 보고되었다. 당시 안기부 ○○국장은 외교부 외교관 출신인 정○○(후일 주태국 대사)였다. 그는 콜롬비아 대사로 외교적 임명절차가 진행 중 경남 합천 동향인 전두환 대통령의 신임으로 안기부 국장으로 발탁되었다.

바로 동경거점은 일본 공안당국과 협조하여 하치야 신이치를 조사하자 하치야 신이치는 11월 29일 당일 일본 국내에 거주하고 있었다. 즉, 바그다드에서 타고 아부다비에서 내린 하치야 신이치는 동경 시부야구에 거주하는 진짜 하치야 신이치를 사칭한 가짜임이 밝혀졌다.

추가조사에서 이 진짜 신이치는 1983년에 조총련 공작원 이경우|李京雨(1948년 제주4·3폭동의 주동자 중 한 명, 65세, 통상 미야모도 아키라|宮本明라는 일본명을 사용)에게 여권발급을 위해 서류와 인감을 제공했다는 것이 밝혀졌다.

그런데 이 미야모도 아키라는 안기부와 일본 공안당국에 모두 잘 알려져 있는 조총련 공작원이었다. 그는 1985년 3월 적발된 재일 북한간첩단사건인 니시 아라이|西新井사건의 배후 공작지도원이었다.

이제 이번 KAL858기 실종사건이 실종사건이 아니라 폭파사건이고, 그 범인이 북한의 공작요원이라는 것은 적어도 안기부와 일본 공안당국에게는 자명한 일이었다.

이 수사단서가 바로 다음날인 11월 30일 안무혁|安武赫 안기부장을 통해 바로 전두환|全斗煥 대통령에게 보고되었다.

이 진짜 하치야 신이치는 미야모도 아키라에게 여권발급용 서류와 인감을 제공했다는 사실을 12월 1일 밤 기자회견을 통해서도 밝혔다.

한편, KAL858기를 폭파한 김승일|金勝一(가명 하치야 신이치)과 김현희|金賢姬(가명 하치야 마유미)는 폭파임무를 끝내고 북한으로 돌아가는 길에 왜 원래의 공작계획대로 돌아가지 못하고 체포되게 되었던가?

나는 이 부분을 기술하면서 '보이지 않는 힘'이 대한민국을 항상 보우|保佑하고 있다는 것을 느끼면서 전율|戰慄을 체험한다. 북한의 대한민국에 대한 테러공작은 완벽한 계획에도 불구하고 항상 마지막에 한 명이 체포당함으로써 북한의 소행이라는 그 실체가 세상에 드러나고 말았다. 1968년 김신조 일당의 청와대 습격이 그러했고, 1983년의 버마 아웅산 폭파 테러사건이 그러했다. 이번 KAL858기 폭파사건도 완벽하게 끝나는 것처럼 보였다.

그런데 전연 엉뚱한 데서 발목이 잡히고 만것이다.

바그다드에서 타면서 김승일과 김현희는 KAL858편에 탑승하기 20분 전인 11월 28일 밤 11시 5분경에 9시간 뒤에 폭발하도록 라디오폭탄의 시한장치를 조작하였다. 조금 전 바그다드공항에서 여자 검색원이 김현희의 몸수색과 휴대품 검사를 하다가 배터리 4개를 발견하고는 "배터리를 가지고는 비행기를 탈 수 없다."면서 4개의 배터리를 쓰레기통에 집어넣었다.

이 배터리가 없으면 폭발물을 터트릴수 없으므로 김현희는 절박한 상황이 되어 쓰레기통에 들어간 배터리 4개를 끄집어 내어 옆의 김승일에게 주었다. 김승일은 여자 검색원이 보는 앞에서 라디오 안에 배터리를 넣고 작동시켜 라디오 소리가 나오는 것을 들려주었다.

오히려 "이것은 순수한 라디오다. 검색이 지나치다."며 항의했다. 여자 검색원이 규정을 무시하고 김승일이 배터리를 가지고 가도록 내버려두었다.[1]

밤 11시 10분쯤 대한항공을 탄 두 사람은 폭발물인 위장 라디오와

---

1) 김승일과 김현희는 11월 27일 유고슬라비아의 베오그라드에서 북한 대외정보조사부 1과 최 과장과 최 지도원으로부터 라디오폭탄과 액체폭약을 건네받았다. 베오그라드에서 바그다드행 비행기를 탈 때 이라크항공기 여자승무원은 배터리 4개를 별도 보관했다가 바그다드에 도착 후 돌려주었다. 바그다드 검색요원도 규정대로 이렇게 했더라면 폭파사건을 피할 수 있었을 것이다.

액체폭약이 든 위장 술병을 쇼핑백에 넣어 선반 위에 올려놓고 김승일은 7C, 김현희는 7B 좌석에 앉았다.[2]

비행기는 11월 29일 새벽 2시 44분 아부다비공항에 도착하였다. 김승일과 김현희는 라디오 시한폭탄과 액체폭약이 든 쇼핑백을 선반에 그대로 둔 채 아부다비에서 내렸다.

11월 29일 새벽 3시에 아부다비공항에 도착한 두 사람은 그날 오전 9시에 로마로 출발하는 이탈리아 항공기로 갈아타기 위해 통과여객 대합실로 걸어갔다.

▎불가사의한 간섭

여기서 우리가 해외여행을 하면서 통과여객 대합실에서 통상 겪지 않는 특이한 사건이 벌어진다. 즉, 입구에서 공항 안내원이 항공권과 여권의 제시를 요구했다. 이때 김승일은 순간 망설였다.

왜냐면 김승일과 김현희는 각기 경로가 다른 두 개의 비행기표를 가지고 있었기 때문이다.

하나는 공작 완료 후 진짜 도피용으로 쓸 아부다비-암만-로마행 항공표였고, 또 하나는 아부다비 도착 후 행적을 흐리기 위한 위장용으로 쓸 아부다비-바레인 항공표였다.

그래서 진짜 도피용 루트를 감추기 위해 위장용 항공권인 아부다비-바레인 항공표를 여권과 함께 보여 주었다. 그런데 여기서 또 특이한 사건이 벌어진다.

안내인은 여권과 비행기표를 보기만 하고 돌려주는 것이 아니라, 자신이 탑승수속을 대신 해주겠다고 하며 여권과 비행기표를 가져갔다.

---

2) 이 대한항공 폭파사건 이후부터 액체폭약이 항공기 폭파에 이용될 수 있다는 점이 고려되어 항공기 탑승시 지금은 모든 액체의 기내반입이 금지되어 있다.

그리고 실제로 탑승수속을 대신해 주어 바레인행 탑승권을 끊어 주고, 탑승 직전에야 여권과 함께 주었다.

결국 김승일과 김현희는 원래 계획하지도 않았던 바레인행 비행기를 오전 9시에 타게 되었다. 바레인에 도착한 이들은 리젠시 인터콘티넨탈 호텔에 투숙하게 된다.

일요일 오후였다. 김승일과 김현희는 이슬람권에서는 금요일이 휴무일이고, 토요일과 일요일은 휴무가 아니라는 사실을 몰랐다. 그래서 일요일엔 여행사가 휴무라고 생각하고 하루를 허비했다.

결국 월요일인 11월 30일에야 12월 1일자 알리타리아 항공의 로마행(원래 공작계획상의 목적지) 항공편을 예약했다. 후일 김현희는 이를 "아랍국가에 대한 기본정보가 전혀 없었다. 책상머리에서만 작전을 짰기 때문이다."라고 회고했다.

이미 서울에서는 하치야 신이치와 하치야 마유미를 북한 공작원으로 단정하고 이들이 묵고 있는 리젠시 인터콘티넨탈 호텔에 바레인 주재 한국대사관 직원을 보내어 동정을 살피도록 했다.

한국대사관에서는 김정기 서기관이 11월 30일 밤 9시 30분쯤 호텔로 전화를 걸었다. 이때까지만 해도 김승일은 자신들이 체포되리라는 생각을 하지 않았다고 한다.

김정기 서기관이 밤늦게 찾아와 김승일과 영어와 한자로 필담을 했다. 김 서기관은 "선생들이 타고 온 대한항공 858기가 미얀마 부근에서 추락하여 승객 전원이 사망했다. 그 일 때문에 찾아왔다."고 말했다. 그는 수사요령을 체득하고 있는 사람도 아니고 사실관계를 확인할 능력도 없었으므로 단지 하치야 신이치와 하치야 마유미라는 일본 이름을 가진 승객이 그 호텔에 투숙하고 있는지 여부를 확인하는 것이 그의 방문의 목적이었다.

이 호텔에는 오꾸보라는 일본인 여자 근무자가 있었다. 이 오꾸보라는 여인은 김승일, 김현희가 투숙하고 있던 방에 전화를 걸어 "KAL기가 실종됐기 때문에 항공사 직원이 탑승자의 신원을 일일이 파악 중이니 이해해 주십시오. 다음 목적지는 어디입니까?"라고 끈질기게 질문했다.

김승일은 김현희에게 "항공기 폭파사건은 수사기간이 오래 걸리는 법이니 내일 일찍 떠나면 된다. 걱정하지 말고 자자."고 말한 후 실제로 본인은 코를 골면서 태연하게 잤다고 한다. 김현희는 불안하여 밤을 뜬 눈으로 지새웠다고 한다.

한국 안기부과 일본의 공안당국에서는 하치야 신이치(김승일)과 하치야 마유미(김현희)가 범인이라는 심증을 굳히고 있었기 때문에 바레인 범죄수사국과 협조하여 이들의 신병을 확보하기로 하였다. 12월 1일 아침 일찍부터 일본대사관 직원 '스나가와 쇼준'은 바레인공항의 출국 검색대에서 두 사람이 나타나기만을 기다리고 있었다. 김승일과 김현희는 아침 7시경 호텔을 나와 택시를 타고 바레인공항에 도착하여 로마행 항공권으로 출국수속을 마치고 출국신고 카드를 작성하여 검색대를 통과하려고 하였다. 그때 대기 중이던 일본 대사관 직원 '스나가와'가 여권과 출국신고카드의 제시를 요구하였다. 일본 대사관 직원이 말했다. "나는 바레인 주재 일본 대사관 직원이다. 하치야 마유미의 여권이 위조로 판명되었으며 두 사람은 이대로 계속 여행할 수 없다. 일본 대사관에 가서 일본 비행기를 타고 일본으로 돌아가야 한다."

사전 협조한 대로 바레인 경찰관 5명이 바로 김승일과 김현희를 에워쌌다. 하치야 마유미의 여권은 여권에 비표로 기록되어 있는 로마자 문자가 남자ㅣ男子를 나타내는 것이었는데 여권 위조를 해준 북한의 공작지원조직이 이 비표를 몰랐던 것이다.

그래서 마유미(김현희)의 여권은 일본 외교관이 한 번 살펴보고서도 위조인 것을 바로 판별할 수 있는 것이었다. 반면 신이치(김승일)의 위조여권은 실제하는 일본여권의 기재사항을 그대로 위조하고 사진만 실제의 진짜 인물 대신에 김승일의 사진을 집어넣은 것이었다. 그래서 신이치의 여권은 일견해서는 위조임을 알 수 없는 정교한 것이었다.

여권을 빼앗긴 김승일과 김현희는 어쩔 수 없이 대기하고 있었다. 이때 김승일이 김현희에게 귓속말로 속삭였다. "이제 모든 게 끝장이다. 여기서 약을 먹고 죽는 게 났다." 김승일은 위조여권임이 발각된 이상 희망이 없다고 생각했던 것이다.

바레인 경찰관이 공안사무실로 데려가 휴대품 검사와 몸수색을 하였다. 그 후 경찰관의 감시를 받으면서 대합실 의자에 돌아와 앉아 있는데 김승일이 세븐스타 담배 한 개비를 건네주었다. 김현희가 이 담배에 불을 붙여 피웠다. 이때 경찰관이 갑자기 가방을 달라고 했다. 김현희는 재빨리 독약 앰플이 든 말보로 담뱃갑을 꺼낸 뒤 가방만을 건네주었다.

그 옆에서 이를 지켜보던 다른 경찰관이 "그 담배도 달라."고 했다. 김현희는 급히 독약 앰플이 든 담배 한 개비만 꺼낸 다음 말보로 담배갑을 경찰에게 건네주었다. 그러자 그 경찰관은 "그 담배 개비도 달라."고 요구했다. 김현희가 김승일의 눈치를 보며 망설이자 경찰이 독약 앰플이 든 그 담배 개비마저 빼앗아갔다. 순간 김현희는 그 경찰관의 손에서 담배 개비를 낚아채서 독약 앰플이 들어있는 부분을 깨물었다. 순간 경찰이 김현희를 덮쳐 독약 앰플의 끝부분만 깨어졌다. 그 독약은 액체가 공기에 노출되는 순간 기화|氣化되어 호흡기를 통해 체내에 흡수되는 것이었다. 경찰이 김현희를 덮치고 두 사람이 넘어지는 소동을 이용해서 김승일은 독약을 완전하게 깨물고 삼켰다. 김승일은 현장에서 즉사했다.

영국인 범죄수사국장의 판단

혐의자들이 독약 앰플을 먹고 음독했다는 첩보는 안기부 □□국에 전해지자마자 이들이 북한 공작원들이라는 사실이 더 분명해졌다. 이전에도 붙들린 간첩들이 자살용 독약 앰플들을 가지고 있었던 사례가 여러 건 있었기 때문이다.

안기부는 □□국의 베테랑 간첩수사관 □□과장과 ○○국의 ○○과장을 12월 2일 바레인으로 파견했다. 당시 바레인 주재 대사는 정해융 | 鄭海融 대사였다. 그는 11월 29일 사고발생 당시 서울에서 공관장회의에 참석 중이었다가 12월 3일 급히 바레인으로 돌아왔다.

바레인은 왕국으로 국왕뿐만 아니라 총리, 장관들의 대부분도 왕족이 차지하고 있는 나라였다. 정부기관의 고위직 중에도 유럽인을 포함하여 다른 아랍인들이 많이 차지하고 있었다.

그만큼 바레인 자국민의 유능한 관료가 부족했던 것이다. 바레인 범죄수사국의 국장도 60대의 영국인인 핸더슨이었다.

정해융 대사는 본국에서 온 대공전문가들, 특히 수사전문가인 □□과장을 핸더슨에게 소개했다. □□과장은 이전의 북한 공작원들이 사용했던 음독 앰플의 사례와 그 성분을 설명했다. 북한 공작원들은 직경 0.44㎝, 길이 2.22㎝의 유리 앰플을 직경 0.69㎝, 길이 2.54㎝의 캡슐로 이중포장한 것으로, 성분은 액화 청산가스인 음독 앰플을 사용해왔다.

또 하치야 신이치의 여권을 만드는 데 관여했던 미야모도 아키라(한국명, 이경우)가 오래전부터 한국의 안기부가 추적해오던 북한 공작원이라는 사실도 설명했다.

마유미가 음독한 독약 앰플이 □□수사과장이 설명한 것과 일치했고, 위조된 일본여권의 발급에 북한의 조총련 공작요원이 관여되어 있다는 일본 공안당국의 조사결과를 통보받고서 핸더슨 범죄수사국장은 노련한 사람이었으므로 이해가 빨랐다. 즉, 이번 사건은 북한이 대한민국에 대해 저지른 비밀 테러공작이라는 것이 분명하므로, 하치야 신이치는 이미 죽었으므로, 하치야 마유미를 바레인에서 수사하고 재판한다는 것은 소국인 바레인으로서는 남북한 간의 정보전쟁에 휘말려드는 것을 의미한다는 것을 재빨리 깨달았다.

□□수사과장이 바레인당국의 협조를 얻어 김현희를 만난 것은 12월 6일이었다. 이 첫 만남에서 □□수사과장은 김현희가 특수훈련을 받은 여자라는 것을 손을 만져보고 바로 알았다. 즉 북한 공작원이라는 확신을 다시 가지게 된 것이다.

그 기간 동안 김현희는 바레인 구치소에서 핸더슨 국장과 핸더슨 국장의 부인인 마리아의 심문을 받았다. 김현희가 일본여권을 소지하고 있었으므로 일단 바레인의 리젠시 인터콘티넨탈 호텔에 근무하던 일본인 여자 오꾸보도 수사 보조기능의 통역요원으로 동원되었다.

그 호텔에서 여권번호와 다음번 행선지 등을 꼼꼼히 묻던 그 여자가 이제 수사 통역요원으로 나타난 것이다.

공작요원은 공작에 투입되기 전에 '가상|假想의 신분|身分'을 만들어 내는데, 이를 정보용어로는 커버스토리|Cover Story라고 한다. 김현희는 교육과정에서 일본인화 교육과 중국인화 교육을 동시에 받았고, KAL기 폭파공작에 투입되기 전인 1987년 9월부터 10월까지 마카오에 투입되어서 생활한 적이 있는데, 이때 커버스토리로 '흑룡강성 오상현에서 태어나 아버지가 문화혁명 시기 반동분자로 몰려 자살한 후 고아로서 떠돌았다'는 가상의 신분을 교육받았다.

거기에 이번 KAL공작에 동원되면서 '하치야 신이치와 부녀관계'라는 가장|假裝 사실을 추가하여 김현희는 그곳 조사과정에서 스스로 '중국에서 고아로 떠돌다 일본인 하치야 신이치를 만나 양녀가 되었다'는

커버스토리를 고안해 내어 핸더슨에게 진술했다.

이번 KAL기 폭파공작 임무에서는 하치야 신이치와 하치야 마유미가 부녀관계로 여행한다는 이외에는 출신지와 가족배경 등에 관해서는 어떤 커버스토리도 교육받지 못했다.

왜냐면 북한 대외정보 조사부는 공작을 완벽하게 성공하고 귀환하거나 아니면 독약을 깨물고 죽거나 둘 중의 하나일 거라 생각했지 김승일이나 김현희가 체포되어 심문을 받게 되는 상황이 발생하리라고는 전연 예상하지 않았던 것이다.

하치야 마유미가 자신이 위조된 일본여권을 가지고 있지만 그것은 하치야 신이치가 마련한 것이고 자신은 흑룡강성 출신의 중국인이라고 주장하자 바레인 수사국은 바레인에서 중국식당을 운영하는 홍콩 여자를 또 중국어 통역요원으로 투입했다. 이 여자는 마유미에게 동정어린 태도를 나타내며 마카오에 살았다면 이웃 아는 사람을 몇 사람만 대보라고 채근했지만 공작원으로 공작거점 안에 숨어서 지내던 김현희에게 아는 사람이 있을 턱이 없었다.

결국 일본인이라는 최초의 여권 가장도, 중국인이라는 두 번째 가장도 핸더슨 국장을 속이지는 못했다.

▌ 범죄인 인도의 외교적 교섭

정부는 12월 6일 □□과장과 김현희의 첫 접촉을 통해 하치야 마유미라는 일본여권을 사용하고 음독자살을 기도한 여인과, 하치야 신이치라는 일본여권을 사용하고 이미 음독자살한 노인이 KAL기를 폭파한 북한 공작요원이라는 확신을 더욱 확고히 하고, 바레인에 대해서 범죄 피해국가로서 범죄인 인도의 교섭에 나섰다.

이 교섭에는 현지 정해웅 주재대사만으로는 충분치 않다고 느껴 12

월 7일 오후 외무부 본부의 박수길|朴銖吉, 후일 주캐나다 대사 차관보를 현지에 파견하였다.[3]

박수길 차관보는 바레인 외무부를 설득하고, 안기부의 □□수사과장은 핸더슨 국장을 설득하여 결국 바레인 외무부는 12월 12일 박수길 차관보에게 혐의자의 신병을 한국에 인도하겠다는 결정을 통보한다.

12월 13일 아침 출근하자마자 나는 김포공항으로 가서 국외출장을 가라는 명령을 받았다. 여권을 준비할 필요도 없다고 했다. 지시된 시간에 회사버스에 타보니 나 외에도 대공수사요원, 의료요원, 테러에 대비한 특공요원 등 30여 명이 동행하는 것이었다. 바레인 정부가 폭파범 혐의자의 신병을 넘겨주기로 해서 인수를 하러 가는 특별 비행기를 타고 가는 것이었다.

여권이 필요없었던 것은 바레인 공항에 도착하면 바레인에 입국할 필요없이 폭파범의 신병을 바레인 수사당국에서 인수받아 데려오기만 하면 되는 것이었기 때문이다.

나는 당시 1987년 6월 부이사관으로 승진되어 안기부 내의 ◇◇업무를 책임지고 있었다.

나는 ◇◇업무의 모든 소프트웨어 부분을 책임지고 있었다. 그래서 폭파범이 한국인임을 부인하고 진술을 거부하고 있으니 그의 마음을 여는 임무를 맡아 동행하게 되었던 것이다. 김포공항에 도착해 보니 외무부의 이재춘|李在春, 후일 주러시아 대사 아주국장도 와 있었다. 그도 동행하는 것이었다.

12월 13일 저녁에 바레인 공항에 도착했다. 기내에 정해융 대사가

---

3) 〈조선일보〉, 1987.12.9일자: "마유미 호송 특별기 떠나/ 내일 오후 김포도착 예정" 기사는 완전 오보이다. 이 기사 때문에 후일 김현희 호송 특별기가 제3국에서 대기하다가 12월 15일에 뒤늦게 김포에 도착했다는 좌파들의 주장이 제기되었다. 아마도 박수길 차관보의 7일 출발을 보고 바로 8일날 호송용 특별기가 뜨는 것으로 취재기자가 오해했던 것 같다.

하얗게 질린 얼굴로 올라왔다. 우리가 비행해 오는 시간 동안 바레인 정부 내에서 방침변화가 있었던 것이다.

폭파 혐의자의 신병을 피해국가인 대한민국에 인도한다는 방침은 바레인 외무부와 수사국 간의 합의사항이었으나, 이를 내각에 보고하는 과정에서 한 장관이 버마의 아웅산테러를 예로 들면서 '버마처럼 소국도 자기 나라에서 체포한 범인의 범행을 낱낱이 밝혀 재판을 통해 사법정의를 실현하는데 왜 우리 바레인은 손쉽게 넘겨주려 하는가? 우리가 재판을 하면 되지 않나?' 하는 반론을 내놓았다.

그래서 12월 13일 밤에는 혐의자 인도가 어렵다는 정해융 대사의 설명이었다. 우리는 할 수 없이 비행기에서 내려 바레인 수사국이 마련한 호텔에 들어가 2인 1실씩 투숙했다.

여권도 없이 외국에 입국하여 호텔에 투숙한 아주 특이한 체험을 했다.

나는 외무부의 이재춘 아주국장과 한 방을 배정 받았다. 바레인 정부의 범죄인 인도 결정이 날 때까지 우리들 인수팀은 아무 할 일이 없었다. 그래서 14일 아침식사와 점심식사, 저녁식사를 바레인의 대한항공 직원들이 현지 체류할 때 사용하는 대한항공 소유의 단독주택에 가서 단체로 한식으로 식사를 했다. 아마도 그 집의 주방장은 그렇게 많은 수의 음식을 바레인에서는 처음 장만해 보았을 것이다. 박수길 차관보나 정해융 대사로서는 어떻게 해볼 수 없는 외교적 난관에 봉착한 것이다.

이 사정은 곧 미국 국무부에 알려졌고, 미국 국무부는 바레인의 국왕에게 곧 연락을 취했다. 왕국에서는 국왕의 결정이면 내각회의 결정은 번복될 수 있는 것이었다.

바레인 국왕은 미국의 설명을 듣고 이번 항공기 폭파가 서울올림픽을 방해하기 위한 북한의 테러공작이라는 점을 이해했다. 따라서 당연히 피해 당사자인 대한민국에게 사법 관할권이 있다는 점을 인정했다.

그래서 12월 14일 저녁에야 마유미(김현희)를 대한민국에 인도한다는 바레인 정부의 결정이 국왕의 결단에 의해서 내려졌다. 저녁을 먹고 10시쯤 되었을 것이다. 무료하게 호텔방에서 대기하고 있는데 모두 비행기로 이동한다는 전갈이 왔다. 바레인 수사국이 제공한 버스에 실려 또 인수팀으로 갔던 전원이 공항으로 이동하고 출국절차 없이 비행기에 탑승했다.

우리는 비행기 안에서 대기했다. 또 지루한 시간이 흘렀다. 12월 15일 새벽 3시쯤 바레인 수사국 직원들에게 인도된 마유미가 바레인 공항에서 안기부의 □□국 인수팀에게 인도되었다. 이때까지 마유미는 신병은 구속되어 있었지만 입이 봉緘해지지는 않았었다.

그러나 안기부 수사팀은 마유미를 인수하자마자 그녀의 입에 숨만 쉴 수 있고 혀를 마음대로 움직일 수 없도록 마우스 피스 플라스틱 제품을 집어넣어 버렸다. 북한 공작원들이 체포되면 자살을 하는 것을 익숙하게 알고 있는 안기부는 자살을 방지하기 위해 선제조치를 취한 것이다. 그리고 입을 접착 테이프로 봉해 버렸다. 드디어 마유미가 비행기에 실렸다.

김현희(가명 마유미)는 비행기의 가운데쯤 되는 좌석에 눕혀졌다. 누워 있는 김현희의 바로 옆에 내가 앉았다. 김현희가 자신의 실체를 자백할 수 있도록 비행기로 오는 동안 설득하는 것이 나의 임무였다.

"나는 당신이 일본인으로 위장하고, 또 바레인 조사과정에서는 중국인이라고 주장했다는 것을 알고 있지만 북조선 사람인 것을 알고 있기 때문에 한국말로 이야기하겠다."

고 미리 서두를 떼었다. 그리고서는 바로 1968년 1월 있었던 김신조사건에 대해 이야기해 주었다.

"대통령을 사살하려고 왔던 무장간첩들도 대한민국은 처벌하지 않고 살려주어 지금(1987년 현재)도 살아있고 자유로운 생활을 하고 있다. 왜냐면 대한민국 정부는 당신들 북한 공작원들이 엉터리 허위의 이념인 김일성주의에 속아 사물을 제대로 판단할 능력이 없기 때문에 그 잘못된 사상에서 눈을 뜨기만 하면 당신들을 처벌해야 할 이유가 없기 때문이다.

그래서 북한에서 공작원으로 교육받았다가 대한민국에 와서 북에서 교육받은 것이 다 거짓이었다는 것을 깨닫고 대한민국 정부에 귀순한 사람들이 한국에는 수없이 많다.

더욱이나 당신은 김일성이나 김정일의 꼭두각시가 되어 아무런 선택의 여지가 없이 하나의 도구로서 사용되었다."

나는 이야기를 해나가는 동안 대학시절 형법시간에 배운 도구이론|道具理論이 생각났다. 도구로서 이용된 자는 형사적 책임이 없다는 간접정범|間接正犯의 이론이다. 즉, 이 사건에서 정범은 기획하고 지시한 김정일인 것이다.

그런데 이 글을 쓰면서 자료들을 수집하여 읽는 과정에서 실제로 김현희의 국선변호인이었던 안동일|安東— 변호사가 쓴 책『나는 김현희의 실체를 보았다』라는 책에서 변호인들이 변호의 중점사항 중 첫째가 바로 그날 내가 비행기 안에서 김현희에게 이야기했던 '너는 김정일의 도구로서 이용되었을 뿐이다'는 '생명 있는 도구'이론이었다는 사실을 알게 되었다.

김현희는 그날 내가 비행기 안에서 자신에게 말한 대한민국에는 많은 전직 북한 공작원들이 대한민국의 관용을 받아 살고 있다는 사실, 북한정권이 주입해온 거짓은 대한민국의 현실을 보는 순간 진실을 이기지 못한다는 사실을 그녀의 자서전『이제 여자가 되고 싶어요』제1부

95쪽에서 소개하면서, "남자의 말은 크지 않았지만 내 귀에 너무나 큰 소리로 들렸다."라고 기록하고 있다. 그리고 이때 김현희는 듣지 못하는 척 했지만 오히려 얼굴은 쥐가 날 정도로 굳어졌고, 등줄기에는 식은 땀이 흘러내렸다고 회고했다. 그 상황을 못 들은 척 하기 위해 김현희는 마음속으로 소위 적기가(赤旗歌)를 불렀다고 회고했다.

김현희를 태운 비행기는 1987년 12월 15일 오후 2시 6분 김포공항에 도착했다. 그리고 한국에 도착해서도 오랫동안 중국인인 체 하던 김현희가 12월 22일 오후 처음으로 서울 시내 구경을 하고 돌아와서 그 다음날 12월 23일 자신의 본명 김현희를 밝히면서 자백하기 시작했다.

내가 비행기 안에서 그녀에게 이야기했던 대로 북에서 교육받은 것이 다 거짓이었다는 것을 깨닫는 순간 대한민국에 귀순을 하게 된 것이다.

김현희가 KAL858기를 폭파한 사실은 김현희 자신이 자백했을 뿐만 아니라 이렇게 수많은 사람들이 관련되어 바레인에서 압송해 데려왔고, 북한에서 공작원교육을 받을 때 김현희에게 일본인화 교육을 시켰던 '이은혜'라는 새로운 북조선식 이름을 가졌던 여자가 일본에서 북한 공작원 신광수(辛光洙)에게 납치당한 다구치 야예코였다는 사실까지 밝혀진 개명천지의 세상에, 아직도 김현희가 조작되었다고 떠들어대는 친북인사들은 도대체 뇌 구조가 어떻게 된 것인지 알 수가 없다.

김현희가 조작되었다고 주장하는 것은 KAL858기가 폭파되고 나서부터 북한정권이 일관되게 주장하고 있는 것이다.

친북인사인가 여부를 판별하는 가장 확실한 기준은 진실을 믿는가, 아니면 북한정권이 말하는 것을 믿는가이다.

참고문헌

김현희, 『이제 여자가 되고 싶어요』, 고려원, 1991.
안동일, 『나는 김현희의 실체를 보았다』, 동아일보사, 2004.
조갑제, 『김현희의 전쟁』, 조갑제닷컴, 2009.
〈조선일보〉, 1987.11.30~12.16.

기록과 회고

행시10회 1971- 2011 공직40년

초 판 인 쇄 | 2012년 5월 25일
초 판 발 행 | 2012년 5월 25일

편   저 | 한국경제사회발전연구원
펴 낸 이 | 채종준
펴 낸 곳 | 한국학술정보㈜
주   소 | 경기도 파주시 문발동 파주출판문화정보산업단지 513-5
전   화 | 031) 908-3181(대표)
팩   스 | 031) 908-3189
홈 페 이 지 | http://ebook.kstudy.com
E - m a i l | 출판사업부 publish@kstudy.com
등   록 | 제일산-115호(2000. 6. 19)

ISBN   978-89-268-3304-9 03040 (Paper Book)